대한민국의
역사를 알지 못하는이들에게
바칩니다

찌라시
한국사

찌라시
한국사

아는 역사도 다시 보는
한국사 반전 야사

◢김재완 지음◣

쌤앤파커스

"역사에 무관심한 대가는 저질스러운 권력에 지배받는 것이다"

노비(회사원) 생활 15년 차 되던 새해에 악덕 지주(회사)로부터 받은 새해 선물은 서면을 통한 좌천이었습니다. 평생을 걸쳐 샛길로 한 번 빠지지 않고, 부모님과 회사가 원하는 길만 걸어온 노비에게는 감당하기 힘든 일이었습니다.

"우물쭈물하다가 내 이럴 줄 알았다."라는 버나드 쇼의 묘비명이 떠올랐습니다. 지주 욕을 해봐야 내 혈압만 오를 뿐이고 어차피 미래를 대비하지 못한 잘못은 내 자신에게 있고, 또한 해답도 내가 가지고 있다고 결론을 내렸습니다. 그래 지금부터라도 '퇴사 프로젝트'를 가동해보자. 10년 후에는 내 손으로 사표를 집어던지고 나오리라 다짐을 했습니다. 그리고 정말 하고 싶은 3가지를 생각해봤습니다. 앞으로 남은 인생은 내가 정말 좋아서 하는 일을 하고 싶었습니다. 농구, 요리, 책이 바로 그것이었습니다.

"자기가 NBA에 미쳐 사는 건 아는데, 이제 와서 농구 선수는 될 수 없잖아. 그리고 당신이 주말마다 해주는 각종 요리들 정말 맛있어. 그런데 냉정히 말하면 자취 요리의 연장선일 뿐이야. 그러니 글을 써보는 건 어때?"

식당 개업을 꿈꾸던 저에게 현실적인(?) 처방을 내려준 와이프에게 이 자리를 빌려 감사의 말을 전합니다. 그녀의 엉뚱한 조언이 없었다면 지금 이 순간은 없었을 테니까.

"아니, 여보. 무슨 말도 안 되는 소리를 하고 있어. 우리 연애 때 써준 내 손
편지 보고 그런 소리를 하나본데, 책 좋아하는 거랑 글쓰기랑은 완전히 다르
지. 내가 무슨 글을 쓴다고 그래!"

하지만 하루키가 야구장에서 외야로 날아가는 공을 보고 글쓰기 결심을 한 것처럼 저도 아무 맥락 없이 글을 써보기로 결심했습니다. 지금 돌아봐도 너무나 황당한 결심이었습니다. 한 10년 후에는 내 이름으로 된 책이 한 권 나오지 않을까 하는 생각조차도 누구에게 들킬까 주위를 돌아보곤 했습니다.

'자! 이제 결심을 했으니 시작을 해야 하는데 뭘 써야 하지? 내가 원래 잘 아는
분야에 대해 재기발랄하고 쉽게 설명하는 데는 스티브 잡스 급인데 말이야."

어차피 유시민 작가나 공지영 작가가 될 수는 없으니, 그런 사람들 흉내 내면서 시간 낭비할 것이 아니라, 내가 좋아하는 역사 이야기를 사랑하는 와이프에게 들려준다는 생각으로 글을 쓰기 시작했습니다. 그래서 각종 모임이나 사랑하는 사람들에게 유용한 이야깃거리가 될 수 있는 무겁지는 않되 생각해볼 수 있는 글을 써보자고 결심했습니다. 우선 익명성이 보장되는 온라인 카페에

글을 올려보기로 했습니다. 그런데 기대치 못한 댓글들이 달리기 시작했습니다.

"학창시절 역사 선생님이 수업을 님처럼 진행했었다면 좋았을 텐데. 아이와
함께 읽고 있어요."
"무협지 외에 책은 물론이고 글이란 걸 읽어본 적이 없는데, 님의 다음 글이
기다려집니다."

용기를 얻은 저는 1년에 한 권의 책도 읽지 않는 친구에게 제 글을 보여줬고, 그 친구의 권유로 '오늘의 유머'라는 대형 커뮤니티에 조심스럽게 글을 올려보았습니다. 예상한 대로(?) 폭발적인 반응이 일어났고, 올리는 족족 베오베(베스트 오브 베스트)에 제 글이 올라갔습니다.

태어나서 농구 외에 돈이 안 되는 일을 하면서 신나는 기분은 처음이었습니다. 지옥 같던 출근길이 소풍 가는 길로 바뀌지는 않았지만, 내가 살아 숨 쉬고 있다는 기분이 들었고 최소한 한숨이 나오지는 않게 되었습니다.

〈오마이뉴스〉에 글을 올리면, 독자들이 천 원부터 후원을 해주는 시스템이 있습니다. 그러던 어느 날 천 원이 후원됐다는 알림과 함께 댓글이 달렸습니다.

"저는 암과 싸우고 있는 투병 환자입니다. 요즘은 재미있는 일은 고사하고
힘겹기만 한 하루하루를 보내는 와중에, 이 글을 너무나 재미있게 읽었습니
다. 감사합니다."

이분의 격려에 용기를 얻어 〈딴지일보〉에 투고를 하였습니다. '딴지 키즈'라고 하기에는 나이가 많지만, 〈딴지일보〉 초창기부터 함께한 저에게 〈딴지일보〉 편집부에서 전화가 왔습니다.

"선생님이 투고한 글을 정기적으로 연재를 하고 싶습니다. 약소하지만 소정의 원고료도 지급이 됩니다."

저보다 아내가 더 신이 났습니다. 아내는 만나는 사람마다 우리 남편 대단하다고 멋지지 않냐며, 이러다 작가 될지도 모른다고 동네방네 자랑을 하고 다녔습니다. 그러다 어느 모임에서 지인이 아내에게 핀잔을 주듯이 한마디를 던졌습니다.

"야, 됐어. 어디 글 써서 돈 벌기가 쉬운 줄 아냐?"

집에 와서 보니 그동안 쓴 글들이 블로그에 제법 쌓여 있었습니다. '그래, 글 써서 돈 벌기가 쉬운 일이냐. 너는 못하지만 나는 돈 벌고야 말겠다.' 밑져야 본전이라는 생각으로 출판사에 원고를 투고하기로 결심했습니다.

이때부터 기적의 연속이었습니다. 여러분! 세상의 벽이 우리가 걱정하는 만큼 높지 않습니다. 우리는 학습화된 두려움으로 새로운 일에 도전하기를 주저하고 있지 않을까요?

"에이, 말도 안 돼. 내가 그 일을 어떻게 해. 평생 학교랑 회사만 다녔는데."
"나는 그냥 주부일 뿐인데…. 내가 뭘 할 수 있겠어?"

대다수의 평범한 사람들과 비슷한 삶을 살아온 저에게 여러 출판사의 러브콜이 왔고, 제 글을 가장 잘 표현해줄 것 같은 출판사와 계약을 하게 되었습니다. 지금 하는 일에 만족하지 못하거나 고이 접어둔 꿈이 있는 분들, 장래 희망이 없이 그저 하라는 공부만 하는 청소년들과 어쩌다 보니 어른이 되어버린 어른들! 모두들 자기가 좋아하는 일을 저처럼 시작해보세요. 아무것도 하지 않으면 아무 일도 일어나지 않겠죠? 저는 또다시 꿈을 꿉니다. 역사 이야기를 대한민국 구석구석까지 전하는 '이야기 보부상'이 되고 싶습니다. 마지막으로 진지한 물음과 대답으로 마무리할까 합니다.

역사 공부는 왜 중요할까요? 플라톤 형님께서 이런 말씀을 하셨더군요.

"정치에 무관심한 가장 큰 대가는 저질스러운 자들에게 지배받는 것이다."

정치 대신에 역사를 대입해도, 같은 결과가 일어날 것을 우리의 오래된 미래가 보여주고 있습니다.

광개토대왕은 어떻게 성군이 되었나

【소금과 철, 그리고 백제】

광개토대왕(廣開土大王, 재위 391~412)은 서기 391년 18세의 어린 나이로 고구려 19대 왕으로 취임했어. 이 어린 왕이 우리 역사상 최대의 영토를 차지할 거라고는 누구도 예상하지 못했지. 게다가 40세를 넘기지 못하고 단명할 거라고는 더욱 생각하지 못했어. 우리가 흔히 떠올리는 광개토대왕의 이미지는 말 타고 활 쏘며 만주 벌판을 누비고 영토를 넓혀가는 맹렬한 장수

중국 길림성 집안시 통구에 위치한 재발굴 초기의 광개토대왕비 모습. 우리의 손에 발굴되지 못한 것이 못내 아쉽기만 하다.

의 이미지잖아. 그런데 그는 무작정 말 타고 달리며 영토 확장에만 올인한 건 아니었어. 아마도 전쟁만 잘했다면 '대왕'이나 '태왕' 반열에 오르지도 않았겠지. 비록 그의 인생 자체는 전쟁의 연속이었고, 수많은 위대한 업적을 이뤄냈지만 그중에서도 내가 꼽는 3가지 공적(염鹽, 백百, 쇠鐵)을 탐색해볼까 해.

고국원왕 재위 시기 중국의 5호 16국 시대. 통일되지 않은 중국 대륙의 정세는 고구려에게 새로운 기회이기도 했다.

우선 19대 광개토대왕의 취임 전 16대 고국원왕(故國原王, 재위 331~371) 시대를 살펴볼 필요가 있어. 고국원왕이 사망 후 정확히 20년이 지나 광개토대왕이 재위에 올랐으니, 그리 먼 시절의 이야기는 아니야. 이 당시 중국은 진나라 멸망 후 '5호 16국' 시대◀의 혼란기였는데, 아무리 중국이라지만 21개의 나라가 들어서 있다고 생각해봐. 대륙도 좀 좁게 느껴지지 않아? 여기서 5호라 함은 흉노匈奴, 갈羯, 선비鮮卑, 저氐, 강羌 등 북방계 종족이 세운 나라이고, 16국은 이들 5호와 흔히 중국 사람이라고 이해하는 한족이 세운 나라들이야.

잘 나가다가 왜 잘 알지도 못하는 중국 역사 이야기로 넘어가 머리 아프게 하냐고? 한국사에 대한 감이 잡히면 중국사도 꼭 챙겨보기를 권해. 두 나라는 국경만 맞대고 있었던 게 아니라 동아시아 전체를 두고 상호작용·반작용의 역사를 가지고 있어. 그래서 중국사를 아는 것은 한국사에 대한 깊은 이해와 지식 뽐내기의 결정판이 될 수 있다고. 각설하고, 저 나라들 중 선비족이 세운 연나라(전연)가 있었는데 여기에는 중원 최대의 지략가로 통하던 모용황慕容皝이 있었어. 고구려 고국원왕은 모용황의 부대에 완패를 당했고, 아래와 같은 치욕적인 기록을 남겨.

▶5호 16국五胡十六國 시대: 중국의 역사 분류 중 하나로 크게는 위진남북조시대에 속한다. 5호는 흉노, 선비, 갈, 강, 저 등 다섯 이상의 한족 이외의 주변국(오랑캐)들을 뜻하고, 16국은 이들과 한족이 세운 여러 나라를 말한다. 정확히는 16국 중 전량, 서량, 북연만 한족 왕조에 속한다. 실제로 이 시기에 세운 나라는 16개국을 훨씬 넘으며, 이 시대가 갖는 의미는 당시 대륙 정치가 얼마나 변화무쌍하며 복잡했는지 보여주는 것이다.

❖고구려 유민 5만여 명이 포로로 끌려감.
❖현직 왕비와 왕의 어머니도 포로 명단에 포함.
❖왕의 아버지 미천왕의 능이 훼손되어 시신을 인질의 형태로 빼앗김.

01 싸움의 달인

이 정도면 훗날 광개토대왕이 연나라를 쳐야 할 명분이 충분해 보이지? 하지만 이 복수혈전의 이면에는 또 다른 이유가 있었으니! 잠시 기다려봐. 고국원왕의 수난은 여기서 끝나지 않았어. 백제의 근초고왕(近肖古王, 재위 346~375)이 이끄는 군대와 싸우다 그만 전사하고 말았던 거야. 이런 식으로 이야기를 마치면, 고국원왕이 몹시 서운해할 거 같아.

"아니 이보게 작가 양반. 이번 회의 주인공이 내가 아닌 건 알지만 이런 식으로 내 이야기가 마무리되면 난 무능력한 왕의 표본으로밖에 안 보이잖아!"

하지만 그는 무능했던 왕은 아니었어. 다만 백제 역사상 가장 강력한 왕이라고 볼 수 있는 근초고왕과 중원에서도 크게 이름을 떨치던 모용황 사이에 끼어 있었던 게 불운이라면 불운이지. 한마디로 시대를 잘못 타고난 비운의 왕이었단 말씀. 장동건과 원빈 사이에 낀 보통 이상의 외모를 가진 남자가 느끼는 상대적 박탈감이랄까? 이 정도로만 알아두고, 이제 본격적으로 광개토대왕의 활약상을 살펴보자고.

현재 중국의 내몽골 자치구인 파림좌기(바린좌기)에는 '거란대로'라는 이름의 도로가 있어. 여기가 바로 고구려 시대 거란의 본거지였기 때문에 붙여진 이름이야. 거란은 기마민족 최초로 중원을 점령하고 요나라를 세운 강력한 민족이야. 거란은 또한 고구려 전임 왕의 시신과 현직 왕비를 납치해갔던 연나라와 사이에 있기 때문에 전략적으로도 중요한 곳이야. 광개토대왕은 거란을 치기로 결정했는데, 고구려 국가안보회의 브리핑을 살짝 엿들어볼까?

"폐하, 브리핑을 시작하겠습니다. 이번 공격의 코드명은 '염수'입니다."

시라무렌강과 염수. 광개토대왕의 위대함은 강력한 힘에 더해 백성을 위한 민생 정치에서 비롯된 것이다.

염수! 그 유명한 광개토대왕비에도 '염수鹽水'라는 두 글자가 새겨져 있어. 눈치 챘겠지만 이번 작전은 소금을 획득하기 위한 것이었어. 이 당시의 소금은 금값에 비견될 정도였어.《삼국사기三國史記》기록에 의하면 이 당시 고구려 백성들은 사람을 잡아먹을 정도로 기근에 시달리고 있었다고 해. 국내 경제 활성화가 시급한 상황이었단 말이지. 대량의 소금은 고구려 국내 경제 회복에 결정적인 밑거름이 될 것이 분명했지. 그런데 대충 감으로 때려잡아도 몽골은 사막 아니면 잘해야 초원일 텐데 뭔 놈의 소금이냐고? 성질 급하긴. 부관이 소금의 위치를 광개토대왕에게 설명해줄 테니 같이 들어보자고.

"정확한 타격 지점에 대해 좀 더 상세한 설명을 하라."
"시라무렌강을 따라 거슬러 올라가다 보면 풀 한 포기 나지 않는 메마른 땅
이 나오는데 이곳은 소금밭이라고 해도 과언이 아닙니다. 고로 이곳이 우리
군의 최종 목표 지점입니다."

요하강 상류인 시라무렌강은 내몽골 자치구를 따라 380킬로미터 가까이 이어지는 강이야. 그리고 현재도 소금을 채취하고 있다고 해. 거란은 분명히 만만치 않은 상대였지만, 광개토대왕은 이 당시 동북아 최강 전력의 군대를 보유하고 있었어. 말까지 비늘 모양 철갑으로 무장한 철갑기병이 주축이 된 고구려군을 상대하기에 거란군은 역부족이었어. 결국 소금전쟁을 승리로 이끈 고구

01 싸움의 달인

려군의 사기는 하늘을 찔렀고 어서 빨리 고향으로 돌아가 부모 형제를 만날 생각에 들떠 있었어. 하지만 광개토대왕은 몇 수 앞을 내다보고 있었어.

"본진은 이대로 귀국하여 소금을 백성들에게 나눠주도록 하라. 나는 바로 귀국하지 않고 요하강 일대를 둘러본 후 가도록 하겠다."

"대왕 폐하, 하지만 이제 막 전쟁을 마친 후입니다. 너무 멀리 돌아가는 일정입니다. 주치의의 건강 검진을 받으신 후에⋯."

"괜찮다. 앞으로도 해야 할 일이 많다. 여기까지 나온 김에 다 둘러보고 가겠다."

아무리 젊은 나이지만 전쟁 후 피로가 상당했을 텐데, 그는 왜 피곤한 몸을 이끌고 굳이 요하강 일대를 둘러본다고 했을까? 한강을 기준으로 강남, 강북을 가르듯이 요하강을 기준으로 그 동쪽을 요동, 서쪽을 요서지방이라고 해. 독자 여러분이 정확히 기억할지 모르겠지만 요동 정벌을 비롯하여 요동이 요서보다는 뭔가 좀 더 중요한 거 같고, 역사 시간에 몇 번은 더 들어본 거 같지 않아? 이 시대는 고구려와 중국 세력의 '요동 쟁탈전의 역사'라고 말해도 무리가 없을 정도로 요동지방이 중요했어. 이 요동을 두고 할아버지의 시신과 수많은 고구려 유민들을 납치해간 연나라와 다시 한 번 붙어야 할 운명이었기에, 그는 미리 요하강 일대를 둘러보기로 했던 거야. 잘나가는 사람은 뭐가 달라도 다르지? 자, 이제 염수에 이어 2번째 전쟁인 백제와의 전쟁 이야기로 가보자고.

백제의 17대 왕인 아신왕(阿莘王, 재위 392~405)은 광개토대왕 즉위 2년인 서기 393년 음력 8월, 1만 명의 군사로 고구려를 공격했어. 광개토대왕은 전황보고를 받고 책상을 내리치며 이를 갈았어.

"이 백잔 놈들이 감히!"

여기서 백잔百殘이란 고구려 사람들이 백제 사람들을 낮추어 부르는 말인데, '떼놈', '쪽바리'와 같은 속어라고 볼 수 있겠지. 이 당시 고구려와 백제의 국경은 지금의 임진강이었는데, 국경 쪽 강은 수심이 얕아 고구려 최강의 육군은 강을 그대로 건너갔어. 뒤이어 고구려군의 무서운 기세에 놀란 백제군을 더욱 멘붕에 빠뜨리는 일이 벌어졌지.

"아니, 시방 이게 뭔 일이래유? 동북아 최강 군대의 선봉에 고구려 왕이 왜 안 보인데유?"
"우리 백제를 우습게 보고 아예 참전을 안 한 겨? 설마 하늘로 오지는 않겠지유?"

광개토대왕은 놀랍게도 해군을 이끌고 백제로 향하고 있었어. 육군도 막기가 버거운데, 바다로도 공격을 하니 백제는 그야말로 속수무책이었어. 아신왕은 결국 광개토대왕에게 무릎을 꿇고 굴욕적인 항복의 예를 갖추는데, 그는 고구려의 영원한 노객이 되겠다는 맹세를 했어. 그렇게 자존심을 버리고 위기를 넘긴 백제의 아신왕은 광개토대왕의 눈을 피해 왜에 밀사를 보내.

"잘 들어라. 이번 작전명은 '차도살인借刀殺人'이다. 이 외교문서를 반드시 왜의 수뇌부에 전달해야 한다."

백제는 왜에 군사원조를 요청하고, 이 당시 약소국이었던 신라를 공격했어. 신라의 내물왕(奈勿王, 재위 356~402)은 광개토대왕에게 지원을 요청했고, 광개토대왕은 5만여 군사를 보내 백제·왜 연합군을 완전히 몰아냈어.

자, 이제 아주 열 받는 일이 있으니 반드시 짚고 넘어가야겠어. 백제가 왜와 연합해 신라를 공격했지만, 광개토대왕이 신라에 지원 병력을 보내 이를 물리친 이 일은 광개토대왕비에 44글자의 한자로 기록되어 있어. 하지만 안타깝게도 그중에 3글자가 지워져 있어. 이에 대해서도 일제가 고의적으로 훼손했다는 등 여러 설이 있는데 일단 여기에서는 넘어가자고.

而倭以辛卯年來　渡海破百殘□□□羅 以爲臣民
(그래서) 신묘년(391년)에 왜가 와서 바다를 건너 백잔□□□라를 쳐부수고 신민으로 삼았다.

여기서 중요한 건 '백잔□□□라'라는 부분이야. 앞서 언급한 것처럼 '백잔'은 백제를 비하하는 말이고, 없어진 3글자 중 마지막은 신라의 신新 자가 들어가 '백잔□□신라'가 돼. 나머지 두 글자는 연합하다의 '연聯', 침입하다의 '침侵', 즉 백잔연침신라百殘聯侵新羅가 문맥에 맞지. '백제와 연합하여 신라를 공격하다.'인데, 일본은 이걸 지들 맘대로 아래와 같이 해석했어.

"사라진 세 글자는 '연침신'이 아니므니다. 우리 위대한 울트라 니폰 학자들의 연구에 의하면 왜가 단독으로 백제와 신라를 쳐서 신민으로 삼았다이므니다. 따라서 광개토대왕비 또한 임나일본부설을 뒷받침해주는 강력한 역사적 자료이므니다."

일본의 주장은 주어가 '왜倭'라는 거야. 다 제쳐두고 상식적으로 광개토대왕비는 장수왕이 아버지 광개토대왕을 기려 심혈을 기울여 제작한 비석인데, 거기다 왜가 백제와 신라를 다스렸다는 이야기를 뭐하러 담았겠어. 그런 사실이 있어도 안 담을 판이구만. 2010년 일본의 학자들도 한일역사 공동연구위원회를 통해 이렇게 말했다고 해.

"아노, 이것은 참으로 억지스러운 일이므니다. 따라서 일본의 의식 있는 학자들은 이 문제를 다시는 걸고 넘어가지 않겠스므니다. 스미마셍데쓰."

한데 아베 정권은 이 모든 걸 뒤집고 다시 억지를 부리기 시작하고 있는 중이야. 내가 좋아하는 일본의 작가 무라카미 하루키가 최근에 신작을 발표했는데, 내용 중 난징 대학살 때 일본군의 만행은 분명 잘못되었다는 글을 썼다고 해. 일본의 극우는 하루키에게 조선이나 중국으로 이민을 가라, 영혼을 잃은 작가라는 등 벌떼처럼 달려들고 있다고 해. 하루키처럼 꾸준히 일본이 과거의 잘못을 반성해야 한다는 사람들도 있는 반면,《로마인 이야기》로 한국에서 엄청난 인세를 챙겨간 시오노 나나미는 위안부 문제가 자발적인 일이었다는 주장을 아직도 하고 있어.

다시 마음을 가다듬고 3번째 키워드인 '철'로 가보자고. 광개토대왕은 몸이 2개라도 모자랄 지경이야. 이번엔 후연이 고구려 국경을 넘어왔어. 후백제, 후고구려처럼 연나라가 후연이 되어서 고구려를 공격한 거야.

"어차피 한 번은 맞닥뜨려야 할 상대였습니다. 선제공격에 대한 응전만으로도 명분은 충분합니다. 대왕 폐하!"

"알겠다. 독자 분들을 위해 이번 우리 공격의 의의에 대해서 간략한 브리핑을 부탁한다."

"연나라와의 전쟁은 곧 요동 탈환을 의미합니다. 요동은 산둥반도와 연결되어 한반도와 중국을 잇는 교통의 요지입니다. 농사를 지을 수 있는 풍부한 농토까지 있습니다. 하지만 가장 결정적인 목표는 역시 철광석입니다. 물론 우리가 받은 치욕도 제대로 갚아줘야 합니다."

> 전쟁을 수행하기 위해서는 무기 공급이 절대적으로 따라줘야 하기에 철광석이 어느 때보다 아쉬운 상황이었어. 그런데 요동지방은 철광석의 산지 중에 산지야.

여기까지 읽어서 알겠지만, 광개토대왕은 전쟁의 한복판에서 계속 살고 있었어. 이런 전쟁을 수행하기 위해서는 무기 공급이 절대적으로 따라줘야 하기에 철광석이 어느 때보다 아쉬운 상황이었어. 그런데 요동지방은 철광석의 산지 중에 산지야. 강물에서 사금을 채취하듯이 소량의 철을 얻던 시절인데. 요동지방에는 지금도 노천에 철광석 덩어리가 있을 정도라고 하니, 1,600년 전에는 그 양이 어머어마했겠지?

백전백승의 불패신화를 자랑하는 광개토대왕은 이번에도 후연을 제압하고, 요동지방을 완전히 접수해버렸어. 후연은 고구려와의 전쟁 패전도 이유가 됐겠지만 내부적으로도 정치적 몸살을 앓고 있었는데…. 얼마 후 매우 흥미로운 소식이 광개토대왕의 귀에 들어와.

"대왕 폐하! 후연의 황제 모용희가 암…암살이 되었다고 하옵니다. 새 정부는 모든 권력을 장악한 후 연(북연)이라는 나라명을 타이틀로 걸고 새로 출범을 했다고 하옵니다."

"뭣이라? 혹시 흠… 내부의 위기와 민심을 수습하기 위해 우리를 공격할 조
짐은 없느냐?"

"충분히 가능한 시나리오입니다만, 묘한 정보를 전달받았습니다."

"묘하다니? 뜸 들이지 말고 빨리 보고하라."

"북연의 새 황제로 등극한 고운高雲은 고구려 이민 3세라고 하옵니다."

실제로 《삼국시기》에는 '고운의 조부 고화高和는 본래 고구려인이다.'라는 기
록이 있기도 해.

"옳거니! 최고의 승리는 전투 없이 전쟁에서 이기는 것이다. 지금 북연의 뒤
쪽에는 북위라는 신흥 강국이 있다. 괜히 북연을 자극할 필요도 없고, 그들
과 좋은 관계를 유지하면 북위라는 떠오르는 돌풍을 북연이 우리를 대신해
서 막아주는 이득을 얻을 수 있다. 지금 당장 북연의 황제에게 사신을 보내
동족의 예로 대하라. 그의 아버지와 할아버지가 그곳에서 자리를 잡기까지
설움이 많았을 터! 이때 우리가 손을 내밀면 분명히 큰 효과를 볼 것이다."

이렇듯 광개토대왕은 때에 따라 상황에 맞는 외교를 펼치는 유능한 왕이었
어. 그의 사망 원인에 대해서는 자세한 기록은 없어. 하지만 분명한 건 39세라
는 나이는 받아들이기가 어려울 정도로 너무 이른 나이라는 거야. 다음 이야기
의 주인공은 자신의 아버지인 광개토대왕이 모든 것을 이루었지만 다만 장수
를 못한 것이 아쉬웠는지, 그 부분 역대 최고 기록을 세운 장수왕이야.

최전성기를 이끈 '균형외교'의 달인

【장수왕과 정복사업】

광개토대왕과 장수왕 제위 기간 중의 고구려 영토. 374년부터 491년까지, 100년이 넘는 이 시기는 우리 민족 최고의 전성기로 손꼽힌다.

광개토대왕으로부터 19세에 왕위를 물려받은 장수왕(長壽王, 재위 412~491). 이름부터 그의 장수를 증명하고 있지. 그는 아버지와는 다른 방법으로 고구려의 번영을 이루었어. 394년에 태어나 19세에 왕이 된 후 무려 79년 동안 왕위에 머물면서, 말 그대로 고구려의 최전성기를 이끈 군주였지. 그의 일생을 다 다루긴 어렵지만 2가지 강렬했던 사건 위주로 돌아보자고.

나는 솔직히 처음 장수왕을 접했을 때 그보다 그의 후계자인 아들 태자에게 더 관심이 갔어. 지금처럼 의학이 발달한 시대에도 100세는 인간에게 쉽게 허락되지 않는 고지잖아. 한데 장수왕은 지금으로부터 1,600년도 전에 태어나서 거의 100세를 채웠어. 아버지가 너무 장수해서 결국 그 아들은 왕좌에

한 번 못 올라보고 먼저 죽은 거지. 그의 이름은 조다助多인데, 그나마 다행인 건 조다의 아들이 고구려 21대 왕이 되었으니 저승에서라도 한을 푸시길 빌어야겠어.

그런데, 믿거나 말거나 식의 떠도는 이야기로 장수왕의 아들 조다가 왕도 못해보고 죽었다고 해서 그의 이름에서 '쪼다'란 말이 유래되었다는 이야기도 있어. 그런데 언어유희에서 비롯한 말장난이 아닌가 싶어. 아닌 게 아니라 조다가 태자로서 아버지를 잘 보필했기에, 장수왕의 장수와 고구려의 번영이 가능했을 거라고 믿어. 우리는 역사에서 숱하게 형제지간은 물론이요, 부자지간에도 왕위를 놓고 싸우는 예를 쉽게 찾아볼 수 있잖아. 한편으로는 할아버지가 광개토대왕이고, 아버지가 장수왕이면 태자로서 받는 스트레스가 이만저만이 아니었을 거야. 훗날 장수왕도 아무도 없는 밤, 아들의 묘를 찾아 이런 넋두리 한 번 하지 않았을까?

"아들아. 부성보다 효성이 앞선 아비를 용서해다오. 내 아버지이자 너의 할아버지 광개토대왕께서는 안락한 궁궐을 박차고 광야를 달리는 삶을 선택하셨고, 일찍 생을 마감하셨다. 그런 네 할아버지의 뜻을 받들어 더 나은 나라를 만들고 싶었다. 내가 너보다는 조금 더 낫다고 느끼는 것이 솔직한 심정이었다. 3대가 이어져오는 100년 가게라면 내 미련 없이 너에게 물려주고 싶지만, 우리에게는 백성이라는 딸린 식구가 있지 않느냐! 이 아비의 마음도 편치만은 않다는 것을 부디 이해해주기 바란다."

장수왕이 참 오래 살긴 사셨어. 장수왕 재위 기간 중 주변국가의 왕위 교체 현황을 잠시 살펴보자고.

01 싸움의 달인

백제는 7명, 신라 7명, 유연 7명, 북위 6명, 송나라는 국호까지 바뀌면서 총 9명의 왕들이 바뀌는 동안 고구려는 단 한 명의 보스! 장~~수~~왕!

아들에게 미안했던지 82세였던 475년, 백제 공격 땐 직접 전투에 참전하기도 했어. 여기서 고대 역사상 가장 성공한 스파이라고 일컬어지는 도림道琳 스님이 등장하는데, 시간을 잠시 몇 년 전으로 돌려서 장수왕이 주관하고 있는 국가안보회의 현장으로 가보자고.

"백제의 개로왕이 북위에 군사를 요청해 우리 고구려를 침공하자고 제안한 것이 사실이냐?"

"네, 폐하! 하지만 북위에서는 백제의 제안을 단칼에 거절하고 우리에게 이 일을 즉시 알려왔습니다."

"북위는 이제 이 일에서 완전히 빠지라고 전하고, 적당한 외교 선물을 보내주도록 하라."

"폐하! 어쩔까요? 지금이라도 서둘러 준비를 해서 백제를 공격할까요?"

"아니다. 내 따로 생각한 것이 있다. '작전명 알파고'를 통해 백제를 내부에서부터 무너뜨린 후 군사 공격을 감행할 것이다. 이 작전이 성공하게 되면 전투는 실상 무의미해질 것이다."

이 당시 동북아 정세는 외교가 그 어느 때보다 중요한 시기였어. 백제의 개로왕(蓋鹵王, 재위 455~475)은 신라와 왜는 물론이고 송, 북위 등과도 외교관계를 이어가며 고구려를 견제하고 있었던 상황이었지. 하지만 북위가 백제의 제안을 고구려에 알려온 것에서도 알 수 있듯이, 고구려는 이미 외교에서부터 우위를 점하고 있었어. 이제 개로왕의 본심을 확인한 이상 장수왕도 행동을 취할 수밖에 없었던 거지. 장수왕이 입수한 정보에 따르면 백제 21대 왕인 개로왕은 바둑 덕후였다고 해. 장수왕은 국가안보회의를 마친 후 당대 최고의 바둑 고수라는 승려 도림을 은밀히 불렀어.

"준비는 되었느냐?"

"폐하! 소인의 미천한 재주를 귀히 써주시니, 몸 둘 바를 모르겠습니다. 반드시 작전을 성공시키고 돌아오겠나이다."

"너무 일방적으로 이겨서도 안 되고, 티 나게 져주어도 안 될 터, 분명 쉽지 않은 일일 것이다."

"염려 마십시오. 소인, 접대 바둑의 일인자라는 소리를 괜히 듣고 있는 것이 아닙니다."

이렇게 장수왕의 특명을 받은 승려 도림은 백제로 위장 전입, 아니 위장 귀순을 하게 돼. 백제에 연착륙한 도림은 내로라하는 바둑 고수들을 찾아 도장 깨기를 시현했어. 그의 바둑 실력은 백제 바둑계를 초토화시키고, 순식간에 장안의 화제가 되었음은 물론이야.

'승려의 모습을 한 바둑 신의 재림.'

'도림은 알파고도 제압할 수 있을까?'

바둑 덕후로 익히 알려졌던 개로왕이 이런 도림을 가만히 뒀겠어? 궁으로 당연히 불러들였지.

"아이고. 당신이 그 말로만 듣던 바둑의 신! 도림이구만. 어서 오시게. 거 나도 바둑을 조금 두긴 하는데 말이야. 어째 성에 차진 않겠지만 나랑도 한번 두어줄 수 있겠소?"

"소인, 가문의 영광이옵니다. 허나 제가 듣기로 대왕의 바둑 실력이야말로 신의 경지에 이르렀다고 들었습니다."

"에헤, 거 참 내 입으로 이런 말하긴 그렇지만, 실은 백제에는 더 이상 내 적수가 없긴 하오. 하지만 대사께서 워낙 뛰어나다니, 한 수 가르쳐주시구려."

"과찬의 말씀이십니다. 그럼 계급장 떼고 제대로 한번 붙고 싶습니다."

"허허허. 바라던 바요."

이렇게 시작된 바둑 덕후 개로왕과 고구려 스파이의 독대는 밤낮을 가리지 않고 이어졌어. 마침내 개로왕의 마음을 얻었다고 생각한 도림은 작전명 '알파고'의 실행버튼을 눌렀어.

"폐하! 제가 주제넘지만 국정운영에 대해서 한 말씀 드려도 될는지요?"

"아, 물론이요. 대사! 허심탄회하게 하실 말씀 있으면 해보시오."

"폐하의 통치하에 있는 백제는 지금 그 어느 나라도 함부로 할 수 없는 강력한 나라입니다. '바둑알못' 장수왕 같은 자는 폐하의 발톱에 때만도 못한 자입니다. 그런데 어이하여 위대한 폐하의 위엄을 더 높일 수 있는 방법을 외면하고 계시옵니까?"

"아, 뭐… 내 입으로 이런 말하긴 그렇지만 내가 장수왕 그 늙은이보다야 낫지. 암. 한데 우리 백제가 그리 강력한 파워를 가지고 있나? 그리고 나의 위엄을 세울 수 있는 방도라 함은…?"

"왕께서는 지나치게 겸손하신 것이 탈이옵니다. 지금은 백제 전역에 걸쳐 대대적인 토목공사를 할 시기입니다. 최우선적으로 왕이 계신 궁궐도 증축 또는 신축해야 하고, 강을 막아 보를 만들어 백성들의 여가 생활도 장려하고 장마에도 대비해야 할 줄로 아옵니다. 이런 토목공사는 새로운 일자리 창출로 실업률 저하에도 큰 보탬이 될 것입니다."

도림에게 이미 큰 믿음을 갖고 있는 개로왕은 이날 이후 대대적인 토목공사를 시작했고, 건설 현장마다 도림을 대동하여 테이프 커팅식을 했어.

"폐하, 지금 백제는 감당할 수 없는 무의미한 토목공사로 인해 세수가 바닥이 나고 민생경제는 파탄이 났습니다. 아직도 늦지 않았습니다. 지금이라도 요승 도림을 내치시고 국정운영에 전념하여 주시옵소서."

백제 행정부처에서는 이런 결정에 반발하는 신하들의 상소가 빗발쳤지만 개로왕은 귀를 닫고, 바둑에 더욱더 열중했어. 바둑으로 백제의 내분을 일으킨 도림은 무사히 임무를 완수하고 고구려로 리턴! 장수왕에게 업무보고를 했어.

"폐하! 감이 무르익었습니다. 큰 힘 들이지 않고, 장대로 가지만 건드려도 백제라는 감은 쉽게 떨어질 것이옵니다."
"수고했다. 내 친히 백장, 이놈들을 손봐주러 나가리라."

결국 장수왕은 3만 군사를 이끌고 나가, 백제의 수도인 한성을 단 7일 만에 함락시켰어. 개로왕은 고구려로 전향한 백제인의 손에 잡혀 아차산성(현재 서울과 구리시 사이)에서 처형을 당하고 말았어. 이 때의 패배로 백제는 한강을 완전히 잃었을 뿐만 아니라 타의에 의해 수도를 이전하게 되었어.(현재 서울 풍납토성에서 충남 공주로 천도)

고구려의 대승에는 여러 가지 복합적인 요인이 있었겠지만, 장수왕과 도림의 합작품인 '작전명 알파고'가 한몫을 했음은 《삼국사기》에 잘 나와 있어.

자, 이제 시간을 40년 정도 거슬러 올라가 장수왕이 비교적 청년(?) 시절이었던 435년의 고구려 국가안보회의 현장으로 달려가보자고. 이때 장수왕 나이 41세였어. 참고로 《삼국사기》에 보면 장수왕이 강대국들에게 조공한 기록이 상당히 많다고 해. 이게 어찌된 일일까? 조공이라고 하면 무조건 굴욕적인 것으로 받아들이곤 하는데, 사실 조공은 중국이 주변국을 상대하는 외교적 관계로 이해하는 게 맞아. 이 조공은 때로는 무역의 창구로 이용이 되기도 하고, 외교적으로 잘만 이용하면 피를 흘리지도 않고 많은 것을 얻을 수 있는 고급외교의 한 장이라고 볼 수 있어. 장수왕은 그런 면에서 외교적으로 상당히 뛰어난 수완을 발휘했던 왕이야.

"폐하! 지금 북연의 왕 풍홍馮弘이 핫라인으로 우리에게 망명을 요청해왔습니다."

"흐음… 어찌 처리해야 할지 브레인스토밍 좀 해봅시다. 자유롭게 의견들을 말해보시오."

"폐하, 북연의 왕 풍홍은 현재 대세인 북위에 밀려 제 목숨 하나 부지하고자 망명을 요청한 자입니다. 가라앉고 있는 배의 선장을 구해줘서 우리에게 남는 것은 아무것도 없다고 사료되옵니다. 또한 이미 북위의 군사가 북연의 수도에 주둔을 하고 있습니다. 지금의 대세는 누가 뭐라 해도 북위입니다. 괜히 북위를 자극할 필요는 없다는 것이 소신의 생각입니다."

"신 또한 동의합니다. 북연의 왕 풍홍은 얍삽하게도 우리 고구려뿐만 아니라, 송나라에도 망명 요청을 해놓은 상태입니다. 저희는 그저 북위의 동태나 살피면서, 북연의 망명 요청에 아예 대응하지 않는 것이 옳은 줄 아옵니다."

"다른 생각을 가진 분들은 없소?"

"폐하, 북연은 후연의 뒤를 이은 나라입니다. 후연은 우리 핏줄인 고연이 왕위에 오를 때 광개토대왕께서 형제의 나라로서 예를 다했습니다. 북위가 아무리 약해졌다손 치더라도 그리 비정하게 뿌리칠 일만은 아니옵니다. 또한 북연의 황제가 데리고 오는 수뇌부는 우리 고구려에서도 귀하게 쓸 수 있을 것입니다. 물론 북위와 외교적 마찰이나 전쟁도 불사해야 한다는 것이 함정입니다."

장수왕은 깊은 고민에 빠졌어. 이제부터 양국을 오가며 밀고 당기는 장수왕의 현란한 외교술이 시작되니 기대해보라고.

"어려울 때 손을 내민 자를 뿌리칠 수는 없다. 허나 북위는 중원의 패자가 될 가능성이 높다. 따라서 우선 북위에 사신을 보내 양해를 구하도록 하자. 그후에는 다시 강공책으로 전환할 것이다. 과감한 강공책을 편 후에는 다시 북위를 달래주는 걸로! 오늘 회의는 이걸로 마친다."

고구려는 우선 강대국 북위에게 양해를 구하기 위해 사신을 보냈어. 이어

이듬해 장수왕은 군사 3만 명을 북연의 수도에 파견을 했어. 북연의 황제를 고구려로 데려오기 위함이었지. 앞서 말했듯이 북연의 수도에는 이미 북위의 군사가 주둔을 하고 있었어. 북위 수뇌부는 고구려의 군사행동에 완전히 난리가 났어.

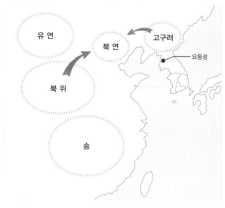

장수왕 시기 동북아시아 정세. 한편으로 광개토대왕 시기에 분열되었던 대륙의 정세는 점차 북위와 송나라에 의해 양분되는 구도로 바뀜에 따라 고구려는 외교적 시험대에 오르게 되었다.

"아니, 고구려는 지금 뭐 하자는 거냐 해? 지금 우리 북위를 무시하는 거냐 해? 당장 고구려에게 본때를 보여줘야 한다 해."

"그게 그럴 상황이 아니라 해. 고구려가 그리 쉽게 꺾일 상대가 아니라 해. 또한 우리는 지금 유연에 포커스를 맞춰야 한다 해. 지난번에 고구려가 사신을 보내 양해를 구했으니, 우리가 물러날 구실을 줬다 해. 장수왕… 보통이 아니라 해. 왠지 오래 살 거 같다 해."

북위의 군사가 빤히 쳐다보는 가운데 고구려군사는 북연의 수뇌부를 적진 한가운데서 피 한 방울 흘리지 않고 빼내왔어. 이 군사행동 후 곧바로 북위에 조공을 보내니 북위 입장에서는 장수왕의 현란하고 유연한 외교술에 환장할 노릇이었어.

자! 그런데 말이야, 재미있는 일이 벌어져. 물에 빠진 놈 구해줬더니 보따리 내놓으라고 생떼 쓰는 꼴이 벌어져. 객관적으로 봐도 북연의 황제 풍홍은 장수왕에게 목숨을 빚진 거잖아. 풍홍이 고구려에 무사히 망명을 하고 난 후 성대한 연회가 벌어지던 날부터 장수왕과 풍홍의 사이에 금이 가기 시작했던 거야.

물론 칼자루는 장수왕이 쥐고 있었지만 말이야.

"아이고, 풍군! 그래 먼 길 오느라 참으로 고생했소. 어서 여기 앉으시오. 음
식들이 입에 맞을지 모르겠소만 마음 편히 드시고, 그저 내 집이다 생각하고
편히 계세요."
"뭐 알겠다 해. 우선 쉽지 않은 상황에서 어려운 결단 내려준 거에 대해서 고
맙다 해."

연희가 끝난 후 풍홍은 측근에게 불만을 토로했어.

"장수왕, 저거 완전 어이없다 해. 나는 황제다 해! 그런데 감히 나 보고 풍
군? 풍군이라고 불렀다 해. 황제의 예를 전혀 갖추지 않았다 해!"
"저기… 우리 사람 지금 그럴 때가 아니라고 생각한다 해. 바짝 엎드려서 뒷
날을 도모하는 게 상책이라 생각한다 해."
"너는 지금 어느 나라 신하냐 해! 나는 여기서도 황제 대접을 받으며, 잠시 힘
을 모아 북위를 칠 것이라 해. 영구 망명이 아니라 작전상 후퇴를 한 거다 해."

이후 풍홍은 장수왕이 마련해준 안가에서 마치 황제처럼 행동을 하며, 세력
을 모으는 시도까지 했어. 이에 장수왕은 풍홍의 아들을 인질로 잡아 가택 연
금을 시켜버렸어. 강력한 경고의 메시지를 날린 거야. 이에 대한 풍홍의 대응
이 상상 초월 가관이었어. 그로 인해 다시 고구려의 국가안보회의가 열렸어.

"아, 진짜 어디서 굴러 들어온 개뼈다귀 같은 자 때문에 저녁이 없는 삶의 연

속이구만."

"이번엔 또 무슨 일인가? 아들까지 인질로 잡혀 있는데 눈치껏 적당히 지낼 것이지."

"아직 서면보고를 못 봤구먼. 아, 풍홍 그자가 글쎄 송나라에 망명 요청을 했다네."

"뭐라고? 이리 뻔뻔한 자를 봤나. 그래 송나라는 승낙을 한 건가?"

"송나라 입장에서야 풍홍이 북위를 견제하겠다고 하니 자기들 입장에서는 손 안 대고 코 푸는 격! 당연히 승낙했지. 다만 외교관례도 있으니 우리 고구려 눈치를 보는 중이라네. 허나 자기들 국익에 도움이 될지도 모르니, 우리에게 압력을 가할 것은 불을 보듯 뻔한 일. 우리 장수왕께서 어떤 선택을 하실지 두고 보세."

"폐하 납시오. 전원 기립!"

또다시 브레인스토밍이 이어질 거라고 예상하고 있을 때, 장수왕의 한마디는 모두를 경악에 빠트렸어.

"죽이시오, 풍홍."

"그… 그자의 행동이 몹시 밉살맞기는 하나 이는 너무 극단적이지 않으신지요? 송나라는 지금 목이 빠져라 풍홍을 기다리고 있는데, 그자의 목을 베라고 하시면…."

"책임은 어차피 내가 다 지겠소. 그리고 지금까지 내가 잘해오지 않았소. 일단 풍홍을 죽이고 나서 송나라에는 조공을 보내도록 하시오. 그들도 섣부른 행동을 하지는 못할 것이오."

내일이라도 송나라로 떠나 자신의 나라를 되찾을 생각에 신이 나 있던 풍홍은 장수왕의 과감한 결단에 말이 나오질 않았어.

"자… 장수… 왕 대단하다 해. 왠지 무지하게 오래 살 거 같다 해."

풍홍의 사망 소식을 들고 송나라에 사신으로 다녀온 고구려 신하가 아래와 같은 송나라의 입장과 요구 사항을 전달했어.

송나라 행정부는 고구려의 극단적이고, 무례한 행동에 몹시 유감을 표명한다 해. 도저히 용납할 수 없는 외교적 무례에 대해 우리 송나라는 귀국에 말 800필을 강력히 요구한다 해.

"역시 폐하의 예상이 맞았습니다. 풍홍의 목과 말 800필을 맞바꾼 것은 고구려 외교의 승리입니다."

어때? 장수왕이 왜 고구려의 최전성기를 이루었는지 고개가 끄덕여지시나? 물론 아버지가 잘 닦아놓은 터전 위에 이룬 업적일 수도 있지만, 스스로의 힘으로 최전성기를 이룬 거지. 게다가 문화적으로도 큰 성과를 이루었어. 아버지의 업적을 기리기 위해 만든 광개토대왕비는 그 유려한 문장만 봐도 그 시대의 문화 수준이 높았음을 보여주고 있지.

일부에서는 장수왕이 수도를 평양으로 천도함으로써 우리 민족이 북방으로 뻗어 나갈 기회를 스스로 차단시킨 것 아니냐는 아쉬움과 원망의 의견도 있어. 이건 마치 무사 주자 1, 2루에서 3번 타자에게 번트를 시키느냐 마느냐 하는 문제와 비슷하지 않을까? 번트 성공 후 4번 타자가 끝내기 안타를 치면 감독을 칭찬할 것이고, 번트 성공 후 후속타자 불발로 점수를 못 내면, 감독의 작전을 질타하겠지.

우리 말이야. 현재를 살아가는 그 누구도 과거 역사의 현장을 살아본 적도 없고, 자료도 부족해서 그 당시에 대한 완벽한 이해는 불가능해. 역사에 가정을 두고 활발한 토론은 좋지만 무조건적으로 내가 본 책과 연구만이 사실이라고 주장하는 어리석은 짓은 하지 말자고.

살수대첩에는 '수공水攻'이 없었다
【을지문덕 장군과 고구려의 항쟁】

을지문덕의 영정. 을지문덕 장군은 '살수대첩'의 주인공으로 익히 알려져 있으나, 실상 그를 제대로 알 만한 기록은 거의 남아 있지 않다.

을지문덕 장군의 살수대첩(612년)은 수나라의 병사들이 강을 건너려고 할 때, 고구려군이 기가 막힌 타이밍에 둑을 터트려, 30만 대군을 수장시킨 전쟁으로 알고 있잖아. 하지만 가만히 생각해보면 그 당시에 포크레인 같은 건설장비도 없이 그 엄청난 양의 물을 담을 댐이나 보를, 게다가 전쟁 도중에 만들기란 쉽지 않았을 것 같아. 합리적인 추론 아니야? 다이너마이트가 있는 것도 아닌데, 순식간에 보나 댐을 터트려 엄청난 양의 물을 내려보낸다? 영웅적이며 서사적이고 통쾌하지만 뭔가 좀 확인해볼 필요가 있을 것 같아.

실은 수공으로 살수대첩을 승리로 이끌었다는 역사 기록은 삼국시대에 없었고, 신채호 선생의 《조선상고사》에 최초로 나왔다고 해. '살수'라는 이름 자체가 왠지 물을 이용해서 죽였다는 의미가 포함된 거 같지만, 살수薩水는 단지

지명일 뿐이야. 결정적으로 살수는 지금의 청천강으로 30만 대군을 수장시킬 수 있는 강폭도 수심도 갖고 있지 않아. 게다가 겨울이었으니 얼어붙기까지 했겠지. 그럼 왜 이런 추론을 했던 걸까? 상식적으로 도저히 이길 수 없는 전력

의 대군을 이긴 데에는 자연의 힘을 이용한 신묘한 전술이 있지 않았을까 하는 생각에서 비롯된 게 아닐까 싶어. 이런 추측을 하게 된 배경에는 국내에서 이순신 장군급 네임 밸류를 가진 미스터리한 남자, 을지문덕 장군의 뛰어난 전쟁 수행 능력도 한몫을 했을 거라고 봐.

을지문덕 장군이 왜 미스터리하냐고? 살수대첩 외에 여러분이 알고 있는 을지문덕 장군에 대한 이미지를 머릿속에 떠올려봐. 대부분의 사람들이 그 외에 알고 있는 정보가 거의 없을 거야. 역사 무식자라서가 아니고 이건 당연한 일이야. 을지문덕 장군의 기록 자체가 전무하다시피 하니까.

우리에게 너무나 익숙한 이름이지만, 언제 태어나서 언제 죽었는지조차 기록이 없어. 심지어 어떤 관직을 수행했는지에 대한 기록도 없으니 말 다했지. 또 살수대첩에 대해서는 자세히 기록되어 있지만, 을지문덕 장군은 살수대첩의 대승을 이끌고 난 후에는 역사 기록에서 귀신 같이 사라져. 이름 자체도 우리나라 사람 같지 않은데, 혹시 엄청난 능력을 갖춘 용병이라 전쟁 후 홀연히 사라진 건가? 그도 아니면, 백두산에서 도를 닦으시던 전쟁 도사가 홀연히 내려와 위기에 빠진 우리 백성을 구하고 다시 손오공이 타던 근두운을 타고 사라진 건 아닌지 혼자 신나는 상상을 해봤어. 자 그럼, 이제 살수대첩이 일어나게 된 경위와 고구려군의 미친 전투력 및 신비주의로 무장한 을지문덕 장군의 활약상을 둘러보자고.

이번 이야기의 악역을 담당한 수나라는 약 400년 가까이 분열되어 있던 중국을 통일해 왕조를 막 세운 상황이었어. 우리가 삼국, 통일신라, 후삼국, 고려 등 분열과 통일을 반복했듯이, 중국도 마찬가지야. 지금처럼 계속 통일된 나라가 아니었어. 주위에 모든 나라들이 수나라에 머리를 조아리고, 충성을 맹세하고 있었는데 단 한 나라 고구려만이 도도하게 주권을 가진 독립국가로 버티고 있었던 거야. 역시나 고구려는 멋지지? 이때 고구려의 왕은 영양왕인데, 광개토대왕, 장수왕 등 할아버지들의 빛나던 전성시대를 재현해보자며 결의를 다지고 있었어.

영양왕은 수나라에 고개만 숙이지 않은 것이 아니라 그들의 바로 턱밑인 요서지방에 대한 선제공격까지 감행해. 수나라 입장에서는 황당하기 그지없었어. 중국 본토를 통일했는데, 발아래 위치한 작은 나라가 도도하게 고개 처들고 있다가 선제공격까지 해오니, 기가 찰 노릇이지. 여기에 수나라가 100만 대군을 일으키는 결정적인 장면이 등장해. 돌궐이라고 고대사에 자주 등장하는 민족이 있는데, 현대의 지정학적 위치로 굳이 분류하자면 투르크메니스탄이야.

수나라는 중국 대륙을 통일하면서 특히 돌궐족의 통제와 관리에 심혈을 기울였어. 왜냐고? 만만치 않은 군사력을 가졌으니까. 수 문제의 뒤를 이어 황제가 된 수 양제가 관리 차원에서 휘하 돌궐 지역에 순방을 했을 때였어. 암행 순시 차원에서 들른 돌궐 청사에 고구려 외무부 장관이 와 있는 걸 수 양제가 목격을 한 거지. 신경 쓰이는 만만찮은 둘이 모여서 쑥덕거리고 있으니 짱일지라도 긴장을 하지 않을 수가 없는 상황이야.

"이대로는 안 된다 해. 안 그래도 고구려 손 좀 보려 할 참이었다 해. 말 잘 듣고 있는 돌궐까지 고구려가 물들일까 겁난다 해. 천하 통일하느라 쉽지 않은 상황이지만, 이번 기회에 고구려를 손보지 않으면 우리가 당한다 해."

영화 '300'의 그래픽 이미지. 비록 과장이 있지만, 고구려 침략에 나선 수나라의 100만 병력의 느낌은 영화적 상상력으로 표현해도 모자랄 만큼 압도적이었을 것이다.

수 양제의 우려는 맞았어. 고구려는 혹시 있을 수나라와의 일전을 착실하게 준비하면서, 외교적으로는 돌궐 포섭 작전에 돌입했었던 거야. 고구려는 아무 준비 없이 큰소리만 친 것이 아니라 안팎으로 철저한 준비를 하고 있었어. 이런 게 바로 열강들 틈에서도 살아남을 줄 아는 작지만 알찬 나라, 제대로 된 나라가 취해야 할 전략이 아닐까 싶어. 이래서 역사는 학생들뿐만 아니라 정치하시는 분들도 공부할 필요가 있는 거겠지? 하지만 철저한 준비를 하고 있었지만 당대 최강의 수나라 대군이 몰려왔다고 생각해봐. 긴장되지? 실감이 안 난다고?

영화 '300'에서 페르시아군이 스파르타를 공격하는 장면을 떠올리면 수나라가 고구려 공격을 감행하는 모습과 얼추 비슷할 거야. 과장이 있다고 해도 전투병만 100만 명이야. 고대 지상전에서는 보급부대가 반드시 따라와야 해. 전투도 해야 하지만 생활도 해야 해. 밥도 먹고 최소한의 인간적 생활이 필요했던 거지. 여기에 군악대에, 황제 특별 경호부대에, 압록강을 건널 때 다리를 놓을 공병대에 그리고 각종 거대 무기들을 운송할 부대원까지. 항공모함을 타고 이동하는 것도 아니니 전투병 100만 명이 이동하려면 뒤를 받치는 인력도 엄

중국 요양 박물관에 고증을 통해 복원 후 전시되어 있는
요동성 모형도.

청나게 필요했다고 해. 저 당시 고구려 인구가 300만 명으로 추산되니, 작은 나라 전체가 움직인 거야. 믿거나 말거나 중국에 등록된 탁구 선수가 3,000만 명이라고 하던데, 대륙의 스케일이란. 세계 전쟁 역사상 유래를 찾기 힘든 이 병력은 1,300여 년이 지나 1차 세계대전 전까지 세계 기록을 굳건히 지켰다고 해. 이제 고구려 앞에 선 병력들의 규모가 조금은 눈앞에 그려지나?

그들은 페르시아군이 코끼리를 끌고 왔듯이 엄청난 위용을 뽐내며 요하강 앞에 이르러 부교를 설치해 도강한 후 요동성 앞에 불개미 떼처럼 도열을 해. 요동성에서 100만 대군을 마주친 고구려의 장수와 군인들은 어떤 심경이었을까? 이 당시 수나라 부대를 일렬로 도열하면 서울에서 부산까지 닿는다고 하니, 전쟁 전부터 기세에 압도되었을 것 같아. 전투를 시작해볼 것도 없이 결과가 눈에 뻔해 보인다고?

그런데 말이야. 이 요동성이 100만 대군 앞에서도 함락이 되질 않아. 거기에는 고구려의 기가 막힌 작전이 있었어. 그 작전이란 다름 아닌, 수나라 공격에 대해 어느 정도 방어를 하다가, 항복 선언을 해버리는 거였어. 이게 지금 작전이냐고? 조금 참고 이야기를 더 들어봐.

"이보라! 수나라 장군. 우리 이제 더 이상 못 버티겠다. 항복할 테니 고만하자."
"고뤠? 잠시만 기다리라 해. 우리 황제한테 가서 여쭤보고 오겠다 해. 근데 우리 황제가 고귀한 몸이라 황제 처소까지 가는 데 3일, 오는 데 3일 걸리니 딱 일주일만 기다리라 해."

01 싸움의 달인

"알았으니 날래 갔다 오라우."

수 양제의 재가를 받고 수나라 연락병이 다시 돌아왔는데, 고구려가 말을 싹 바꿔버려.

"이보라, 우리 너네 황제 전갈 기다리는 동안 맘이 바뀌어버렸어야. 다시 앙칼지게 싸우기로 했으니 항복 취소야. 지금 이 시점부터 다시 전쟁 개시야. 화살 날아가니 날래 날래 잘 피하라우."

전쟁이 다시 시작되고, 고구려군은 힘이 떨어질 만하면, 다시 위장 항복을 반복해. 100만 대군이니 명령체계도 많고, 현장의 지휘관이 선 조치 후 보고를 할 상황도 아니야. 현장의 지휘관은 나중에 만에 하나 일이 잘못되었을 때 어떤 화를 입을지 몰랐기 때문이야. 거짓 항복인지 알면서도 수 양제에게 거듭되는 확인 절차를 밟았어. 참으로 비효율적인 과정을 서너 차례 더 반복하고 이런 공방전이 석 달이 넘어가니 제 풀에 지친 수나라군은 요동성 함락을 포기해버려. 적의 비효율적인 의사결정 시스템을 간파하고 실전에 응용한 고구려 지휘부의 지략이 빛나는 멋진 한판승이야. 우리 회사들도 이 결재 시스템 좀 바꾸면 참으로 좋을 텐데. 역시 역사는 공부하면 할수록 현실 생활에 피가 되고 살이 되는 것 같아. 이제 수나라는 '플랜B'로 급격하게 방향을 선회해. 바로 30만 별동대를 조직한 거지. 수도 평양성을 타격하기로 한 거야.

"우리 사람 요동성 무서워서 피하는 거 아니다 해. 그냥 좀 뭐랄까, 생각해보니 성을 꼭 함락할 필요가 없다고 생각해서 그렇다 해. 요동성에 있는 고구

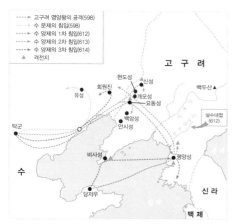

려 군사들이랑 주민들 복 받았다 해."

그런데, 별동부대라면 왠지 소규모의 인원으로 날렵하게 적진 깊숙이 침투해 닌자처럼 임무를 완성해야 할 거 같지 않아? 근데 애들 별동부대가 병력만 30만 명이야. 보급부대 없이 순수 전투병력만 가게 되니, 전투요원이 식량을 메고, 이고, 지고 가는 상황이야. 이러니 진군 속도도 당연히 느려졌어. 람보가 기관총에, 햇반에, 김치에, 육포에, 참치 통조림에 생수까지 메고 거북이걸음으로 적진 깊숙이 가는 거지. 기록에 따르면 이 별동부대가 메고 간 군장의 무게가 80킬로그램 가까이 되었다고 해. 이러니 평양성에 도착도 하기 전에 탈영병이 속출하고, 식량을 버리고 이동하는 부대원들이 부지기수였다고 해. 평양성에 도착하기도 전에, 병사들이 굶어 죽거나 과로사할 판이야.

이렇게 어렵게 평양성에 도착한 수나라의 별동대는 통곡의 벽을 맞이하게 되는데, 그 벽은 바로 을지문덕 장군이야. 을지문덕 장군은 요동성을 지켜낸 것과 같은 방식으로 치고 빠지는 전술을 시현하셔. 별동대가 80킬로그램 군장을 메고 계속 고구려군을 쫓아오게 만들었어. 살짝 공격하고 그들의 화를 돋은 후 뒤로 빠지니 수나라군은 미친개처럼 따라오고, 추격하다 제 풀에 지쳐버려. 그리고 다음 날 아침 댓바람부터 고구려군은 다시 공격을 해. 오후에는 또다시 도망치면서 그들과 술래잡기 놀이를 반복했던 거지. 수나라군이 터미네이터가 아닌 이상 탈진할 수밖에 없어. 이제 전쟁의 주도권은 을지문덕 장군이 완전히

수나라의 고구려 침략 전개도. 수나라는 589년, 거의 100년 동안 분열되어 있던 중국 대륙을 통일하고, 주변 국 정리에 나섰다.

01 싸움의 달인

쥐게 되었어.

하지만 아무리 유리한 상황에서 전투가 이루
어진다고 해도 우리 강토에서 전쟁이 일어나니
백성들의 피해가 없을 수가 없잖아. 하루라도

살짝 공격하고 그들의 화를 돋은 후 뒤로 빠
지니 수나라군은 미친개처럼 따라오고, 추격
하다 제 풀에 지쳐버리게 하는 거지.

빨리 우리 땅에서 수나라 대군을 몰아내는 것이 급선무였지. 이때 을지문덕 장
군이 다시 항복 퍼포먼스를 시현하서.

"이보라우. 니들도 명분이 있어야 철군을 할 테니, 우리가 항복하는 퍼포먼
스를 해주갔어. 그러니 날래 고구려 땅을 벗어나라우. 이미 전략 전술에서
니들은 우리한테 졌어. 그럼, 지금 당장 철군하면 우리 왕까지 나와서 항복
퍼포먼스를 해줄 끼야. 그러면 니네 황제 체면도 서지 아니 하갔어? 이건 부
탁도 아니고 선택 옵션도 없어야. 이 제안을 받아들이지 않으면, 크게 후회
할 끼야."

이건 그야말로 말이 항복이지 마지막 경고나 다름없었어. 수나라군은 굴욕
적으로 을지문덕 장군의 제안을 받아들이고 철군을 시작해. 수나라 병사들은
고향으로 돌아갈 생각에 지친 발걸음을 재촉하는데, 이미 군대의 대오가 아니
야. 타지에서 죽도록 고생만 하다 고향으로 돌아가는 체력 방전된 민간인일 뿐
이었어. 하지만 이대로 적을 보내면 재정비 후 다시 돌아올 것은 삼척동자도
예상 가능한 일이야.

이건 '전쟁의 신' 을지문덕 장군의 최후의 기만전술이었어. 고구려군은 사
기라고는 찾아볼 수 없는 패잔병들을 추격하여 살수에까지 이르렀어. 사방이

탁 트인 강 주변에서 충분한 시야를 확보하고 도강하는 수나라 병사들을 공격하니 30만에 이르던 별동부대원 중 2,700여 명만이 살아남아서 수나라로 돌아갔다고 해. 우리 역사에 남을, 아니 세계 전쟁사에 한 획을 그은 어마어마한 승리야. 그래도 수나라는 이후 2차례나 더 고구려를 공격하는데, 다 실패로 돌아가. 고구려와의 전쟁 여파로 수나라는 중국을 통일하고 채 40년을 채우지 못하고 멸망해. 수나라를 멸망시킨 당나라가 건국 기념 앨범을 발매했다면 'Thanks to 고구려'를 반드시 포함시켰을 거야.

"고구려 만세, 을지문덕 장군 만세, 요동성과 평양성의 이름 모를 고구려인 들 모두 다 만세!"

고구려의 '스파르타쿠스'

【대조영과 발해의 번영】

우리 역사상 가장 넓은 영토를 차지했던 발해. 발해사는 한국사의 짧은 부록이 아닌 가장 영광스러운 기록이다.

오늘날 이 땅에서 살아가는 우리가 로마 역사에 대해 가지는 관심의 절반이라도 발해에 가지고 있는지 하는 의문이 들 때가 많아. 그래서 준비한 게 발해야. 일단 발해는 우리나라 역사상 가장 큰 영토를 가졌던 나라인 건 알지? 중국은 물론 러시아 연해주 일부까지 포함된 국경선을 가지고 있었어. 한국판 로마제국을 꿈꿀 수도 있었는데 아쉬움을 떨칠 수 없어.

남녀 사이에서 보면 나 갖기는 탐탁지 않았는데, 남이 가지려고 하면 주기 싫을 때가 있잖아? 그때가 되어서야 그 사람의 가치를 깨닫지만, 버스는 이미 떠나간 경우가 많아. 지금이 바로 발해가 우리 곁을 떠나기 전에 잡아두어야 할 때야. 왜냐하면 중국이 발해에 대한 작업을 벌써 시작했기 때문이지. 중국은 이미 1980년대에 발해를 자기네 역사로 편입시켰어. 그리고 우리 학자들

발해는 결코 짧지 않은 200여 년의 기간 동안 우리 역사에 큰 족적을 남겼어. 우리 역사에서나 요절한 천재 느낌이지만, 세계사적으로도 결코 짧은 시간에 명멸한 나라가 아니야.

의 발해 지역 탐사나 연구를 엄청 방해하고 있다고 해.

러시아 학자들은 아직은 발해가 한국의 역사라고 인정하고 있지만, 최근에는 그들의 움직임도 심상치 않아. 중국과 러시아라는 거대 강국이 발해를 탐내고 있는데, 우린 뭐 하고 있지? 자, 그럼 Yo! 태지가 꿈꾸던 발해에 대해서 하나씩 알아보자고. 어떤 일이든 기초공사가 튼튼해야 하는 법이잖아.

발해는 200여 년(698~926)의 짧은(?) 기간 동안 우리 역사에 한 획을 제대로 그었어. 실은 우리 역사에서나 요절한 천재 느낌이지만, 결코 짧은 시간 사이에 명멸한 나라가 아니야. 우리가 조선이나 고려처럼 500년 이상 긴 시간 유지된 왕조에 익숙해져 있어서 그렇지. 중국의 수많은 통일왕조가 유지된 시간만 봐도 발해는 세계사적으로 오랜 시간 왕조를 구축한 나라에 속해. 수나라처럼 3대에 걸쳐 37년에 불과한 왕조는 말할 것도 없고, 한 세기도 유지 못한 원나라(1271~1368)에 비해서도 훨씬 길고, 더욱이 동양사에서 주연처럼 여겨지는 당나라(618~907), 송나라(960~1279), 명나라(1368~1644), 청나라(1616~1912) 왕조에 비해 그리 짧지도 않아. 그런데 우리는 그저 고구려가 망한 후 찰나의 순간 동안만 존재한 것처럼 여기지. 난 이것부터가 불만이지만 여기서는 이 정도로만 해두고 발해로 여행을 떠나보자고.

사실 발해는 우리에게 너무 알려지지 않아 신비로울 지경인 나라야. 이름은 수없이 들어봤지만, 정작 발해의 역사에 대해 잘 모르는 사람들이 태반인 게 현실이지. 회사에서 영어와 수학을 제대로 활용하는 사람은 극소수인 데도 불구하고, 영어, 수학만 강조하고 역사 교육은 뒷전으로 내팽개쳐놓은 결과이기도 하지.

신라가 당나라와 연합해 고구려를 멸망시킨
후 30년이 지나, 고구려 유민에 의해서 발해가
건국이 돼. 이렇게 발해는 신라의 위쪽에 자리
잡게 되는 거야. 지정학상으로만 비유하자면,
남한(신라)이 북한(고구려)을 제압하고 통일을 이
루기 위해, 초강대국 미국(당나라)에 협상을 제
안하지.

당나라 영주는 교역과 군사의 요충지로, 고구려 난민을
비롯해 당나라에 항복한 거란족, 말갈족 등이 함께 거주
하고 있었다.

　　"이봐, 캡틴 당나라! 당신의 슈퍼울트라 파워를
　　빌려 우리가 통일을 이루게 된다면, 고구려의
　　푸짐한 광물 자원과 싼 노동력은 당신의 몫이
　　야. 어때, 군침이 당기지? 이번 제안 로맨틱? 딜 성공적?"

　이런 거 없이 당시 초강대국인 당나라가, 신라에게 왜 협조를 했겠어? 백제
를 멸망시키고, 수많은 전쟁 난민은 물론 의자왕이 끌려간 곳도 당나라, 고구려
멸망 후 2만 8,000여 호의 유민들을 끌고 간 것도 당나라야. 백제, 고구려의 수
많은 전쟁 고아들이 통일된 신라에 귀속되거나, 보호 아래 있었던 것이 아니라,
당나라로 끌려간 거야. 이런 배경 속에서 발해가 싹트기 시작했어.
　캡틴 당나라는 신라에 슈퍼 파워를 제공한 대가를 받아야겠으니, 고구려의
전쟁 난민들을 영주(현 랴오닝 성 차오양 시)라는 곳으로 끌고 가. 여기엔 거란, 말
갈 등 다른 북방 민족도 함께 있었어. 현대 전쟁에서도 제네바 협정이 유명무
실한 판에, 1,000년도 전에 전쟁 포로들의 생활이 어땠겠어? 인권? 기본권 보
장? 이런 건 지금 시대의 새로운 지구 발견만큼이나 실현 불가능한 이야기였어.

그곳에서는 당나라 관리들에 의해 지옥 같은 (포로+노예+난민) 생활이 30년 가까이 이어졌어. 이런 폭정 아래 난민 자치지구에서 폭동이 일어나는 건 어쩌면 당연한 수순이었지. 먼저 일어난 건 거란족이었어. 참고로 이 당시 당나라는 측천무후의 시대였어. 거란족의 항거는 1년 만에 진압이 되지만, 이를 이어 고구려 호랑이들이 드디어 일어나게 된 거야. 이들이 누구야? 고구려의 후예들이야. 당나라의 포로로 끌려가 30년간 지옥 같은 곳에서 살아남은 이들은 어떻게 변했을까? 살아남은 자들은 죽은 이들의 아픔을 가슴에 되새기며 모든 개인이 스파르타쿠스화가 되었겠지?

'발해 사람 세 명이면 호랑이도 때려잡는다.'는 말이 괜히 나왔겠어? 거란족의 반란은 실패로 끝났지만, 고구려 호랑이들은 기세등등 여유를 부리며 도착한 당나라 정규군을 천문령天門嶺 전투에서 박살을 내버려.

자, 상상을 해보자고. 전쟁 포로들이 1년간 준비한 무기가 얼마나 되겠어? 초강대국 당나라의 정규군을 물리칠 수 있었던 건, 오직 살아남겠다는 깡다구와 고구려 호랑이 정신 아니었겠어? 13척의 배로 일본 함대를 몰살시켜버린 이순신 장군의 전투만큼 위대하고 대단한 승리야!

고구려 반란군의 캡틴 대조영大祚榮은 천문령 전투에서 대승 후, 무작정 당나라로 닥치고 돌격을 하지 않았어. 2보 전진을 위한 후퇴를 해. 최정예화된 투사들과 그 가족들을 이끌고 지리적으로 안전한 곳을 찾아, 언제 끝날지 모르는 대장정을 시작하지. 용맹과 투지만 믿고 당장 싸우기보다 더 먼 미래를 그린 거야. 그런데 이 대장정은 겪어보지 않은 사람들은 그 고통을 상상조차 하기 힘든 일일거야. 구급차를 대동하는 요즘의 국토 대장정과는 차원이 다른 일이었겠지. 지금이야 국립공원에도, 걷기 좋은 둘레길이 닦여 있지만 이 당시에는 어디 평탄한 길이 있었겠어? 험난한 산을 넘고 강을 건너는 건 그래도 해볼 만해.

제일 심각한 문제가 뭐겠어? 샤워? 잠자리? 도대체 밥을 어디서 먹냐고! 농사를 지을 땅도 시간도 없어. 전투식량이 있는 것도 아니야. 굶주림과 강행군으로 인한 피로는 상상조차 하기 어려워. 일행 중에는 갓난아기를 비롯하여, 30년간의 포로생활 동안 늙고 병든 노인들도 있었겠지. 이렇게 그들은 2년이 넘는 시간 동안 고행의 시간을 보내고 동모산 일대를 수도로 하여 나라를 세웠어. 그리고 국호를 '발해'로 정했어. 어때? 한 나라를 세운다는 게 보통 일이 아닌 건 알지만 발해의 건국 스토리는 더욱더 드라마틱하지 않아?

사냥꾼에게 어미를 잃고, 남의 나라를 떠돌던 고구려의 호랑이 새끼들이 드디어 먼 길을 돌아 앞발을 치켜들고 포효를 하며 일어난 거야. 발해! 하면서 말이야. 현대 역사로 치면 옷 한 벌 없이 짐승처럼 끌려온 흑인 노예들이 미국에서 독립국가를 설립하는 정도의 어려움과 비견되지 않을까? 지금까지 숨차게 달려 왔으니 잠시 이야기를 간단히 요약하면 아래와 같아.

❖패망한 고구려의 유민으로 당나라에서 포로 생활 시작.
❖30년간 당나라의 살인적인 압정을 견디며 전 국민의 검투사화.
❖노예 거주지 내 거란족의 봉기로 당나라가 살짝 흔들렸으나, 결국 실패.
❖이후 고구려 호랑이들 일어남.
❖대조영 지휘 아래 천문령 전투에서 당 정규군에 역사적 승리.
❖고구려 유민을 이끌고 2년간의 대장정 끝에 동모산 도착. 이 지역을 수도로 삼아 발해 건국.

여기서 한 가지 짚고 넘어가야 할 것이 있어. 이 당시 북방민족인 고구려는 지역 특성상 말갈족, 거란족 등이 포함된 국가였어. 발해 건국자인 대조영의 아버지 이름이 걸걸중상乞乞仲象이야. 이름이 우리 정서랑은 약간 다르고 뭔가 중요한 건 "우리 발해는 고구려의 기상과 정신을 이어받아 그 틀 위에 세운 나라다."라고 스스로 정체성을 명확히 밝혔다는 점이야.

이상하지? 그럼 "발해가 말갈족이 세운 나라야?"라고 질문할 수 있지만, 발해는 건국 후 당나라나 일본 및 기타 국가에 보낸 외교문서에 "우리 발해는 고구려의 기상과 정신을 이어받아 그 틀 위에 세운 나라다."라고 스스로 정체성을 명확히 밝혀. 따라서 발해는 지도층은 고구려이고 말갈 등 북방 민족이 포함되어 세우게 된 나라라고 볼 수 있지.

여기까지 발해의 건국 스토리를 함께했어. 다음으로 200년의 짧은 역사지만 주변 강대국을 떨게 한, 결코 작지 않은 나라 발해. G2 중국이 발해를 욕심 내는 이유를 알아보자고.

대조영이 피눈물로 세운 발해를 이어받은 무왕은 예전 고구려 땅의 회복을 넘어 국경을 점차 넓혀 나가. 지리적으로 발해는 당나라와 흑수말갈 사이에 위치해 있었는데, 어느 날 보니 이 둘이 몰래 사랑을 키우고 있었던 거야. 발해 입장에서는 흑수말갈이 배은망덕하기도 하지만, 열만 내고 있을 일이 아니야. 이러다 여차하면, 양쪽으로 협공당할 심각한 상황이었어. 우리 모두 어떻게 세운 나라인지 잘 알잖아. 그래서 발해 무왕이 친히 친동생 대문예를 흑수말갈로 가는 사절단 대표로 임명했어.

"브라더! 사실 너는 말만 사절단이다. 군사만 거느리지 않은 것이지 선전포고를 하러 가는 것과 마찬가지다. 이번에 가서 저것들한테 우리 발해의 기상과 위엄을 확실히 보여주고 와야 한다. 당나라와 함께 꿍꿍이를 부리는 날에는 뼈도 못 추릴 거라고 강력한 메시지를 주고 와야 하느니라!"

"저기… 형님. 아니, 폐하의 심정은 충분히 이해가 됩니다. 그런데 좀 현실적으로 생각하셔야지요. 우리가 이러는 걸 알면 당나라가 가만히 있겠습니까? 지금 당나라의 뜻에 어긋나는 외교노선을 펼치는 건 자살 행위입니다. 저는 폐하의 외교노선에 반대입니다. 그러니 차라리 저 말고 다른 사신을 보내주십시오."

동생은 출발 전부터 징징거리더니, 국경 근처에 도착해서 또 형한테 다시 한 번 재고해달라고 전갈을 보내.

"폐하… 아니, 형님. 오는 내내 제가 한숨도 자지 않고 생각을 해보았는데 이 건 아닙니다. 자칫하면 이제 겨우 초석을 닦은 나라가 지도상에서 먼지처럼 사라질 수도 있습니다. 제발 당나라에 고개 푹 숙이고 쥐 죽은 듯이 우리 세 대만이라도 한평생 좀 조용히 살다가 갑시다."

이에 무왕은 동생에게 급거 귀국명령을 내려.

"아, 그놈 진짜 더럽게 징징대네. 너 같은 놈은 나라를 대표할 사절단이 될 자격도 없다! 넌 그냥 귀국해서 안전가옥에서 잘 지내라."

하지만 무왕과 대문예는 형제이기 전에, 왕과 신하의 관계잖아. 고로 대문 예는 왕명을 거역한 거였어. 이에 무왕의 동생 대문예는 어이없게도 발해로 돌아오지 않고, 당나라로 귀순을 해버려. 더 황당한 일은 대문예가 귀순하고 일어나는데, 당나라 정부가 언론을 상대로 한 브리핑을 들어보자고.

"아, 당나라 국민께 알려드린다 해. 우리나라 모처에서 거주 중이던 발해의 세자가 어젯밤 심장마비로 사망을 했다 해. 그리고 유족이 싫어할 거 같아 부검은 실시하지 않고 바로 화장해 고국의 품으로 돌려보낼 예정이다 해."

"여기 질문 있습니다. 아니, 지난주까지 공식행사에 건강한 모습을 보이던 젊은 세자가 갑자기 심장마비라니요? 그리고 이런 급사는 진상을 밝히기 위해서라도 부검이 반드시 필요한데 유가족의 동의도 없이 너무 일방적인 처사 아닙니까?"

"질문에 대한 대답은 서면으로 대체하겠다 해. 그리고 두 번째 발표를 이어가겠다 해. 발해의 세자 자리는 매우 중요한 자리이기 때문에 한시도 비워둘 수 없기에 얼마 전 당나라의 품으로 날아온 작은 새, 즉 발해 무왕의 친동생 대문예를 차기 왕위 계승자로 지명한다 해. 더 이상의 질문은 받지 않겠다 해."

이로써 고국 발해를 등지고 당나라 품에 안긴 대문예는, 발해의 다음 왕 계승 서열 1위가 되어버렸어. 혹시 말이야 당나라와 대문예 사이에 서로 모종의 딜이 있지 않았을까? 정황상 당나라는 흑수말갈과 몰래 사랑을 키울 때부터, 발해의 대문예에 대해서도 왕위를 보장하는 사전 작업을 하지 않았을까? 왕위를 줄 테니 말 잘 듣는 사냥개가 되어달라는. 무슨 퍼즐 맞추기처럼 모든 게 이런 시나리오에 착착 맞아 들어가잖아.

발해 사람 3명이면 호랑이도 때려잡는다고 했잖아. 세자가 죽고, 동생이 나라를 등지는 판국에 발해가 칠푼이처럼 가만히 있었겠어? 그냥 숨죽이고 가만히 있었다면 발해가 역사 속에서 지금처럼 반짝이지는 못했을 거야. 발해는 그 누구도 생각하지 못한 일을 실행에 옮겨. 당나라의 해군 전초기지인 등주(오늘날

　　　　　　　　　　　　　　01 싸움의 달인

산동반도의 평라이)에 대해서 선제공격을 감행해.

물론 전면전을 하면 당나라와 게임 자체가 성립이 안 되는 건 발해 지도층도 알았어. 그래도 지는 것이 뻔하다고 때리면 때리는 대로 가만히 맞고만 있으면, 당나라는 더 무리한 요구를 할 거란 것도 자명한 일이야. 그럼에도 불구하고, 당나라의 해군기지를 공격한 건 발해의 엄청난 기상을 여실히 보여주는 사건이야. 우리 역사에 선제공격은 극히 찾아보기 힘든 사례거든.

2011년 발행된 발해 대조영 특별 우표. 우리 문화 정체성 바로 세우기의 하나로 고조선 단군왕검 우표를 시작으로 부여 금와왕, 고구려 주몽 우표에 이어 발해 대조영 우표를 발행했다.

등주 해군기지로 말하자면, 수나라와 당나라가 고구려를 침공할 때마다 그들의 해군이 출정하던 핵심 해군기지야. 그래서 등주 공격은 상징하는 바가 크다고 볼 수 있어. 그리고 발해가 '해동성국'이라고 불린 이유 중에 하나가 해군력이 육군보다 더 강해서이기도 한데, 그 공격은 전략적으로도 적절한 선제 기습이었어. 발해는 훌륭한 전술과 발해 호랑이들의 용맹함을 발판 삼아, 당나라 해군기지를 초토화시켜버렸어. 당황한 당나라 현종이 급히 보낸 원정 병력이 당주에 도착했을 땐, 발해 호랑이들은 이미 컴백 홈!

당시 세계 최강대국을 상대로 선제공격을 할 수 있는 나라가 발해였어. 그 이후 발해가 큰 탈 없이 승승장구할 수 있었던 건, 당 현종이 양귀비에게 빠져 국가 정사에서 손을 놓아버리고, 대신들이 당나라를 닭나라로 만들어가느라 발해까지는 신경을 못 썼다는 후문이 있기도 해. Thanks to 양귀비!

발해의 역사는 요절한 천재의 삶과 너무나 닮았어. 어찌하여 이렇게 탁월한 나라가 서기 926년 거란족의 침입에 단 3일 만에 항복을 하고 역사 속으로 영원히 사라지게 되었을까? 정확한 기록이 없기에 뭔가 석연치 않은 점은 분명히 있어.

그렇기에, 최근에 발해의 멸망이 백두산 화산 폭발과 관련되어 있다는 이야기도 나오고 있는 것이 아닐까? 서기 900년경 백두산에 화산 폭발이 있었다는 건 확실하다고 해. 그런데 엄청난 화산 폭발이 일어난 정확한 연도는 확인이 불가능해. "발해 멸망 전이다." "발해 멸망 후다." 말이 많나 봐. 명확한 역사 기록이 없는 상황에서 1,100년 전에 일어났던 화산 폭발의 연도를 정확히 밝혀내는 게 현대의 과학 기술로도 당연히 쉽지는 않을 거야. 그런데도 화산 폭발은 발해 멸망 후일 거라는 이론만이 정설로 인정되고 있어.

우리나라뿐만 아니라 외국에서도 역사적 사건을 인과법칙에 의거하여 과학적으로 설명이 명확하지 않은 부분에 대해서는 미스터리나 황당한 가설 아니면 음모론 따위로 몰아가는 경향이 너무 강한 거 같아. 그토록 강대하던 나라가 3일 만에 함락되었다는 것은 의문스럽지만 전혀 억지스럽지 않은 이론이며, 화산 폭발로 발해가 회복 불가능한 피해를 입었다는 가설은 '서프라이즈'에나 나와야 한다는 식의 취급을 받는 건 너무나도 일방적인 주장인 거 같아.

폼페이처럼 완전히 사라지진 않았어도 백두산 화산 폭발로 발해가 혹시 치명적인 피해를 입은 건 아닐까? 발해 멸망이 926년이고 마야 문명이 사라진 시기가 900년경이야. 이 시기에 지구에 무슨 일이 있었던 건 아닐까? 발해의 멸망 원인이 화산 폭발이라는 말이 아니고 여러 가능성을 열어둘 필요가 있다는 거지.

우리에게 너무나 매혹적인 이름 발해. 천 년 전에 일어난 일을 블랙박스에 남겨진 영상처럼 선명하게 복원해서 사실 확인을 한다는 건 결코 쉽지 않은 일이야. 그러니 눈과 귀를 열고 여러 가지 가능성에 대해 검토를 해보자는 거지. 지금이라도 발해에 대한 더 많은 연구가 꼭 이루어졌으면 하는 바람이야. 우리 정치하는 분들이 중국으로부터 서해안 꽃게뿐 아니라 우리 역사도 꼭 지켜주길 '발해'.

서희에게는 세계를 읽는 '눈'이 있었다

【서희와 낙타전쟁】

독수리를 이용해 사냥하는 거란족의 모습. 9~10세기 '호괴'라는 거란인이 그린 것으로 전해진다.

우리 역사뿐만 아니라 중국 역사에도 거란족과 말갈족은 자주 등장해. 이름은 익숙하지만 이들의 이야기가 등장할 때마다 항상 헷갈렸어. 나만 그랬나? 그래서 이번 글을 시작하기 전, 간단히 거란족과 말갈족에 대한 설명부터 해볼까 해. 이들은 지금의 지도 위에 딱 어느 나라라고 말하기는 어려워. 오늘 이야기의 조연인 거란족은 몽골 계통의 유목민이고, 발해 구성원의 민족이기도 했던 말갈족은 청나라의 만주족으로 이어졌다고 간단하게 이해를 해두자고.

▶신오대사新五代史: 원래 《오대사기》였지만, 설거정의 《구오대사》와 구별하기 위해 《신오대사》로 불렀다. 당나라 이후 정사 중 유일하게 개인이 편찬한 역사서로 송나라 구양수가 썼다(1053년 완성). 모두 74권으로 쓰였고, 중국 5대 10국을 유교적 관점에서 다루고 있다.

거란족은 916년 나라를 세우고, 938년 요나라로 이름을 바꾸었어. 그야말로 떠오르는 동북아의 신흥 강자였어. 《신오대사》 '거란전'에 거란족을 묘사한 부분이 있는데 잠시 살펴보면 이래.

"월식이 있으면 모두들 두려워하며 흉사로 여겼다. 이것은 거란군이 쳐들어온다는 불길한 징조이기 때문이다. 이때는 말도 울지 않고, 칼과 창이 밤중에 빛을 발했다. 거란의 미담은 더욱 잔혹하고 포악했으니 중국 한족들의 얼굴 껍질을 벗기고, 눈을 파내고 머리를 뽑고, 뼈 마디마디를 부러뜨려 죽였다."

이런 살벌한 거란족의 야망은 중원 전체를 차지하는 것이었기에 자기들 아래쪽에 위치한 고려와 원만한 외교적 관계를 유지하는 것이 중요했어. 942년 거란 조정에서는 고려에 보낼 선물 문제로 회의가 한창이었어.

"거참, 선물이란 게 말이야. 받을 때는 참으로 좋은 것이지만 주는 사람은 여간 신경 쓰이는 것이 아니란 말이지. 뭔가 품위 있으면서도 희귀하고, 진귀하면서도 천박하지 않은 그런 선물 없느냐?"
"고려란 나라가 대대손손 문화도 융성하기에 금은보화로 도배질을 해버리면 천박하다는 소리를 들을 것이 뻔한 일이옵니다. 그래서 참으로 고민이옵니다."
"그런 선물은 기본적으로 깔아두고 뭔가 상징이 될 만한, 딱 이번 사절단을 나타낼 수 있는 마스코트 같은 것이 있으면 좋을 텐데 말이지."
"혹시 낙타는 어떨지요?"
"옳거니, 그거 괜찮구나. 고려에서는 보기도 힘들 뿐더러. 낙타가 은근히 또 귀엽단 말이지. 우리 눈에만 그런가?"

이렇게 해서 942년 메르스균 없는 낙타 50마리가 압록강을 넘어 고려로 넘어오게 되었어. 마치 오늘날 중국이 판다를 외교 선물로 보내듯이 말이야. 그

서초동 국립외교원 앞에 자리한 서희 동상. 고려의 문신으로 한국 외교사에 이름을 남긴 인물이다. 외교관 이미지가 강해서 그렇지, 외교관 이상의 안목을 지닌 전략가이자, 원칙과 책임감을 겸비한 지도자이기도 했다.

런데 말이야, 고려 태조 왕건은 거란족 사신을 처형시켜버렸어. 그리고 그것도 모자라 낙타 50마리를 개경에 있던 만부교라는 다리에 묶어 굶겨 죽여버려. Why? "발해와 친하게 지내다 결국엔 뒤통수를 친 거란족이다. 우리는 고구려의 뒤를 이은 고려인데 어찌 고구려 유민들이 세운 발해를 친 거란족과 함께할 수 있겠느냐?"라는 강경한 멘트를 남기고 말이야. 이거 왠지 조짐이 불안하지 않아? 거란의 선물인 낙타가 굶어 죽은 이 해에 고려에 한 아이가 태어나는데, 이 아이가 50년 뒤 거란의 1차 침공을 막아내. 이거 뭐, 무협 드라마 같지 않아? 그 아이는 훗날 국립외교원 앞에 동상까지 세워지게 되는 서희徐熙라는 아이였어. 자 그럼 본격적으로 고려의 히어로로 서희에 대해서 알아보자고. 서희의 외교 담판이야 많이 들어는 봤겠지만 그의 성장 스토리도 궁금하지 않아? 그리고 외교 담판의 비하인드 스토리까지 들려줄게.

서희의 아버지는 대쪽 재상으로 이름을 떨친 서필徐弼이었어. 금수저 집안에다 머리까지 좋아서 17세에 과거에 급제를 해. 서희가 과거에 급제한 해에 송나라가 건국되었으니, 서희는 출생부터 인생에 중요 순간마다 역사적 사건이 일어났어. 이런 서희와 외교는 떼려야 뗄 수 없는 관계가 아니었을까 싶어. 이후 초고속 승진을 거듭하던 서희는 12년 뒤 내의성 시랑이라는 직책으로 송나라에 사신으로 가게 되었어. 하지만 이때 송나라는 고려의 어중간한 외교 정책에 토라져 있는 상태였어. 아니나 다를까 첫마디부터 말에 가시가 박혀 있어. '오빠가 뭘 잘못했는지 알아?'라는 분위기야. 한마디로 큰일 난 거지.

"그동안 가뭄에 콩 나듯이 사신을 보내다가 최근에는 그마저도 아예 끊고 지내시더니 이번엔 무슨 바람이 불어 이리 먼 길을 행차하셨소?"

식상한 표현이지만 송 태조는 서희의 천재적인 외교 능력에 칭찬을 아끼지 않고 명예직이지만 벼슬까지 내려주고 고려와 정상 국교를 맺었다고 해. 말 그대로 외교부 전설의 시작인 거지!

고려 외교관들은 분위기가 심상치 않음을 느꼈지만 차마 누구 한 사람 나서지 못하고 있었어. 이때 밀당의 고수 서희가 조용히 입을 열었어. 이번에는 어르고 달래며 당겨줄 타이밍임을 직감하고서 말이야.

"에이, 우리 사정 뻔히 아시면서 이러신다. 아! 고려와 송나라 사이에 거란과 여진이 떡 버티고 있으니 왕래가 어려운 거 아시면서! 더군다나 우리 두 나라가 친하게 지내는 걸 그들이 극도로 싫어하고 자기들이랑 친하게 지내자고 낙타랑 선물 막 이런 거 보내도 우리는 거절한 거 다 아시잖소? 말이 좋아 사절단이지 여기까지 오는 길 저희는 목숨 내놓고 왔습니다. 송나라가 서운한 거 우리 고려도 충분히 이해합니다. 하지만 송나라도 대국의 아량으로 우리 고려 사정도 정상 참작 부탁합니다. 하하하."

식상한 표현이지만 송 태조는 서희의 천재적인 외교 능력에 칭찬을 아끼지 않고 명예직이지만 벼슬까지 내려주고 고려와 정상 국교를 맺었다고 해. 외교부 전설의 시작인 거지! 서희는 송나라 체류 기간 동안 송나라와 거란이 대치하고 있던 동북아 국제 정세를 유심히 살펴보았어. 국제 정세 파악 완료! 그만의 외교 감각으로 몇 수 앞을 내다보고 준비하지 않았을까?

세월이 흘러 993년, 즉 고려 건국 75년이 지날 무렵 거란의 동경유수 소손녕蕭遜寧이 군사를 이끌고 내려왔어. 순식간에 봉산군을 점령해버리고는 고려 조정에 항복을 권유하는 공문을 발송해. 공문의 내용을 알아듣기 쉽게 풀이해 보면 아래와 같아.

"요즘 우리가 제일 잘나가는 거 잘 알지? 지금 천하가 다 우리에게 머리를 숙이고 있어. 송나라도 얼마 전에 우리한테 싸움 걸었다가 대패한 것도 잘 알 테고. 그야말로 지금 동북아 최고의 대세는 우리야. 그러니까 말로 할 때 빨리 항복해. 아니면 고려 전체를 다 쓸어버릴 게야!"

이 공문을 받아 든 고려 대신들은 2가지 대안을 내놓았는데, 무조건 항복하자는 '항복론'과 서경 이북을 떼어주자는 '할지론'이었다고 해. 이게 무슨 말이야 방구야. 정말 한심하기 짝이 없지. 이런 대안이라면 나 같은 군사 무지렁이도 태블릿 PC 들고 머리 손질하면서 낼 수 있는 아이디어야. 무서우니까 싸워보지도 않고 무조건 항복하거나, 내 나라 내 영토를 그냥 떼어줘서 돌려보내자는 이야기인데 다음에 또 오면 아예 간이고 쓸개고 다 빼줄 작정인가 보지? 우리의 국토가 꼬치에 꽂혀 있는 양고기도 아니잖아. 이때 서희가 분연히 일어나 "NO!"라고 이야기를 해.

"지금 거란의 병세만을 보고 경솔하게 서경 이북 땅을 떼어주는 것은 만세의 치욕입니다. 모두 고구려의 옛 영토인데 저들이 끝없는 욕심으로 매번 강요한다면 모두 다 내어주어야 하겠습니까? 바라건대 저로 하여금 적과 일전을 겨루게 한 뒤에 가서 화친을 논의해도 늦지 않을 것입니다."

서희의 말에 동조하는 세력도 있었기에, 고려 조정은 다시 회의를 하느라 혼란에 빠졌어. 이 사이에 거란 장수 소손녕은 좀 더 남하해 '안융진' 공격을 감행했고, 이는 항복론을 주장하는 자들에게 좋은 빌미를 제공했어.

"거참, 내가 빨리 항복하자고 할 때 항복했으면, 괜한 인명 피해도 줄였을 텐데 말이야. 안융진의 우리 병사들은 서희 당신 때문에 다 개죽음당한 것이나 마찬가지요. 어찌 책임질 것이오? 혼자 개뿔 잘난 척하더니 거란의 파워가 어느 정도인지나 알고 하는 소리요? 국제 정세도 모르면서 말이야."

이때 안융진에서 긴급 파발이 당도해. 병사는 숨이 턱까지 차올라 있었어.

"숨이 차겠지만 어서 보고하라! 전멸했느냐? 소손녕의 다음 타깃은 어디가 될 것 같으냐?"
"헉… 헉… 저, 그… 그게, 게 아니고, 우리가… 우리가 이겼습니다."
"뭣이라? 네놈이 말한 우리가 고려군을 말함이냐?"
"네. 우리 고려군이 거란군의 공격을 물리쳤습니다! 그리고 한 가지 소식이 더 있습니다. 소손녕이 빨리 항복하라고 공문을 또 보내왔습니다."

이때 서희가 입가에 묘한 웃음을 지으며 손을 들어. 소손녕을 만나고 오겠다고 강력한 주장을 펼쳐. 열 받은 소손녕이 사신을 죽여버릴 수도 있는 상황이라 모두들 서로 눈치만 보고 있는 상황이었어. 하지만 서희의 표정에는 여유가 넘쳤어.

'이놈들 봐라. 전면전을 벌일 생각이면 그대로 밀고 내려오면 될 것을 자꾸 항복하라고 공문질이네. 더군다나 작은 전투지만 한 번 패한 적장이 항복을 강요한다? 흐흐흐. 그래, 내가 나가서 네놈들 속셈을 한번 확인해봐야겠구나. 잘하면 손 안 대고 시원하게 코 풀 수 있겠구나.'

준비를 마친 서희는 발걸음도 당당하게 소손녕을 만나러 뚜벅뚜벅 들어갔어. 둘이 마주하자마자 소손녕은 서희에게 무릎을 꿇어 예를 표하라고 해. 굴욕적인 순간일 수 있지만 나머지 고려 사신들은 어쩔 수 없다고 생각할 때 서희가 소손녕을 노려보며 한마디해.

"닥쳐라, 이놈! 내가, 니 시다바리가?"

소손녕은 너무나 어이없는 상황에 자기도 모르게 움찔했어. 서희가 어찌 왕도 아닌 같은 신하끼리 절을 하고 무릎을 꿇을 수 있겠냐며 강경하게 버티자, 소손녕은 열이 받아 길길이 뛰기 시작했어. 서희 주위의 다른 신하들이 서희에게 다가왔어. 그리고 통역이 입 모양을 보지 못하게 어금니를 깨물고 말했어.

"저기… 지금 상황이 아무리 봐도 우리가 '을'인데, 고집부릴 때가 아닌 것 같소이다. 까짓 무릎 빨리 꿇읍시다. 제발요, 쫌!"
"'을'은 항상 굽히기만 하란 법이 있소? 그렇게 저자세로 나가서 어디 정상적인 회담이 되겠소? 그리할 것이었으면 처음부터 백기 들고 오는 것이 낫지. 지금 저들이 원하는 것은 명분이요, 명분. 우리와 송이 외교적 관계만 끊는다면 전쟁을 할 의지도 없고 군사적 상황도 아니오. 나만 믿으시오."

01 싸움의 달인

"만약 그 생각이 틀린 날에는 우리 목숨이….'

"오늘은 이만 철수합시다. 어디서 감히 절을 하라고 윽박을 지르고 있어!"

"네? 철수라니요? 아니, 이야기도 시작하지 않고 돌아간단 말입니까? 이런 외교 결례가 어디 있습니까?"

"결례는 저들이 먼저 저질렀소. 최소한의 외교적 예의도 갖추지 않았는데, 무슨 대화가 된단 말이요. 날 믿으시오. 오히려 더 잘되었소. 밀 때는 밀고, 당길 때는 당겨야 하오. 오늘은 세게 나가야 하는 날이외다."

서희가 진짜로 똥 씹은 표정으로 자리를 박차고 일어나자 고려 사신은 물론이요, 거란 사신도 어안이 벙벙하기는 마찬가지였어. 서희가 일행을 데리고 떠나가자 거란군은 긴급 회의를 소집했어.

"저, 저런 고얀! 감히 우리를 무시해도 유분수지! 이대로 둘 수 없습니다."

"저자가 보통이 아니로구나. 이미 낌새를 챈 것은 아닌지 모르겠구나. 이 일을 어쩐다?"

"뭘 어쩝니까? 확 다 쓸어버리면 그만인 걸요."

"무식한 소리하지 말고 구석에 찌그러져 있어라. 고려군은 그리 만만치가 않다."

서희는 숙소로 돌아와 다음 날 아침까지 늦잠을 자고 천하태평으로 빈둥거리고 있었는데 놀랍게도 거란 쪽에서 먼저 사람을 보내왔어.

"저기, 어제는 외교 절차상 서로 약간의 오해가 있었던 거 같습니다. 어제 일은 외교뿐만 아니라 세상사가 마찬가지 아닐까? 상대를 알고 나를 알고, 나아갈 때와 물러날 때를 아는 게 중요한 거지.

없었던 걸로 합시다. 예를 갖추고 안 갖추는 것이 뭐 그리 중요하겠소."

그제야, 서희는 못 이기는 척 회담 장소로 다시 발길을 옮겼어. 기선 제압에 성공한 거지. 외교뿐만 아니라 세상사가 마찬가지 아닐까? 상대를 알고 나를 알고, 나아갈 때와 물러날 때를 아는 게 중요한 거지. 이제 서희와 소손녕은 대등하게 마주 서서 맞절을 하고 각각 동쪽과 서쪽에 자리를 잡았어. 이제부터 창칼보다 무서운 세 치 혀의 뜨거운 대결이 시작돼. 소손녕의 선제공격이 시작되었어.

"고려는 옛 신라 땅에서 시작하였는데 어찌하여 우리 땅(여진족 거주 지역)을 자꾸 침범하는 것이냐?"

"지금 무슨 턱도 없는 말씀을 하고 계시오? 우리나라 이름이 뭐요? 고려요, 고려. 우리는 고구려의 정신을 이어받고 계승하고 있소. 그 지역은 옛 고구려 땅이니 그냥 원래 우리 땅을 다시 찾으려는 거요. 그게 어찌 문제가 된단 말이오. 침범은 오히려 귀국이 우리 옛 땅을 침범한 것이오. 입은 삐뚤어졌어도 말은 바로 하시오. 다음 의제로 패스. 그리고 한 번만 더 반말하면 바로 회의 종료이니 선택은 님이 알아서 하시오."

사실 거란의 진짜 목적은 다음 의제였어. 처음 의제로 고려의 기를 꺾으려다 오히려 말문만 막히게 되었지.

"으흠… 뭐… 아… 몰랑, 됐고! 그럼, 우리가 친히 정벌을 나온 이유를 말하겠…소. 고려 국경은 우리와 접하고 있으면서 어째서 우리가 아닌 바다 건너 송나라하고만 친하게 지내는 게요. 다른 생각이 있는 거 아니오? 만일 송과 단교를 하고 우리와 국교를 맺은 뒤 땅을 떼어 바치면 큰 화는 면하게 해줄 것이오."

거란이 그리는 '빅 픽처'는 송나라를 먹는 것인데, 송나라에 대한 집중 공격 시 고려가 송나라를 위해 자기들 배후를 치게 되는 경우를 막고자 함이었어. 송과 고려의 단교가 그들의 지상과제였던 거지. 서희는 이 모든 걸 알고 왼손 으로는 귓불을 살살 만져주면서 오른손으로 묵직한 결정타를 날려.

"귀국이 충분히 그렇게 오해를 할 만합니다. 하지만 귀국과 우리 사이에 여 진이 저리 떡 버티고 있으니 차라리 바다 건너 송과 교류를 하는 게 편하기 때문에 그런 것이오. 더 이상 구차한 변명하지 않겠소. 귀국이 그리 원하시 니 송과 단교하고 귀국과 수교를 맺겠습니다."
"엥, 정말이오? 당신네 왕이 허락하겠소? 막 신하 나부랭이가 왕의 결재도 없이 그런 말을 이 자리에서 해도 되는 것이오?"
"나는 전권을 위임받고 온 대사이외다. 우리는 합리적인 결재 시스템을 가지 고 있소. 단, 조건이 있소. 원래 우리 땅이었던 여진 거주 지역을 우리 힘으 로 찾을 테니, 영토 침범이니 그런 말 하지 마시오. 군사 원조를 해달라고도 하지 않겠소."
"흠… 우리 쪽 상부에 보고를 한 후 다시 만납시다. 우리는 결재 시스템이 아 직 보수적이라…."

담판으로 얻어낸 강동 6주. 993년(고려 성종 12년) 거란(요나라)의 1차 침입 때 서희가 거란 장수 소손녕과 담판하여 영유권을 인정받은 고려 서북면의 영토이다.

얼마 후 보고를 받은 거란 왕은 고려가 수교를 하기로 한다니 그만 철군하라는 지시를 내리고, 서희는 손에 피 한 방울 안 묻히고 거란군을 돌려보냈어. 다음 해부터는 장군으로 트랜스포머하여 직접 여진족을 정벌, 강동 6주를 득템! 혼자 북 치고 장구 치고 텀블링까지 시연하신 거지. 거란은 수교를 맺어줘서 고맙다고 말과 양과 비단은 물론이요, 낙타를 또 보냈다고 해. 고려는 이번엔 낙타를 죽이지 않고 잘 키웠고.

서희의 외교력을 보고 '이게 뭐야? 싱거운 걸?' 하는 분도 있을 수 있겠지만 결코 쉬운 일이 아니야. 약소국이 강대국 사신을 상대로, 그것도 칼 앞에서 저리 담대하고 논리정연하게 자기주장을 하기가 쉬웠다면 지금까지 서희가 칭송받진 못했겠지. 그리고 말이야. 아시는 분들은 아시겠지만 텔레비전에 나오는 정치인이나 외교관이 우리보다 월등히 뛰어나다고 생각하지 마. 기본적으로 공부 머리는 좋겠지만 수많은 능력자들이 단지 시험을 통과하지 못하여 그 능력을 제대로 발휘하지 못하는 게 현실이야. 칠레까지 가서 현지 10대 소녀들을 성희롱하는 외교관도 있잖아.

자, 다시 고려로 돌아가보자고. 내가 한 행동을 상대방이 들으면 기분 나쁠 것 같은 소식은 내 입으로 직접 먼저 알려주는 게 상책이야. 거란과의 빅딜 후 고려는 송나라에 사신을 급파해. 그리고 우는 소리를 하며 인생 연기를 펼쳐.

01 싸움의 달인

"귀국도 쩔쩔매는 거란이 대국을 이끌고 우리 고려를 침범했었습니다. 우리
는 그동안 송나라만 믿고 그들과 정식 외교 관계도 안 맺고 있었는데, 어찌
하면 좋겠습니까? 저희 힘으로는 역부족이니 대국에서 직접 좀 나서주셔야
하겠습니다. 이러다간 귀국과 단교하고 거란과 수교하게 생겼습니다."

하지만 이 당시 송나라의 국내 사정이 거란을 어찌할 수 없는 상황임을 고
려는 이미 인지하고 있었어.

"거참, 미안하게 됐지만 지금 우리 코가 석자라⋯. 미안하구려. 거란이 원하
는 대로 일단 들어주세요. 그리고 이렇게 먼 길 와서 도움을 청하는데 아무
힘이 못 되어 미안하오."

고려는 송나라와 단교 후에도 계속 비공식적으로 외교 관계를 유지했다고
하니 두 강대국 송, 거란이 고려의 두 손 안에 놀아나고 있었어. 우리 조상들이
이런 외교 능력을 가지고 있었는데, 그 유전자가 어딜 가겠어? 현실적으로 미
국과 중국을 힘으로 압도하기는 쉽지 않지만 서희 같은 외교관이 안 나올 리는
없잖아. 두 강대국 사이에서 밀리지 않고 당당하게 외교전을 수행하길 바라.

'풍찬노숙'으로 얻어낸 동북 9성

【별무반과 윤관】

1910년 무렵 만들어진 윤관 초상.

고려 16대 왕 예종(睿宗, 재위 1105~1122) 2년인 1107년 윤 10월. 오직 여진족 정벌을 위해 3년의 고된 훈련을 마친 별무반의 최선봉에 윤관尹瓘이 서 있었어. 별무반은 15대 왕인 숙종(肅宗, 재위 1095~1105)과 의기투합하여 추진한 프로젝트였지만, 숙종은 이미 이 세상 사람이 아니었고, 그의 맏아들 예종이 바통을 이어받았어.

윤관은 대를 이은 범국가적 프로젝트의 코어 역할을 여전히 맡고 있었어. 17만에 이르는 대군의 출정식을 왕과 함께 지켜보며 윤관은 주마등같이 지나간 지난날을 되돌아보며 쓸쓸한 미소를 짓고 있었어. 시계를 조금 앞으로 돌려 1104년, 여진족이 고려를 침공해 정주성에 주둔하자 긴급 국가안보회의가 열렸어.

"이게 도대체 어찌 된 일이냐? 여진족은 그동안 우리를 부모의 나라로 섬기며 조공을 해오던 것들인데 이자들이 어찌하여 감히!"

"폐하, 여진족은 그동안 동여진, 서여진 등으로 분열되어 통일된 국가의 모습을 갖추지 못한 상태였습니다. 허나 완안부完顔部라는 신흥 세력이 여진 세계를 평정하면서 일이 오늘날까지 이르고 말았습니다."

"저놈들이 그래서 지금 우리 고려를 정복이라도 하겠다는 거요? 내 이런 고얀 놈들을! 지금 당장 임간林幹을 총사령관으로 임명하니 여진족에 우리 고려의 위용을 제대로 보여주도록 하시오!"

국가 비상사태에는 빠른 의사 결정도 중요하지만, 신중을 기하는 일 또한 간과해서는 안 될 일인데 숙종은 뭔가 서두르는 면이 없지 않았어.

"폐하께서 왜 이리 서두르시는 겁니까? 그리고 뭔가 오버하시는 것 같은 느낌적인 느낌인데…."

"여진족의 국경 침범이 문제이긴 문제이나 어디 하루이틀 일인가? 이게 다 국면 전환용의 하나일 수도 있지. 폐하 입장에서는 여진족의 도발이 땡큐일 수도 있지."

"그게 뭔 소리입니까?"

"아, 우리 숙종 폐하가 누구신가? 어린 조카를 몰아내고 고려의 킹이 되신 분 아니야! 국내 정치에서 곤경에 처하거나 해결 불가능한 문제가 발생했을 때 가장 좋은 방법은 바로 전쟁이야. 나라를 위해 모두가 싸워야 한다고 주장한다면 국내 문제는 그대로 덮어지는 매뉴얼 아닌가."

"아! 그럴 수도 있겠군요. 한데 왜 폐하의 오른팔인 윤관을 출정시키지 않고 임간을 총사령관으로 내보낸 겁니까?"

"윤관까지 안 나서도 여진족은 충분히 정벌이 가능하다는 국가안보위의 보
고서가 있었다네."

"하긴 우리가 누구입니까? 85년 전 거란도 이긴 고려 아닙니까. 프리시즌 경
기 치르듯이 여진족쯤은 가볍게 이기겠군요. 그나저나 임간 그자가 출세욕
이 넘치는 자라 오버만 안 하면 좋을 텐데요."

대신들의 우려에 부응이라도 하듯이 임간은 숙종이 제시한 가이드라인을
넘어서 여진족 깊숙이 밀고 들어갔어.

"이런 기회가 자주 오는 것이 아니다! 거란도 아니고 여진족 나부랭이들을
몰살시킴으로써, 눈에 띄는 전과를 남길 수 있다. 하늘이 주신 기회를 놓칠
수 없다. 결과만 좋으면 과정 따위는 무시해도 좋다. 못 먹어도 고다!"

"장군, 전적으로 동의합니다. 저 척준경拓俊京이 선봉에 서서 여진족들의 모
가지를 수거해오겠나이다."

하지만 의욕만 앞섰던 임간은 여진족에게 완패를 당했어. 승진이나 출세는
커녕 있던 자리에서도 파직이 되고 말았지. 한 번의 출정으로 국내 정치는 물
론 외교 문제도 말끔하게 해결하려고 했던 숙종은 몹시 당황했어.

"아무래도 윤관 장군이 또 한 번 나를 도와줘야겠소."

"폐하, 신 이 한몸 다 바쳐 폐하의 근심거리를 제거하고 오겠나이다."

"네, 장군만 믿으니 돌아오면 흥건하게 취해서 밤새 한번 놀아봅시다."

하지만 보병 위주로 구성된 윤관의 군대는 또다시 여진족에게 굴욕적인 패배를 당하고 말았어.

"이 무슨 일인가! 윤관 당신마저 패하다니. 내가 어디 낯 뜨거워서 고개를 들고 나갈 수가 있겠나. 허참, 이거! 이러다가 안팎으로 무능한 왕이란 소리나 듣게 생겼구먼. 거 뭐라고 변명이라도 좀 해보시오. 장군."

"폐하, 저에게 달포간의 말미를 주시기 바랍니다. 여진 정벌에 대한 사업계획서를 가지고 달포 후에 보고를 올리도록 하겠습니다. 저 윤관 한 번만 더 믿어주십시오."

달포 후 윤관은 숙종 앞에서 떨리는 마음으로 프레젠테이션을 하게 되었는데, 제목은 '특수부대 별무반'이었어.

"폐하, 신은 사실 여진족과 전투를 벌인 첫째 날 우리 군이 패배할 것을 직감하였습니다. 패장으로서 할 말은 아니지만 패인을 알게 되면서 승리할 수 있는 방법도 함께 찾았습니다. 고려의 패인은 기마병 위주의 여진족에게 보병으로 달려들었기 때문입니다. 이에 대한 대비책은 여진족 기마병에 대한 맞춤 부대를 창설하여 훈련시키는 것입니다. 이 특수부대의 이름은 가칭 별무반으로 정하였습니다."

"흐음…. 병력 구성은 어찌할 생각이오?"

"우선 전국에 말을 가진 자를 모두 소집하여 '신기군'으로 편성할 것입니다. 또한 과거시험을 준비하고 있는 자를 제외한 전국의 20세 이상 모든 남자는 '신보군'으로 편성할 것입니다. 마지막으로 현재 전국에 있는 사찰에서 잡부

나 수행자로 재직 중인 자들을 '항마군'으로 편성, 최강의 삼각편대로 여진족을 정벌할 것입니다. 이렇게 편성된 삼각편대를 최강의 부대로 만들기 위해 3년의 기간을 소인에게 주시면 반드시 임무를 완수하겠나이다."

"음…. 27페이지 인력 현황을 보니 대략 별무반은 17만 명의 특수부대가 되겠구려. 좋소! 이왕 밀어주는 거 내 화끈하게 밀어주리다. 대신 이번에 실패하면 나도 싱싱한 오른팔을 다시 구할 생각이오. 경에게 주어진 마지막 기회란 걸 유념하기 바라오."

여진족 정벌을 고대하던 숙종은 별무반의 출정식을 끝내 보지 못했어. 그는 서경에 있던 동명왕 묘에 다녀오다가 갑자기 병을 얻었고 급하게 궁궐로 돌아오던 도중 그만 가마에서 죽고 말았어. 예로부터 신분이 낮은 사람들도 객사만은 꼭 피하고 싶었다고 하는데 한 나라 왕의 죽음 치고는 참 복도 없다는 생각이 들어. 어쩌면 이 죽음은 삼촌에게 왕위를 뺏기고 하늘나라로 먼저 간 조카의 한풀이는 아니었을까?◀ 어쨌거나 남의 가슴에 대못을 박고 남의 눈에 피눈물 흘리게 한 사람 치고 마지막이 좋은 사람은 확률적으로 극히 낮다는 것을 역사가 증명해주고 있어.

한편 윤관은 오직 여진족의 기마병에 대항하기 위한 전술과 전략을 짜고, 맞춤형 군사훈련을 혹독하게 진행시켰어. 마침내 모든 준비를 마치고 3년 전의 치욕을 갚기 위해 별무반의 최선봉에 서게 된 거야.

《고려사高麗史》 '열전'에 그 어떤 인물보다 비중 있게 다뤄진 윤관이 별무반의 최전방에서 실시한 첫 번째 작전은 모두를 놀라게 했는데, 그건 바로 여진족 족장들과의 파

▶고려 숙종은 형의 아들이자 열 살에 불과했던 헌종을 퇴위시키고 보위에 올랐다. 조선 세조보다 명분을 가졌으나, 결과는 놀라울 만큼 닮아 있다.

01 싸움의 달인

티야. 윤관은 400여 명에 달하는 여진족의 족장들에게 파티 초대장을 보냈어. 주요 안건은 상호 간에 포로 교환을 논하자는 것이었어.

"어라? 윤관 이자 봐라. 우리를 치려고 3년 동안 단단히 벼르고 칼을 갈더니 갑자기 웬 회식이란 말인가? 이거 뭔가 꿍꿍이가 있는 거 아냐?"

"꿍꿍이는 무슨 꿍꿍이. 자기도 막상 전쟁을 하려니 두려운 게지. 3년 전 우리들에게 받은 쓰라린 패배의 기억이 봄날 아지랑이처럼 다시 피어올랐을 수도 있고. 낄낄낄."

"아마도 맨 정신에는 자기도 말하기 힘들 테니 술 한잔 마시고, 다시 강화를 맺자고 하려는 수작일 터. 우리는 그저 가서 차려놓은 진수성찬이나 먹고 돌아옵시다."

이들이 야외 연회장에 도착해보니 모든 준비가 기대 이상으로 되어 있었어. 각종 진귀한 산해진미와 음악에 취해 약간의 긴장마저도 모두 내려놓은 순간, 윤관이 엄지손가락을 꺾어 내렸어. 파티장은 순식간에 피의 축제로 변하였고, 별무반 최정예 전사들의 칼이 춤을 추자 여진족을 대표하는 족장들은 그야말로 추풍낙엽처럼 쓰러지고 말았어. 이 기세를 몰아 윤관은 여진족들의 주요 거점을 공격했고, 우두머리를 잃은 여진족들은 선장 잃은 돛단배마냥 그대로 침몰! 이때 별무반의 선봉에 서서 여진족에게 죽음보다 두려운 공포를 안겨준 인물이 있었으니, 바로 곡산검법의 창시자 척준경이었다고 해.

이렇게 윤관은 고려의 골칫덩어리 여진족을 밀어버리고 새로 개척한 땅에 성을 쌓기 시작했어. 하나둘 짓다 보니 성이 9개가 되었고, 그 유명한 윤

논란 중인 동북 9성의 위치. 《세종실록지리지》에 기록
된 두만강 위쪽 700리 위치와, 현재 함흥평야 일대 등
을 두고 여전히 논쟁 중이다.

관의 동북 9성이 마침내 완성되었던 거야. 그런데 윤관이 개척한 동북 9성의 위치에 대한 논란이 많기 때문에, 역사 시험에 출제가 안 된다고 해. 《세종실록지리지》에는 동북 9성의 위치가 두만강 위쪽 700리 길이라고 나와 있다는데, 1900년대 초 일본학자가 반론을 내기 시작했어.

"말도 아니 되므니다. 고려는 그렇게 넓은 땅을 개척한 적이 없스므니다. 동북 9성은 함흥평야 일대에 불과할 뿐이므니다. 고려는 조센징들의 이상과 꿈일 뿐이므니다."

역사에 대한 연구가 더 많이 진행돼야겠지? 윤관은 1차 정벌 때의 실패를 완벽하게 만회함은 물론, 극적인 전화위복을 이루었어. 윤관은 국민 장군으로 온 국민의 지지를 얻고 꽃길만 걸을 일만 남을 줄 알았는데, 《고려사절요》 예종 4년 아래와 같은 기록이 있어.

국가에서는 여러 방면으로 군사를 징벌하고, 여기에 기근은 끊이질 않았다. 또한 유행병마저 겹치니 백성의 원망이 드디어 일어났다.

여론의 눈치를 살피고 있던 자들이 똬리를 틀고 있던 살모사가 일어나듯이 고개를 쳐들기 시작했어.

"폐하, 동북 9성은 우리 고려가 관리하기에는 너무나 넓고, 우리 관할이라

01 싸움의 달인

하기에는 너무 멀리 있사옵니다. 또한 여진족은 게릴라 전술을 이용하여 계속적으로 항전을 하고 있습니다. 이에 투입되는 막대한 경비와 인력으로 인해 국가 경제가 큰 타격을 받고 있습니다."

"현장의 보고에 따르면 여진족의 반격이 너무나 거세다고 합니다. 척준경이 아니었다면 윤관 장군 또한 목숨을 잃을 뻔한 적도 있었다고 하옵니다. 마침 얼마 전 여진족이 화친을 청해왔으니 이번 기회에 못 이기는 척하며 화친을 받아주는 것이 상책일 줄 아뢰옵니다."

"무슨 말도 안 되는 소리들이요? 동북 9성은 선왕 때부터 준비한 우리 고려의 숙원 사업이자 별무반 군사들의 피와 맞바꾼 지역입니다. 그런 땅을 어찌 그리 쉽게 돌려준단 말입니까! 그리고 이 정도 저항을 예상 못한 바도 아닌 바 지금은 강공책으로 나가야 할 때입니다."

이와 같이 일부 반대의 목소리도 있었으나, 탁상공론을 주특기로 하는 신하들의 압도적인 지지로 동북 9성을 반환하기로 최종 결정을 내리게 되었어. 세종대왕 때 김종서 장군이 개척한 '4군 6진'도 비슷한 어려움을 겪었는데, 세종대왕께서는 내 눈에 흙이 들어가기 전에는 절대 포기하지 않을 거라고 땡깡을 부리셔서 신하들이 두 손 두 발 다 들었다고 해.

그런데, 여진족과 화친을 맺고 동북 9성을 반환하는 것도 모자라 윤관을 처벌해야 한다는 상소가 끊이질 않았는데, 이게 도대체 어찌 된 일일까? 이순신 장군 꼴이 나는 건 아닌지, 이거 원 참. 이런 상소를 올리고 있는 윤관의 반대 세력들이 모인 밀실 대화를 도청해보자고.

"아이고, 수고들 하셨습니다. 선왕의 유지도 있고 해서 동북 9성의 포기는 왕 입장에서도 쉽지 않은 결정이었을 텐데 말입니다. 생각보다 일이 쉽게 풀렸습니다. 으하하하."

"우리가 모두 한마음으로 합심하였기에 가능한 일이었지요. 허나 샴페인을 너무 빨리 터트리지는 맙시다. 북방의 호랑이가 아직 두 눈 시퍼렇게 뜨고 살기등등하게 살아 있습니다."

"그래요. 윤관이 동북 9성에서 돌아와 정계로 복귀하는 날에는… 생각만 해도 끔찍합니다. 미련한 백성들이 그자를 영웅인 양 떠받치는 것도 큰 문제입니다. 지지율이 90퍼센트가 넘는 게 말이나 됩니까! *끄응*."

"여론 몰이를 해야지요. 동북 9성을 얻음으로써 생긴 부차적인 피해들을 극대화시켜 언론에 연일 노출시켜야 할 것입니다. 그렇게 되면 동북 9성 반환에 대한 타당성도 부여되고, 그 책임자인 윤관을 추궁할 빌미도 마련이 되니, 이것이야 말로 임도 보고 뽕도 따는 것이지요."

"한데 여진족이 걱정은 걱정입니다. 이것들이 평상시에는 생필품을 얻으려고 장사꾼처럼 행동하지만, 굶주리면 도적으로 변해 심지어 배를 타고 경주와 울릉도까지 습격하지 않았습니까? 여진족에는 윤관이 특효약이긴 한데 참으로 아쉽습니다."

"그런 걱정은 국방의 의무가 있는 천한 백성들이나 할 일이요. 우리가 여진족한테 당할 일이 있겠습니까? 백성들이나 걱정하며 감성적이 되는 순간 정치판에서는 도태된다는 걸 명심하세요."

이런 우라질! 이렇게 윤관은 반대파의 집요한 공작에 의해 동북 9성과 함께 사라질 위기에 처했으나 예종이 파직만 시키는 선에서 그를 구해(?)냈고, 얼마 후에는 복직까지 시켜주었다고 해. 하지만 복직한 지 5개월 만에 한 많은 인생을 마감했어. 여진족에게는 공포의 대상이었지만, 북방에 거주하던 우리 백성들에게는 왕보다 든든한 실질적인 백그라운드가 되어주었던 윤관 장군. 야전에서 거친 식사와 풍찬노숙으로 개척한 동북 9성의 대가로 받은 것을 쓸데없는 전쟁으로 매도하고, 국가에 피해를 입힌 자라는 불명예까지! 예나 지금이나 권모술수로 정치판에서 살아남으려는 자들 때문에 진정한 영웅이 희생양이 되고, 그 불합리함의 종착역에는 언제나 우리 백성들이 있었다는 것이 원통할 따름이야.

여진족에게는 공포의 대상이었지만, 북방에 거주하던 우리 백성들에게는 왕보다 든든한 실질적인 백그라운드가 되어주었던 사람이 바로 윤관 장군이야. 꼭 기억하라고!

그것도 알고 싶다, '고려 미제 살인사건'
【몽골 사신 저고여의 죽음】

인류 역사상 가장 큰 제국을 세운 몽골제국의 시조 칭기즈 칸(재위 1206~1227) 초상.

1225년 동장군이 기승을 부리던 정월 어느 날이었어. 고려 국경 너머 압록강변에서 몽골의 사신 저고여 著古與가 살해된 채 발견됐어. 시체 주변에 고려에서 공물로 받은 값비싼 비단이 그대로 있는 것으로 보아, 단순히 산적의 소행으로는 보이지 않았어. 13세기 후반은 칭기즈 칸이 한창 위세를 떨치던 시기야. 몽골의 사신으로 고려에 들렀다 귀국길에 싸늘한 시체가 되어버린 사신 '저고여 살인 사건'. 이 사건은 몽골이 30여 년에 걸쳐 6차례나 고려를 침범하는 발단이 되는 중요한 사건이 되기도 해. 과연 범인은 누구였을까?

"독자 여러분 안녕하십니까. JYBC '그것도 알고 싶다'의 김하중입니다. 몽골은 말입니다. 왕이 보낸 사신을 해친 나라에 대해서는 무자비할 정도의 보복을 가하는 걸로 유명했습니다. 이런 공격을 받은 도시에는 닭이나 소 등 가

축도 찾아볼 수 없었다고 합니다. 그런데 말입니다. 이런 사실을 누구보다 잘 알고 있는 고려 조정에서 저고여를 살해했을까요? 자신들의 나라에 다녀왔다 귀국길에 오르던 사신을 따라가 국경을 넘자마자 살해를 한다? 선뜻 이해가 가지 않는 대목입니다. 고려가 세계 최강 부대 몽골과 일부러 전쟁을 하기 위한 것이 아니라면 말이죠. 그래서 저희는 우선 이 당시 양국의 관계와 저고여 개인의 행적을 좀 더 살펴보기로 했습니다."

사실, 이 살인사건이 발생하기 몇 해 전부터 몽골의 공격을 피해 고려까지 내려온 거란족 때문에 고려는 큰 골치를 앓고 있었어. 남의 전쟁에 휘말릴 필요는 없지만 우리 국경을 침범한 거란족을 그냥 둘 수도 없잖아. 이때 몽골과 고려는 위아래에서 거란을 압박해, 결국엔 격퇴를 하고 형제의 예를 맺었어. 몽골은 상대국을 정복하거나 지도상에서 아예 없애버리는 매우 호전적인 민족이잖아. 기록상으로도 형제의 예를 맺은 나라는 고려가 유일하다고 해. 여기에서 유추해볼 수 있듯이 두 나라의 관계는 좋다고 볼 수는 없었지만, 그렇다고 전쟁 일보 직전의 상황도 절대 아니었어.

그런데, 말은 형제의 예를 맺기는 했지만 몽골의 요구는 점점 도를 넘어서고 있었어. 1년에 한 번 10명의 사신만 파견하기로 한 처음 약속을 깨고 분기에 한 번씩 대규모 사신단이 찾아왔어. 이렇게 약속을 깨고, 잦은 파견과 무리한 공물을 요구하자 고려 조정은 몽골에게 강력한 항의의 메시지를 보냈지. 입은 비뚤어졌어도 말은 바로 하라고, 이 당시 몽골에게 외교적 항의를 한다는 건 엄청난 용기였고, 주변국에서도 전례를 찾아볼 수 없는 일이었어.

"처음 약속대로 사신은 1년에 한 번 10명으로 제한함을 지켜라. 고려에서 몽골의 사신들은 무례하기가 짝이 없었어. 선물이 마음에 들지 않으면 고려 왕 앞에서 물건을 집어던지기도 했고, 궁에서 화살을 쏘아 왕 주위에 있던 환관을 죽이기까지 했어.

나지 않는 공물은 요구하지 말라. 우리 땅에서 나지 않는 공물은 보내줄 수 없다. 고려의 왕이 몽골의 왕을 알현하라는 요구는 들어줄 수 없다. 고려 역사에 없는 외교 관례다."

몽골은 고려의 이런 합리적인 요구에 전혀 반박하지 못했어. 그런데 고려에 대해 화가 났을 거라는 건 충분히 예상해볼 수 있지. 자국의 힘을 믿고 몽골의 사신들은 무례하기가 짝이 없었어. 선물이 마음에 들지 않으면 고려 왕 앞에서 물건을 집어던지기도 했고, 궁에서 화살을 쏘아 왕 주위에 있던 환관을 죽이기까지 했어. 이런 악명 높은 몽골 사신들 중에 최상위 블랙리스트에 이름을 올린 자가 바로 저고여였던 거야.

저고여로 대표되는 몽골 사신의 횡포를 보면 고려 조정의 살해 동기는 충분히 있어 보여. 그런데 옆집 아이와의 싸움도 아니고 나라 간의 전쟁으로 번질 수 있는 일을 그리 쉽게 저질렀을까? 고려 조정에서도 몽골의 잔혹성에 대해서는 충분히 알고 있었는데 말이야.

몽골에서는 진상 조사단을 현장에 급파했어. 그런데 이때 고려 국경 수비대가 몽골 진상 조사단을 향해 화살을 쏘면서 조사단을 쫓아내버리는 일이 생겨. 어떻게 된 일일까? 당시 국경 수비대에 근무하던 사람에게 당시 상황을 인터뷰로 들어보자고.

"많은 사람들이 고려 조정에서 저고여를 암살하고 몽골의 진상 조사단을 쫓아냈다고 생각하는데, 그건 압록강과 두만강의 국경 상황을 전혀 모르고 하

01 싸움의 달인

는 말입니다."

"그게 무슨 말씀인지 좀 구체적으로 말씀해주시겠습니까?"

"저고여를 죽인 것은 동진 조정입니다. 여진족이 세운 나라가 동진이에요. 그리고 우리는 여진족이 몽골 진상 조사단으로 변장하고 국경을 침범하는 걸로 알고 오인 사격한 것입니다. 그때는 여진족들이 몽골군 옷을 입고 우리 국경을 넘어오는 일이 비일비재했습니다. 몽골군 옷을 입으면 우리 고려군이 공격을 안 한다는 것을 잘 알았기 때문입니다."

"네, 그럼 몽골의 진상 조사단 공격은 오해였다고 치고, 동진이 몽골 사신 살인의 배후라는 말씀의 근거는 뭔가요?"

"사건이 일어나기 얼마 전 동진은 몽골과 단교를 했습니다. 칭기즈 칸이 유럽이나 서역 쪽 정복에 열을 올리고 있는 틈을 타 일을 치른 거죠. 그러고는 고려에게 손을 내밀었잖아요. 그런데 고려 쪽에서는 쉽게 그 손을 잡을 수도 없는 노릇이었으니, 동진 조정에서는 애가 타는 절박한 상황이었죠."

어때, 동진 조정도 살해 동기가 있어 보이지? 그런데 다른 소문도 돌았어.

"저고여를 살해한 곳은 고려 조정도 그렇다고 동진 조정도 아닙니다. 둘 다 전쟁이 나면 몽골에게 백전백패할 게 뻔한데 두 조정에서 뭘 믿고 몽골의 사신을 죽이고 시체를 그대로 방치하겠습니까? 범인은 몽골 조정입니다. 한마디로 자작극이죠. 고려를 칠 빌미를 마련하기 위한 몽골 조정의 치밀한 계획으로 발생한 자작극입니다. 결과가 말해주잖아요."

과연 저고여 살해범은 어느 조정이라고 생각해? 무리한 요구와 무례한 행동을 일삼는 사신에 대한 경고의 의미로 고려 조정에서 실행한 일일까? 아니면 몽골과 단교 후 고려의 미온한 반응에 불안감을 느낀 동진 조정이 고려와 몽골의 사이를 이간질하려고 저지른 일일까? 이도 아니면 또박또박 말대꾸하는 고려 조정을 공격하기 위한 몽골 조정의 자작극이었을까?

【02 모락자들1】

권력과
암투

"그놈의 분열이 문제유~"

【백제 부흥운동의 남모를 속사정】

660년 7월, 의자왕은 나당 연합군에게 투항했지만, 곧바로 백제 간판을 내리고 폐업 신고를 한 건 아니었어. 비록 중앙 정부는 없어졌지만, 왕족, 장군, 백성들이 힘을 합쳐 4년간 백제 부흥운동을 전개했어. 이 4년간의 이야기를 풀어나가기 위해서 먼저 이름도 낯선 주요 등장인물의 간단한 소개부터 하려고 해.

백제 부흥운동의 전개도. 초반 기세는 불과 10일 만에 200여 개의 성을 탈환할 만큼 엄청났으나, 결국 내부 권력 다툼에 의해 그 뜻을 이루지 못했다.

부여융扶餘隆: 의자왕의 아들. 조국의 심장에 칼을 겨누게 되는 비운의 세자.
흑치상지黑齒常之: 백제의 장군으로 백제 부흥운동의 불씨를 일으킴. 반전에 반전을 거듭하는 인물.
복신福信: 의자왕의 사촌동생으로 백제 부흥운동의 한 축을 담당. 이름 따라 인생이 가는 것인지 삶에 복선이 깔린 인물.
도침道琛: 승려 출신으로 흑치상지, 복신과 함께 백제 부흥운동의 삼두마차

중 한 명.

부여풍扶餘豊: 백제의 구 왕자. 의자왕이 집권 초기에 정적이 될 만한 사람들을 배에 실어 일본으로 강제 추방시킨 피해 당사자. 백제 멸망 전까지 일본에서 30년간 가택 연금 생활.

소정방蘇定方: 나당 연합군의 총사령관. 당나라 장수로서 백제 유민 인종청소를 지시.

지금으로부터 1,000년도 전인 660년 7월, 찜통 같은 더위가 시작될 무렵이었어. 신라와 당나라 연합군은 백제의 수도 사비성을 공격해. 참고로 신라, 백제는 같은 민족끼리 왜 이렇게 싸우나 의문을 가지실 분들의 이해를 돕기 위해 한마디하자면 이때는 같은 말만 사용했지, 같은 민족의 개념도 없고, 신라와 백제는 지금의 한일보다 더한 앙숙이었어. 신라의 우방은 당나라이고 백제는 왜와 더 긴밀한 관계를 유지하고 있었던 거지. 막강 파워 나당 연합군에 사비성이 위태롭게 되자 의자왕은 결단을 내려.

"부여융아, 이건 아니여! 여서 이러고 있다간 너도나도 다 죽겄어. 어여 웅진성으로 피하자고! 니 어디 다친 데는 없지?"

"아부지, 괜찮아유. 일단 도망가서 우리 다시 시작해유."

의자왕 부자는 이렇게 수비하기가 더 유리한 웅진성으로 일단 몸을 잽싸게 피한 다음 웅진성 성주 예석진의 극진한 대접을 받았어. 그리고 패배와 도주로 인한 피로를 풀게 되었지. 사우나도 오랜만에 하고 진수성찬에 발 마사지까지 받으니 잠이 안 오려야 안 올 수가 없었어. 웅진성 성주 예석진은 의자왕 부자가 잠든 걸 확인한 후 정예부대원을 데리고, 왕과 세자의 침실로 쳐들어가. 그리고 무엄하게도 칼집으로 그들의 머리를 툭툭 치며 잠을 깨웠어.

"워때유? 몸도 피곤한데 맛있는 거 처먹고 목욕까지 하고 나니 잠이 살살 쏟아지지유? 이제 인나유! 나랑 같이 당나라로 가서 맘 편하게 살아유. 백제는 이미 끝났잖아유."

왕과 세자가 왕궁인 사비성을 버리고, 첫 번째 옵션으로 선택한 곳이 웅진성이야. 이 정도 성의 성주라면 상당한 위치에 있었을 텐데, 예석진은 미련없이 당나라로 투항했어. 나라가 망하는 데는 이렇게 다 이유가 있는 법이야.

왕과 세자가 왕궁인 사비성을 버리고, 첫 번째 옵션으로 선택한 곳이 웅진성이야. 이 정도 성의 성주라면 상당한 위치에 있었을 텐데, 예석진은 양손에 백제의 왕과 세자를 헤드락으로 끼고 당나라 진영으로 투항했어. 나라가 망하는 데는 이유가 있는 법이야.

이렇게 나당 연합군은 사비성을 손쉽게 함락했고, 의자왕과 세자는 자신들의 신하에게 잡혀 당나라로 끌려가게 되었어. 백제의 수도와 행정부는 모든 기능을 상실했어. 인공호흡기로 겨우 숨만 쉬고 있는 상태였지. 한편, 소정방은 남의 나라 전쟁에 참전을 하니, 전쟁을 이용해 한몫 잡자는 생각과 함께 자신의 굶주린 부하들을 달래기 위해 백제 유민들을 상대로 마음껏 광기를 내뿜도록 허락해. 소정방의 묵인 아래 당나라 군사는 백제의 재산과 백성들을 유린하고, 백제 유민들은 지옥을 눈앞에서 경험했어. 이 당시 집에 도어락이 있는 것도 아니잖아. 초가삼간에 불을 지르면 꼼짝없이 밖으로 나와야 하고, 밖에는 짐승 같은 당나라 병사들이 기다리고 있었던 거야.

나라의 컨트롤타워를 잃은 백제 유민들은 방 한구석에서 죽을 날만 기다리는 산송장과 다름이 없었어. 백제의 멸망은 기정사실이 되었고, 백성들은 차라리 질긴 목숨 빨리 끊어져 눈앞에 펼쳐진 지옥에서 탈출하고 싶었을 거야.

인공호흡기로 생명만 겨우 연명하고 있는 백제를 구하기 위해 혜성처럼 등장한 장군이 있었으니 그가 바로 흑치상지였어. 흑치상지는 180센티미터가 넘는 키에 조상 대대로 국방부 차관급의 벼슬을 지내던 인물이야. 조선 시대 양성재라는 학자가 "신라의 김유신, 고구려의 을지문덕, 백제는 계백이 아닌 흑치상지"라고 평할 정도였어. 원래 백제 백성들에게 존경과 사랑을 받던 인물이었지. 이런 흑치상지 장군이 최측근 부하 10여 명만 데리고, 임존성任存城에서 백제의 컨트롤타워를 자처하며 백제 부흥의 깃발을 꽂으니, 10일 만에 3만여 명이 휘하로 모였다고 해. 앉아서 죽느니 흑치상지 장군 밑에서 싸우다 죽자는 백제 유민들이 의기투합을 한 거야. 아내 잃은 남편부터 자식 잃은 어미, 부모 잃은 고아들까지 모두가 임존성에 모여 미친 독기를 품고 나당 연합군을 향해 칼을 갈았어.

이때 의자왕의 사촌동생인 복신도 승려 도침과 함께 주류성周留城을 근거지로 해서 백제 유민들을 모으며, 백제 부흥운동에 동참하게 돼.

"뭐데유? 흑치상지가 일어났슈? 내가 왕족이고 백제의 주류인데, 가만히 있음 안 돼~쥬."

복신과 함께 백제 부흥운동의 한 축을 이룬 승려 도침도 보통 인물은 아니었어. 신분은 승려지만 장수 못지않게 전투에 일가견이 있었고, 종교 지도자로서 백제 유민들을 이끌 수 있었기에 왕족인 복신이 함께했던 거지.

복신이 출정식 때 한 연설로 인해 주변 20여 개 성이 백제 부흥운동에 참가하게 돼. 그야말로 모든 것을 잃고 황폐해진 들판에서 백제 유민들이 들불처럼 일어난 거야.

"소문들 들어 알고 있쥬? 나당 연합군이 딜을 했대유. 당나라군이 백제 백성들 다 죽이고 포로로 잡아가고 재산까지 다 가지고 떠나면, 우리 땅은 신라 놈들이 차지하기로 했대유. 워쩔 겨? 그냥 집구석에 처박혀 있다 부모 형제 죽고 집도 날리고 죽을 겨? 난 싸우다 죽는 것이 덜 남사시러울 것 같은데. 어찌 나랑 함께해볼 텨?"

이 기세를 몰아 백제 부흥군은 승승장구를 했어. 그리고 한때 빼앗긴 사비성까지 포위하는 등 기세를 잔뜩 올려. 이때 도침이 복신에게 은밀한 제안을 해.

"이봐유, 복신. 당신도 왕족이긴 하지만 적통에 더 가까운 건 일본에 쫓겨 가 있는 부여풍이에유. 이렇게 분위기 좋을 때 백성들의 단합을 위해서는 얼굴 마담이 필요하다구 봐유. 어차피 일본에서 30년이나 있었는데 다시 돌아와도 정치 기반도 없고, 우리가 적당히 이용해먹고 버리쥬! 어때유, 내 아이디어가?"
"이런 땡초가 머리는 팽팽 잘 돌아가네. 그리하쥬, 뭐. 대신 백제를 찾으면 왕은 당연히 내 차지유."

이렇게 해서 의자왕에 의해 일본에서 가택 연금되어 있던 부여풍이 바람에 실려 백제 부흥운동의 중심 속으로 재등장을 해. 과연 부여풍은 복심과 도침의 의도대로 꼭두각시 노릇을 해줄 것인가? 이들은 또한 국민 영웅으로 떠오른 임존성의 흑치상지와 힘을 합쳐 잃어버린 백제를 다시 찾을 수 있었을까?
국민영웅 흑치상지 장군+솔선수범한 지도층 복신+종교계 지도자 도침+거침없는 백제 부흥군. 이 조합으로 한때 수도인 사비성을 포위하기까지 하는 등 그런데, 이런 잔칫집 분위기 가운데 부흥군 내부에 균열을 일으키는 일이 생겨났어. 얼굴 마담노릇하라고 일본에서 데려온 왕자 부여풍이 딴마음을 품기 시작했던 거야.

눈에 띄는 성과를 올렸어. 이제 곧 빼앗겼던 백제라는 깃발을 고향 땅에 다시 꽂을 수 있을 거 같았지. 백제 부흥군 승승장구의 또 다른 이유는 나당 연합군의 주력군이 고구려 침공에 투입된 것도 한 요인이야. 백제보다 더 큰 상대는 고구려였기에, 백제를 조금 우습게 봤던 거지. 작은 고기는 뜰채로 건져 올리기만 하면 되니 큰 고기를 잡기 위해 다른 낚싯대로 시선을 돌렸던 거야.

그런데, 이런 잔칫집 분위기 가운데 부흥군 내부에 균열을 일으키는 일이 생겨났어. 얼굴마담 노릇하라고 일본에서 데려온 왕자 부여풍이 딴마음을 품기 시작했던 거야. 일본에서 탈출시켜준다고 하니 일단 조건 없이 OK 했지만, 막상 백제 본토에 오니 마음이 달라졌던 거지. 상황도 백제 부흥군에게 유리하게 흘러가겠다, 몸 안에 왕족의 피가 흘러서인지 권력에 대한 욕심을 내기 시작했어. 복신과 도침이 원했던 대로 얼굴마담으로서 서류에 도장만 찍고 있었던 게 아니었어. 부여풍은 원내회의 때 전략에 대한 발언도 서슴지 않고, 자기 세력까지 모으기 시작한 거야. 복신과 도침 입장에서는 백제 부흥운동은 너무나 잘 풀리고 있는데, 그 안에서 자신들의 입지가 좁아질 수도 있다고 생각을 하니 만사가 뒤틀렸어. 복신은 부여풍을 끌어들이자고 제안한 도침에 화살을 돌려.

"이봐, 도침! 이게 뭔 일이랴? 이러다가 백제 되찾아도 우린 뒷방 신세 되겠슈? 땅초 당신이 싫다는 나 꼬드겨서, 부여풍 데려왔으니 당신이 알아서 하슈."
"아니, 복신 왕자님, 시방 먼 소리래유? 부여풍 데리고 오자고 먼저 말 꺼낸

02 모략자들1

건 제가 맞긴 허지만, 기가 막힌 아이디어라고 맞장구칠 땐 언제고 인제 와
서 지한테 다 덤터기 씌우는 거래유?"
"이 땡초가 겁대가리를 상실한 겨? 시방 나한테 눈깔 디집으면서 게거품 무
는 겨? 잘하면 치겄슈?"

둘이 한바탕 난리를 치고, 3일 후 있었던 전략회의에 복신은 몸이 아프다는
핑계로 회의에 불참을 해. 회의가 끝난 후 복신의 충복 중 하나가 도침에게 넌
지시 한마디를 던져.

"도침님. 시방 우리끼리 싸울 때가 아니쥬. 내 어제 복신님과 독대를 하고 왔
는데, 도침님과 화해를 하고 싶어해유. 슬며시 저한테 메시지를 주셨슈! 그
러니 도침님이 병문안 가는 모양새 갖춰서 한번 가유. 복신 왕자님도 은근히
기다리고 계세유."
"그려? 복신 왕자님께서 그리하시다니 내 비록 땡초지만, 그래도 종교인인
데 넓은 아량으로 오늘 밤 당장 찾아가쥬."

도침은 이 병문안 길이 황천길이 될 줄은 꿈에도 몰랐어. 꾀병을 앓고 있던
복신은 칼침을 놓고 쓰러져 있는 도침에게 일갈을 해.

"이봐유, 땡초 양반! 이리 디질 줄 참말로 몰랐던 겨? 백제는 내가 챙길 테니
님은 나보다 먼저 극락 가서 부처님 공양이나 하고 계슈."

복신은 백제를 되찾더라도 자기가 왕이 되지 않으면 아무 의미가 없다고 본

거야. 최측근인 도침을 치사한 방법으로 제거해버려.

"부여풍님 기다리슈. 다음은 니 차례유."

하지만 부여풍도 일본에서 30년 동안 술이나 퍼마시고 신세 한탄하며 넋놓고 살았던 게 아냐. 일본 정계 구석구석에 손을 뻗치지 않은 곳이 없었고, 언젠가는 백제로 돌아갈 날을 꿈꾸며 나름의 준비를 하고 있었어. 어느 날 갑자기 도침이 안 보이자 부여풍은 때가 온 것을 직감했어. 복신은 부여풍을 너무나도 쉽게 보고 도침에게 사용했던 방법을 쓰기로 했어. 하지만 둘 중에 더 치밀한 자는 부여풍이었어. 뛰는 복신 위에 나는 부여풍이 있었던 거지. 복신 왕자는 승려 도침에게 칼침을 놓았던 자신의 침상에서 부여풍에게 칼침을 되돌려 받았어. 부여풍이 복신에게 일갈을 해.

"어째… 버티기 어지간햐? 이리 디질 줄 몰랐던 겨? 표정이 왜 그랴? 열 받아 미치겠지? 꼬봉으로 부릴라고 데리고 온 놈한테 칼침 맞으니 아주 죽겠지? 백제는 내가 되찾을 테니, 님은 님이 극락왕생시킨 도침 만나서 같이 염불이나 외워. 아참, 한마디만 더. 내가 왜나라서 지냄서 배운 게 있는디 그게 뭔지 알어? 강한 놈이 오래가는 게 아니라 오래가는 놈이 강한 겨."

주류성 내에서 두 정적을 제거한 부여풍은 일본에 긴급 병력을 요청해. 30여 년 일본에 머물면서 정치권에 줄을 대놓은 걸 이때 사용한 거야. 당나라가 신라를 그냥 도와주러 왔겠어? 같은 이치로 일본도 맨입으로 부여풍을 도와주러 오진 않았겠지. 자주 국방이 안 되면 전쟁 후에도 반드시 대가를 치러야 해.

부여풍의 '119콜'에 일본 해군이 출동하니, 당나라에서도 추가 병력을 투입하게 되면서 전쟁의 판이 더욱 커져. 나제 간의 전쟁이 아니라 동아시아 4개국이 참가하는 전쟁이 된 거야. 일본과 당나라 수군, 백제와 신라의 육군이 부여 백강을 중심으로 모이기 시작해. 전면전을 앞두고 있던 백제, 일본 진영에서는 당나라 군 장수 중에 의외의 인물을 발견하고 기절초풍을 해.

"워매? 저게 누구여? 의자왕 아들내미 부여융 아녀? 근데 왜 전투복을 입고 완전무장을 하고 전선에 나와 있댜?"

의자왕과 함께 포로로 끌려가 있던 백제의 왕자 부여융이 당나라 장수로 백강전투에 참가를 한 거야. 이 무슨 거지 같은 운명이야. 당나라군이 백제 부흥군의 아픈 곳을 찌른 거지. 부여융이 계백 장군급의 전투 실력을 가진 것도 아닐 테고 당나라에 장수가 없었던 건 더더욱 아니고 이유는 심리전을 노린 거지. '너희들이 되찾으려고 하는 나라의 왕자가 너희 심장을 겨누고 있다. 이런 싸움이 무슨 의미가 있겠냐?'라는 무언의 압박이 아니었을까? 부여융은 태어나 보니 아버지가 왕이었던 것까진 참으로 좋았는데 말이야. 그는 훗날 조국의 심장을 겨누게 될 자신의 운명을 알았을까?

백제 부흥운동의 최종 성패를 좌우할 전투는 백제, 왜 연합군의 수적 우세에도 불구하고 나당 연합군의 승리로 마무리가 됐어. 이 패배를 기점으로 백제 부흥군은 나락으로 떨어지고, 국민 영웅 흑치상지가 버티고 있는 임존성만이 최후의 보루로 남아. 또 한 번의 패배가 눈앞에 보였지만, 백제 유민들은 흑치상지 장군이 있기 때문에 실낱같은 희망을 품었어. 이때 당 고종이 직접 나서서 흑치상지 장군에게 '하여가'를 날려.

　　"흑치상지 장군, 우리 사람 장군의 능력을 매우 높이 평가한다 해. 백제의 목
　　숨이 이미 다한 거 모든 사람들이 안다 해. 쓰러져가는 백제 초가에서 나와
　　서, 당나라 펜트하우스에서 머물면서 당신 능력을 마음껏 펴라 해."

　　이에 백제의 국민 영웅 흑치상지는 당 고종에게 '단심가'를 날리는 대신 '애
심가'로 보답을 해. 흑치상지는 자신의 가족들만 데리고 당나라로 귀순을 해버
려. 주인 잃은 임존성은 물론이고 백제가 공식적으로 간판을 내리고 폐업 신고
를 하게 되었어. 흑치상지의 행보에 대해서는 여러 가지 설이 많아. 당나라에
볼모로 잡혀 있는 의자왕과 장군으로 끌려 나온 부여융을 위한 어쩔 수 없는
선택이었다, 다른 계략이 있어서 취한 위장 항복이었다 등등. 이후 흑치상지의
행보를 보면, 그의 항복 이유가 어느 정도 유추가 되는데 판단은 각자의 몫으
로 맡기겠어.

　　흑치상지 개인의 인생은 당나라에서 승승장구였어. 각종 전투에서 당나라
정권을 위해 혁혁한 공을 세웠어. 하지만 그는 그저 외국인 용병일 뿐이었어.
외국인 장수로서 명백한 한계가 있었고, 그의 최후를 보면 뛰어난 사냥개 그
이상도 이하도 아니었어. 당나라 내에 정치가 안정이 되자, 실권자 측천무후剛
天武后는 흑치상지를 포함한 다른 외국인 장수들에게 역모죄를 씌워 전원 참수
시켜버려. 사냥이 끝나니 사나운 사냥개들은 쓸모가 없어진 거지. 측천무후가
위로인지 비아냥인지 모를, 다음과 같은 말을 했다고 해.

　　"흑치상지 같은 훌륭한 장군이 있는데, 백제는 어찌하여 망했는고?"

장수로서의 자질이 뛰어났던 것만은 부인할 수 없는 사실이야. 백제 부흥운동을 돌아보며 조선 독립운동이 오버랩되는 건 나뿐인가? 의병부터 친일파까지. 과학과 기술은 발전하는데 아픈 역사가 반복되는 건, 인간 본성이 변하지 않기 때문인 걸까?

이 무슨 거지같은 운명이야. 당나라군이 백제 부흥군의 아픈 곳을 찌른 거지. 부여융이 계백 장군급의 전투 실력을 가진 것도 아닐 테고 당나라에 장수가 없었던 건 더더욱 아니고….

p.s. 의자왕과 세자를 헤드락한 채로 당나라에 투항한 예석진은 잘먹고 잘 살다 죽었다고 하니, 사촌이 땅을 산 것도 아닌데 명치 쪽이 아파와. 그래도 남은 생은 양심의 가책으로 시달렸기를 진심으로 기원해.

'기득권 킬러'에서 '그냥 킬러'로

【강한 남자, 고려 광종】

송나라 시기 과거 시행 모습. 광종은 호족 중심의 귀족 국가였던 고려를 왕을 위한 나라로 바꾸고자 과거제를 전격적으로 도입했다.

고려의 삼국통일에 지방호족들과의 혼인정책이 큰 몫을 했다는 것은 부인할 수 없는 사실이야. 그 결과로 태조 왕건王建은 29명의 부인에게서 34명의 자녀를 두게 되었지. 국가 공신만 3,200여 명에 이르게 된 거고.

'아들들아! 이제 내가 새 나라를 세웠으니 너희들이 어디 한번 잘 다듬어보아라.' 그런데 아버지의 바람과 달리 초기 고려는 수많은 공신과 왕자들의 권력 다툼으로 혼란 그 자체의 시기를 보냈어. 얼마나 혼란한 시기였는지 태조 왕건 이후 고려 왕 계보를 잠깐 살펴보자고.

1대 태조 왕건(918~943)-2대 혜종(943~945/ 왕건의 맏아들)-3대 정종(945~949/ 혜종의 이복동생)-4대 광종(949~975/ 왕건의 아들, 정종의 2살 연하 동생)

4대 광종光宗까지 왕건의 자식들이 독을 든 성배를 돌리듯이 왕위를 물려받았어. 혜종惠宗과 정종靖宗의 재위 기간을 봐. 왕위에 오른 후 다음 월드컵은 궁이 아니라 퇴임 후 집에서 봐야 할 정도로 짧은 재위 기간이야. 이런 난리 통에 형 정종으로부터 25세에 왕위를 물려받은 광종. 그의 성장 스토리를 먼저 보자고.

현대 한국 사회라면 군대를 막 제대했을 나이인 25세는 아직 어리다고 볼 수 있지만, 광종은 이미 산전수전을 다 겪은 뒤였어. 한 발만 발을 잘못 디뎌도 천 길 낭떠러지 아래서 호족들과 배다른 동생들이 아가리를 벌리고 있는 지옥으로 떨어지는 살벌한 정치판이야. 그래서 광종은 재위 후 7년간 몸을 바짝 숙이고 있었어. 한편으로 적들이 정신을 차리지 못할 정도로 강력한 원투펀치를 준비하고 있었지.

그가 준비한 강력한 무기들을 보기 전에 2명의 부인과 당시 고려의 왕실 족내혼에 대해 알아보자고. 중세 유럽을 보면 왕가의 순수 혈통을 지키기 위해 근친끼리 결혼을 해서 기형아가 많이 나왔다는 이야기는 들어들 봤잖아. 오늘의 주인공 광종도 족내혼을 한 케이스야.

퍼스트레이디 대목왕후 황보씨大穆王后 皇甫氏 : 왕건과 신정왕태후의 딸. 즉 광종의 이복동생!
세컨드(?)레이디 경화궁부인 임씨慶和宮夫人 林氏 : 2대왕 혜종의 장녀. 즉 광종의 조카!

부인이 이복동생과 조카이니 적어도 조선 시대 왕들처럼 외척 걱정은 안 해

호족은 물론이요, 백성들도 광종에 대한 기대를 완전히 접고 있을 때쯤 광종은 노비안검법이라는 강력한 첫 번째 펀치를 날렸어.

도 되는 장점은 있어. 그런데 광종은 외척 걱정은 없었지만 개국공신으로 대표되는 호족들의 움직임을 예의주시하고 있었어. 당대의 기득권 세력들인 호족들은 7개월도 아니고 7년간이나 왕이 자기들 하자는 대로 다 하니 아주 신이 났지.

"역시 정치의 참 맛은 허수아비를 세워놓고 뒤에서 조종하는 맛입니다."

"맞아요. 혹시라도 민심에 역풍을 맞으면 허수아비를 내세워서 여론을 잠재우고 다시 말 잘 듣는 다른 허수아비를 세우면 되는 것이지요."

"폐하 소리 듣게 해주고 적당히 엉덩이 두들겨주면 자기들이 알아서 척척 일을 해주니 우리야 아주 땡큐지요."

이렇게 호족은 물론이요, 백성들도 광종에 대한 기대를 완전히 접고 있을 때쯤 광종은 노비안검법이라는 강력한 첫 번째 펀치를 날렸어. 역사책에서 한두 번 들어봤을 텐데, 이 법은 양인이었다가 억울하게 노비가 된 사람을 밝혀 다시 양인이 될 수 있도록 조처한 법이야. 한마디로 재벌과 정치인들이 아닌 호족들의 귀싸대기를 시원하게 후려치는 법이었어. 그런데 이 법이 얼마나 충격적이었던지 퍼스트레이디까지 나서서 광종을 뜯어말리려고 했어.

"폐하, 이것이 무슨 일입니까? 폐하께서 링컨도 아니신데 어찌 노예 해방 카드를 들고 나오셨습니까? 지금의 시국이 어떤 시국인데, 이런 결정을 혼자 하신 겁니까?"

"어찌 그러시오? 한 나라의 군주는 백성들을 잘 먹고 잘살게 하기 위해 존재

하는 거 아닙니까? 그런데 그동안 호족들은 방만한 국가 경영은 물론이요, 선량한 백성들에게 없는 죄를 뒤집어씌워 돈의 노예로 만들고, 그들을 자신들의 소유물로 만들었소이다. 힘없는 백성들을 구하고 권력을 남용하는 자들을 벌하는 것이 나의 일 아니오? 내가 틀린 말 했소? 설마 지금 한 나라의 국모라는 분이 호족들과의 이해관계에 얽혀 백성들을 저버리려 하시는 건 아닐 테지요?"

"그… 그게… 아니옵고. 그래도 이런 어마무시한 법을 시행하실 것이면 미리 국민들과 소통도 좀 하시고 충분한 대화를 하신 후에 하셨어야…."

"호족들이 선량한 백성들 피 빨아먹고 자신들의 사노비로 만들 때 백성들과 간담회했다는 이야기는 내 못 들었소이다. 더 이상 할 말 없으실 것 같은데, 난 이만 바빠서."

기득권 세력들은 난리가 났어. 떼거지로 몰려와 광종에게 노비안검법 철회를 요구했어.

"폐하! 이것은 엄연한 사유재산 침해이옵니다. 어찌하여 개인들이 노력으로 일구어낸 부를 국가가 나서서 감 놔라 배 놔라 한단 말입니까! 이런 부당한 처사는 국가 기강을 문란하게 할 뿐만 아니라 국가 경쟁력에도 치명타가 될 줄로 아뢰옵니다."

"에이, 구라도 적당히 치시오. 그대들이 무슨 노력으로 일구어낸 부란 말이오. 금수저 물고 태어나 힘없는 국민들 등쳐먹고 그것도 모자라 집안의 종으로 들인 건 권력 남용일 뿐만 아니라, 거 뭐냐 사회적으로 물의를 일으킨 일이라 감방행 아닌 걸 다행으로 아셔야지. 사유재산 운운하다니, 경들은 쪽

팔린 줄도 모르시오?"

"지금… 무슨… 말씀이 지나치십니다."

"그리고 국가 경쟁력을 강화하기 위해서 노비를 해방시키는 겁니다. 경들이 데리고 있는 노비의 수가 한둘이요? 노비들은 세금도 안 내지, 군대도 안 가지. 나라 재정이 지금 말이 아닙니다. 그 7년 동안 내가 양보했으니 이제 나도 기지개 좀 펴봅시다. 명색이 킹인데, 서로 좀 양보하고 삽시다. 너무 그러지들 마세요. 사노비들 군사 훈련시켜서 쿠데타 준비하다 들킨 사람들처럼 너무 반대만 하지 맙시다. 나도 참는 데 한계가 있소이다."

여기서 역사 상식 하나 짚고 넘어가자고. 조선의 왕들은 모두 전하야. 황제 아래인 거지. 한데 고려는 대내적으로 황제국을 자칭했기에 전하 대신 폐하라고 불렀던 거야. 광종은 또한 황제만 사용 가능한 연호도 사용했어.◀ 고려사를 통틀어 연호를 사용한 왕은 광종과 그의 아버지 태조 그리고 경종뿐이었어. 조선은? 1895년 청일전쟁 이후에 고종이 사용했지만, 이미 망국의 기운이 가득한 때였지.

어째 노비안검법에 대해 이해들이 좀 되셨나? 광종의 진짜 의도가 애민 정신에 6의 비중을, 왕권 강화에 4의 비중을 둔 것인지, 아니면 그 반대인지 속내를 알 수는 없어. 하지만 백성들에게는 신나는 일이었던 건 분명해. 광종이 다음으로 꺼낸 카드는 쌍기雙冀라는 듣보잡 외국인이었어. 《고려사절요高麗史節要》 '광종 7년'에 다음과 같은 기록이 있어.

▶고려 광종은 독자적인 연호 '광덕光德'과 '준풍峻豐' 두 개를 사용했다. 즉위 후 '광덕'을 사용한 이래, 국제 정세의 변화로 잠시 후주의 연호를 사용하다가, 광종 후반 다시 독자적인 연호인 '준풍'을 사용했다.

후주에서 온 대리평사 쌍기가 설문우를 따라 왔다가 병에 걸려서 그대로 머물게 되었다.

자, 이제 알아들을 수 있는 말로 설명을 해줄게. 이 당시 중국 땅은 매우 혼란스러운 시기였어. 그 와중에 후주라는 나라가 있었는데, 951년에서 960년까지 9년 동안 3대가 이어진 나라

> 광종은 명석한 두뇌가 기본으로 장착되었고 기득권과 학연, 지연, 혈연의 관계가 전혀 없는 오직 자신만의 인재가 필요했어.

야. 쌍기는 그 나라에서 고려로 파견된 사신이고, 고려 체류 기간 중 몸이 아파(?) 그대로 눌러앉았다고 해. 그냥 요양차 눌러앉은 것이 아니라 광종으로부터 집을 받음은 물론이요, 한림학사라는 정4품의 벼슬도 받았어. 이 자리가 요즘으로 치면 대통령의 연설문을 쓰는 그런 자리야. 이런 자리라면 똑똑한 사람이 가야 하지 않겠어? 그런데 광종은 외국인 사신을 왜 비장의 카드로 들고 나왔을까?

광종이 뜬금없이 쌍기를 오른팔로 부리기 시작한 것은 노비안검법을 시행한 해였어. 비록 광종의 기습적인 펀치로 호족들이 잠시 흔들리긴 했지만 가만히 있을 자들이 아니잖아. 광종도 대비책이 필요했어.

광종은, 명석한 두뇌는 기본에, 기득권과 학연, 지연, 혈연의 관계가 전혀 없는 오직 자신만의 인재 필요했어. 7년간 숨죽여 지낸 결과 온 나라의 요직이 기득권의 자식들과 친척들로 채워져 있었던 거지. 광종은 고민에 고민을 거듭해. '저들에게 넘어가지 않을 자가 정녕 고려에는 없을까? 에잇, 없다 없어. 전국을 이 잡듯이 뒤진다면 그런 인재 하나쯤은 찾을 수 있지 않을까? 가만 있자, 꼭 고려인일 필요가 있나? 어제 후주에서 온 사신 쌍기라면 어떨까? 세상은 넓고 인재는 많다. 역시 발상의 전환이 필요해. 내가 한번 그자의 의중을 찔러봐야겠군.' 이렇게 결심을 굳힌 광종은 야심한 밤 쌍기를 불러 '하여가'를 불렀어.

"자네가 사신으로 온 게 처음이 아닌데 이렇게 단둘이 이야기를 한 것은 처음이지? 오늘은 둘이 허심탄회하게 술 한잔하세. 그래 후주에서의 생활은 마음에 드는가?"

"네."

"에잇, 거짓말하지 마시게. 나라가 선 지 얼마 되지 않아 연금체계도 엉망이고 복리후생도 시원찮은 걸 내가 다 아는데…. 그리고 더 심각한 문제는 나라의 존망이 촌각에 달한 것을 자네도 알고 나도 알고 있네. 어떤가? 여기서 나랑 한번 일해보는 것이. 내 평소 자네의 성품과 실력을 높이 평가해오던 참이었네. 같이 일해서 여기서 팔자 한번 고쳐보시게나. 외교관 노릇 지겹지도 않나? 우리 둘이 이 나라 한번 뒤집어보세."

이렇게 쌍기는 고려로 귀화하게 되었고, 그 즉시 정치 전면에 나서게 되었어. 호족들은 원투펀치를 연달아 맞고 폭동 수준의 불만을 토로하기 시작했어.

"폐하! 우리 고려에도 수많은 인재들이 넘쳐나는데 어찌하여 귀화인을 중용하신 것인지 도대체 이해 불가이옵니다. 이번 조처는 취업난에 허덕이는 우리 청춘들의 사기를 꺾는 일이 될 것입니다."

"에잇, 농담이 지나치시오. 취업난이 어디 귀화인들 때문이요? 정부 요직을 당신네들이 다 나눠 먹은 것도 모자라 낙하산까지 투입한 것이 더 문제지. 이러지 맙시다. 고려가 내부에서 썩어가고 있는 이때 외부 인재가 참신한 아이디어로 우리의 환부를 도려낼 수 있을지 누가 아오? 해보지도 않고 반대부터 하지 말고 일단 기다려보세요. 이게 다 나라 잘되자고 하는 일인데 반대만 할 거요?"

이렇게 호족들과 기득권 세력들을 적당히 무마시키고 다시 2년이 지난 958년 쌍기의 기획과 광종의 강력한 의지로 새로운 제도가 발표되었어. 마지막 카운터펀치를 날렸던 거야. 이 제도는 1894년 갑오경장 때 폐지되기 전까지 이어지는데 바로 그 유명한 '과거제도'야.

쌍기의 과거제도 시행 발표 현장으로 어서들 가보자고. 이제 개천에서 용이 날 수도 있는 시

광종에 의해 전격적으로 도입된 과거제. 주요 관료인 문과 급제자 중 제술과 비중이 상대적으로 높았다. 제술과는 글짓기, 명경과는 유교 경전에 대한 지식으로 인재를 뽑는 시험이었으며, 호족의 강한 반발에 따라 음서가 병행되었다.

대가 드디어 열리는 역사적인 순간이야. 이런 현장은 짤방이 아니라 라이브로 봐줘야지.

"백성 여러분, 안녕하십니까? 폐하의 지시로 제가 2년 동안 기획한 과거제도를 올해부터 시행하게 되었음을 만천하에 발표하는 바입니다. 그동안 나라의 관직은 몇몇 집안에서 세습처럼 이어져 왔습니다. 이러다 보니 금수저만 물고 태어나면 머리가 명석하지 못해도, 애민정신이 제로에 가까워도 망나니처럼 놀다가 성인이 되면 관리가 되는 악순환이 반복되었습니다. 또한 개천에서 태어나면 아무리 뛰어난 실력을 가지고 있다고 해도 국가를 위해 봉사할 수 있는 기회조차 주어지지 않았습니다. 이것은 국가 경쟁력 약화로 이어졌습니다. 이에 우리 정부는 양인이라면 누구나 국가고시인 과거에 응시할 수 있게 하였습니다. 온 나라의 뜻있는 젊은이들은 과거에 응시하여 '고려 드림'을 꼭 이루시기를 바랍니다."

과거제의 전격적인 시행으로 천지개벽 수준의 변화가 일어나기 시작했어.

이제 부모님의 경제력이 조금 부족하더라도 자신이 열공하면 출세할 수 있는 꽃길이 백성들에게 열렸어. 반면에 호족으로 대표되던 기득권 세력들은 부자가 아닌 천한 것들과 정책 입안을 같이 상의해야 하는 흙길로 접어들었던 거야. 지금과 비교하면 어때? 지금 우리가 살고 있는 세상은 개천에서 용 나기 쉬운 세상인가? 우리의 아이들이 부모의 경제력과 상관없이 자신만의 능력으로 세상을 날 수 있는 공평한 세상 맞겠지?

자, 이제 광종의 다음 프로젝트를 살펴보도록 하자고. 광종은 마치 미리 준비해둔 것처럼 다시 2년이 지난 후 관리들의 관복◀ 제정을 발표해. 이게 무슨 의미냐고? 알아듣기 쉽게 다시 설명을 해줄게. 아래의 상황극을 보고도 이해가 안 된다면 개인적으로 메일을 보내도록 해. 과거제까지 성공적으로 연착륙을 하게 되자 광종의 왕권은 어느 때보다 공고해진 상황이었어.

"우리 대신들은 참 좋겠어. 하나 같이 패셔니스타야. 내 누구라고 콕 집어 말은 안 하겠는데 그자는 매번 입궐 때마다 명품을 온몸에 휘감고 온단 말이지. 어찌 문무백관의 옷이 나보다 화려하단 말이냐? 앞으로 집구석에서만 처입거나 지들끼리 모여서 놀 때 입는 건 내가 상관 안 하겠다. 허나 지금 이 시간부터 관복은 딱 4가지 색깔만 허용하고 직급에 따라 분수에 맞게 입도록 하라. 사생활 침해니 뭐니 헛소리 지껄이고 싶은 자는 말하지 말고 참아라. 나는 이 나라의 황제다. 입 닥치고 있는 게 좋을 것이야."

▶왕은 황금색(노랑) 곤룡포를 입고, 원윤元尹 이상은 자삼(자주), 중단경中壇卿 이상은 단삼(빨강) 도항경都航卿 이상은 비삼(주황), 소주부小主簿 이상은 녹삼(초록)을 관복으로 정함으로써 임금과 신하의 차이를 명확히 했다.

광종이 확실한 주도권을 잡은 상황에서 신하들이나 호족들은 그의 말을 따를 수밖에 없었어. 지금까지 광종의 행보만 보면 자신의 왕권 강화라는 목적이 있었다는 점을 감안해도 성군이라 칭하지 않을 수 없어.

그는 왜 이렇게 변했을까? 왕권이 지나치게 강화되다 보니 스스로 통제가 안 되었던 걸까?

하지만 광종은 권력에 취했던 것인지 안 좋은 방향으로 돌변하고 말아. 960년부터 승하할 때까지 15년간 이어진 피의 숙청은 고려를 큰 혼란에 빠져들게 했어. 밥그릇을 빼앗긴 기득권 세력들이 가만히 있지도 않았지만 역시 힘으로 억누름으로써 공포 정치라는 암흑기를 만들었어. 물론 이는 후대에 좋은 평가를 받기 힘들지. 문화와 시대정신과 국민의 합의를 얻어야 했는데 말이야. 광종은 공신 세력을 죽이는 것은 물론이요, 자기의 형들인 혜종과 정종의 외아들마저 처단해버렸어. 심지어는 자신의 부인과 아들까지 의심했다고 해.

그는 왜 이렇게 변했을까? 공포 정치 전까지 광종의 활약상이 너무나 눈부셨기 때문에 안타까움이 더욱 커질 수밖에 없어. 왕권이 지나치게 강화되다 보니 스스로 통제가 안 되었던 걸까?

권력에 눈이 먼 악녀인가, 당찬 여장부인가
【고려의 걸크러시 천추태후】

천추태후를 피한 대량원군(훗날 현종)의 사연이 깃든 북한산 진관사. 현종이 진관의 은혜에 보답하고자 신혈사 자리에 진관 스님의 이름을 따서 진관사라 지어졌다는 이야기가 전해진다.

태조 왕건이 죽은 후, 2대 왕 혜종과 3대 왕 정종이 재위 기간을 5년도 넘기지 못하는 등 고려는 혼란의 시기를 겪었어. 4대 왕 광종에 이르러 왕권이 안정되기 시작했지만, 그의 공포 정치로 인해 지방 호족들이 피의 숙청을 당하는 혼란이 끊이질 않았지. 그 혼란이 한창이던 964년, 왕건의 손녀로 유명한 천추태후千秋太后가 태어나.

왕족이 아닌 우리 같은 평범한 사람들이 이복동생이랑 결혼하면 막장 드라마라고 손가락질받겠지만, 앞에서도 봤듯이 고려 초 왕가를 보면 이런 일은 어렵지 않게 찾아볼 수 있어. 우리 역사뿐만 아니라 서양의 역사에서도 근친간의 결혼 사례는 쉽게 찾아볼 수 있어. 거미줄처럼 얽힌 근친혼을 통해서 '저들만의 리그'를 지키고 싶었던 건 이해하는데, 그래서 얻은 건 뭐지? 죽으면 가지고 갈 수 없는 돈과 권력? 가족끼리 서로를 죽이면서 다져지는 피보다 진한 우애? 로열패밀리들의 삶이 결코 부럽다는 생각은 들지 않아.

이번 이야기의 주인공인 천추태후도 사촌이랑 결혼을 했어. 천추태후의 부모는 심지어 이복남매야. 할아버지가 고려를 세운 왕건이지. 한국 막장 드라마의 독보적 원탑 임성한 작가도 이런 식의 가족 관계도는 감히 생각도 못했을 거야. 고려 초장기 로열패밀리 가족사가 유달리 꼬인 것은 고려의 아버지 왕건께서 무려 29명의 부인과 결혼을 했기 때문인 건 이미 알고 있지? 한 나라를 통일한다는 것이 보통 어려운 일이 아니야. 왕건은 팔도의 난다 긴다 하는 호족 집안들과 혼인동맹을 결성함으로써 정치적 기반을 다졌어.

"장인어른! 사위한테 힘 좀 한번 실어주세요! 어디 저 혼자 잘되자고 이러는 겝니까?"
"알았네, 사위. 내 우리 집안의 힘을 보태 자네 앞길을 밝힐 터이니, 대신에 우리 집안을 무시해서는 결코 안 될 것이야! 혼수도 이태리 장인들의 땀과 북유럽의 실용성을 적절히 콜라보시켜 최고로 준비하였네."
"장인어른! 염려 붙들어 매십시오."

이렇게 공수표 아닌 공수표를 날리기도 했겠지. 일단 통일된 나라를 세우고 신생국가의 기초를 다지기 위해서는 각 지역에서 콧방귀 좀 뀐다는 호족들과 결혼동맹을 맺어야 했던 거야. 이런 시대적 배경 속에서 천추태후는 964년에 태어나서 1029년에 삶을 마감했어. 호환 마마가 기승을 부리던 1,000년 전에 환갑을 넘기셨으니 천수를 누리셨지. 인생도 한 편의 드라마처럼 다이나믹한데, 이런 천수를 누렸다니 놀라울 뿐이야. 그녀의 인생이 얼마나 드라마틱했으면 채시라 씨가 주연한 드라마로도 나왔었잖아.

자, 그럼 그녀의 유년기부터 차근차근 살펴보자고. 천추태후는 어린 시절 할머니 손에 자랐어. 할머니가 앞에 소개한 짱짱한 호족 집안의 여장부였다고 해. 그런데 이 당시 왕인 광종이 호족들의 대항마로 구 신라 출신들을 등용하기 시작했어. 호족들은 당연히 반발을 했지.

"폐하! 지금 실수하시는 겁니다. 지금 이 나라가 누구 때문에 이리 됐는데,
우리를 홀대하고 신라 출신 나부랭이들로 나라를 끌어가시겠다고요?"
"짐이 곧 태양이다. 그동안 네놈들 마이 해묵었다 아이가. 고마 해라."

광종은 호족들을 향해 엄지손가락을 내렸어. 이때 지방 호족들의 대대적인 숙청이 있었는데, 천추태후의 부모님도 이때 숙청되고 말아. 하지만 천운으로 집안의 재산은 지키게 되었고, 부모님이 없어도 훌륭한 가정교사와 승마교육까지 충분히 받는 등 경제적 어려움은 모르고 살았다고 해.

천추태후의 할머니가 보통 분이 아니야. 엄마 아빠가 없으니 손녀들을 자신의 호적에 올리고 자신의 성 황보를 사용하게 해. 그리고 인고의 세월을 보내며 때를 기다렸어. 광종이 물러나고 자신들의 손녀가 장성하자 준비했던 계획을 바로 실행에 옮겼어. 한 명도 아닌 손녀 둘을 광종의 맏아들이자 고려 5대 왕 경종(景宗, 재위 975~981)에게 시집을 보내. 18세의 천추태후와 그녀의 동생까지 '1+1'로 말이야. 경종에게는 이미 두 명의 왕비가 있었지만, 천추태후의 할머니가 정치적 역량을 발휘해서 욱여넣은 거지. 이에 천추태후는 할머니의 치맛바람에 보답이라도 하듯이 앞선 두 왕비를 제치고 술술 왕자를 생산해냈어. 할머니와 손녀는 부둥켜안고 한참을 울지 않았을까?

고려 왕실의 유일한 왕자 천추태후의 아들 이름은 송이야. 왕송王誦! 천추태후에게는 상상만 해도 신이 나는 하루하루의 연속이었어. 마치 다음 주에 발표될 로또 번호를 이미 알고 있는 사람처럼 말이야.

> 그러나 불행은 생각지도 못하게 가까운 곳에서 찾아왔어. 남편인 경종이 그만 갓난쟁이 아들을 두고 죽어버려.

"내 아들 왕송이 무탈하게 자라나 자연스럽게 왕위를 계승한다면? 으흐흐흐!"

하지만 천추태후가 상상했던 것처럼 그녀의 인생이 꽃길의 연속이었다면, 그녀의 삶은 훗날 드라마로 만들어지지도 않았을 것이고, 역사에 이렇게 회자되지 못했을 거야. 불행은 생각지도 못하게 가까운 곳에서 찾아왔어. 남편인 경종이 그만 아들이 돌이 겨우 지난 나이에 죽어버려. 두 살도 안 된 왕자가 왕위를 이어받을 수 없으니 천추태후의 오빠가 고려 6대 왕 성종(成宗, 재위 981~997)으로 등극해. 천추태후는 18세에 결혼했고, 왕이 남편이었다. 그런데 결혼 6년 만에 왕이 네 살 위의 오빠로 바뀐 거야.

고려 6대 왕으로 취임한 성종은 아무리 여동생이지만 전임 왕의 왕비를 궁에 머무르게 할 순 없었어. 오빠이자 새 임금인 성종은 모든 비를 궁에서 쫓아내버려. 과부가 된 것도 서러운데 아들까지 빼앗기고 사가에서 지내게 되니 어땠을 것 같아? 외롭겠지? 세상 어디 한 군데 기댈 곳이 없었어. 그래서일까? 그 시기에 여전히 젊었던 천추태후는 사랑에 빠져! 그 상대는 김치양金致陽이라는 자였고, 둘의 러브스토리는 성종의 귀에까지 들어갔어. 이 소식을 듣고 격분한 성종은 천추태후의 정인 김치양을 귀향 보내버려. 천추태후는 가만히 있었냐고? 아줌마는 강하고 엄마는 위대하잖아. 아줌마이자 엄마인 천추태후는

고려 초창기 여자의 사회적 지위는 조선과
달리 남자와 동등한 위치에 있었어. 물론 제
사 같은 의무도 똑같이 지고 있었지. 그러니
여자의 재혼이 '노프라블럼'인 시대였지.

더 이상 나이 열여덟 수줍은 소녀가 아니었어. 오빠이자 왕인 성종에게 독대를 요청해.

"오라버니! 지금이 무슨 조선 시대도 아니고 고려 시대입니다. 오라버니의 왕비도 재혼한 여자인데 과부로 지내는 동생이 연애 좀 한다고 어찌 이럴 수 있소?"

"어허! 누가 듣겠다. 궁에서는 그놈의 오빠 소리 좀 치워라. 나도 안다, 지금이 꽉 막힌 조선 시대가 아닌 걸. 하지만 내 입장도 좀 이해하거라. 내가 이제 막 유교 이념을 받아들여 국가 통치에 써먹으려는데, 여동생이 수절을 하지 않고 연애를 한다고 하면 백성들이 무어라 하겠느냐? 집안도 못 다스리는 이념으로 나라를 다스리겠다고? 이러면 어디 내 말발이 서겠느냐?"

고려 초창기 여자의 사회적 지위는 유산 상속 시에도 남자와 동등한 위치에 있었고, 제사 같은 의무도 똑같이 지고 있었어. 그러니 여자의 재혼이 전혀 문제가 되지 않는 시대였지. 다만 성종이 유교 이념을 국가 통치의 수단으로 도입하려는 단계였기에, 천추태후의 사랑은 정치적 이유로 저지당하기는 했지만 사회적으로 지탄받을 대상은 아니었어. 고려 초기는 어찌 보면 오늘날보다 더 담대한 시대였으니까.

이 일이 있고 난 후, 고려 귀족 사회를 후끈하게 달아오르게 만든 찌라시가 다시 돌기 시작했어. 찌라시는 궐내 성종의 귀에도 들어갔고, 성종은 사람들을 보내 진상 파악에 나섰어. 찌라시의 내용이 뭔고 하니. 서두에 천추태후와 '1+1'으로 경종 임금에게 시집간 동생 기억하지? 그녀의 이름이 헌정왕후獻貞王后인데, 천추태후와 마찬가지로 경종이 사망하자 사가로 쫓겨나서 과부로 지내게 되었어. 그녀도 천추태후와 마찬가지로 남편도 죽었지, 나이는 아직도 어리지, 더군다나 자식도 없었어. 외롭겠지? 그래서 그랬는지 어쨌거나 이웃에 살던 이종 숙부 안종(왕욱)의 아이를 가져버린 거야.

"폐하! 진상을 조사하라고 하신 찌라시 내용이 사실로 판명되었습니다."
"뭣이라? 설마 했더니, 아 이것들이! 이 오빠 죽는 꼴 보고 싶어 작정을 한 것
이냐? 아니 어찌 하나도 아니고 둘 다 수절을 하지 못하고 정분이 났다는 말
이냐!"
"폐하, 두 분 다 아직 혈기왕성한 나이인지라…."

헌정왕후의 정인이었던 안종은 왕족이었고, 신라계 쪽 지지를 받고 있던 사람이야. 후에 의도적인 접근이 아니었냐는 말도 있지만 어쨌든 이들의 러브스토리 결과도 안종의 유배행! 하지만 헌정왕후는 천추태후와 달리 강인한 정신력의 소유자는 아니었어. 자신의 정인이 유배를 떠나자 그 충격 때문인지 아들을 낳던 도중 목숨을 잃고 말아. 이렇게 10대 때 고려 왕비로 성공적인 '취집'을 한 자매 중 언니는 왕의 아들을 낳고 눈물로 세월을 보내고 있고, 동생은 남편과 사별 후 또 다른 왕족과 연애를 하다 낳은 아들만 남겨두고 눈을 감게 되었어. 20대의 나이에 동생까지 잃은 천추태후는 자신과 꼭 닮은 인생 경로를 밟고 결국엔 운명을 달리한 동생의 넋을 기리기 위해서 조카를 거두어주었을까?

"잠깐! 여보시오! 지금 내 코가 석 자인데 조카까지 돌보라고 압박하는 겝니
까? 지금까지 내 이야기를 듣고도 그런 소리를 하시오? 과부 되고 아들을 궁

에 뺏긴 것도 억울한데, 내가 그럴 정신이 있을 것 같소? (아니지… 어휴, 그래

도 내 조카인데 어미 젖 한번 제대로 물지도 못하고….)"

천추태후는 자신에게 갑자기 닥친 불행의 무게를 감당하기가 버거웠어. 그

녀는 봄이 와도 대문에 '입춘대길'을 붙이지 않고 방 한구석에 '이 또한 지나가

리라.'라고 써놓지 않았을까? 한편 과부가 된 두 여동생을 궁에서 쫓아낸 것도

모자라 둘의 남자 친구를 자신의 통치 이념에 위배된다는 이유로 유배를 보내

버린 성종은 뜻밖의 선택을 해. 두 동생에게 미안했던 걸까? 아니면 자신이 단

명할 것을 미리 예측했던 걸까? 아직 팔팔한 나이임에도 천추태후의 어린 아

들을 자신의 후계자로 지명해. 이래서 거지로 살아도 이승이 좋다는 말이 나온

걸까? 천추태후는 죽지 않고 버티니 힘겨운 날에 대한 보상을 받았어. 이제 그

녀는 '이 또한 지나가리라.' 대신에 "좋아요!"를 연발했겠지.

마침내(?) 오빠인 성종이 마흔도 채우지 못하고 승하하자 천추태후의 아들

이 18세의 나이로 고려 7대 왕 목종(穆宗, 재위 997~1009)에 등극했어. 두둥! 일

반적으로 저 나이면 섭정이 필요 없는 나이지만 천추태후의 정치적 역량인 걸

까? 다 큰 아들을 병풍으로 세우고 천추태후가 섭정을 시작했어. 그리고 그녀

가 제일 먼저 한 일이 뭔 줄 알아? '사랑~사랑~내 사랑아~!' 오빠에 의해 귀

양을 갔던 김치양의 특별사면이었어! 그는 특별사면 정도가 아니라 상당한 정

치권력을 두 손에 쥐고 궁으로 금의환향을 했어. 천추태후 입장에서는 사랑도

되찾고 든든한 정치적 파트너도 얻는 일석이조의 특별사면이었지. 사가에 묻

혀 있던 여인이 아들이 왕이 되었다고 해서 갑자기 섭정을 시작하고 연인을 궁

으로 불러들이기가 어디 쉬운 일이었을까? 그녀는 분명히 그때까지 상당한 정

치적 파워를 가지고 있었을 거야. 정치 9단 증명!

천추태후의 아들 목종穆宗은 역사 사료를 보아도 참 착한 아들이었어. 마마보이가 아니었을까 싶을 정도야. 역사를 돌이켜보면 권력 앞에서는 부모 자식도 없잖아. 18세의 목종은 즉위 이후 쭉 '마마'의 섭정에 토를 달지 않고 자신만의 독특한 취향을 이어가. 특이하게도 로열패밀리 치고 권력에 대한 욕심이 없었던 건 아닐까 싶을 정도야. 목종의 특이한 취향은 또 다른 찌라시를 낳았어. 결국 그 찌라시는 사실로 판명이 났고, 고려 귀족 사회뿐만 아니라 국정 전반을 흔들어놨어. 찌라시 내용을 잠시 살펴보면 아래와 같아.

> 천추태후의 아들 목종은 세간의 소문과 달리 마마보이나 유약한 남자가
> 아니라고 함. 그냥 정치에 별 관심이 없는 것으로 보임.
> 즉위 6년이 지나도록 공주 하나 얻지 못한 데는 그의 특이한 취향에 기인함.
> 목종은 잘생기고 건장한 남자를 좋아하고, 여자에게는 아무런 감정을 느
> 끼지 못함.
> 목종의 연인 중 한 명은 발해 출신의 문신인 유충정이라는 인물. 문신인데
> 도 불구하고 몸이 아주 좋다 함.

원래 천추태후의 플랜A는 자신의 아들 목종을 내세워 섭정을 하고, 목종이 아들을 줄줄이 생산하여 또다시 왕위를 잇게 함으로써, 자신의 노후까지 완벽하게 보장받는 것이었지. 그런데 사랑하는 아들이자 고려의 왕이 남자를 좋아하다니! 엄마는 미치고 환장할 노릇이지. 이에 천추태후는 플랜B를 가동해. 그녀의 라이프 플랜 설계사 김치양을 매일 밤 처소로 불러들여.

"어서 이리 오세요! 목종은 글렀어요. 이제 우리 둘 사이에 낳은 아이로 다음
왕위를 계승해야겠어요."

천추태후는 낮에는 섭정을 위해 머리를 쓰고 밤에는 2세를 갖기 위해 최선을 다했어. 천추태후 인생에 불가능은 없었어.

"아니, 아무리 그래도 그렇지요. 태후 마마 제가 무슨 아이 만드는 기계도 아니고, 오늘은 너무 피곤합니다."

"닥치고, 불이나 *끄세요*."

천추태후는 낮에는 섭정을 위해 머리를 쓰고 밤에는 2세를 갖기 위해 최선을 다했어. 천추태후 인생에 불가능은 없었어. 그녀는 마침내 방년(?) 42세에 김치양과의 사이에서 왕자를 보게 돼. 자기가 정말로 사랑하는 남자와의 사이에 태어난 아기이니 얼마나 사랑스러웠겠어. 그런데 너무 행복한 날이 이어지면 오히려 마음이 불안해지는 법이잖아. 뭔가 찜찜해서 주위를 둘러보던 천추태후의 레이더에 몹시 거슬리는 존재 하나가 눈에 띄어. 바로 자신의 친동생이 낳은 아들 대량원군大良院君이야. 그는 어느새 12세 소년이 되어 있었던 거야. 1+1으로 같이 시집왔던 동생 기억하지? 바로 그 동생의 아들이야.

자신의 아들이 왕이라 섭정을 하고 있는데, 무슨 신경을 쓰냐고? 여당이 있으면 야당이 있듯이 이때도 호족을 등에 업은 천추태후가 여당 핵심이라면, 신라계가 미는 대량원군은 야당의 대권주자였어. 늦게 본 아들을 얼마나 애지중지했겠어. 또한 자신의 정치생명과 노후도 달린 문제야. 1%의 가능성도 남겨두고 싶지 않았겠지. 아들을 위해 열두 살짜리 조카를 강제 출가시켜. 이모에게 축출당한 대량원군은 지금의 북한산에 있는 어느 절에 맡겨지는데, 천추태후 입장에서도 조카를 바로 죽이기엔 정치적 부담을 느꼈던 거야. 그녀는 절에 미녀들과 각종 산해진미를 보내 가든파티를 주최해. 이때 절을 지키던 진관스님이란 분이 수상한 낌새를 채고 대량원군을 굴속에 숨겨. 그리고 가지고 온 음식들에 아무도 손을 못 대게 해.

"태후 마마께는 성의만 받는다고 전해주십시오. 저희 비록 땡추들이나 지금은 100일 기도 금식 기간이라 하사하신 음식을 먹을 수가 없나이다."

"스님, 알겠습니다. 허나 저희도 VIP의 지시라 음식은 세팅을 해놓고 가겠습니다. 대신 제발 잘 먹었다고 소문은 내셔야 합니다. 부탁드립니다."

모두가 물러가고 진관 스님이 음식들을 마당에 뿌리니 새들과 온갖 짐승이 모여 들어 맛나게 시식하지 않았겠어? 물론, 그 자리에서 즉사했다고 해. 대량원군은 얼마나 무서웠을까? 엄마 없는 하늘 아래에서 이모가 자기를 죽이기 위해 음식에 독을 타서 보내다니! 천추태후는 이후로도 꾸준히 자객도 보내고 했지만 번번이 진관 스님이 대량원군의 목숨을 구해줬다고 해. 이쯤에서 눈치챈 사람들도 있겠지? 맞아! 대량원군이 나중에 진관 스님의 은혜를 갚기 위해 북한산에 절을 지어주어서 이 절을 진관사라고 부르게 되었다고 해. 진관사뿐만 아니라 진관사 계곡도 서울 도심치고 괜찮으니 운동을 위해 등산도 할 겸 북한산에 가게 되면 들러보기를 권하는 바야.

자, 이제 천추태후의 아들이자 장성한 왕의 후계자 자리를 놓고 늦둥이 아들과 친조카 사이에 왕좌의 게임이 본격적으로 시작되었어. 왕좌의 게임처럼 흥미진진했으면 더할 나위 없었겠지만 이 게임은 조금 싱겁게 끝이 나버려. 어쨌거나 누군가에게는 Winter is coming! 겨울이 오기 전에 뜨거운 불바람이 천추전에 불어닥쳐.

때는 1009년, 불교를 권장하며 호족세력의 강력한 지지를 받고 있는 천추태후는 화려한 연등행사를 열었어. 그런데 방화인지 실수로 인한 화재인지 그만 천추전에 큰불이 났어. 안 그래도 정치에 큰 관심이 없던 목종이었는데, 이 대화재를 자신의 목숨을 노린 방화라고 생각했어. 그는 즉시 궁을 전격 폐쇄하

궁을 완전히 장악한 강조는 김치양은 물론이
고 천추태후 사이에서 난 어린 아들마저 죽
여버리고, 천추태후의 조카 대량원군을 새로
운 왕좌에 올려.

고 모든 사람과의 면회를 거부해. 소심한 왕이 동굴에 들어가버렸어. 혹시라도 자신의 어머니와 애인이 자기를 죽이려고 한 게 아닐까 하는 생각도 들었을 거야. 그도 아니면 자신의 외사촌 동생을 왕으로 등극시키려는 신라계의 음모일지도. 목종이 어떤 사람이야? 엄마가 섭정을 한다고 해도 "어마마마, 그리하세요." 엄마의 애인이 권력 남용을 해도 "아재, 그리 하세요."였어.

'여보시오들. 난 말이요. 이까짓 권력 따위 누가 가진다 해도 상관없소. 내 비록 남들과 조금 다른 성향을 가졌지만 그저 한 인간으로 행복하게 살고 싶을 뿐이었소. 그런데 왜 가만히 있는 나를 죽이려고 하오!'

목종은 그저 국민의 한 사람으로서 자신의 행복을 원했던 건 아닐까? 하지만 그의 태생이 지닌 무게가 모든 걸 앗아가버렸어.

결국 목종은 강조康兆라는 장군에 의해서 폐위돼. 강조는 이 당시 5,000명의 고려 최정예 부대를 이끌던 자였어. 궁을 완전히 장악한 강조는 김치양은 물론이고 천추태후 사이에서 난 어린 아들마저 죽여버리고, 천추태후의 조카 대량원군을 새로운 왕좌에 올려. 외사촌 간의 왕자의 게임은 이처럼 싱겁게도 남의 손에 의해서 결정이 난 거지. 새 정부는 가장 강력한 라이벌인 천추태후와 목종을 죽이지 않고 궁에서 내쫓아버려. 말 한 필만 달랑 주고서 말이야.

내 생각에는 목종이 유약한 남자였다기보다는 세상을 초월한 진정한 위너가 아닐까 싶어. 명색이 전직 왕이었던 목종은 겨우 한 필 얻은 말에 전직 태후인 어머니를 태우고 직접 말고삐를 끌었어. 외가로 향하는 험난한 여정 중에도 끼니 때마다 반찬이나 밥을 직접 챙겨 어머니 앞에 갖다 바치고 음식이 모자라면 자신이 입고 있던 의복을 팔았다고 해.

> "이보시오! 나 전직 왕 목종이오. 여기 내가 궁에서 입던 용포가 있는데 기념품으로 제법 쓸 만할 거요. 쌀 한 섬이랑 바꿉시다. 허허허."
> "이거 진품 맞소? 우리야 뭐 언제 왕 얼굴을 본 적이 있어야지. 뭐 여튼 좋수다. 비단 자체만으로도 쌀 한 섬 가격은 넘을 듯하니, 저기 곳간에서 쌀 직접 가져가슈."

그렇게 왕의 상징인 어의와 바꿔온 쌀로 밥을 지어 어머니께 해드렸다고 해.

> "어머니! 이렇게 어머니랑 밖에서 밥도 해먹고 이야기도 하면서 지내니 소자는 오히려 좋습니다. 어머니는 분하고 원통하신 것 같아 보이지만…."

전직 왕이 언제 야외 취침을 해보기나 했겠어? 외가로 돌아가는 길 내내 극진히 어머니를 모셨다고 하니 목종은 천성이 선한 사람이었던 것 같아. 하지만 고려 새 정부는 목종의 존재가 못내 맘에 걸렸나 봐. 다시 생각해보니 한창 혈기왕성한 전직 왕이 아직 살아 있다는 사실만으로 잠이 오질 않았겠지. 뒤늦게 모든 것을 잃은 이 모자에게 킬러들을 보내. 킬러들은 그래도 전직 왕에 대한 마지막 예우를 갖춘답시고 두 모자에게 칼을 내밀었어.

> "자결하라는 상부의 명령입니다."

혹시 말이야. 천추태후는 최고 권력의 맛을 본 것이 천추의 한이 되진 않았을까?

"아니 된다, 이놈들아! 우리 착한 아들을 무슨 명목으로 죽이려 하는 거냐!"

"여보시게. 난 왕 자리에 아무 미련도 없는 사람이네. 그저 우리 어머니 모시고 외가로 가서 조용히 여생을 보낼 것이니 제발 우리 모자 좀 그냥 보내주게."

이 당시 고려의 민심은 천추태후와 목종의 강제 하야에 대해 반대 여론이 꽤나 높았다고 해. 천추태후가 섭정 기간 나름 정치를 잘하고 민생을 잘 돌보았다는 증거지. 이런 민심을 고려한 고려는 목종에게만 자결을 강요했던 거야. 천추태후가 눈물로써 킬러들을 돌려보내고 캠핑장의 모닥불도 제대로 끄지 못한 채 둘은 황급히 길을 떠났어.

사실 정치란 비정하다 못해 잔인한 거잖아. 이 모자가 다시 길을 떠나자 킬러들은 뒤에서 목종의 등에 칼을 꽂아. 천추태후는 이렇게 두 아들과 진실로 사랑했던 남자까지 다 잃고 고향으로 내려와 21년을 더 살게 돼. 혹시 말이야. 천추태후는 최고 권력의 맛을 본 것이 천추의 한이 되진 않았을까? 그냥 호족의 부인으로 살면서 사랑하는 남자와 아들들과 살아가는 것이 나을 뻔했다는 생각을 한 번쯤은 하지 않았을까?

그나마 고려 정부에서는 천추태후 사후에 능을 크게 지어 그녀에 대한 예후를 해. 왜일까? 권력에서 내려온 지 21년이 지나도 민심은 그녀를 지지하니 고려 정부도 그런 결정을 내린 거야. 그런데 말이야. 왜 천추태후의 이야기를 교과서에서 전혀 볼 수 없었을까? 조선 시대 성리학자들이 천추태후가 수절을

02 모략자들1

안 하고 김치양이란 정인과 사랑에 빠졌다는 걸로 엄청나게 비난했어. 한마디로 천하의 몹쓸 여자로 만들어버린 거지. "한 사람의 인생 자체에 대한 객관적인 평가 따위는 집어치워! 어디 여자가 수절하지 않고 다른 남자와 사랑에 빠져." 이런 식의 앞뒤 안 가리는 비난만 이어진 거지.

하지만 최근 학계에서는 천추태후에 대한 재평가가 일어나고 있다고 하니 반가운 소식이 아닐 수 없어. 말 그대로 오직 수절하지 않았다는 이유만으로 모든 평가를 한쪽으로 몰고 간다는 건 너무 가혹하지 않나 싶어. 우리는 더 이상 성리학의 틀에 갇힌 시대에 살고 있지 않으니까 말이야.

두 이모와 결혼한 꼭두각시 왕

【이자겸의 독재와 몰락】

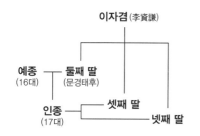

이자겸 가계도. 고려의 대표적인 실권자 이자겸은 16대 예종, 17대 인종에게 딸 셋을 왕비로 보내는 기염을 토해내며, 강력한 외척으로 철옹성 같은 권력을 유지했다.

왕이라는 직업이 있고, 할지 말지 본인이 선택할 수 있다면 어떨 것 같아? 무조건 못 먹어도 고야? 물론 그럴 일도 없지만 나라면 왕이란 직업은 사양하고 싶어. 역사를 살펴보면 왕만큼 피곤하고, 후대에 욕도 많이 먹고, 자의 반 타의 반 남의 생명까지 빼앗아야 하는 직업이 흔치 않아. 예수, 붓다와 동급의 애민사상을 가지신 세종대왕께서는 업무 과다로 후천성 시각장애인이 되셨고, 능력 부재에 질투의 화신 선조는 캡틴 조선 이순신 장군과 '비교질' 당하며 400년이 지난 오늘날까지도 악플에 시달리고, 아들을 뒤주에 가둬 죽여야 했던 영조는 비정한 아비의 전형으로 평가받곤 하지. 이렇게 가까운 조선만 해도 유유자적하며 참 부러운 삶을 사셨구나 하는 왕을 찾기는 지방대나와 대기업 들어가기의 난이도야.

그런데 이런 극한 직업의 단면은 조선이 아닌 고려에서도 찾아볼 수 있어.

왕이 되고도 이모와 결혼한 남자, 고려 17대 임금 인종(仁宗, 재위 1122~1146)이 그 주인공이야. 그것도 2명의 이모와 결혼을 했어. 혼자 쓸데없

쓸 데 없는 상상이지만, 아! 정말 하고 싶지 않다, 왕이란 직업!

는 상상을 해봤어. 내가 제일 좋아하는 친척이 우리 막내 이모이고, 제일 싫어하는 친척이 둘째 이모인데 극단의 두 이모와 결혼을 해야 한다고 감정이입을 해보니, 점심에 먹은 맛나디 맛난 평양냉면이 식도로 역류하는 기분이야. 아! 정말 하고 싶지 않다, 왕이란 직업. 다양한 복지 혜택과 끼니마다 펼쳐지는 미식회 수준의 식사 등 부러운 점이 많지만 엄청난 스트레스 속에 보통 멘탈로는 정상적인 생활이 불가능했을 거야.

　각설하고 본론으로 들어가보자고. 고려 인종이 1122년에 즉위했으니, 지금으로부터 900년 전이야. 이 당시 고려는 인주 이씨라는 외척의 손아귀 아래에 있었어. 이 가문은 7명의 왕이 거쳐 간 80여 년의 재위 동안 자기 가문의 딸들을 모두 왕의 부인으로 낙하산 투입했어!(이 기간 왕의 평균 재임 기간이 10년 남짓이야. 2년 계약직을 5번 계약 연장하기가 쉽지 않은 극한 직업을 인증한 거지.) 훗날 전주이씨가 새 왕조를 차리게 되지만, 이 당시엔 현 지명 인천인 인주를 본관으로 한 인주 이씨 가문이 세상을 호령하던 시절이었어. 이 집안의 캡틴이 바로 이자겸李資謙이란 자였는데, 역사 시간에 '이자겸의 난'이란 걸 배운 것이 어렴풋이 기억날 거야.

　이자겸은 인주 이씨 가문 왕비 낙하산 부대의 총대장으로서 역할을 충실히 수행하는데, 양심이나 인륜 따위는 이미 버리고 산 지 오래인 자였어. 둘째 딸은 16대 임금 예종(睿宗, 재위 1105~1122)에게 시집보내고, 셋째, 넷째 딸을 17대 임금 인종에게 시집을 보내지. 이래서 우리의 인종은 어머니의 동생들,

이자겸은 자기 외손자가 아니라도 가문의 위세를 업고 왕보 또는 다른 라인과 손을 잡을 수 있었지만 결국 인종을 선택해. 도대체 이유가 뭐였을까?

즉 이모와 결혼을 하게 된 거야. 그것도 둘이나! 이자겸은 인종의 외할아버지였다가, 나중에는 장인어른이 되었어. 인종의 즉위 과정은 그리 순탄하지만은 않았어. 인종의 나이가 14세로 너무 어렸기 때문에 인종의 작은아버지인 왕보를 킹으로 추대하자는 의견도 만만치가 않았어. 이자겸은 고민에 빠졌어. 누굴 밀어야 하나? 어린 외손자냐? 왕보냐?

이자겸은 자기 외손자가 아니더라도 가문의 위세를 업고 왕보 또는 다른 라인과 손을 잡을 수 있었지만 결국 인종을 선택해. 이분의 고결한(?) 성품으로 미루어보아 외손자 배신쯤은 햇빛 좋은 날 경리단길 테라스에 앉아 브런치 먹는 일 정도의 일이었지만 그는 인종을 밀기로 했어. 이유가 뭐였을까? 우선 인종은 나이가 어리지만 적통이기 때문에 강력한 명분을 가지고 있었어. 그리고 나이가 어리니 장성한 왕보보다 자기가 다루기 쉽다고 판단을 한 거야. 더불어 장인이자 외할아버지로서 어린 왕을 추대하고 지켜내면 민심도 얻게 되는 것은 보너스인 거지.

민심이 천심이란 말은 우리 역사에 뿌리 깊게 내재되어 있어. 백성 보기를 개똥 보듯 하는 위정자들도 생각보다 민심을 거슬리게 하는 일을 쉽게 하지 못했고, 그럴 경우엔 반드시 대가를 치렀지. 이런 사실을 오늘을 살아가는 정치인들이 반드시 기억했으면 좋겠어. 어쨌거나 이자겸은 치밀한 계산을 마친 후에 인종을 더 킹으로 추대했어. 인종이 더 킹이 된 후, 두 차례의 왕위 찬탈 음모가 있었는데, 이때마다 이자겸이 나서서 깔끔하게 해결했어. 자, 우리의 틴에이저 왕인 인종은 외할아버지이자 장인인 이자겸이 의지가 되었을까? 아니면 가급적 만나고 싶지 않은 존재였을까? 어린 인종은 차라리 '외할아버지, 아니 장인 당신이 왕 하세요.' 하는 심정이지 않았을까? 그래도 명색이 왕의 핏줄을 타고났는데 발버둥은 한번 쳐봐야 싶기도 하고. 하지만 모든 걸 장악한 정치 9단 이자겸을 상대하기는 결코 쉬운 일이 아니었어. 둘의 본격적인 대결에 앞서 왕의 장인이 된 후 이자겸이 한 행태들을 잠시 살펴보고 가자고.

양절익명공신 중서령 영문하상서도성사 판이병부 서경유수사…

이건 화학 공식도 아니고, 귀신을 부르기 위한 주술도 아니야. 이것은 이자겸이 자신에게 셀프로 내린 관직명이야. 고려 시대는 조선 시대보다 관리들의 분업화가 덜 되었다고 해. 조선 시대에도 물론 2개 이상의 관직을 겸직하는 경우가 있었다고는 하지만, 이건 뭐 병조, 호조, 좌의정, 우의정, 암행어사 등 폼 나고 돈 되는 건 다 해먹은 경우야. 권력을 손에 넣게 되면 소인배들이 하게 되는 다음 코스가 바로 자기 식구로 주변 채우기잖아. 이런 행동은 믿을 것은 역시 핏줄뿐이라는 두려움의 발로인 건가? 이자겸은 피는 물보다 진하다는 격언의 신봉자였는지, 친척 일가를 요직에 앉히고 자신만의 왕국을 더욱 공고히 다져나갔어.

자! 손이 안 닿은 데가 어디 있나? 아, 이제 종교 문화계도 슬슬 손을 봐야겠지. 이 당시에는 불교가 국교인 때라 불교계와도 손을 잡는 치밀함을 보여. 제헌절, 개천절, 삼일절 이런 날들은 대단한 날들이잖아. 그런데 이자겸은 자신의 생일을 '인수절仁壽節'이라는 셀프 작명까지 하는 센스를 보여줘. 철책 넘어 북쪽의 어느 이상한 나라가 생각이 나는 건 나뿐인 건가?

우리 역사를 보면 중국의 정권이 어느 민족으로 바뀌건 꼭 조공을 했어. 그런데 이 조공이란 게 앞에서도 말했듯이 그냥 굴욕적으로 무언가를 바치는 것에서 끝나는 것이 아니라, 외교의 큰 부분이야. 조공 무역이란 표현이 더 적당하지. 어쨌든 조공을 하려면 물품 선정에서부터, 대표단 인력 구성까지 할 일이 많아. 이때 선발되는 사신들은 현대의 외교관이나 마찬가지야. 이런 중차대한 일은 당연히 왕의 최종 제가가 있어야 하는 거잖아. 그런데 예상했겠지만 이 조공 무역에 대해서도 이자겸이 왕의 제가 없이 독단적으로 결정하고 진행을 했어. 왕이 살아 있는데, 외교권, 인사권, 군사권, 셀프 승진권을 다 행사한 거지.

이자겸이 하는 짓을 가만히 보고 있자니 《삼국지三國志》의 동탁董卓이 떠오르지 않아? 동탁 하면 여포가 떠오르지? 이자겸의 여포는 척준경이란 인물이야. 척준경은, 지금은 흔적만 남아 있는 곡산 척씨의 시조이자 검술의 달인이었어. 그는 흙수저로 태어났기 때문에 공부를 할 기회가 없었고, 어린 시절엔 동네 건달들과 어울리며 살아갔다고 해. 하지만 금수저를 물고 태어났다면 공부하느라 자신의 뛰어난 무사적 재능을 발견하지 못했을 수도 있으니, 가난이 재능 발견에 기회가 되었다고 볼 수도 있어. 집안의 지원은 적었지만 무예에 일가견이 있었고, 시대 상황상 실력을 발휘할 기회가 찾아왔어. 동여진 정벌에서 윤관을 도와 귀신 같은 칼 솜씨와 담대함을 발휘하게 된 거지. 신분 상승에 대한 절박함과 타고난 재능이 합쳐서 전쟁의 신으로 승승장구했어. 그렇게 한 계단씩 밟아가다 결국엔 이자겸의 오른팔 위치까지 올라가게 되었어. 이자겸은 도무지 빈틈이 보이질 않아.

이자겸과 어린 왕은 라이벌이라고 부르기도 민망할 정도의 극심한 전력 차이에 놓여 있었지만, 인종은 누구도 예상하지 못한 반격을 준비하고 있었어. 그 시작은 김찬金粲, 안보린安甫鱗이라는 두 내시에 의해서 시작이 돼. 내시를 남성성을 잃은 얇은 목소리를 가진 간신배로만 생각하면 오산이야. 왕의 비서실장으로, 똑똑하고 능력 있는 사람들의 집합체라고 보는 게 맞아. 이들은 인종을 최측근에서 모시고 있으니, 그 누구보다 왕의 심경을 이해하고 있었어.

비록 무늬만 왕이지만 인종이 자신들의 도움으로 이자겸을 제거하고 진짜 '더 킹'이 된다면 권력의 최상층으로 이동할 수 있겠다고 생각을 했어. 왕 또한 믿을 세력도 마땅히 없고, 정보도 통제된 상황에서 두 내시만이 믿을 만하다는 나름의 판단을 내린 후에 슬쩍 본인의 의중을 흘렸어. 술 한잔하고 주먹으로 벽을 때리면서 울분을 토했겠지.

"내 명색이 왕이건만 저 연못 속 비단잉어만도 못한 신세구나."

이런 일이 반복되다 보니 두 내시도 인종의 의도를 파악하고 불가능해 보이는 작전을 시작해. '오션스 일레븐'의 조지 클루니처럼 왕좌를 되찾기 위해 뜻을 같이할 각계각층의 인재들을 모으기 시작했어. 그리고 이자겸에 의해 밀려나 있던 재야의 정치인들에게 마지막 조언을 구했어. 그들의 생각을 모아보니 척준경이 지키고 있는 이자겸에 대한 무력시위는 큰 효과를 볼 수 없다는 것이었어. 게다가 이자겸의 심복들에 의해 사찰을 받고 있던 재야 정치인들은 힘을 보태려고도 하지 않았어. 어쩌자고? 그냥 이대로 다 같이 주저앉아 있자는 걸까? 인종은 별 의미 없는 의견만 수렴한 후 과감히 결단을 내렸어.

"칩시다. 이자겸."

아무도 예상하지 못한 어린 인종의 공격에 적들은 당황하고, 척준경의 동생과 내시로 있던 아들을 죽이는 절반의 성공을 거두게 되었어. 척준경은 자신의 아들 중 하나를 내시로 발탁하여 인종의 측근에 배치시켰어. 감시자 노릇을 하기 위해 붙인 거지. 이런 상황에서도 비밀 작전을 수행한 걸 보면, 인종도 보통 우리가 역사 시간에 배운 '이자겸의 난'이라는 사건의 전말인데, 타이틀이 약간 이상하다고 느껴지지?

은 아니야.

흥미진진한 첩보 작전이 있었을 텐데, 역사 사료가 남겨져 있지 않은 게 안타까울 뿐이야. 이 와중에 척준경은 아들과 동생을 잃고 정신줄을 완전히 놓았어. 워낙 기습적인 선제공격이었기에 이자겸 측의 비상대책위원회는 갈팡질팡하며, 골든타임을 놓치는 듯했어. 그러나 척준경이 누구야? 윤관을 도와 여진족을 때려잡던 말 그대로 싸움의 신이잖아. 그런 싸움꾼의 직감대로 움직였던 걸까? 아니면 자식 잃은 아비의 광기였을까? 그는 모두가 우왕좌왕하는 사이에도 정예 요원을 수습해서 정부군에 반격을 감행했어.

전쟁터에서 산전수전을 겪은 척준경의 정예 부대는 피에 굶주린 전쟁 괴물의 모습을 드러내며 궁을 공격하기 시작했어. 숫자는 비록 적었지만 워낙 뛰어난 전사들이었기에 궁 수비대는 척준경이 온다는 소리만 듣고도 지레 겁을 먹었어. 궁 수비대가 근근이 버티고 있는 사이에 뜬금없는 병력이 척준경의 뒤에 포진을 하게 되는데, 그들은 십자군도 아닌 승려군이었어. 이로써 전세는 완전히 뒤집히게 되었어. 이자겸이 불교계를 괜히 감싸고 돌았던 게 아닌 거지. 감히 자신들에게 도전한 것에 대한 응징의 본보기였을까? 아들 잃은 아비가 통제하지 못한 분노의 표출일까? 그는 지시하면 안 됐을 명령을 내려.

"궁에 불을 질러버리고, 살아 움직이는 모든 것의 생명을 끊어라."

이게 사실 우리가 역사 시간에 배운 '이자겸의 난'이라는 사건의 전말인데, 타이틀이 약간 이상하다고 느껴지지 않아? 제목만 보면 야망을 가진 신하가 왕좌를 차지하기 위해 난을 일으킨 거 같지만, 실상은 왕의 선제공격에 절대 권력을 가지고 있던 신하 측에서 역공을 가한 거야. 과감한 선제공격으로 초반 기세를 잡을 때까지는 좋았는데, 인종은 이제 이자겸의 처분만을 기다리는 신세가 되어버린 거지.

"이제, 후회는 없다. 해볼 수 있는 것은 다 해봤다. 앉아서 당하느니 내가 모든 걸 내놓고 내 마지막도 내 손으로 선택하겠다."

인종은 이자겸에게 왕위를 넘기기 위해 조서를 내렸어. 그런데 이자겸이 전혀 예상치 못한 반응을 해왔어. 이자겸은 눈물까지 흘리며 조서를 반납한 거야. 이거 뭐 어쩌자는 거야? 이후에 일어나는 일련의 사건들을 보면 이자겸은 아직은 때가 아니라고 생각했던 것 같아. 왕좌를 가져오기에는 더 확실한 명분이나 여론의 지지가 필요하다고 생각했던 거지. 어쨌거나 인종은 생명을 연장하게 되고, 타이틀뿐이지만 왕좌도 지키게 되었어. 얼마 후 하나의 찌라시가 사람들 사이에 퍼지게 되는데 다분히 조작의 냄새가 진동을 했어. 내용인즉 왕 씨가 물러나고 이 씨가 왕이 된다는 거였어. 정치, 문화, 경제, 종교, 군사 모든 걸 손안에 넣고 있었지만 이자겸이 가지지 못한 건, 단 하나 민심이었어. 민심을 진실로 움직일 수 없다면 가짜 뉴스로 백성들을 속이기로 한 거야. 여론 조작으로 국론을 분열시킨 후, 이자겸은 다음 작전을 실행에 옮겨.

"어떠냐? 내 말대로 가짜 뉴스가 효과가 있지 않느냐? 낄낄낄."
"역시 대단하십니다. 말도 안 되는 말씀이라고 반대했던 저희들이 참으로 어리석었습니다."
"내가 뭐라 했더냐. 억지 주장도 자꾸 펼치면 진짜 뭐가 있나 하고 돌아보게 되는 것이 어리석은 군중의 심리다. 이제는 내가 왕위를 받아도 나를 지지하는 민심이 절반은 될 것이다. 때가 됐다. 준비한 걸 실행에 옮겨라."

어느 날씨 좋은 날 인종은 자신의 이모 겸(?) 부인과 담소를 나누고 있었어.

"이건 웬 떡이요? 참으로 감칠맛 나게 생겼소이다. 날씨도 좋으니 어디 한 입⋯."
"폐하! 아니 되옵니다."

그녀가 떡을 주위에 있던 까마귀 떼에게 던져버렸고, 그 떡을 먹은 까마귀들은 그 자리에서 모두 죽었다고 해. (고려 시대에는 왜 이리 새들이 많이 죽나 몰라?) 아무튼 이렇게 암살의 위협에 시달리면서도 인종은 강철 멘탈의 소유자답게 잘 버텼어. 그리고 생각지도 않은 곳에서 반격의 기회를 발견하게 되는데. 바로 이자겸과 척준경의 사이가 틀어지는 사건이 발생한 거야. 이자겸의 아들인 이지언의 남자 종이 척준경의 종과 술 한잔하다가 싸움이 시작되었고, 종싸움이 결국엔 주인 싸움까지 이어졌다고 해.

"거 지난번에 궁에다 불까지 지른 건 오바였어, 오바. 그렇게까지 할 필요는 없었지. 역시 사람은 책도 많이 읽고 교양을 쌓을 필요가 있다니까. 자네 주인은 너무 무식한 게 탈이야. 뭐 그 무대포 때문에 오늘날 이 자리까지 온 것이기도 하지만."
"뭐야? 이 종놈이 미쳤나? 네놈이 뭘 안다고 주둥아리를 함부로 놀리는 게야?"

"아이고, 주인이 무식하니까 종놈까지 똑같이 무식하구만. 사실을 말해주면
받아들이고 고칠 줄도 알아야지."

역사에는 이렇게 기록되어 있지만, 틀어서 보고 꼬아서 봐야 역사의 진짜
재미를 느낄 수 있다고 생각해. 종끼리 저런 대화 주고받았다고, 둘 사이가 갑
자기 틀어졌겠어? 여러 가지 추측이 가능한데 척준경의 파워가 점점 커지면서
이자겸은 위협을 느꼈을 거야. 척준경 나름의 계산으로 나도 1인자가 되지 말
란 법이 있나 하는 생각을 가지게 되면서 둘 사이에 조금씩 균열이 생겼을지도
모르겠어.

다른 가능성으로는 암살의 위협 속에서 인종이 비밀리에 둘 사이의 균열을
일으켰다라는 추측도 가능해. 결론적으로 인종은 이 틈을 놓치지 않고 명석한
두뇌로 손익계산서를 뽑아본 거지. 그리고 내린 결론은 '이이제이'였어. 오랑
캐를 이용하여 오랑캐를 물리친다. 1인자가 되기 위해 주인을 물 준비가 되어
있는 오랑캐 척준경을 이용해서 이자겸을 제거하겠다는 결론이었어. '이자겸
만 제거된다면 척준경은 훗날 내가 충분히 다룰 수 있는 인물이다. 지금 당장
둘을 한꺼번에 제거하기는 불가능하니 큰불부터 끄고 보자.' 인종은 척준경에
게 특사를 보냈고, 보름달이 기울어가는 어느 밤 모처에서 마침내 만나게 되
었어.

"척 장군, 지난번 일은 참으로 가슴 아프게 생각하오. 내 타깃은 장군의 식솔
들이 아니라 이자겸 그자란 건 잘 알고 계시지요? 내 이번 일만 잘 성사되면
크게 보상하리다. 장군도 이제 이자겸의 그늘에서 벗어나 1인자 한번 해보
셔야 하지 않겠소? 우리 '타도 이자겸'을 실행해봅시다."

비굴하게 살지 않겠다고 하는 의미로 '비굴'
의 앞뒤를 바꾸어 '굴비'라고 이때부터 부르
기 시작했다고 하는데, 믿거나 말거나지.

척준경은 인종의 제안이 아니었어도 들고 일
어날 작정이었는데, 깊게 생각할 것도 없었어.

"신, 최선을 다하여 폐하의 근심을 하루 속히 제거하도록 하겠습니다. 대신
약조하셨던 1인자의 자리는 확실히 보장해주셔야 합니다."

"여부가 있겠소. 아무 염려 마세요."

결국 이자겸은 자신의 오른팔이었던 척준경에게 제압되어, 영광으로 귀양
을 가게 되었고, 지지 않을 것만 같았던 그의 시대는 그렇게 저물었어. 일설에
의하면 영광으로 귀양 간 이자겸은 산란 직전의 조기를 잡아 소금으로 간을 하
여 말린 굴비를 인종에게 진상했다고 해. 이건 왕에 대한 존경의 뜻으로 음식
을 진상한 것이 아니었어.

소금에 절인 음식이라 맛이 변하지 않듯이 왕권에 대한 나의 의지도 변하지
않았다는 것을 보여주기 위한 '진상 짓'이었다고 해. 비굴하게 살지 않겠다고
하는 의미로 '비굴'의 앞뒤를 바꾸어 '굴비'라고 이때부터 부르기 시작했다고 하
는데, 믿거나 말거나. 어쨌든 이자겸은 귀양 생활 1년 만에 사망했는데, 굴
비 과다 복용의 부작용인가? 역시 짠 음식은 장수에 치명적이야.

'다큐 3일', 이유 있는 반란

【무신정변, 그 피의 기록】

무용총에 새겨진 고구려인들의 수박희 모습. 아마도 수박희는 이런 모습의 경기였을 것으로 추정된다.

1170년 고려 18대 왕 의종(毅宗, 재위 1146~1170) 24년. 그날도 여느 때와 마찬가지로 의종은 파티를 열기 위해 궁을 벗어나 보현원普賢院으로 향하고 있었어.

"오늘은 미세먼지도 없고 야외 활동하기에 아주 좋은 날이니 수박희◀ 매치가 더욱 재미있겠구나. 오늘의 메인 매치는 누구로 준비를 하였느냐?"

"종3품 대장군 이소응李紹膺이 메인을 맡기로 했나이다."

"뭐라? 이 장군은 너무 늙지 않았느냐? 과욕을 부리는 거 아니냐? 파이팅 넘치게 저돌적인 인파이터 게임이 재미있는데 말이야. 그런 건 아무래도 젊은 군인들이 낫지 않느냐?"

"폐하, 걱정 마십시오. 본인이 자기 입으로 극

▶수박희手搏戱. 고려 시대의 대표적인 무예 수박手搏 경기로 추정된다. 수박에 대한 기록은 《고려사》에서 많이 찾을 수 있지만 수박의 기술에 대한 구체적인 기록은 희박해 수박이 어떤 특징의 무예인지는 알기 어렵다. 이 말은 조선 초기까지 기록에 등장하다가 나중에는 사라진다.

강의 인파이터 게임을 펼치겠다고 자신만만하였습니다."

　요즘 군대에서 축구나 태권도를 잘하면 군 생활이 편하듯이 이 당시에도 격구나 수박을 잘하면 왕의 눈에 띄어 출세의 지름길이 되었다고 해. 이렇게 종3품 대장군 이소응과 젊은 군인의 맨손 결투가 벌어졌는데, 이 장군은 넘치던 의욕과 달리 젊은 패기에 밀리며 완전한 아웃사이드 게임을 진행했어.

　"이봐라, 이봐. 내 이럴 줄 알았다. 판정승이 무슨 의미가 있겠느냐? 이 장군
　은 점수만 따기 위해 잽을 치고 빠지기만 하니 게임이 아주 지루하구나."

　왕의 이 말을 듣고 있던 먹물, 아니 문신 한뢰韓賴라는 자가 갑자기 경기장에 난입하더니 경기를 중단시켜. 그러고는 다짜고짜 대장군 이소응의 뺨을 후려갈겨.

　"아씨, 지금 뭐 하는 거야? 이게 수박이야, 애들 장난이야? 이럴 거면 집에
　가서 손자나 보라고 이 늙은이야!"

　직급으로 따지면 3계단이나 아래인 문신 한뢰가 무신 최고위급 장성에게 막무가내 행동을 한 거였어. 왕 뒤에서 호위하고 있던 최정예 부대 견룡군牽龍軍이 웅성거리기 시작했어. 차고 있던 칼에 오른손을 올리는 사람들도 있었지. 그들은 견룡군 소속의 대위급 군인 이의방李義方과 이고李高 두 명이었어. 이들이 당장이라도 한뢰를 베어버릴 기세로 나가려고 하자 장군 정중부鄭仲夫가 조용히 이들을 제지해.

"여기서는 아니다. 한 번만 숨을 고르고 더 생각해보자. 자, 심호흡을 크게
  한번 해보게."

정중부는 지그시 눈을 감으며 지난날의 또 다른 수모가 떠올랐지만 더 좋은
타이밍을 잡기로 마음을 다잡았어. 여기서 잠시 정중부가 받은 지난날의 수모
에 대한 기억을 재구성해볼게.

정중부는 7척 장신에 잘생긴 외모와 뛰어난 격구 실력으로 미천한 집안 배
경을 극복하고 의종의 눈에 띄어 군인으로서 승승장구했어. 그날도 정중부는
왕이 벌이는 파티에 호위무사로 참석을 하고 있었는데, 문신 김돈중金敦中이란
자가 촛불을 들고 정중부에게 다가온 거야.

"이 수염을 그렇게 애지중지 아끼신다고요? 키가 커서 그런지 아주 잘 어
  울리시는 구려. 낄낄낄. 그런데 집안이 좀 그렇다던데 어찌 그리 잘나가시
  오? 혹여 이 긴 수염에 무슨 비법이 숨어 있나? 어디 자세히 좀 봅시다."

김돈중은 장난을 치면서 촛불을 정중부의 수염 가까이에 들이밀었어. 그러
다 그만 정중부의 수염에 불이 붙고 말았어. 정중부는 무례한 태도까지는 참았
으나 아끼던 수염이 상하게 되자 화를 참지 못하고 김돈중을 밀쳐버렸어.

"이게, 지금 뭐 하는 짓인가! 기본 에티켓도 모르시오? 아휴, 이걸 그냥 콱."

정중부는 쓰러져 있던 김돈중에게 강력한 눈빛 레이저를 발사하고 자리를
박차고 나왔어. 누가 봐도 김돈중의 몰지각한 행동이었어. 하지만 잘나가던 아

버지를 둔 김돈중은 자기 아버지한테 가서 고자질을 해. 그의 아버지는 바로 그 어마무시한 《삼국사기》의 저자 김부식이야.

"아버님, 어젯밤 연회 때 사람들이 많아 정중부라는 자와 어깨가 부딪혔는데 이 인간이 술에 취해 저를 사람들 앞에서 밀쳐버리는 것이 아닙니까. 이런 망신도 원. 무신이란 자들은 정말 매너와 교양은 개한테나 줘버린 것입니까? 날 잡아서 교양 에티켓 강좌를 열어주십시오."

이 일로 정중부는 문책을 받게 되었어. 억울하기 짝이 없는 노릇이었지. 지난날의 기억에서 깨어난 정중부는 이의방과 이고를 보며 말을 해.

"오늘 밤 왕은 보현원으로 숙소를 정하였다. 그때를 틈타 움직이자."

이의방과 이고는 재빨리 보현원에 사람을 보내 자신들의 병력들에게 오른쪽 어깨에 옷을 내리고 머리에 쓴 복두를 벗으라고 지시를 내렸어. 무차별 살육을 위한 자기들만의 표식이 필요했던 거야.

"나머지는 모조리 죽여라."

어수선한 분위기 속에서 야외 행사가 마무리되고 해가 질 때쯤 의종의 행렬이 보현원에 당도했어. 이의방은 보현원에 대기 중이던 왕의 다른 호위병들을 무장 해제시키려 해.

"왕명이다. 여기는 우리 친위대 견룡군이 경비를 맡기로 했으니 너희들은 다 물러가라."

"무슨 소리요? 우리는 그런 지시를 받은 적이 없소. 견룡군은 여기까지 호위만 맡는다고 내 분명히 들었는데, 왜 그리 갑자기 변경이 되었단 말이오?"

이때 정중부가 나섰어.

"너 이 새끼 소속이 어디야? 관등성명 대. 나 정중부야. 이 새끼가 왕명이라는데 어디다 눈깔을 부라리고 또박또박 말대꾸야!"

"아! 장군님. 그래도 옥새가 찍힌 왕명이 있어야 저희도…. 악!"

정중부가 책임자의 조인트를 까면서 다시 윽박질렀어.

"이 새끼, 너 내가 족보 없는 장군이라고 무시하는 것이냐? 내가 지금 당장 가서 명령서 들고 오면 너 이놈들 다 보직 해임이야! 진짜 갔다 와? 아님 조용히 꺼질래?"

이렇게 보현원에서 왕의 호위를 위해 대기 중이던 병력을 물러나게 했어. 이제 거칠 것이 없어졌어.

"작전 개시다!"

이의방과 이고가 앞장서 문신과 환관 등 의종 주변에 머물던 자들을 차례로

베기 시작했고, 보현원은 순식간에 피로 물들었어. 이때 문신 하나가 평소 친하게 지내던 환관 한 명과 함께 실내에서 숨을 곳을 찾고 있었어. 이 자는 모든 군인들이 혈안이 되어 찾고 있는 자였어. 바로 낮에 이소응 대장군의 뺨을 때린 문신 한뢰였어.

"이보게. 지금 그나마 안전한 곳은 왕이 있는 곳뿐이네. 자네는 환관이니 왕께서 어느 방에 거처하시는지 알고 있지 않은가? 내가 여길 빠져나가면 두둑이 보상할 테니 어서 나를 그리로 안내하게."
"아, 그러게 왜 짬밥도 안 되면서 노인네 뺨을 때리고 그러셨습니까? 이거 참! 괜히 왕께서 계신 곳으로 안내했다가 나까지 곤란해지는 건 아닐지 모르겠습니다."

환관도 어차피 왕의 처소로 몸을 피하던 중이었거니와 그동안의 친분을 생각하며 그와 마지못해 동행을 했어. 의종의 처소에 이르자 한뢰는 왕에게 제대로 된 예도 갖추지 않고 후다닥 책상 아래로 몸을 숨기며 한마디를 던져.

"폐하, 망극하옵니다. 허나 지금 사정이 워낙 긴박하여 양해 부탁드리옵니다. 그럼 전 이만 몸을 좀 숨기겠습니다."

곧이어 이의방과 이고가 칼을 들고 왕의 처소에 들이닥쳐.

"이런 쥐새끼 같은 놈. 분명히 이쪽으로 도망치는 걸 봤는데 어디에 숨은 거야?"

군인들이 칼을 뽑아 들고 왕의 처소에 들이닥쳤지만, 의종은 기세에 눌려 꾸짖지도 못하고 가만히 바라볼 뿐이었어. 이때 김부식의 아들이자 정중부의 수염에 불을 붙였던 김돈중이 과감하게 나서서 한마디를 해.

"무엄하도다! 감히 여기가 어디라고 피 묻은 칼을 들고 설치고 있는 것이
냐?"

김돈중의 기세에 무신들은 순간 움찔했지만, 젊은 혈기의 이의방과 이고는 이내 정신을 가다듬었어.

"쓸데없는 객기 부리지 말고 그 입 닥치고 있어라. 아직 너는 죽일 마음이 없
으니까."

이때 이고가 왕의 책상 아래 숨어 있던 한뢰의 발 한쪽이 삐져나온 걸 발견했어.

"하하하. 이 쥐새끼 같은 놈 봐라. 숨으려면 제대로 숨던지 발 하나는 무엇에
쓰려고 남겨두었느냐? 우리랑 숨바꼭질하자는 거냐?"

부하들이 한뢰를 책상 아래서 잡아 끌어내자, 한뢰는 왕의 다리를 잡고 매달려서 울기 시작했어.

"폐하, 살려 주십시오. 이 무뢰한들로부터 소신을 구해주십시오."

"이놈이 아직도 상황 파악이 안 되나 보네. 거기다 대고 빌어봐야 소용이 없어요. 아까 낮에 그 패기는 다 어디 가고 울고 지랄이야. 하여튼 문신 놈들은…."

이고가 한뢰에게 얼굴을 맞대고 이죽거리고 있을 때, 이의방이 그대로 한뢰의 목을 날려버려.

"아씨! 놀래라. 피가 내 얼굴에도 다 튀었잖소!"

이고도 놀라 짜증을 내며 뒤로 물러났고, 의종은 그야말로 사색이 되어 그대로 자리에 주저앉았어. 이 틈을 타 김부식의 아들 김돈중은 살육의 현장에서 빠져나왔어. 이대로 개경으로 가 왕세자에게 정변을 알리고 군사를 준비시킨다면 충분히 전세를 역전시킬 수 있을 것이라는 판단을 했어. 이제는 그야말로 시간 싸움의 양상으로 전개되고 있었어. 정변을 일으킨 무신

아집도 대련雅集圖 對聯. 고려 시대 고위 문신들의 저택을 담은 것으로 추정되는 그림이다. 무신의 난 시기, 문신들의 사치는 그야말로 극에 달했다. 《고려사》에 따르면 옥석으로 기단을 만들고 귀족 집은 300칸이었으며, 기와로 청자기와를 굽고 금은으로 장식했다고 나온다.

의 정예 부대가 먼저일까? 김돈중이 먼저 개경에 당도하게 될까?

새벽을 넘어 여명으로 향하는 시간인데도 이의방은 좀처럼 잠이 오질 않았어. 직책상 장군인 '정중부의 난'으로 훗날 기록되지만, 사실 이번 정변은 대위급 이의방과 이고가 전면에 나서서 이루어낸 결과야. 그는 칼에 묻은 피를 닦아내며 앞으로도 이 칼에 더 많은 피가 묻을 거란 걸 예감하며 더 많은 살육을 숙명으로 받아들였을까? 아니면 그 칼에 죽게 될 무고한 사람들을 떠올리며

조금이라도 가슴 아파했을까? 훗날 이의방이 권력 최정점에 올라선 후 보인 사이코패스적인 행동을 보면 후자는 아닐 것 같아.

이의방은 조금씩 고개를 내미는 태양을 바라보며 거사 몇 개월 전 이고와 함께 우학유于學儒의 집을 찾았던 때를 떠올려. 우학유로 말하자면 3대째 내려오는 명문 군인 집안의 자손으로, 당시 군부 최고의 정통성을 가지고 있던 자였어. 우학유를 전면에 내세운다면 자기들의 반란에 명분이 서는 것은 물론이요, 군부의 나머지 세력이 자연스럽게 따라줄 거라고 생각했지. 그랬기에 이 한밤의 방문은 쿠데타를 위한 첫 번째 관문이자 가장 중요한 일이었어. 늦은 밤 야망으로 가득 찬 젊은 대위급 군인 2명이 장군의 집을 은밀히 찾아 들어갔어.

"어허, 떠오르는 태양 이의방, 이고께서 어찌 저물어가는 달 같은 늙은이를 야밤에 찾아오셨소? 자, 어서 이쪽으로 앉으세요. 얼굴들 좀 펴! 얼마나 심각한 이야기를 하려고 얼굴이 그리 굳어 있소. 여봐라! 여기 술상 좀 봐오너라."
"장군! 언제까지 이렇게 앉아서 무시만 당할 작정이십니까? 또한 이대로 두었다가는 나라꼴이 어찌 될지 심히 걱정스럽습니다. 따로 생각하고 있으신 게 있으신지요?"
"거, 성격들 참 급하기도 하지. 술이나 한 순배 돌면 본론이 나올 줄 알았더니. 한데 지금 도대체 무슨 소리들을 하고 있는 게요? 누가 누구로부터 무시를 당한다는 말이요?"

이 당시 고려 상황을 잠시 짚고 가자면, 고려 18대왕 의종은 고려판 연산군이라고 불릴 만한 상황이었어. 《고려사》에 보면 왕이 하루가 멀다 하고 연회를 여니 역사를 기록한 사관이 이렇게 기록했다고 해.

'오늘도 어제와 대동소이함. 또 술을 마심.'

특히 야외에서 노는 것을 몹시 좋아했는데, 경치가 좋은 핫 플레이스에 연복정延福亭이라는 정자를 만들어놓고 3년에 걸쳐 놀이용 요트 50척을 만들라고 지시했어. 백성의 피눈물이 담긴 배 50척이 마침내 완성되고 배를 연못에 띄우기로 한 날에 환관이 와서 급하게 보고를 해.

"폐하… 연못의 수심이 얕아 배가 뜨질 않습니다."
"고뤠? 그럼 연못을 더 깊게 파면 되질 않느냐? 난 무슨 큰일이라도 난 줄 알았다. 다음 주까지 공사를 완료하라."

생업에 바쁜 백성들을 다시 불러들여 겨우 기일을 맞추어서 배를 띄웠어. 파티 플래너는 의종의 지시에 따라 50척의 배 전부를 비단으로 도배질했고, 왕은 무희들과 신나게 파티를 즐겼다고 해. 하지만 날림 공사로 인해, 장마철이 되자 연못은 범람했고, 의종은 이곳을 버리고 무신정변의 현장인 보현원으로 파티 장소를 옮겼던 거야. 뭔가 망조가 든 자가 죽을 자리를 찾아 제 발로 찾아간 느낌적인 느낌이 들지 않아? 이렇게 밤낮없이 파티를 하다 보니 국가 재정은 금방 바닥이 났어. 세금을 통해 백성들을 쥐어짜는 것은 기본이요, 대신들과 부호들의 재산까지도 갈취해. 자금 마련에는 임금의 최측근인 환관 왕광취王光就가 나섰어.

"박 대감님, 폐하께서 최근 침체에 빠진 격구 활성화를 위해서 스포츠 재단을 하나 만들려고 하는데 자금이 부족하군요. 폐하의 순수하고 깊은 뜻을 알기에, 도움을 드릴 수 없는 소인의 무능함에 잠을 이룰 수가 없습니다. 신하 된 자로서 불충도 이런 불충이 어디 있겠습니까? 무슨 좋은 방도가 없을까요?"

"허허. 방법이 왜 없겠나! 거, 사람을 제대로 잘 찾아왔구먼. 내가 마침 와이프 몰래 빼놓은 비자금이 있던 참이네. 캐시로 별실에 준비시켜 놓을 테니, 다음번 정기 인사 때 잘 부탁하네."

"염려 마십시오. 제가 폐하께 잘 전달하겠습니다. 그럼 전 이만."

"아, 잠시만! 그리고 이건 약소하네만 자네가 받아두게. 나라를 위해 이렇게 불철주야 힘쓰는데 내 성의 일세."

"아, 이거 참 이러시면 곤란한데, 어쩌나… 환관 주제에 대감 마님 성의를 무시할 수도 없으니 감사히 잘 받겠습니다."

이런 꼴이니 환관 중에서는 모은 재산으로 200칸이 넘는 대저택을 가진 자도 있었다고 해. 이 정도 규모는 의종의 궁과 비슷했다고 하니 세상이 돌아가는 꼴이 이상하게 낯이 익네. 사실 의종은 무신만 무시한 것이 아니라 문신도 무시하고 오직 측근 몇 명만 데리고 국정을 운영했어. 그의 주변에서 아부 잘 하는 문무 신하 몇 명과 환관들로 구성된 벌레 같은 자들이 나라를 다 말아먹고 있었다고 봐야지. 이제 시대 상황에 대한 설명은 접고 다시 우학유 장군의 서재로 돌아가보자고.

"지금 장군께서는 본인이 무시당하는 일 없이 잘나가신다고 무신 전체를 외

밤낮없이 파티를 하다 보니 국가재정은 금방 바닥이 났고, 세금을 통해 백성들을 쥐어짜는 것은 기본이요, 대신들과 부호들의 재산까지도 갈취해.

면하시겠다는 말씀입니까?"

"이봐, 햇병아리! 오냐오냐 하니까 내가 만만하게 보이나? 나 모태 군인이야. 우리 할아버지 때부터 짬밥 먹고 살아왔어. 군인은 군인의 길을 가는 것이 나라를 위하고 백성을 위하는 길이야. 군인이 정치에 개입하는 순간 모든 것이 박살 난다는 것을 유념하게. 내 특별히 오늘 들은 이야기는 없었던 일로 해두겠네."

이렇게 이의방과 이고가 우학유에게 퇴짜를 맞고 다음으로 찾은 자가 정중부였어. 정중부는 든든한 배경 없이 자수성가하여 오늘날의 자리에 올라왔기에 야망이 더 컸어. 하지만 자신의 오늘을 만들어준 의종 임금을 배신하기에는 고민이 있을 것이라고 생각했는데, 대답은 의외로 간단했어.

"고뤠? 나는 콜! 내가 자네 둘의 든든한 버팀목이 되어줄 테니, 마음껏 날개를 펴보게. 하하하."
'능구렁이 같은 놈. 위험한 일에는 몸을 빼시겠다. 바라던 바다. 피도 우리 손에 묻히고 공도 우리가 차지할 것이다. 넌 그저 병풍 노릇만 잘해주면 된다.'

이런 과정을 거쳐 정중부가 이의방과 의고의 뒤에 서게 되었던 거야. 이의방이 지난날을 회상하다 보니 어느새 날이 밝았어. 허한 속을 달래기에는 선지 해장국이 최고인데 오늘은 왠지 땡기지가 않아. 이의방이 해장국 메뉴 선정에 머리를 쓰고 있을 때 병사 하나가 허겁지겁 달려왔어.

"개경에서 환관 왕광취가 주축이 되어 역습을 준비하고 있다고 합니다."

"아, 거참. 사내 구실도 못하는 것들이 재물을 지키려고, 사내다운 짓을 꾸미
고 있었구나. 당장 궁으로 가야겠다. 이래서 잃을 게 많은 자들은 섣불리 움
직이다 남들보다 먼저 저세상으로 간다니까. 낄낄낄."

이의방과 정중부 무리가 방심한 채 궁으로 오면 기습적으로 핵심 세력을 제
거하려던 환관들의 작전은 내부 밀고로 인해 실패로 돌아가고 말았어. 여기서
잠깐 행방이 궁금해지는 사람이 하나 있지 않아? 정중부의 수염에 불을 붙이
고 임금 앞에서 칼을 거두라고 소리치던 김부식의 아들 김돈중은 어떻게 되었
을까? 이 인간은 보현원 살육의 현장에서 탈출 후 그냥 그대로 저 혼자 살겠다
고 지금의 파주에 있는 감악산으로 도망을 가버렸어.

"김돈중의 위치는 파악되었느냐?"

"네! 현상금을 걸었더니 그 집 하인 놈이 찾아와서 제 주인 도망간 곳을 알려
주었습니다. 지금 동생 놈과 함께 이곳으로 압송 중입니다."

이들 형제는 도착하자마자 이고의 칼에 목숨을 잃었어. 이의방과 정중부는
의종을 폐위시키고 거제도로 유배를 보낸 뒤 그의 동생 왕호王晧를 찾아갔어.

"아이고, 안녕하십니까? 문안 인사드리러 왔습니다!"

군인들이 집으로 들이닥치니 왕호는 영문을 몰라 사시나무 떨 듯했어.

"어서… 어서들, 오세요. 갑자기 오셔서 제대로 된 술상이 없는데…."

"피차 바쁘니 용건만 간단히 합시다. 대충 짐만 챙기고 우리랑 입궐합시다. 왕 취임식 준비를 이미 마쳤소."

"네? 아니 형님이 계신데 제가 어찌?"

"모르는 척하시는 게요, 아님 진짜 소식이 깡통이신 게요? 형님은 거제도로 유배가셨소."

"아… 네…."

"우리한테 협조만 잘하시면 호가호위하며 잘살 수 있을 게요. 다만 조금이라도 왕 비슷한 행동이라도 할 기미가 보이면 이 칼이 가만히 안 있을 거요. 낄낄낄."

이렇게 무신들은 명종(明宗, 재위 1170~1197)을 고려 19대 왕으로 앉혔어. 이날을 기점으로 100년간의 무신정권이 시작된 거야. 이후 올림픽도 아닌데 4, 5년에 한 번씩 새로운 무신 권력자가 등장해 조정에는 피바람이 끊이질 않았어. 하지만 명종은 무신 실세가 비명횡사를 해도 왕 자리에 무려 27년이나 머물렀어. 운이 좋다고만은 말할 수 없을 것 같아. 그는 가히 처세의 달인이라 불릴 만해. 간이나 쓸개는 다 빼주고 손바닥 지문도 없어졌겠지.

그런데 군사 쿠데타가 일어나면 이에 반대하는 군인들도 분명히 있지 않았을까? 내 한목숨 내놓고 왕을 지키겠다는 사람들 말이야. 가만 있자 누가 있을까? 아하! 군인이 정치에 뛰어들면 안 된다며 군인의 사명을 외치던 우학유가 있었지! 그는 군부의 실세가 된 이의방을 찾아가. 3대째 내려온 모태 군인 우학유가 이의방에게 던진 말은 충격 그 자체야.

"저기, 지난 일은 우리 다 잊고 새 출발합시다. 이의방 장군께서는 아직 어리시니 젊은 군부, 아니 나라 전체를 이끄시고, 제가 나이 많은 군부를 잘 다독여나가면 이 나라가 잘 굴러갈 것 같은데 어떻게 생각하시오?"

"낄낄낄. 그럽시다. 제가 아직 혈기가 넘쳐 이것저것 모자란 부분이 많으니 노련하게 잘 이끌어주세요."

"저기 그럼, 우리 둘의 동맹을 확인하는 차원에서 이의방 장군님의 누이와 제가 혼인을 하는 게 좋겠습니다."

"하하하. 그렇게 기발한 아이디어가? 역시 모태 군인은 뭐가 달라도 다르군요. 바로 추진합시다."

이후 무신들의 운명은 자업자득이란 말을 실감케 해. 이고는 이의방의 손에 죽게 되고, 이의방은 정중부 아들 손에 죽게 되며, 정중부는 또 다른 청년 무관 경대승慶大升의 손에 죽게 돼. 짧은 기간 마약 같은 권력의 맛에 취하고 약 기운이 채 가시기도 전에 또 다른 군인에게 칼침을 맞고 죽는 악순환이 반복됐어.

한편 폐위되기 전까지 백성의 고혈을 쥐어짜 매일 밤 파티를 하던 의종은 그답게 역시 술을 마시다가 죽었어. 의종은 1173년 평소 자신이 아끼던 이의민李義旼과 경주에 있는 곤원사坤元寺 연못가에서 술을 마시고 있었어. 하지만 이의민은 무신정권으로부터 의종의 암살 명령을 받고 내려왔던 천하장사 킬러였던 거지. 의종은 그것도 모르고 신이 나서 술을 퍼마시기 시작했지. 이의민은 잔악무도하게 왕의 척추를 꺾어 죽였는데, 이때 등뼈 부러지는 소리를 들으며 웃었다고 하니 이게 제정신인지. 그리고 시체를 이불에 말아 가마솥에 묶어 술을 마시던 연못에 그대로 던져버렸다고 해. 무슨 원시시대도 아니고 한 나라의 왕씩이나 한 사람을 꼭 이렇게 죽여야 했나 모르겠어.

동서고금을 막론하고 칼로 잡은 권력은 반드시 칼침을 맞게 되어 있더라고. 그러니 군인 형님들! 정치는 국민의 손에 맡겨주시고 자주국방에만 신경을 써 주세요! 그런데 이거 어디서 많이 들어본 이야기 같지 않아? 이상하게 어떤 군인의 최후랑 비슷한 거 같네.

권력의 파수꾼인가, 백성의 충신인가

【삼별초의 두 얼굴】

진도 남도진성南桃鎭城. 고려 원종에 맞서 삼별초가 진도에서 몽골과 항쟁을 벌일 때 해안지방을 방어하기 위해 쌓은 성으로, 삼별초가 제주도로 옮겨갈 때 이곳에서 출발했다고 전해진다.

1170년 고려 18대 왕 의종이 무신들에 의해 강제 하차 당하고 이후 무인들의 시대는, 심지어 그들조차도 예상하지 못했던 100여 년 동안 이어졌어. 대단한 대의명분이 있었던 것도 아닌 이 군인들이 오직 자신들의 사리사욕과 권좌를 차지하기 위해 더러운 싸움을 하는 동안 민생은 초토화되고 말았어. 무신정권 초기의 어수선한 상태를 진압하고 마침내 안정된(?) 최씨 일가의 나라를 만든 최충헌崔忠獻이 사망하고, 최우崔瑀가 그 뒤를 이어받은 어느 날이었어. 고종 6년, 그러니까 1219년 최우는 최측근을 불러 특수부대의 창설을 은밀히 지시했어.

"우리만의 부대 하나를 만들어야겠어. 기획안 하나 잘 뽑아봐."

"어떤 목적으로 사용하려고 하시는지요?"

삼별초는 원래 고려 무신들의 정권 유지를 위해 야별초란 이름으로 탄생한 특수부대야. 조직을 키워 좌별초, 우별초로 나눠졌고, 여기에 몽골 포로 출신의 신의군을 편입하면서 삼별초라는 이름을 갖게 된 거야.

"아, 뭐 뻔하지. 낯간지럽게 뭘 물어봐. 권력 유지용이지. 내 목숨을 노리는 것들이 너무 많아. 가진 게 너무 많아 두 다리 뻗고 잘 수가 없어, 젠장."

"아… 네, 언론에 배포할 자료에는 도처에 도적이 들끓고 민란이 끊이지 않기에 민생 치안 확보를 위한 특수부대 창설이라고 하겠습니다."

"그래, 그래. 역시 개떡같이 말해도 찰떡같이 알아듣는구면. 뭐 우리 집안이 개인적인 욕심을 조금 부려서 백성들의 삶이 피폐해진 것은 내가 인정해. 허나 그건 내 일이 아니고 남의 일이지 않나! 낄낄낄. 말 안 듣는 개, 돼지들 진압용이지만, 백성들 치안 유지용이라고 하면 어리석은 무리들은 또 믿는다니까."

"역시 대단하십니다. 고귀하신 장군께서 어찌 천한 것들의 습성을 그리 잘 아시는지."

"아, 그리고 어중이떠중이 뽑지 말고, 최정예 멤버로 부대를 꾸리도록 하게. 자네 최고의 인재를 뽑는 방법이 뭔지 아나? 돈이야, 돈. 연봉도 2배에 최고의 복리후생 및 각종 성과급과 빵빵한 퇴직연금을 보장하도록 하게."

이렇게 고려 무신들의 정권 유지를 위해 야별초夜別抄란 이름으로 시작된 특수부대는 점차 조직을 키워가며 좌별초, 우별초로 나누어지게 되었고, 몽골군의 포로가 되었던 자들로 구성된 신의군까지 편입시키면서 이 부대는 훗날 그 유명한 삼별초가 된 거야. 자신만의 왕국을 경호하는 특수부대까지 만든 최우는 한 손에는 고려 왕의 목을 쥐고, 다른 한 손으로는 고려 백성의 등에 빨대를 꽂고 나라 전체를 상대로 수탈을 하고 있었어. 어라? 같은 최씨구나…. 하지만 최우에게 촛불집회라는, 아니 몽골군의 침략이라는 예상치 못한 변수가 발생하게 되고, 그는 작전 코드명 '해도입보海島入保'를 서둘러 가동했어.

"아, 진짜 저 오랑캐 놈들이 다 된 밥에 코를 빠트리고 난리야. 이제 좀 안정적으로 빨대가 꽂혔는데 말이야."

"어떻게 할까요? 결사 항전이냐 화친이냐 갈림길입니다."

"이봐! 나 군인이야. 당연히 결사 항전이지! 어디서 오랑캐 놈들이랑 화친 운운하고 있어. 지금 당장 동원 가능한 수레에 내 전 재산을 싣고, 최강의 부대를 배에 탑승시키도록 하게. 항전은 하되 강화도에서 할 거야. 말 타는 오랑캐라 해전에는 약할 테니까."

"아니 그럼, 육지에 남아 있는 오합지졸들로 우리 백성들을 지키라는 말씀입니까? 몽골군은 항복하지 않으면 살아 숨 쉬는 모든 생물을 몰살하기로 유명합니다."

"이 인간이 갑자기 캐릭터를 바꿨나, 왜 이래? 네놈이 언제부터 백성들을 걱정했다고 난리 블루스야. 육지에 남아 있는 백성들은 각 자치단체장의 철저한 지시와 감독하에 각자도생하라는 공문 띄워 보내. 원래 천한 것들은 아프면서 성장해나가는 거야."

최우의 이런 민첩하고 기민한 결정은 한국전쟁 때 100만 서울 시민이 한강대교를 넘기도 전에 폭파한 이승만 대통령의 그것에 비견되는 결정이야. 이승만 대통령은 이미 특별 열차편으로 서울을 떠나 대구까지 내려갔다가 주위의 만류로 대전으로 빽!

"각… 각하… 너무 빨리 멀리 내빼셨습니다. 이게 나중에라도 알려지면 영 모양도 안 서니까. 우선 대전으로 돌아가셔야겠습니다. 그리고 충남도청에서 육성 녹음을 하시면 마치 서울에 있는 것 같을 테니, 완벽한 알리바이가 될 거 같습니다."

전쟁이 터지기가 무섭게 앞장서 도주한 대통령의 육성 담화는 아래와 같았어.

"서울 시민 여러분! 안심하고 각자 생활에 충실하세요. 빨갱이는 후퇴하고 있습니다. 우리 정부는 언제나 그랬듯이 여러분과 함께 (마음만) 서울에 머물고 있습니다. (몸은 비록 대전이지만….)"

이렇게 모두가 최우로 대표되는 군사 정권에 "예스!"라고만 하고 있을 때 야별초 최고사령관 격인 야별초지유 김세충金世冲만이 "노!"라고 강력하게 외쳤어.

"태조 이래 200년이나 지켜온 도성을 어찌 이리도 쉽게 버릴 수 있단 말입니까? 우리는 고려인입니다. 몽골군이 아무리 세계 최강이라고 해도 어찌 한 번 싸워보지도 않고 강화도로 천도를 한단 말입니까! 백성들을 버리고 강화도에서 무슨 결사 항전을 하신다는 말입니까?"
"우와! 다 같이 박수! 대단하다. 멋있어. 역시 야별초지유! 큰돈 들여 길러놓은 보람이 있구먼. 삼별초야말로 군대야, 진짜 군대. 그래 지금부터 열 셀 동안 몽골군에 맞서 싸워 송경松京을 지켜낼 비책을 말한다면 내가 기꺼이 자네 뜻에 동참하겠네. 허나 그러지 못할 경우엔 너는 죽어줘야겠어."

그런데, 최우는 정말로 김세충을 참수형에 처했어. 유일하게 직언을 하던 김세충이 죽은 판에 강화도로의 천도는 일사천리로 진행이 되었지. 고려군사 정권도 몽골과의 전쟁이 무려

왜 전쟁에서의 희생은 민초의 몫이어야만 한 것인지. 시간이 지나도 무신정권은 일관되게 자신들의 욕심만 챙겼고, 백성들의 삶은 붕괴되었어.

30년 가까이 어어질 줄은 몰랐을 거야. 그동안 우리 백성들의 삶은 어땠을까? 역사에 딱히 관심이 없는 사람이라고 해도 몽골군의 잔혹성에 대해서는 익히 들어서 알고 있잖아. 왜 희생은 언제나 민초의 몫이어야만 한 것인지. 시간이 지나도 무신정권은 일관되게 자신들의 욕심만 챙겼고, 그 와중에 실세가 바뀌면서 동네 조폭 수준을 넘지 못하는 꼴로 백성들의 삶은 붕괴되었고, 왕권은 유명무실해지고 말았어.

그러던 1270년, 고려 24대 왕 원종(元宗, 재위 1260~1274)이 원나라를 등에 업고 고려로 귀국했어. 그가 강화도에서 아직도 죽치고 있던 무신정권에 대항해 첫 번째로 내린 작전명은 '출륙환도出陸還都'였어. 한마디로 강화도에서 무조건 나오라는 말이지. 원나라 입장에서도 고려와의 전쟁이 지긋지긋했어. 주변의 모든 국가가 그들의 발아래 무릎을 꿇고 있는데 오직 고려만이 쌍코피 터지면서도 작은 섬에 박혀 고개를 빳빳이 쳐들고 있으니 환장할 노릇이었겠지. 이때 유명무실해진 왕권을 되찾으려는 원종과 원나라의 이해관계가 맞아떨어진 거지. 원종은 원나라와 화친을 약속하고 그들의 군사력을 빌려 무신정권을 몰아내기로 결심했어. 그래서 첫 번째로 실행한 작전이 강화도에서 나와 육지인 개경으로 다시 수도를 옮기기로 한 거야.

모든 일이 긴박하게 전개되었어. 5월 15일 무신정권이 원종의 회유와 압박에 의해 크게 흔들리자 일주일 후인 23일, 개경으로의 환도가 결정되었고, 6일 후에는 삼별초에게도 최종 통보가 내려졌어.

"출륙환도 후 바로 이어지는 작전이 삼별초 혁파라고 하옵니다. 우리 군의 명단을 내놓으라는 요구입니다."

"흐음…."

"절대 삼별초의 명단을 넘겨서는 아니 됩니다. 그 명단으로 블랙 리스트를 만들 것이고, 그 문건은 그대로 살생부가 되어 우리의 목에 칼을 들이댈 것입니다."

"알고 있다. 어차피 우리의 기원은 군사 정권에 뿌리를 두고 있으니, 원나라를 등에 업고 있는 원종 입장에서 우리는 적폐청산 1호가 되겠지."

"이대로 육지로 나가 개죽음을 당할 수는 없습니다. 우리 삼별초는 명색이 고려 최강의 특수부대가 아닙니까? 몽골 부대를 등에 업은 가짜 왕 원종에 맞서 싸워야지요. 저희는 장군의 명령을 따르겠습니다."

"고민하고 자시고 할 것도 없다. 이래 죽으나 저래 죽으나 매한가지라면 폼 나게 싸우는 것이 고려의 군인 아니겠느냐?"

이렇게 삼별초는 원종이 있는 개경 정부와 몽골 연합군에게 항전하기로 결정을 하고, 게릴라 콘서트를 준비하듯이 육성으로 백성들에게 그들의 결정을 알리고 합류해줄 것을 독려했어.

"여기 너희들의 노비 문서와 악덕 지주들에게 빚진 채무 이행서가 있다. 지금 이 자리에서 이 모든 것을 태워버리겠다. 그동안 나라에서 너희들에게 해준 것이 무엇이더냐? 무신정권은 너희들의 등골을 빼먹고, 몽고의 기마병은 너희의 가족과 재산을 짓밟았다. 그런데 어떤 피해보상도 없이 오랑캐와 강화를 맺자고? 나는 못하겠다. 배알도 없이 또 굽신거리며 살고 싶은 자들은 모진 생명을 연장하라. 하지만 지금 이 순간 가슴에서 무언가 뜨거운 것이 솟아오르는 자들은 우리 삼별초를 따르라. 너희가 어떤 선택을 하던 내가 지금 이 공문서들을 태우면 너희는 자유다."

진도 용장산성 행궁 자리. 이곳은 배중손이 이끌던 삼별초가 몽골의 침략에 대항하여 항쟁을 벌였던 장소이다.

공문서들이 타오르면서 백성들의 가슴에 억눌려 있던 불꽃이 마침내 폭발했어. 《고려사절요》의 기록에 따르면 관노들이 밀정 다루가치와 우리 관리들을 죽이고 삼별초가 있는 진도로 향했다는 기록이 있어. 왜 강화도가 아니고 진도냐고?

진도는 강화도에 비해 몽골군의 사정권보다 멀다는 점 외에도 물살이 몹시 세서 수군이 약한 몽골군에 대항하기 유리하다는 장점이 있었어. 또한 경상도와 전라도 지역의 공물이 수도 개경으로 향하는 길목이었어. 쉽게 말해 고려의 미니 실크로드를 점거하게 되면 부대 유지를 위한 재원도 마련할 수 있을 뿐만 아니라 개경 정부와 몽골군의 보급로를 차단하는 일거양득의 효과를 볼 수 있는 셈이었지.

삼별초는 6월이 시작되자마자 모든 병력과 물자를 1,000여 척의 배에 옮겨 싣고 그들만의 율도국이 되어줄 진도로 향했어. 왕온王溫을 새로운 왕으로 옹립했음은 물론이요, 오늘날까지도 그 흔적이 남아 있는 용장성을 구축하고 몽고 군에 맞서 '해도제천(수도를 다른 섬으로 옮겨 싸움)'하여 항전의 준비를 마쳤어.

삼별초는 1년간 여몽 연합군의 공격에 기대 이상의 선전을 펼치며 경상남도와 전라도 일대 및 제주도 지역까지 확보했어. 삼별초가 자신들조차 놀랄 정도로 잘나가게 되니 급기야 원나라에서 개경 정부가 아닌 삼별초에 화친을 맺자

몽골(원)

개경
강화

고려

거제도

진도

제주도

일본

삼별초의 대몽 항쟁. 1271년 5월 김방경, 혼도, 홍다구의 연합군이 진도에 총공격을 강행하여 왕온과 배중손이 사망하고 진도가 함락되었다. 삼별초는 큰 타격을 받았으나 굴복하지 않고 김통정 주도로 본거지를 제주도로 옮겨 항전을 계속했다.

며 사신을 보내왔어. 이때 삼별초가 내민 강화 조건을 보고 원나라 사신은 이렇게 말했다고 해.

"삼별초가 간이 완전히 배 밖으로 나왔구먼. 한데 한편으로 생각하면 대단하다. 삼별초가 적인 것이 안타까울 뿐이다."

삼별초가 원나라에 제시한 조건은 자신들에게 전라도를 달라는 것과 고려 땅에서 몽골군이 전면 철수하는 것이었어. 세계 최강의 부대를 자처하는 원나라는 이를 당연히 받아들일 수 없었고, 양측은 또 한 번의 전면전을 준비하게 되었어. 잘나가는 정치인이나 우승을 밥 먹듯이 하는 최강의 스포츠 팀이 가장 경계해야 할 것은 라이벌의 성장이 아니라, 내부에서 악마의 연기처럼 스멀스멀 피어나는 자만심이야. 삼별초도 내부의 분란과 자신감을 넘어선 자만심으로 여몽 연합군의 전면전에서 대패하고 말았어. 이 대패로 인해 배중손은 물론이요, 그들이 옹립한 왕온까지 죽게 되었고, 삼별초는 이대로 역사 속으로 사라지는구나라고 생각하는 순간! 통통배를 이끌고 제주도로 향하는 한 무리가 있었으니, 그들의 리더는 김통정金通精이었어.

바로 삼별초의 제주 항쟁이 시작되는 순간이야. 끝난 줄 알았지? 끝날 때까지 끝난 게 아니야! 마블의 쿠키 영상처럼 보너스 트랙도 아니야. 대단하다고밖에는 할 말이 없어. 삼별초의 끈질긴 생명력에 일어나서 박수라도 쳐야 하지 않겠어? 제주로 향하는 배에서 그들은 이를 갈며 이런 다짐을 하지 않았을까?

삼별초가 원나라에 제시한 조건은 자신들에게 전라도를 달라는 것과 고려 땅에서 몽골군이 전면 철수하는 것이었어.

"그래. 이제 죽기도 살기도 아니다. 목숨이 두 개라도 다 던져서 항전이다. 항전의 명분이나 구체적인 이유 따위도 잊은 지 오래다. 무조건 버틴다."

김통정을 중심으로 하여 제주의 애월에서 다시 재기의 발판을 다진 삼별초는 그다음 해부터 개경으로 향하는 곡물과 양식이 실린 함선을 공격해 자금을 마련했고, 거제도와 심지어 오늘날의 부천까지 게릴라전을 벌여 현령을 사로잡거나 죽이며 항전을 계속 이어갔어. 삼별초의 활약이 얼마나 대단했는지 제주도에는 아직도 김통정에 대한 설화가 많이 남아 있어. 애월 주변에 장수물이라는 곳이 있는데, 김통정 장군이 여몽 연합군과 치열한 전투 중 성 위에서 뛰어내리자 땅이 푹 꺼졌고, 그 꺼진 자리에서 물이 솟아나기 시작했다고 해. 그후 이곳을 장수물이라고 부르기 시작했다고 하는데, 이 샘물은 800년 가까이 지난 오늘날까지도 마르지 않고 있어. 과거 이곳은 제주에 가뭄이 극심할 때 백성들의 오아시스가 되어주었대. 그리고 광령리에 있는 붉은 오름은 제주 삼별초의 마지막 병력들이 전사하면서 흘린 피로 흙이 붉게 물들어서 붙여진 이름이라고 해. 또한 연합군이 공격해오자 김통정 장군이 깔고 있던 쇠 방석을 타고 날아가 싸웠다는 전설도 전해지고 있어.

이런 전설뿐만 아니라 제주도에는 아직까지도 김통정 장군을 모시는 사당이 있는데, 그 이유는 특수한 지리적 조건으로 항상 수탈의 대상이 되었던 제주 도민들에게 삼별초가 전혀 다른 모습으로 다가섰기 때문이야. 김통정은 제주에 머무는 2년의 짧은 기간 동안 세금을 일체 걷지 않았다고 해. 제주 사람들의 진심 어린 협력이 없었다면 지속 불가능한 항전이었어.

1270년 6월 강화도를 떠난 삼별초군은 진도를 거쳐 1273년 4월 제주에서 최후를 맞이했어. 이후 고려 시대는 물론이고 조선 초기까지 삼별초는 왕의 명령을 거역한 역적의 집단으로 몰렸지만, 이제는 원나라에 최후까지 항전한 자주 고려의 아이콘이 되었지. 삼별초라는 불꽃이 완전히 꺼진 1년 후, 25대 충렬왕忠烈王이 등장하고 이때부터 무려 6명의 왕이 원나라에 충성한다는 의미로 '충' 자 돌림을 쓰게 되는 건 그냥 우연이었을까? 역사의 필연이었을까?

'부끄러운 권좌'를 위한 부자의 혈투

【원나라와 그 부역자들】

고려 24대 왕 원종은 쿠빌라이 칸과의 인연으로 그에게 결혼 동맹을 요청했어. 그리고 애타게 답장을 기다리는 중이야. 마침 답장이 막 도착했다고 하니 받은 편지함을 빨리 열어보자고.

쿠빌라이 칸에 이어 원나라 황제에 오른 성종 成宗 올제이 테무르 칸의 초상. 보통 변발 하면 우리가 떠올리는 모양은 청나라(만주족) 스타일 의 후두부만 남기고 머리를 땋은 것을 떠올리 지만, 몽골의 변발은 '개체開剃 변발'이라 해서, 앞머리와 좌우 양쪽 머리를 남기어 양쪽 귀 뒤 에 2가닥으로 땋아 늘인 스타일이다.

"그래, 원나라 황제 쿠빌라이 칸에게 이번에는 뭐라 고 답장이 왔느냐?"

"…."

"대답이 없는 것을 보니 또 거절이구나."

"전하, 망극하옵니다."

"거참, 딸이 다섯이나 있는데, 한 명쯤은 며느리로 보내면 좋겠구먼. 쩝….

자자 뭣들 하느냐! 다시 파이팅하자. 아직 10번 찍은 것도 아닌데 얼굴들 좀 펴라. 재수 없다. 포기란 배추 셀 때나 사용하는 말이다."

"폐하. 아뢰옵기 황송하오나 이렇게까지 해야 합니까? 벌써 거절당한 지 햇수로 5년째입니다. 설사 혼인이 성사된다고 해도 고려의 왕이 원나라 황제의 사위가 됩니다. 원나라 정보통에 의하면 통혼을 허락한다고 하더라도 이후 고려 왕은 세조, 인종 같은 돌림자 대신에 원나라에 충성을 맹세한다는 의미로 '충' 자 돌림을 사용하게 할 거라고 합니다. 그러면 고려의 주권은 도대체⋯."

"네놈이 지금 내 상황을 몰라서 이러느냐? 그깟 주권이 문제가 아니고 왕권이 문제다. 언제 군인 놈들이 다시 일어날지 모르는 판국에! 고려 왕이 원나라의 사위가 된다면, 우리의 왕권은 원나라 황제로부터 보호를 받게 되는 것이 아니냐!"

나라의 주권보다 왕권이 더 중요하다 이거지. 원나라의 계속된 거절에 39세의 세자는 왕에게 독대를 요청해.

"아바마마, 제가 금 보따리 싸 들고 원나라 황제 쿠빌라이 칸을 직접 찾아가 담판을 짓고 오겠습니다."

"아범아. 너도 어린 나이가 아니고, 이미 처자식이 있는 몸인데 먼 원나라까지 가는 길이 무척 고될 터인데⋯ 네가 비록 고려의 세자이긴 하나 현 시점에서 우리 고려는 원나라의 위성국에 지나지 않는다. 자칫 생명이 위태로울 수도 있는데 괜찮겠느냐?"

"아바마마, 제가 이미 가정이 있고 마흔이 다 된 나이지만 어찌 사사로운 감정을 내세우겠습니까? 이 모두가 나라와 왕권을 위한 일입니다. 더 이상 지체할 수 없으니 제가 결단을 내리겠습니다."

이렇게 세자는 금괴까지 싣고 원나라로 떠났고, 마침내 1274년 5월 쿠빌라이의 딸 제국대장공주齊國大長公主와 결혼에 골인을 하게 되었어. 이때 신부의 나이가 17세라는 건 함정. 드넓은 초원의 여인으로 태어난 제국대장공주는 고려로 시집가게 된 것을 알았을 때 이런 반응을 보이지 않았을까?

"황제 아빠! 제 나이 이제 겨우 열일곱 살이다 해. 한데 남편 될 사람이 서른
아홉 살 늙다리 아재라는 것이 사실이라 해?"
"어허! 잔소리 말라 해! 황실의 혼례가 아직도 사랑으로 이루어진다고 생각
하느냐 해? 이게 다 나라를 위한 일이니 넌 잠자코 따르라 해."
"아니 그럼, 원나라 안에서 시집을 보내던지, 어찌 저 보고 한 번 가보지도
못한 고려라는 외국으로 가서 살라 해? 참으로 너무하신다 해. 제가 정실의
딸이 아니라 이러시는 거 아니라 해?"

쿠빌라이는 이런 딸의 마음을 달래주고 적응 기간을 주기 위해 결혼식을 원나라에서 치르게 했어. 하지만 결혼식 후 두 달이 지나지 않아, 고려의 원종이 사망하게 되고 세자는 서둘러 귀국해서 왕위에 오르게 돼. 바로 고려 25대 왕인 충렬왕(忠烈王, 재위 1274~1298, 복위 1299~1308)이야. 충렬왕은 귀국길에 외국인 신부와 '충'이라는 한 글자만 원나라에서 가지고 온 게 아니야. 취임식 자리에 '변발호복'을 하고 나타났어. 고려의 새 왕이 변발에 원나라 복장을 하고 나타난 거지. 국민들의 반응이 어땠겠어?

이게 좋다고 해야 할지 모르겠는데, 실제로 원나라의 부마국이 되자 외교 의전부터 완전히 격상됐어.

"아니 시방, 저게 뭐다냐? 고려 왕이 으째서 저리 요상시런 오랑캐 복장으로 취임식에 나온 것이여? 참말로 복장 터질 노릇이구마잉."

"말도 말어. 거기다 왕비란 여자는 우리말을 한 마디도 못하는 열일곱 살 애라는 겨. 이 나라가 앞으로 어디로 갈랑가 몰겄네."

"참말로 조상님 뵐 면목이 하나도 없구마잉."

"어허, 듣자 하니 둘 다 무식이 뚝뚝 떨어지는 소리들 씨부리고 있구마잉. 정치란 것이 그런 것이 아니당께. 충렬왕도 저러고 싶어서 저러겄어? 원나라 공주를 데려왔는디, 저런 쇼라도 보여줘야지. 그리고 왕께서 우리 백성들한테 변발 호복을 강요하시든가? 자기 혼자 저러시는 거자녀. 오늘날까지 50년 넘게 원나라 침략에 강산이 황폐화되었는디 이제 전쟁 걱정은 안 해도 되자녀."

"듣고 보니 임자 말이 일리가 있는 말이구마잉. 설마 사위의 나라를 치겄는가? 왕이고 나발이고 저 위에 놈들 뭔 지랄을 하든 그저 우리 국민들은 전쟁만 안 나면 참말로 좋은 일이제."

이게 좋다고 해야 할지 모르겠는데, 실제로 원나라의 부마국이 되자 외교 의전부터 완전히 격상됐어. 그전에는 원나라 사신이 고려 왕과 대등한 자리에 앉았지만, 충렬왕이 원나라 황제의 사위가 되고 난 후부터는 사신들이 고려 왕에게 절을 하고 '로열패밀리'에 대한 예를 갖추었던 거야. 게다가 충렬왕에게는 호재가 겹치게 되는데, 1274년 결혼 후 허니문 베이비를 임신한 제국대장공주가 건강한 왕자를 출산했어. 다행스럽게도 원 황제 쿠빌라이 칸이 이 손자를 엄청나게 예뻐했다고 해. 그런데 모든 게 너무 잘 풀리니 사람이 안일해진 걸까? 충렬왕은 이후로 다른 여자에게 한눈을 팔기 시작함과 동시에 매사냥에까지 빠져들게 되었어. 뭐, 부부 사이가 급속도로 냉각되기 시작했겠지.

사랑 없는 정략결혼에 나이 차이가 스무 살이 넘게 나니 세대 차이는 물론이요, 언어까지 다른 부부의 금슬이 좋았을 리가 없지. 남편이 밖으로 싸돌아다니니 외국인 신부는 자기 아버지를 믿고 신랑 보기를 우습게 볼 뿐만 아니라 잦은 히스테리로 주변 사람들을 피곤하게 했다고 해. 하지만 정작 심각한 것은 이게 한 집안의 문제가 아니라 왕실의 문제라는 점이었지.

충렬왕은 매사냥에 완전히 빠져서 '응방'이라는 매사냥을 주관하는 기관까지 만들고 그곳에서 주요 업무를 관장했다고 해. 자연히 병폐가 생겨났겠지? 예를 들면, 매사냥 스케줄을 잡는 사무장이 국무총리와 국방부 장관을 임명하거나 해임시킬 수도 있고, 매 사육사가 국민의 세금을 마음대로 유용해 개인 재산으로 착복하는 등 측근 정치의 폐해가 말도 못할 지경이었던 거지. 또, 매사냥을 주로 나가던 곳 중에 '도라산'이란 곳이 있었는데, 여기로 갈 때마다 '무비無比'라는 여자를 대동하고 다녔다고 해. 무비를 거의 끼고 살다시피 하니 백성들이 '무비'라는 이름 대신 '도라산'이라는 별명으로 그녀를 부를 지경이었어. 둘 사이를 온 국민이 알 정도이고 각종 찌라시가 난무하니 당연히 제국대장공주의 귀에도 이 소식이 들어갔어.

"서빵, 해도 해도 너무한다 해. 매사냥까지는 이해해도 뮤비라는 계집만 너무 사랑한다 해. 내가 이러려고 이런 먼 외국까지 시집왔나 자괴감이 든다 해."
"어허, 어딜 아녀자가 남편 하는 일에 말대꾸요! 고려에 왔으면 고려의 법도를 따르시오. 그리고 시집온 지가 언제인데 아직도 우리말이 그리 서툴러서야. 서빵이 아니고 서방이고, 뮤비가 아니고 무비요. 과외 선생을 바꾸던가

해야지, 이거 원.”

“서빵! 지금 나 개무시했다 해! 우리 사람 도저히 못 참겠다 해. 나 아빠한테
다 일러바치면 고려 싹 쓸어버린다 해.”

“에이, 부인. 무슨 그런 살벌한 농담을 하시오. 알았소, 알았소. 내가 잘못했
다 해.”

이런 부모의 불화 속에 자란 혼혈 왕자는 어떤 생각을 했을까? 아빠 편이었
을까 엄마 편이었을까? 부부 싸움을 한 제국대왕공주는 유일한 핏줄인 왕자를
붙들고 하소연을 하는 날이 잦지 않았을까? 부부가 지지고 볶다 보니 어느새
20년의 세월이 흘렀고 왕자는 어엿한 성인이 되었지. 그리고 1296년 왕자는 외
할아버지 쿠빌라이의 축하 속에 성대한 결혼식을 올리게 되었어.

“우리 손자가 사위의 뒤를 이어 또다시 원나라 공주와 결혼을 해서 우리 사
람 너무 기쁘다 해.”

왕자의 아내는 바로 쿠빌라이의 뒤를 이어 황제가 될 세자의 딸인 계국대장
공주였어. 이 결혼으로 왕자는 아버지 충렬왕의 영향력을 뛰어넘는 막강한 배
후 세력을 얻게 된 거야. 살아 있는 최고의 권력이 외할아버지인데 유력한 차
기 대권주자의 딸과 결혼을 하게 되었으니 말이야. 한편, 충렬왕 부부는 쇼윈
도 부부 행세를 하며 원나라에서 열린 아들의 결혼식에 참가하고, 고려로 귀국
했어. 왕자의 엄마인 제국대장공주는 오랜만에 고향에 다녀와서인지 더욱더
심한 향수병을 앓았고, 그만 39세의 나이로 갑작스럽게 죽음을 맞이해. 아들
의 결혼식을 마치고 불과 두 달이 지났을 뿐이었어. 있을 때 잘하지! 자신의 든

든든한 후원군이 되어준 제국대장공주가 사망하자 충렬왕은 불길한 생각이 들기 시작했어. 그런데 슬픈 예감은 현실이 되어 돌아왔어. 마치 영화처럼 말이야.

어떻게 왕이 살아 있는데 세자의 말 한마디에 왕의 애첩과 일당이 죽을 수 있냐고? 왕자는 이미 왕의 권위를 넘어선 지 오래였거든.

"큰일이 났습니다. 이런 변고가…. 왕자 아니 세자께서… 세자께서….."

"세자가 어쨌단 말이냐? 어서 말을 해보라."

나이 스물셋의 혈기왕성한 세자는 어머니의 부고를 접하고 고려로 급거 귀국을 했어. 그런데 어째 국상의 분위기가 전혀 안 나고 있었어. 그녀의 남편이자 자신의 아버지는 슬퍼하기는커녕 장례 절차에 크게 신경도 안 쓰고 있었던 거지. 이에 격분한 세자는 아버지 충렬왕이 있는데도 불구하고 돌이킬 수 없는 명령을 내려.

"어머니는 극심한 스트레스와 향수병으로 돌아가신 게 분명하다. 스트레스의 원인은 아버지의 정부 무비 때문이다. 그녀는 물론 그 잔당들까지 모조리 처형하라!"

어떻게 왕이 살아 있는데 세자의 말 한마디에 왕의 애첩과 일당이 죽을 수 있냐고? 왕자는 이미 왕의 권위를 넘어선 지 오래였어. 외할아버지가 대 몽골제국의 칸이잖아. 사실 이미 5년 전에 둘 사이의 권력 역학 관계가 역전된 걸 보여주는 사례가 있었어. 원나라에서 내란을 일으킨 합단적哈丹賊이 원나라군에 패하고 도주를 하는 길에 무라도 썰자는 심정으로 고려를 침공한 거야. 이때 충렬왕은 모든 대신에게 당당히 말했어.

"짐은 연로하여 전투에 참가하기 적절치 않다. 그러므로 강화도에서 훗날을 기약하겠다. 합단적과 전투를 위한 모든 권한을 대신들에게 일임하니, 부디 건투를 빈다. 파이팅!"

VR 게임 같은 매사냥으로 측근들과 친목만 다지고 있다가 막상 전쟁이 나니 꽁무니를 빼버린 거야. 원나라에 머물며 이 소식을 들은 왕자는 너무나 어이가 없었어. 그리고 즉시 외할아버지가 있는 대전으로 뛰어들어.

"할아버지! 합단적이 고려 국경을 넘었는데 아버지는 강화도로 36계 줄행랑 전법을 시현하고 있습니다. 저에게 군사 1만을 내어주십시오. 이러다 할아버지 딸인 어마마마까지 위험할지도 모릅니다."

원나라군을 이끌고 합단적을 물리친 세자는 고려로 금의환향하면서 아버지인 충렬왕에게 의전을 요구해. 의전의 내용이 다소 충격적인데, 자신이 말을 타고 궁에 들어갈 때 아버지이자 현직 왕이 직접 나와 무릎을 꿇으라는 요구였어. 이 일을 계기로 둘 사이는 완전히 틀어졌고, 부자지간이 아니라 왕좌를 두고 다투는 라이벌이 된 거지. 아무튼 세자는 어머니의 복수라는 명분으로 아버지의 애첩을 죽이고 다시 원나라로 돌아가버려. 충렬왕은 5년 전 일도 열 받아 미칠 지경인데 자신이 사랑하던 여자를 죽이고 원나라로 돌아가버린 아들에게 회심의 반격을 가하게 되는데, 그게 바로 '양위'였어. '왕 노릇이 얼마나 힘든지 아냐! 이 철없는 놈아. 네놈이 왕 해봐야 이 아비의 맘을 이해할 것이다.' 이런 심정이었을까? 아마도 원나라 황제의 압박도 있었을 거야. 충렬왕이 세자에게 양위를 한다는 문서를 작성한 정가신鄭可臣이라는 신하가 문서 작성 후 자살을 해! 유서는 암호에 가까운 난해한 내용이었다고 해.

> '모든 것을 다 밝힐 수는 없지만 이것은 충렬왕의 의견이 왜곡된 부분이 없지
> 않아 있다고도 볼 수 있는 애매모호한 결정이라고 보여질 수도 있기에…. 아
> 답답하구나. 아무튼 나는 먼저 간다.'

번역기를 돌려보면 충렬왕은 자의로 양위를 한 것이 아니다. 내가 모시던 왕의 억지 사직서를 대신 작성하고 나니 하늘을 볼 면목이 없다. 나는 먼저 간다. 이렇게 왕자는 26대 충선왕이라는 타이틀을 달고 드디어 고려로 귀국을 해. 그런데 말이야. 남자 독자 분들 중에 '아버지의 이런 점만은 닮지 말아야지.' 다짐을 하며 자랐지만, 세월이 지나 아버지의 단점을 행동으로 옮기고 있는 자신의 모습을 발견한 적이 있지 않아?

충선왕이 그랬어. 어떻게? 원나라 부인을 제쳐두고 온갖 여자들과 스캔들을 뿌려댄 거야. 자기 어머니의 사망 원인이 향수병과 아버지의 바람으로 인한 화병이라고 주장했고, 그것도 모자라 아버지의 연인을 죽이더니, 저는 자기 어머니와 똑같은 상황에 있는 부인에게 똑같은 화병을 준다? 부전자전보다 적절한 사자성어가 생각나시는 분 손! 아버지의 애첩은 무비, 아들의 애첩은 조비였다고 해. 라임을 고려한 고려 왕 충선왕이 조비를 끼고 시시덕거리던 어느 날 신하 한 명이 뭐 씹은 표정으로 왕에게 보고를 올려.

"저기…. 최근 로열패밀리의 사생활에 대한 말도 안 되는 찌라시가 나돌고

있습니다. 워낙 말이 안 되는 이야기라 적극 대응을 하지 않았더니, 급기야

는 오늘 궁을 비롯하여 수도권 일대에 대자보가….”

“어허… 참으로 사람 피곤하게 하는 구나! 과중한 나랏일로 스트레스가 극심

하거늘 왕이 사생활 부분까지 일일이 체크를 해야겠느냐? 무능한 자들 같으

니라고. 그런데 대체 내용이 무엇이냐? 들어나 보자.”

“저기… 그게….”

“조비의 눈치를 살피는 것을 보니 조비와 관련된 이야기구만. 괜찮다. 여기

서 아뢰거라. 조비는 그런 사소한 것에 연연하는 속 좁은 여자가 아니다.”

“찌라시의 내용인즉, 조비께서 왕의 사랑을 독차지하고 계국대장공주를 저

주하기 위해 무당을 고용해 온갖 주술과 굿을 벌이고 있다는 내용입니다.”

충선왕의 부인인 계국대장공주의 귀에도 이 찌라시가 보고되었음은 물론이

야. 안 그래도 실오라기 같은 꼬투리 하나라도 잡히기만 해봐라 하며 벼르고

있던 그녀였어. 원나라 공주는 바로 원나라에 고해바쳤고, 원나라에서 즉시 콜

업 사인이 내려졌어. 조비는 물론이요, 그녀의 부모님과 측근들까지 교무실,

아니 원나라로 불려가 무릎을 꿇게 되었어.

“고개들 들라 해. 딸자식 교육 똑바로 시키라 해! 우리나라 공주를 라이벌 삼

아서 너희들 신상에 좋을 거 하나도 없다 해. 우리 사람 맘만 먹으면 확 다…

더 이상 긴 말 않겠다 해.”

하지만 계국대장공주의 화는 전혀 풀리지 않았어. 부부 싸움은 날로 심해졌

고, 일은 일파만파로 커져서 결국엔 부부가 원나라로 함께 불려갔어. 그리고

얼마 후 충격적인 뉴스가 포탈 메인을 장식해.

'충선왕 즉위 8개월 만에 폐위! 아버지인 충렬왕이 다시 왕좌를 되찾다.'

아버지 충렬왕은 다시 찾은 왕위가 반갑기도 했지만 혈기왕성한 충선왕이 두 눈 부라리고 있는 것이 영 불안했어. 그렇다고 칸의 손자를 죽일 수도 없는 노릇이었지. 측근들과 브레인스토밍을 한 결과, 기가 막힌 아이디어가 도출되었어. 그것은 바로 미남계! 무슨 소리냐고? 자, 다음의 대화를 보면 궁금증이 풀리니 조금만 기다려.

"충선왕을 제거하기는 불가능하지만 재기 불가능으로 만들 방법은 있지 않겠냐? 정 안 되면 내가 살아 있는 동안만이라도 힘을 뺄 수 있는 방법을 찾아보란 말이다."
"폐하께서 지난번에 실각하신 것도 부인인 원나라 공주의 부재였습니다. 충선왕의 가장 큰 버팀목도 역시 원나라 공주인 부인입니다. 그 부인만 없다면….."
"그래서? 지금 원나라 공주를 죽이자고? 에라이! 원나라 공주 암살 시도 자체만으로도 우린 다 죽어! 좀 신선한 아이디어 좀 내놔봐라."
"제 말을 끝까지 들어주십시오. 누가 죽이자고 했습니까? 제 말은 그 둘을 이혼을 시키자는 겁니다. 충선왕은 당연히 이혼을 생각도 안 할 테지요. 하오나 공주가 다른 사람을 사랑하게 되어 공주 측에서 이혼을 요구한다면? 이야기가 완전히 달라지지요. 그렇게 되면 충선왕은 원나라로부터 완전히 버림받을 것입니다."
"오호라! 괜찮은 계책이로구나. 마침 내 처남의 아들 중에 서흥후 왕전王琠이라는 꽃미남이 있는데, 어디 한번 미끼를 던져보자꾸나."

다음 날부터 꽃미남 미끼는 왕의 부름을 받고 뻔질나게 궁을 드나들기 시작
했어. 며느리의 산책 코스와 취미 생활을 즐기는 동선을 정확하게 알고 있던
왕은 미끼를 정확한 포인트에 던져놓고 입질이 오기를 기다렸어. 남편이란 인
간은 자기한테 관심도 없고, 외국에서의 외로운 생활은 좀처럼 적응이 되지 않
았어. 더군다나 남편이 왕위에서 쫓겨나기까지 했으니, 공주의 입에서는 한숨
만 쏟아지는 나날이 이어졌어. 그런데 어느 날부터인가 강동원 같은 사내가 자
신의 눈앞에서 알짱거리니 마음이 동하겠어, 안 동하겠어? 원나라 공주는 고
려의 훈남과 썸을 타기 시작했어. 어느 정도 일이 무르익었다고 생각한 충렬왕
은 최측근인 왕유소王維紹를 대동하고 원나라로 직접 갔어. 현직 임금이 자신의
아들을 대놓고 힐난하기는 체통이 서지 않으니 왕유소의 입을 빌렸던 거야.

"황제 폐하, 전직 왕인 충선왕은 아직도 대원제국의 공주를 매일 밤 눈물짓
게 하고 있사옵니다. 부디 계국대장공주 개인의 행복을 위하여 재가를 허락
하여 주시옵소서. 이것은 현직 왕인 충렬왕이 며느리를 극진히 아끼는 충심
의 발로이옵니다."

충렬왕은 흐뭇한 미소를 지으며 원 황제의 대답을 기다리고 있었어.

"이봐, 왕유소. 충선왕은 원 황제의 손자인 거 모르나 해? 너는 어찌해서 아
버지 왕과 아들의 사이를 이간질하려 하나 해? 이것은 대원제국을 우습게 보
고 기만하는 행위라 해. 저놈을 당장 감옥에 가두라 해. 그리고 충렬왕! 님도

꼴 보기 싫으니까, 당장 고려로 돌아가서 민생
에 신경 좀 쓰라 해."

충렬왕은 겨우 화를 면하고 고려로 돌아왔
고, 충선왕은 이런 아버지를 피해 고려를 떠나

원나라의 왕좌 쟁탈전은 고려의 두 '왕' 부자에게 선택을 요구했어. 테무르의 사촌에게 줄을 선 충렬왕, 그리고 테무르의 조카에게 미래를 건 충선왕, 결국 운명의 신은 누구의 손을 들어주었을까?

원나라에서 10년이란 시간을 머물게 되었어. 충선왕은 원나라에 머무는 10년
동안 활발한 정치 활동을 했고, 그만의 인적 네트워크도 완성하기에 이르렀어.
그리고 마침내 두 부자의 인생에 있어 결정적인 순간이 다가왔어. 1307년 원
나라 황제 성종 테무르가 사망하면서, 원나라 내부에서 왕좌의 게임이 시작되
었던 거야. 원나라의 왕좌 쟁탈전은 고려의 두 부자에게 선택을 강요해. 충선
왕은 원나라에서 유년기는 물론이고, 이후 많은 시간을 보내면서 성종 테무르
의 조카인 카이샨 형제와 우애를 나누었고, 이쪽 라인에 줄을 댔어. 반면 고려
에 있던 충렬왕은 성종의 사촌인 '아난다'에 줄을 대기로 하고 자신의 운명을
맡겼어. 누가 이겼을까?

'황제의 조카 카이샨 with 충선왕' vs. '황제의 사촌 아난다 with 충렬왕.'
1307년 원나라의 새로운 황제로 카이샨이 등극하고, 고려에서 계국대장공주
의 재가를 추진하던 일당과 충렬왕 측근은 모조리 제거되었어. 아들이 이긴 거
야. 충렬왕은 권력을 다시 잃으니 살맛이 안 났는지 이듬해 세상을 떠나게 되었
고, 충선왕이 다시 고려의 왕으로 복귀했어. 이로써 아들과 아버지가 왕좌를 두
고 다투던 왕좌의 게임은 대단원의 막을 내려. 이리하여 고려로 돌아온 충선왕
은 백성들을 위한 어진 정치를 펼치고, 아들딸 잘 낳아 행복하게 살았다고 합니
다!라고 마치면 좋았을 텐데, 놀라운 반전이 일어나. 원나라 현지에서 충선왕이
대국민 담화문을 발표해.

원 (元)

심양

고려

심양왕瀋陽王 및 심왕瀋王은 원나라 황제로부터 받은 봉작封爵의 하나이다. 충선왕은 원나라 체류 중 1307년에 원 무종武宗을 도와서 그가 즉위하는 데 공을 세워 심양왕에 올랐다.

"친애하는 고려 백성 여러분! 제가 다시 왕이 된 것을 축하해주는 여러분께 진심으로 머리 숙여 감사드립니다. 조만간 직접 찾아뵙고 인사를 드릴 날이 있을 것입니다. 하지만 지금 현재 저는 원나라 황제로부터 심양왕으로도 책봉이 되어 고려 국왕을 겸직하게 되었습니다. 여러분도 알다시피 저에게는 두 나라의 피가 반반씩 흐르고 있습니다. 어느 한쪽을 쉽게 선택할 수 없다는 점을 대단히 유감스럽게 생각하며 양해를 부탁드립니다. 제 몸은 비록 이역만리 떨어져 있지만, 마음만은 항상 고려 백성과 함께라는 것을 알아주시기 바라며, 고려의 대소사는 원나라 현지에서 직접 교서를 내려 아무 무리 없이 진행하도록 하겠습니다. 질문은 받지 않겠습니다."

"시방 저것이 무슨 귀신 씨 나락 까먹는 소리랴? 아니 고려 왕인디 원나라에서 왕 노릇을 하겠다는 것이여? 인터넷이 있는 것도 아니고, 지시사항을 교서로 써서 보내겠다는 것이 말이여 방구여? 고려까지 서신이 당도하는데 며칠이 걸리는디? 참말로 이게 먼 조화랴?"

"조화는 뭔 조화여. 양손에 쥔 금, 은 다 안 놓치겠다는 거지. 그리고 심양왕 직급이 고려 왕 직급보다 높응게 우리 고려는 은덩어리인 겨. 더군다나 자기 인맥이랑 지지 기반이 고려보다 원나라에 훨씬 많은데 미쳤다고 금덩이를 버리고 은덩이 찾아오겄어?"

"하나는 알고 둘은 모르는 헛똑똑이 같은 소리하덜 말어. 아, 이게 개인의 문제라면 그리 말해도 되겄지만, 이것은 백성들의 생명이 직결된 나라의 문제인디, 어느 나라가 더 중하고 덜 중한 것이 어디 있댜? 정 탐나면 고려 왕을 내려놓든가 해야지!"

국민의 바람과 달리 충선왕은 왕 취임식을 위해 고려에 잠시 들른 후 원나라로 돌아가 5년 동안 한 번도 귀국을 하지 않았어. 5년 후에는 돌아왔냐고? 고려 백성의 바람뿐만 아니라 원나라에서도 압박이 있었어.

"충선왕! 왕 2개 겸직은 더 이상 곤란하다 해. 둘 중 하나는 빨리 내려놓으라

해."

"황제 폐하, 잘 알겠습니다. 그럼 전 고려 왕 자리를 둘째 아들에게 양위하겠

습니다."

얼마나 돌아오기 싫었는지 알겠지? 귀국 한 번 안 하고 고려 왕 자리를 쿨하게 차남에게 넘겨. 그의 말년이 어땠냐고? 정치란 게 말이야. 영원한 승자가 없는 거 같아. 자신을 지지하던 황제가 자리에서 물러나자 저 멀리 티베트까지 귀양을 가게 되어 초라한 말년을 보냈다고 해.

신돈은 공민왕의 '아바타'였나

【공민왕과 신돈】

경기도박물관에 소장 중인 공민왕과 노국대장 공주의 초상. 신돈의 등장은 공교롭게도 사랑했던 노국공주의 사망과도 시기적으로 맞물린다.

공민왕(恭愍王, 재위 1351~1374)이 흔히 말하는 족보도 없는 신돈을 전격 발탁한 이야기는 모두들 잘 알고 있을 거라 믿어. 하지만 공민왕이 왜 이런 선택을 하게 되었는지 살펴보면 '아 그래서 그랬구나.' 하고 고개가 끄덕여질 테니 지금부터 약 700년 전으로 시간 여행을 떠나보자고. 먼저 신돈을 전격 발탁하기 전에 피곤했던 공민왕의 인생부터 살펴보는 게 순서일 거야.

1330년에 태어난 공민왕은 열두 살이 되던 해에 그 당시 고려 왕실의 관례에 따라 원나라의 볼모로 잡혀가게 되었어. 공민왕 이전 고려의 왕들은 그야말로 원나라 손안에 든 파리 목숨 같은 상황이었어. 3명의 왕이 한 차례씩 폐위되었다가 다시 복위했고, 대부분의 왕이 평균 5년도 채우지 못하고 실직자 신세가 되기도 했지. 또한 많은 왕들이 원나라의 부마, 즉 사위가 되기도 했고.

하지만 공민왕은 생모가 고려인이었기 때문에 생모가 원나라 공주인 다른 경쟁자들보다 지지 기반이 약할 수밖에 없었어. 공민왕은 10년 동안 연경에서 볼모로 지내면서 어린 나이에 냉정한 정치판의 생리뿐만 아니라 삶에 대한 치열함을 몸소 체득했어. 한낱 쇠붙이가 강철이 되기 위해서는 단련의 시간이 필요하듯이. 공민왕은 온갖 시련을 극복한 후, 22세가 되던 해에 드디어 고려의 왕으로 책봉되어 화려한 귀향을 하게 된 거야. 그는 복귀하자마자 변발과 원나라 옷을 시원하게 벗어버렸어.

'나는 연경에서 놀다오거나 침통함에 빠져 우울한 나날만 보내다 온 것이 결코 아니다. 원나라는 이제 얼마 남지 않았다. 이 기회를 반드시 잡아 원나라의 꼭두각시가 아닌 진짜 고려 왕이 될 것이다.'

공민왕은 먼저 원나라를 믿고 국정을 농단하던 세력들을 제거하기로 마음먹었어. 대표적인 친원파들로 권겸權謙, 노책盧頙, 조일신趙日新 등이 있었는데 이들은 각각 자신들의 딸을 원나라의 황태자비, 태자비로 바치고 고려 조정을 좌지우지하고 있었어. 공민왕은 하늘 무서운 줄 모르고 전횡을 일삼던 이들 중 조일신을 먼저 제거했어. 공민왕의 기습적인 공격에 고려의 기득권 세력들은 긴급회의를 소집했어.

"허 나 참. 이 작자 봐라. 지가 권력을 가진 진짜 왕인 줄 아나봅니다 그려. 어찌할까요? 서른 살도 안 된 어린놈한테 이렇게 당하기만 할 거요? '왕이시여! 다음은 내 차례요.' 하고 다들 목 내밀고 기다릴 거냔 말이오. 감히 우리가 누구라고, 일개 고려 왕 주제에!"

공민왕은 온갖 시련을 극복한 후, 22세가 되던 해에 드디어 고려의 왕으로 책봉되어 화려한 귀향을 하게 된 거야. 그는 복귀하자마자 변발과 원나라 옷을 시원하게 벗어버렸어.

"그동안 우리가 원나라만 믿고 너무 방심했습니다. 이렇게 된 이상 제거해야지요. 우선은 한시가 급하니 일단 일을 치르고 원나라에 보고합시다."

하지만 공민왕 암살 계획은 실행되기도 전에 그의 귀에 먼저 들어갔어. 공민왕이 이런 일을 대비해 곳곳에 정보를 수집할 수 있는 사람들을 심어놓은 덕분이지.

"이놈들! 혹시나 했지만, 역시나 나를 왕으로 보고 있지 않았구나. 이번 기회에 기씨 형제들까지 다 없애버리자. 그래 원하는 대로 해주마. 전쟁이다. 일단 파티를 준비하자. 드레스 코드는 화이트다. 파티 마지막 부분에 빨간색으로 모두 물들일 테니까."

이 당시 기 황후의 여러 형제들이 친원파들과 함께 고려 조정을 주물러대고 있었기에 공민왕은 그들까지 제거해버리기로 결심을 한 거야. 기록에 따르면 기씨 형제들은 왕 앞에서 자신들을 '신'이라고 하지도 않을 정도로 오만방자했고, 누리고 있는 권력이 고려 왕을 능가하고 있었어. 이런 상황에서 원나라 순제의 제2황후로 있는 기 황후의 형제들을 제거한다? 이건 공민왕 일생일대의 승부수였어. 드디어 공민왕이 몸소 준비한 '피의 연회'가 열리는 당일이 밝았어.

"아이고, 어서들 오세요. 기 황후 마마께서는 별고 없으시지요? 자주 찾아뵙지는 못해도 소식이라도 전해드리고 해야 되는데, 이게 고려 같은 작은 나라 운영도 영 쉽지가 않습니다. 잘 아시겠지만 워낙 날파리들이 많아서요."

"하하하. 그렇지요. 정 싫거나 버거우시면 그냥 다 내려놓으시고 원경에서 여생을 편하게 보낼 수 있게 저희 형제가 힘 좀 써보겠습니다. 사춘기를 연경에서 보내셨으니 고려보다 더 고향 같지 않으십니까? 하하하."

양측은 파티 첫 만남에서부터 불꽃이 튀었어. 하지만 기씨 형제들과 그 측근들은 설마 왕이 이런 연회에서 공격을 해올 것이라고는 전혀 예상을 못하고 있었어. 공민왕은 연회가 무르익자 미리 매복시켜놓은 철퇴 스나이퍼들에게 큐 사인을 내렸고, 드레스 코드에 맞게 흰옷을 입고 온 친원파들의 옷이 순식간에 레드로 변해버렸어.

이렇게 친원파를 제거해나가고 개혁을 실시해가던 중, 공민왕은 홍건적紅巾賊이라는 예상치 못한 외부 변수에 부딪혀 안동까지 피난을 가게 되었어. 겨우 숨 좀 쉴 만하니 외적의 침입이라니. 이제 설상가상이란 사자성어가 등장할 타이밍이야. 시련은 한꺼번에 닥쳐오는 게 제맛이긴 하지. 어차피 겪어야 할 일 한번에 처리하고 두 다리 뻗고 자는 맛도 있으니까. 홍건적 문제를 해결하고 나니 연이어 기 황후가 형제의 복수를 노리고 덕흥군을 고려의 왕으로 내정한 것도 모자라, 1만 명의 군사를 붙여주며 고국 침공의 깃발을 들었어. 이에 공민왕은 최영과 이성계에게 군사를 주어 이들을 물리치게 했어. 하지만 공민왕은 심신이 지쳐가기 시작했어. 글 쓰는 나도 지치는데 당사자는 오죽했을까마는…. 문제를 해결하는 과정 중에 새로운 문제들이 독버섯처럼 생겨났어. 홍건적과 덕흥군의 난을 진압하면서 커진 군부의 힘이 그에겐 새로운 골칫거리로 떠오르게 된 거야. 공민왕이 계속해서 개혁 드라이브를 걸자 집권층과 상위 영원한 사랑 노국대장공주의 사망이야. 그녀에 대한 공민왕의 사랑은 고려판 타지마할을 지을 기세였어.

1퍼센트 부자들도 멈추지 않고 자기들 밥그릇을 지키기 위해 딴지를 걸어오기 시작했어. 단 몇 줄이지만 정신적 피로감이 몰려오지 않아? 이때 결정적으로 공민왕의 후두부를 강타하는 개인사가 발생하는데, 그건 바로 그의 영원한 사랑 노국대장공주魯國大長公主의 사망이야. 그녀에 대한 공민왕의 사랑을 한마디로 설명하자면, 고려판 타지마할을 지을 기세였어. 공민왕은 열두 살 때부터 왕좌는 나중 일이고, 한 인간으로서 목숨을 지키기 위해 36년의 시간을 달려왔어. 냉혹한 정치판에서 그가 버틸 수 있었던 것은 열렬히 사랑하는 그의 부인이 있었기 때문이야. 어쩌면 지금까지 잘 버텨온 공민왕도 정신적으로 일순간에 무너질지 모르는 상황이었던 거지. 지금까지 어렵게 쌓은 공든 탑이 아까워서라도 여기서 무너질 순 없었어. 그녀의 죽음으로부터 파생된 충격을 딛고 일어설 돌파구가 필요한 시점이었어.

'썸띵 뉴! 뭔가 새로운 것이 필요하다. 충격적이게 혁명적이며, 기발해서 그 누구도 상상하지 못한 그런 것.'

공민왕이 인생의 낭떠러지에서 찾던 블루오션은 훗날 요승 또는 개혁가라는 상반된 평가를 받는 신돈辛旽이 아니었을까? 《고려사》 '반역 열전'에 나오는 신돈에 대한 아래의 기록을 보자고. 참고로 《고려사》 '반역 열전'은 공민왕과 고려를 부정하는 조선의 건국 세력들이 기록했다는 점을 염두에 두길 바라. 신돈이 나쁜 놈이 되어야 공민왕의 실책으로 기록될 테니까 말이야. 그러면 자기들의 국가 전복 행위에도 정당성이 더욱더 부여되겠지?

❖신돈은 글도 모르는 주제에 늘 도성을 오가며 불법을 전파하는 척한다.
❖신돈은 여색을 밝혀 늘 검은 닭과 흰 말고기를 먹어 양기를 돋우었으므로 사람들이 그를 늙은 여우의 화신이라고 불렀다.

자, 그럼 신돈이 요승이었는지, 백성을 위한 개혁가였는지 아니면 이도 저도 아닌 공민왕의 아바타였는지 알아보자고. 신돈의 출생연도에 대한 정확한 기록은 없어. 그의 어머니는 절에서 일하던 여종이었어. 아버지가 누군지도 모른 채 절 안에서도 천한 자식이라고 따돌림을 받으며 자랐어. 그가 어쩌다 개경에 오게 되었는지 지금으로서는 알 수 없지만 공민왕과의 첫 만남은 영화 그 자체야. 너무나 영화 같아서 조작의 냄새가 진동을 하지만 말이야. 판단은 각자의 몫이야. 자 그럼 둘의 첫 만남 현장으로 가보자고.

하루하루 전쟁 같은 삶을 살고 있던 공민왕은 어느 날 자객에게 쫓기는 꿈을 꾸었어. 자객의 검이 그의 목까지 온 순간 갑자기 나타난 슈퍼 히어로가 아닌, 뜬금없이 중이 나타나 공민왕을 구해주는 꿈이었다고 해. '참으로 묘한 꿈이로구나. 이게 길몽인가? 흉몽인가?' 그 꿈을 꾸고 얼마 후 공민왕의 최측근 김원명이 한 사람을 만나보기를 추천해. 김원명은 공민왕이 홍건적에게 쫓겨 피난을 갈 때에도 바로 옆에서 호위를 담당하던 자야.

"요즘 불자들 사이에서 화제가 되는 인물이 있다고 하여 제가 데리고 왔습니
다. 탁월한 식견을 가지고 있다 하여 혹시나 국정 전반에 도움이 되지 않을
까 하는 생각이 들었습니다."
"그래? 어서 들라 하라. 안 그래도 요즘 신선한 아이디어와 비전이 필요했는
데 마침 잘됐구나."

신돈이 들어서자 공민왕은 기절초풍하듯이 놀랐다고 해. 모두 그의 답변을 예상했겠지만.

"아니! 당신은 얼마 전 내 꿈에 나타나 나를 구해주었던 바로 그 스님이 아니오? 이런 기막힌 우연이 있나? 이것은 분명 하늘이 나에게 당신을 보낸 것이오! 앞으로 자주 나에게 들러 좋은 이야기를 많이 전해주시오."

이런 드라마틱한 만남 이후 신돈의 궁 출입 간격은 더욱 짧아졌어. 신돈의 전격 발탁 전 《고려사》에 이 당시 공민왕의 심정을 표현한 기록이 아래와 같이 기록되어 있어.

왕이 왕위에 있은 지 오래되었는데 재상들과 뜻이 맞지 않고, 세신 대족은 친당이 뿌리처럼 이어져 서로 허물을 가려준다. 초야 신진들은 오직 대족의 사위가 되려고 하며 초심을 잃어버리고, 유생들은 유약하고 강직하지 못하니 세속을 떠나 홀로 선 사람을 내가 찾아 쓰겠다.

공민왕의 고백을 듣고 나니 혹시 공민왕과 신돈 사이에 이런 대화가 오가지 않았을까 하는 생각이 들어.

"여보게, 신돈. 이 나라가 왕의 의지대로 굴러가고 백성을 위한 나라라고 생각하는가? 민생에는 전혀 관심이 없는 친원파의 뜻대로 굴러가는 것이 현실이네. 내가 직접 나서서 저들을 상대하다 보니 한계점도 보이네. 거기다 암살의 위험도 있고 해서 말인데…. 자네 왕 놀이 한번 제대로 해볼 텐가? 자네입장에서는 아쉬울 것이 하나 없지 않나? 언제까지 저잣거리에서 용하다는 소리만 듣다가 한평생을 마칠 텐가? 내가 한번 확실히 밀어주겠네!"

"이 한 몸 다 바쳐 임금님의 수족이 되어보겠습니다. 다만 이왕 밀어주시는
거 확실히 팍팍 밀어주셔야 합니다. 저를 끝까지 밀어주시면 반드시 이 나라
를 폐하의 손에 다시 돌려드리겠습니다."

과연 이 둘이 시도하는 개혁 드라이브는 고려에 어떤 변화의 바람을 몰고
왔을까? 이 둘의 첫 합작품은 '전민변전도감田民辨整都監'의 설치였어. 공민왕은
약속대로 신돈에게 전권을 위임하고 자신은 뒤로 빠져 있었지. 먼저 신돈의 대
국민 발표를 들어보자고.

"아아. 국민 여러분 안녕하십니까? 본인은 공민왕께 전권을 위임받은 신돈
이라고 하오. 중대 발표가 있으니 귀담아들어주시기 바랍니다. 오늘을 기점
으로 수도권에는 15일, 지방에는 40일의 기한을 주겠소. 이 기간 동안 권문
세족이나 호족들은 불쌍한 백성들에게 불법적으로 약탈 또는 탈취했던 토지
를 원주인에게 돌려주시오. 신고 기간 내에 돌려줄 경우에는 어떠한 처벌도
받지 않을 것임을 약속드리는 바입니다. 하지만 신고 기간 이후에 적발되는
모든 불법 사례는 재미없을 줄 아시오. 또한 억울하게 천민이나 노예가 되신
분들은 즉시 정부에 신고를 접수하시면, 사실 확인 후 모두 원래 신분으로
돌려놓겠습니다. 고발자에 대한 완벽한 증인 보호 프로그램이 실시될 예정
이니 안심하셔도 됩니다."

지금 시대에 저런 발표를 했다면 경제 민주주의를 해치며 국가의 경제 기반
을 뿌리째 흔드는 발표라고 대기업들이나 기득권이 난리를 부렸을 거야. 이 정

과연 이 둘이 시도하는 개혁 드라이브는 고려에 어떤 변화의 바람을 몰고 왔을까? 도면 대기업의 알바비 착복을 나라에서 나서서 구제해주는 것을 넘어서는 특단의 개혁 조치야. 권문세족의 반발은 당연한 것이었어. 하지만 혜택을 받게 될 백성들까지 처음에는 반신반의했다고 해.

"시방, 저것이 참말인감? 전민변정도감이야, 그전에도 설치되었다가 흐지부지되었는디 저런 땡중이 나서서 해준다고?"

"그러게나 말일세. 난다 긴다 하는 대신들도 못하고 나라님도 손든 일인데…. 근디 참말로 그리만 된다면야 그냥 스님이 아니고 우리한테는 부처님이지."

그런데 놀랍게도 신돈은 백성들에게 약속한 대로 토지 반환은 물론이요, 억울하게 종이 된 사람들의 신원 회복까지 해주니, 일약 국민 스타로 떠올랐어. 백성들은 사이다를 세숫대야에 마신 것마냥 통쾌함을 느꼈어.

"신돈 스님은 하늘이 우리한테 내리신 살아 있는 보살이다. 그동안 권문세족들한테 우리가 당한 기 얼마고? 뺏긴 땅은 물론이고 억울한 일까지 이리 해결해주니 이제 참말로 우리 같은 백성들이 살 만한 세상이 오는 갑다. 먼저 간 너그 아부지가 불쌍해서 우짜노."

"행님, 맞소. 조상님 대대로 내려오던 그 땅을 박 대감한테 뺏기고 몇 날 며칠을 잠 한숨 못 잤소. 더구나 양민 신분도 찾았으니 우리 돌석이 장가 자리부터 빨리 알아봐야겠소."

신돈의 개혁 드라이브는 아우토반을 달리는 빨간 스포츠카처럼 거침이 없었어. 다음은 바로 과거제도의 개혁이었어.

"아아. 다시 신돈입니다. 이 나라의 과거제도는 사실상 유명무실해졌습니다. 일부 집안과 학파에서 과거 시험을 장악해 지들끼리 다 해먹고 있습니다. 특히 이제현李齊賢이 그 원흉이라고 할 수 있습니다. 형식적인 시험만 있을 뿐이지 대리 시험은 기본이요, 돈이 오가며 합격자가 미리 내정되어 있는 경우까지 허다합니다. 이래서는 개천에서 용이 날 수도 없고, 1퍼센트가 권력을 독점하는 기형적인 시스템이 대대손손 이어질 수밖에 없습니다. 과거제의 전면적인 개편을 통해 흙수저라도 능력만 있으면 출세할 수 있는 장을 다시 열어드리겠습니다."

이렇게 콕 집어 이제현을 악의 축으로 규정을 하니, 다음 날 이제현이 공민왕을 찾아가 독대를 요청해.

"폐하, 이게 어찌된 일입니까? 온 나라가 근본도 모르는 땡추에 의해서 어지러워지고 있습니다. 신돈의 골상은 옛날의 흉인과 유사하니 가까이하지 마십시오."
"여보시오. 지금 왕 앞에서 왕의 전권을 위임받은 자의 외모를 비하하는 게요? 뭐 좀 그럴듯한 걸 들고 와서 딴지를 거세요. 유치하기 짝이 없구려. 신돈이 하는 일은 모두 나의 재가를 받은 것이니 이에 반발하는 자는 왕명에 대항하는 걸로 간주하리다. 이만 물러가시오. 아, 그리고 당신 집안과 제자들은 내가 살아 있는 동안에 과거 시험에 아예 응시조차 할 수 없소."

이렇게 온 나라를 완전히 갈아엎을 수준의 충격적인 조치가 이어졌어. 이때 백성들은 희망에 부풀어 있지 않았을까? 어쩌면 꿈에도 그리던 살 만한 세상, 공평한 세상이 오지 않을까 조심스러운 기대를 했을 거야. 하지만 백성의 기쁨은 기득권의 슬픔이야. 그들은 자신들의 불행을 멈추기 위해, 사회 각계각층의 주요 인사 11명으로 구성된 신돈 암살단을 조직했어. 신돈이 요승이었기 때문일까? 흑마술을 부려서 선량한 백성들에게 사기를 치고 막대한 사익을 추구했을까? 이유는 오직 아래와 같은 이유였어. '우리는 대대손손 우리만 잘 먹고 잘 살 거야! 무식하고 천한 백성들을 쥐어짜면 될 일인데 감히 천하디천한 중놈이 우리 밥그릇을 넘봐? 어림없다.' 당시 이런 자들이 나라를 이끌고 있었고, 신돈 암살단의 핵심 멤버였어.

"왕의 백그라운드 말고는 의지할 곳 하나 없는 근본 없는 중 하나 죽이기야 쉬운 일이지요."

"맞습니다. 허나 그 땡추의 목숨을 거두기 전에 먼저 사회적으로도 매장시킬 필요가 있습니다. 작은 실책은 부풀리고 없는 단점은 만들어내서 여론 몰이를 해야지요. 죽어 마땅한 요승으로 만들어놓은 연후에 일을 시행하면 민심도 큰 저항이 없을 것입니다."

"그래요. 우선 죽일 명분을 만들어놓고, 암살 다음 날 헤드라인을 이렇게 뽑아야지요. 권력의 단맛에 취해 횡포를 일삼던 요승 신돈! 조여오는 수사망의 압박을 견디지 못하고 출가한 절에서 스스로 생을 마감하다. 낄낄낄."

"자, 그럼 각계각층의 우리 멤버들이 정의사회 구현을 위해 나설 차례군요. 빅 픽처는 그려졌으니 빨리 움직입시다."

하지만 이들의 신돈 암살 계획은 공민왕의 촘촘한 레이더망에 걸려 시도조차 못하고 발각이 되었어. 공민왕은 주요 배후자를 찾아 극형에 처하고 일부는 귀양을 보내버렸어. 하지만 신돈은 귀양을 가던 자들에게 은밀히 자객을 보냈어.

이렇게 온 나라를 완전히 갈아엎을 수준의 충격적인 조치가 이어졌어. 하지만 백성들은 희망에 부풀어 있지 않았을까?

"여봐라, 멈추어라. 임금께서 긴급 조치를 내리셨다. 죄인들을 즉시 우리에게 인계하라."

"아니 저희는 그런 전갈을 전혀 받은 적이 없는뎁쇼? 서류도 아니 보여주시고 그냥 죄수만 넘기시라고 하면 저희도 입장이 매우 곤란합니다요. 차림새를 보아하니 공무원은 아니신 거 같은데…."

"어허, 이놈이! 모가지가 두 개인가? 옛다, 여기 네놈이 찾는 서류 두 눈 뜨고 잘 보거라."

"흠…. 이건 어명이 아니고 신돈님께서 서명하신 서류 아닙니까요? 쩝, 알겠습니다. 요즘 신돈님이 대세이시니, 알아서 잘 처리해주시고, 다만 저희는 공무 수행 마쳤다는 사인이나 해주십시오."

이렇게 신돈은 공민왕이 귀양 보낸 자들을 추격해 목을 졸라 죽였어. 자신의 목숨을 노린 자들에게 강한 메시지를 보여줄 필요가 있다고 생각했던 거야. 그래도 왕이 죽이지 말고 귀양을 보내라고 한 자들이었는데 말이야. 공민왕이 후에 사실을 확인하고 기분이 좋지는 않았을 거야. 신돈과 공민왕 사이에 균열이 생기기 시작한 건 신돈 정계 데뷔 4년 차가 되는 공민왕 18년부터였어. 신돈은 자신에 대한 암살 계획이 끊이질 않자, 기득권층의 뿌리를 뽑기 위해 수도 이전을 공민왕에게 강력히 요청했어.

"전하. 거듭 말씀 드리는 바이지만, 개경은 바다와 가까워 외적의 침입에 취약할 수밖에 없습니다. 이것은 천도의 100가지 이유 중 하나일 뿐이지만 국방의 문제보다 나라의 안위와 직결된 것이 어디 있겠습니까? 이번에는 반드시 신의 뜻을 받아주시옵소서."

"어허! 내 천도만큼은 아니 된다고 몇 번을 말했소? 천도 말고는 뭐든지 경 마음대로 하라고 했거늘. 경은 내 말을 한쪽 귀로 듣고 흘리는 거요? 혹시 진짜 왕이 되고 싶은 거요?"

이렇게 조금씩 균열이 생기기 시작한 둘의 사이를 결정적으로 갈라놓는 일이 발생하는데….

"폐하, 신 전라도 채복사 최용소 출장 보고 아뢰옵니다."

"어, 그래. 먼 길 오느라 수고가 많았소이다. 그래 요즘 그쪽 지방 민심은 어떻소?"

"신돈께서 추진하고 있는 개혁 정책에 온 백성이 기뻐하고 있습니다. 그야말로 하늘이 내리신 보살이라며 칭송하고 실제로 생활도 많이 좋아지고 있습니다. 자세한 내용은 신돈께 이미 보고를 드렸습니다. 내일 직접 전하께 대면보고 드린다고 하옵니다."

"아… 백성들이 나에 대해서는 칭송하는 말이 없던가? 신돈이 하는 일들 내가 다 지시하고 윤허한 것들인데…. 그리고 지금 신돈에게 먼저 보고를 하고 왕인 나를 찾아온 것인가?"

"네, 그러하옵니다. 요즘 결재 및 보고 시스템이 다 그리 돌아갔는데 새삼스레 어찌 그러시는지…?"

"재미있소이다. 국가의 대소사가 신돈을 거쳐서 왕에게 가공되어 전달된다."

다음 날 뭔가 심상치 않음을 느낀 공민왕의 가슴에 불을 지피는 신돈의 보고서가 올라오는데 내용인 즉, 각 지방 사심관을 지휘하는 5도 도사심관의 직책을 자신에게 달라는 거였어.

'이놈의 돌중이 내 아바타인 줄도 모르고 나를 우롱하려는 구나. 도사심관을 달라고? 지방 권력을 손안에 쥐겠다? 그래서 채복사의 보고도 먼저 받고 지방으로의 수도 이전을 주야장천 지껄였던 게로구나. 너는 실로 내가 무능하여 너에게 전권을 주었다고 생각하는 것이냐? 이제 장난감에 슬슬 싫증이 나는구나.'

공민왕은 신돈과 함께한 이후 처음으로 그의 요구를 거절하고, 그 문서를 불에 태워버렸어. 공민왕이 결심을 굳히자 당대 최고의 권력가이자 등장만으로도 모든 대신들이 자리에서 일어나던 신돈의 제거는 손바닥 뒤집기만큼 쉬운 일이었어. 1371년 뜬금없이 신돈의 역모가 조정에 보고가 돼. 그리고 당사자인 신돈의 체포 없이 그의 주변 인물 몇 명만이 국문장에 끌려와. 긴급 체포된 자들은 너무나 쉽게 신돈의 역모 사실을 시인했어. 신돈은 변론은 고사하고 공민왕의 얼굴 한 번 보지 못하고 수원으로 유배된 후 즉시 참살됐어. 너무나 허망한 결말이지?

신돈이 조선 건국 세력의 기록처럼 요승이었는지, 진정한 개혁을 추진하던 개혁가였는지는 사람마다 다른 의견일 거야. 다만 신돈의 개혁 정책이 조금 더 지속됐더라면 어땠을까? 백성들이 더 신명나게 사는 세상이 잠시라도 찾아오지 않았을까?

【03 모략자들2】

왕의
사람들

"가족은 무슨 가족? 인정사정 볼 것 없다!"

【로열패밀리 단종 잔혹사】

영월에 위치한 단종 장릉莊陵. 숙부 수양대군에게 왕위를 찬탈당한 후 노산군으로 강등되어, 지금의 강원도 영월 청령원에 유배되었다가, 1457년 10월 24일 17세의 나이에 사약을 받고 숨을 거두었다.

아마도 '이홍위'라는 이름을 처음 듣는 사람이 많을 거야. 이 이름보다는 단종이란 호칭이 여러분에겐 더 익숙하겠지. 원래 조선 왕들의 이름은 백성들이 함부로 부르지 못하게 발음하기 어려운 글자를 선택하는 것이 기본이었어. 백성들이 이름에 쓰인 한자를 쓰지 못하는 불편함을 피할 수 있도록 한 나름 애민정신의 발로지. 그렇다 보니 왕의 이름은 잘 안 쓰는 이름에 더해 외자 이름을 짓는 게 일반적이었어(이런 걸 피휘避諱라고 해). 이미 고려 때 태어난 태조(이성계), 정종(이방과), 태종(이방원)은 그렇다 치더라도 조선 왕조가 어느 정도 자리 잡은 문종 시절에 왜 이름 두 자를 썼을까? 게다가 태조와 정종은 나중에 외자 이름으로 바꿨고, 조선왕조 멸망 때까지 두 자 이름은 단종이 마지막이야. 결론적으로 두 가지 설이 존재하는데, 하나는 단종의 사주가 단명할 수 있다 하여 두 자 이름을 붙였다는 설과 왕위에 오른 후 미처 이름을 바꿀 시간도 없이 권좌에서 내려와 그렇다는 설이 있어. 아마도 첫 번째 이야기는 단종의 슬픈 이야기에서 훗날 만들어낸 이야기 같고, 진실은 아마도 후자가 아닐까 싶어.

오늘은 단종을 둘러싼 가족 이야기를 해볼까 해. 아버지 문종, 어머니 현덕왕후顯德王后, 그리고 누나 경혜공주의 이야기는 단종만큼이나 기구한 스토리라인을 가지고 있지만, 잘 알려지지 않았어. 단종 이야기야 너무나 잘들 알고 있을 테지만, 그래도 잠시 설명이 있어야겠지? 열두 살에 왕이 되었으나 곧 계유정난이라는 날벼락을 맞았어. 이때 단종의 작은아버지인 수양대군은 35세였어. 짧디짧은 재위 기간은 그렇다 쳐도 열일곱 살이라는 나이에 세상을 떠나게 되니 원통하기가 이를 데 없었겠지만, 가족 또한 단종 못지않은 인생 풍파를 겪었어. 그러고 보니 단종이 세상을 등진 지도 어언 560여 년 전의 일이네.

먼저 단종의 아버지 문종 임금의 이야기부터 풀어나가야 할 것 같아. 사실 문종은 조선 건국 이래 최초의 적장자 왕위 계승자였어. 당연히 적장자가 왕을 잇는데, 거기에 최초라는 말을 붙이니 의아하지? 사실 조선에는 27명의 왕 중 적장자 출신이 7명밖에 없어. 왕의 장남으로 태어나도 왕이 된다는 것이 여간 녹록지 않은 일임을 알려주는 수치야. 아무튼 문종은 아버지가, 그 이름도 거룩한 세종대왕이시니, 정통성과 아버지의 후광으로만 치면 가히 역대급이라고 할 수 있어. 사람을 외모로 평가하면 안 되겠지만, 명나라 사신들도 문종의 외모를 극찬할 정도로 큰 키에 잘생긴 얼굴까지 타고나셨다고 해. 기본 학문에 능한 것은 기본이요, 다방면에 대한 '관심+재능'까지 겸비했으니, 타고난 성군이 아닐까 싶어. 일례로 천문에 능해서, 세종대왕은 외부 행사에 나가시기 전

항상 문종에게 날씨를 물어보고, 또 그걸 기똥차게 맞춰서, 세종대왕이 늘 신통해했다고 해. 측우기 아이디어 제공자가 문종인 건 들어나 봤나 몰라. 또한 병기 제작에도 뛰어난 재능을 보여서, 문종의 이름을 딴 '문종화차'라는 병기도 있었어. 여기에 덤으로 효성도 지극해서 세종대왕이 유달리 좋아했던 앵두를 직접 진상해드리기 위해 동궁전 앞에 앵두나무를 기르게 했고, 문안 인사를 할 때마다 앵두를 가지고 가셨다는 이야기도 들려. 어때, 숨 막히지. 어디 빈틈 하나 없는 완벽한 엄친아라서? 그런데 슬프게도 문종은 정식 왕으로서 재위한 기간이 3년으로 매우 짧았어. 그나마 위안을 찾자면 나이 일곱에 세자에 책봉되어 무려 29년 동안 세자로서, 그리고 세종대왕의 최측근으로서 많은 일을 함께하셨으니 다행이라면 다행일까.

> 아버지 문종, 어머니 현덕왕후, 그리고 누나 경혜공주의 이야기는 단종만큼이나 기구한 스토리 라인을 가지고 있지만, 잘 알려지지 않았어.

이런 세자였기에 백성들의 기대는 너무나 컸고, 당연히 세종대왕에 이어 조선 초기 르네상스를 열 것이라는 엄청난 기대를 받기에 충분했을 거야. 실제로 실록에 따르면 문종이 하야했을 때 '신민의 슬퍼함이 세종의 상사보다 더 하였다.'라고 기록되어 있어. 한마디로 조선 최고의 엄친아를 잃은 슬픔이 조선 팔도를 뒤덮었던 게지. 문종 임금에 대해 논하면서, 그의 아내들에 대한 이야기를 안 할 수가 없어.

우선 첫 번째 부인 휘빈 김씨는 세종대왕이 심혈을 기울여서 직접 간택했어. 이때 동궁 나이 방년 13세. 아직은 철없는 아이라고 봐도 무방하지. 문종은 당시에 '여사친' 즉 여자사람 친구들이 있었는데, 효동과 덕금이라는 여자들이 벗으로 있었어. 이들이 누군고 하니, 어머니 소현왕후(세종대왕 부인)의 시종 궁중 라이프가 겉보기엔 화려해 보이지만, 그 안에는 엄청난 규율과 텃세, 음모가 난무했어. 밤말이나 낮말이나 모든 걸 도청하는 귀도 사방에 깔려 있었지.

들이었어. 민가에서도 외갓집 식구들이랑 더 허물없이 지내니, 문종도 자신의 어머니 처소에서 자연스레 많은 시간을 보내며, 이 둘과 친하게 지냈던 거야. 그런데 사건이 터진 건 휘빈 김씨의 상상을 초월하는 질투심에서 시작됐어. 동궁이 세자빈과 놀기보다는 여사친들과 함께 시간을 보내기를 좋아하니, 압승술壓勝術이라는 걸 시연하게 된 거야.

"간난아! 내 이 여시 같은 두 년들을 이대로 두고 볼 수는 없다. 이년들이 어떤 술수로 세자 마마를 농락하는지 모르겠으나, 나도 두 눈 뜨고 생때같은 서방을 뺏길 수 있겠느냐?"

"마마, 무슨 좋은 방도라도 있으신지요? 쇤네, 마마의 명이라면 이 한목숨 바칠 각오가 되어 있사옵니다."

"지난번 어머니께서 궁에 드셨을 때 알려준 비책이 하나 있긴 한데…."

"마마, 지금부터 말씀하신 내용은 오프 더 레코드일 뿐만 아니라, 제가 자발적으로 실행하는 일이 되옵니다. 마마께서는 어떤 분부도 내리신 적이 없고, 전혀 모르는 일이옵니다. 만에 하나 일이 잘못될 시에 이년은 바로 자결을 하겠사옵니다. 대신에…."

"두말할 것 없다. 내가 세자빈에서 중전이 되는 날, 네년뿐만 아니라, 너희 집안의 위상이 달라질 것임을 보증하마."

"딜 성공적? 그럼 우선 그믐날 밤 효동이와 덕금이의 신발을 몰래 훔쳐오너라. 그리고 고이 간직했다가, 보름날 밤 신발을 불에 태워 곱게 빻아 그 재를 나에게 가져오도록 하여라."

"그리고 나서는 어쩌실 겁니까요?"

03 모략자들2

"곱게 빻은 신발 재를 술이나 음식에 타서, 세자께 드리면 그년들에게 갔던 마음이 나에게 온다고 하는 구나."

이런 작전은 당연히 실패! 첫 번째 압승술까지만 시도하고 멈추었다면, 어린 세자빈의 치기 어린 질투로 무마되었을지도 모르는 일이었어. 그런데 또 시동을 걸었어.

"간난아, 이번에는 플랜B다."

"네, 마마. 분부만 내려주시옵소서."

"이번에는 재료 구하기가 쉽지 않을 게야. 허나 그만큼 효과가 확실하다고 하니 반드시 구해오도록 하여라. 은밀하게 준비해야 함을 명심, 또 명심하라. 또한 일이 발각될 시에는… 잊지 않았지?"

"마마, 분부만 내려주시옵소서."

"간난아! 달빛이 어두운 그믐날 교접을 하고 있는 뱀의 체액을 받아오너라."

"네???"

"여기 있다. 받거라."

"이건 마마님의 속옷이 아니 옵니까?"

"그래, 거기다 뱀의 체액을 받아오너라. 그 속옷을 내가 입고 있으면, 세자 마마께서 저절로 내 품으로 달려들 것이다."

궁중 라이프가 겉보기엔 화려해 보이지만, 그 안에는 엄청난 규율과 텃세, 음모가 난무했어. 물론 밤말이나 낮말이나 모든 걸 도청하는 귀도 사방에 깔려 있지. 특히 무서운 것은 시어머니의 감시망 아니겠어? 효동과 덕금의 신발이 없어질 때부터 세자빈에게 밀착 감시를 붙인 소현왕후는 간난이를 잡아들여 자백을 받아냈어.

"아이고, 두야. 내 그리도 신경을 써서 며느리를 골랐거늘, 이 무슨 해괴한 일인고? 저런 며느리를 왕실에 계속 두었다가는 나랏일까지 주술로 말아먹겠소. 중전, 내 불찰이오. 고맙소. 선조치 후보고지만 빠른 자백을 받아내셔서 큰 힘이 되었소."
"전하께서는 오직 나랏일에만 신경을 쓰시지요. 내명부 일은 제가 알아서 하겠나이다."

부창부수라고 손발이 착착 맞는 세종대왕과 소현왕후였어. 이렇게 해서 첫 번째 세자빈은 퇴출. 세종대왕은 두 번째 세자빈을 뽑을 때는 효동과 덕금의 미모와 재기를 훌쩍 뛰어넘는 규수를 골라 세자의 마음을 잡으려고 했어. 그런데 어찌 대왕이라고 불리는 세종의 며느리 보는 눈은 영…. 둘째 부인은 순빈 봉씨인데, 뛰어난 미모의 소유자였지만, 재기가 넘치다 못해 자유분방한 신여성이었어. 순빈 봉씨는 술을 너무나 좋아해서 낮술 포함 주 8회 정도의 음주를 즐겼어. 문종이 유일하게 싫어하시던 학문이 예체능이었는데, 순빈 봉씨는 술만 먹으면 그렇게 노래를 불렀다고 하니, 세종은 당연히 기겁을 하셨고…. 그런데 이에 그치지 않고, 다음과 같은 일을 꾸몄대.

"소쌍아! 세자께서 내 처소에 발길을 끊으신 연유가 무엇이라고 생각하느냐?"
"이년은 도대체 이해가 되질 않사옵니다. 마마께서는 아름다운 용모를 가지

시고, 노래까지 잘하시는데 어떤 연유인지 몹
시도 궁금하옵니다."

"나도 처음엔 이해가 되질 않았으나, 곰곰이 생
각해본 결과 이유는 단 한 가지다."

"무엇이옵니까?"

"이유는 바로…. 이벤트가 부족해서이니라! 아무리 아름다운 꽃이라도, 매일
보면 질리는 법. 그동안 난 나의 미모만 믿고, 너무나 안일했다. 이에 대오
각성하고 세자께서 처소에 들르시는 날 이벤트를 보여드려야겠구나."

"그… 그러 하옵니까."

"너는 지금 당장 동궁전 내 궁녀들 중 인물과 가무가 출중한 아이돌, 아니 아
이들 7명을 뽑아오도록 하여라. 노래는 내가 이미 만들어놓았고, 안무 연습
도 내가 직접 시킬 것이다."

세자빈의 자리에 있으면서, 남자를 불러다 놓고 술을 마실 수도 없는 노릇이니, 소쌍이를 비롯한 아이들과 술을 마시며 불금을 달리곤 했었어.

믿기지 않겠지만 실제 있었던 일이야. 이분은 시대를 너무나 앞서가셨던
것 같아. 여기까지는 어쩌면 귀엽게 봐줄 수도 있는 일이야. 그런데 이런 이벤
트에도 불구하고, 세자의 마음을 얻지 못하니 늘어나는 건 주량이고, 밀려오
는 건 공허감이었어. 세자빈의 자리에 있으면서, 남자를 불러다 놓고 술을 마
실 수도 없는 노릇이니, 소쌍이를 비롯한 아이들과 술을 마시며 불금을 달리곤
했지. 다 같이 술 한잔하다 보니, 어깨동무도 하게 되고, 어깨동무를 트고 나니
어느 날부터 질펀한 파티가 끝나고 나면 소쌍이는 자기 침소로 가지 않고 세자
빈과 동침을 하게 된 거야. 그냥 잠만 잔 게 아니라고 해. 민가에서도 용납하기
어려운 동성애를 조선의 세자빈이 시현을 하셨던 거지. 막장 드라마의 기본 구
성 요소는 삼각관계 아니겠어? 소쌍이에겐 이미 단지라는 동성 애인이 있었는

데, 단지가 질투에 눈이 멀다 보니, 동궁전에서 난리를 친 거야.

"야 이씨, 다 나와. 세자빈이면 세자빈답게 행동 할 것이지 어디서 남의 여자를 가로채고 난리 블루스야!"

휴… 이 난리가 아니었어도 어차피 소현왕후의 레이더에 잡혔을 터, 이날 이후 순빈 봉씨마저 폐위되고, 세자의 후궁으로 있던 승휘 권씨(단종의 생모)가 드디어 세자빈으로 올라섰어. 궁중의 치부를 너무 드러내는 거 같아 마음 한쪽이 씁쓸하지만, 로열패밀리라고 해봐야 일반 여염집 사는 이야기랑 뭐 다르겠어? 한편으로는 10대 소녀들이 군대보다 규율이 심한 궁중 생활을 제정신으로 견디기에는 분명히 쉽지 않았을 거라는 측은한 마음이 들기도 해.

이제 단종의 누나 이야기를 해보자고. 사실 단종은 어머니 현덕왕후(승휘 권씨)에 대한 기억이 전혀 없었어. 단종을 낳고 단 하루 만에 산후병으로 사망했으니까. 사실 현덕왕후가 세자빈에 오른 것은 다소 '운'이 따른 케이스였어. 두 명의 세자빈이 폐위될 시점에 세자의 후궁이었으니, 새로 간택 절차를 밟아야 했으니까. 그런데 때마침 경혜공주가 태어난 거야. 결과적으로 경혜공주가 복덩이였던 건지 모르겠지만, 세종 부부는 그녀가 왕자도 생산할 수 있을 거라는 기대감으로 승휘 권씨를 세자빈으로 올려. 순전히 느낌적인 느낌으로 말이야. 현덕왕후가 사망한 후, 문종은 혼인을 하지 않았어. 현덕왕후에 대한 깊은 사랑의 결과라고 아름답게 포장하고 싶지만 여러 가지 사정이 겹쳤어. 앞의 두 세자빈 이야기로 유추해볼 수 있듯이 문종은 결혼 생활에 대한 회의감을 갖고 있기도 했거니와 여기에 조정에 연이은 초상이 일어나며 왕비를 맞이할 시간적인 여유도 없었거든. 이런 연유로, 문종은 조선 역사상 유일하게 재위 기간 동안 왕후가 없는 왕으로 기록되기도 해. 문종 본인이 그리 빨리 갈 줄 몰랐던 거지. 문종과 현덕왕후 두 사람 중 한 사람만 살아 있었더라도 단종이 그리 허망하게 죽지는 않았을 텐데 말이야.

단종은 일곱 살 터울 누나 경혜공주와 백어리니라는 유모의 보살핌 속에 자라게 됐어. 여자의 모성 본능이 얼마나 강한지 다들 알지? 누나는 단종에게 어머니 같은 존재였어. 인복 없던 단종에게 백어리니 또한 하늘이 준 선물이었는데, 백 유모는 현덕왕후의 몸종으로 궁궐에 들어왔지만, 탁월한 총명함으로 단종 남매의 전담 유모로 발탁이 된 인물이었어.

어쨌든 세종의 병환이 깊어지면서, 집안에는 한 가지 걱정이 늘었어. 만약 세종이 승하한다면 삼년상 기간에는 로열패밀리 그 누구도 혼례를 치를 수 없었기 때문이야. 우리 꽃 같은 경혜공주는 당시 기준이라면 결혼 적령기를 훌쩍 놓쳐버리는 거였지. 그래서 문종은 경혜공주의 남편을 서둘러 간택하려고 했어. 이때 문종은 부인이 안 계셨으니, 홀아비가 딸의 남편을 찾아 나섰던 거야. 신중에 신중을 기해 고른 단종의 매형은 정종鄭悰이라는 사람이었어. 왕 이름 같지만 왕은 아니야. 단종의 매형인 정종의 아버지는 지금으로 치면 전직 서울 시장 출신이었어. 정종은 홀어머니 슬하에서 자랐어. 원래 과부의 자식은 왕족 과 결혼할 수 없었지만, 문종은 이를 무시할 정도로 정종을 마음에 들어 했다고 해. 단종 또한 그의 당당한 인간됨에 차츰 마음을 열게 되었다고 하고. 하지만 평온도 잠시. 이후 단종 남매에게는 그야말로 죽음의 폭풍우가 휘몰아쳤어. 할아버지였던 세종대왕의 삼년상이 끝나기가 무섭게 아버지 문종까지 승하하신 거야.

여기서 잠깐! 문종에 대한 독살설이 있는데, 판단은 여러분들이 해보시길. 이 당시 문종의 주치의는 전순의라는 자였어. 왕의 일상이란 것이 과도한 업무의 연속이긴 하지. 여기에 세종대왕의 삼년상까지 치르고 나니 면역력은 떨어질 대로 떨어진 상태였어. 면역력이 떨어지면 종기가 생기기 쉽지. 조선의 왕들은 종기로 사망한 분들이 많은데, 문종도 마찬가지였어. 종기에는 꿩고기가 상극이라고 하였으나, 전순의는 어찌된 일인지 이를 진상하기까지 해. 물론 꿩고기가 치명적인 원인은 아니었지만, 냄새가 좀 나지 않아? 전순의의 진두지휘 아래 모든 치료 과정이 진행되었고, 문종은 끝내 세상을 떴어. 전순의는 이에 책임 추궁을 당하여 투옥되긴 했는데, 어린 단종이 왕이 되자 슬며시 특사로 풀려나더니, 세조가 왕이 된 후에는 공신으로 추대까지 됐어. 문종 임금 독살에 대한 확실한 물증은 없지만 미심쩍은 마음이 드는 건 왜일까 몰라. 어쨌든 너무나 급작스러운 변화 속에 단종은 왕의 자리에까지 올랐어. 하지만 현실은 졸지에 아버지를 잃은 고아, 그 이상도 이하도 아니었지. 아직 어린 단종은 궁궐에 머물기보다는 궁 근처에 살던 매형과 누나의 집에서 보내는 시간이 더 많을 정도였으니까.

"누이, 궁중 생활이 너무나 싫고 무섭소. 수양 숙부도 무섭고, 안평 숙부도 마찬가지요. 내 왕위를 수양대군에게 주고, 이 집에서 누이와 매형과 살면 안 되겠소?"
"주상 전하! 전하께서는 이제 어릴 적 저랑 놀던 이홍위가 더 이상 아니옵니다. 김종서 장군을 필두로 할바마마 때부터의 충신들이 전하 곁에 있는데 무슨 걱정이시옵니까?"

이렇게 단종을 어르고 달랬지만, 그녀도 겨우 열여덟에 불과한 나이인데, 본인도 얼마나 두려웠겠어. 지금 생각해보면 엎어치나 매치나 이 남매 모두 불쌍하지. 이제 하늘 아래 친가족

수양대군은 단종이 궁을 떠나 누나 집에 머무르던 날 계유정난을 일으켰어. 이 인간은 잔인하다기보다는 치사한 인간의 전형이야.

이라고는 누나와 단종 단둘뿐이었던 거야. 수양대군은 단종이 궁을 떠나 누이 집에 머무르던 날 계유정난을 일으켰어. 이 인간은 잔인하다기보다는 치사한 인간이야. 어린 왕이 궁을 비운 사이에 일을 해치우고, 결국 누나의 집까지 들이닥친 것이니. 이날 이후 단종과 경혜공주가 겪은 고초는 이루 말할 수가 없었어. 10대 아이들이 감당하기에는 너무나 큰 시련이었어. 수양은 모든 권력을 틀어쥐자, 단종 남매에게 악마 같은 마수를 뻗쳐. 단종은 그 누구보다 의지할 수밖에 없던 매형을 잡고 버텼어. 하지만 수양은 그 매형마저 역모 죄를 씌워 귀양을 보내. 남편과 동생을 지키기 위해 경혜공주는 집안의 가장이 되어서 수양과 맞섰어.

"수양 삼촌! 공주의 남편을 제대로 된 재판도 없이 귀양을 보내버리는 법도는 어느 집구석에서 배우신 게요? 제가 어미 없이 자라 경우가 좀 없습니다. 아바마마까지 돌아가신 판에 남편까지 떠나보내고 과부처럼 사느니 미련 없이 깨끗이 자결하겠소."

"하하하. 네년이 무얼 믿고 이리 눈을 까뒤집는지 모르겠구나. 네가 죽는다고 내가 눈 하나 깜빡할 것 같으냐?"

경혜공주가 집으로 돌아온 후, 신하들이 수양에게 이렇게 간언했다고 해.

"대군 마마. 경혜공주 눈의 살기가 여간하지 않습니다. 지금 민심은 완전히 저희에게 등을 돌린 상태인 것을 누구보다 잘 알고 계시지요? 그래서 아직 왕위도 접수를 하지 않고 있습니다. 부모 잃고, 하나 있는 누이까지 자결을 한다면, 민심은 더 이상 돌이킬 수 없는 상태에 이를 것으로 사료되옵니다."

"에잇! 알았다. 지금은 내가 한발 물러난다만, 왕이 되어도 사람들 눈치를 봐야 한단 말이냐?"

하지만 단종 남매에게 평화는 오래가지 않았어. 세종대왕 때 집현전 학사 출신들이 주도해 세조를 끌어내리려 한 사육신 사건이 터지고 만 거지. 모반은 잘 알다시피 실패했고, 호시탐탐 단종 패밀리 해체를 노리던 세조에게는 최고의 떡밥이 되고 말았어. 이 일로 단종의 누이 내외는 전라도 광주로 귀양을 가게 되고, 이듬해 단종은 그 유명한 강원도 영월로 유배되는 처지가 된 거야. 세조는 경혜공주의 집 담장을 높게 세우고 밖에서 출입문을 잠궈 가택 연금을 시켜버렸어. 이런 난리통에도 광주에 있는 누이로부터 단비 같은 소식이 전해져.

"전하… 감축드리옵니다. 첫 번째 조카를 보게 되었습니다. 코는 아비를 닮고 입은 저를 닮은 듯하오나, 전체적인 용모에서 전하의 용안도 보이니 기쁘기 그지없사옵니다. 비록 지금은 우리 남매의 신세가 이러하오나 반드시 좋은 날이 올 것이라 믿사옵니다. 이 아이가 무탈하게 자라 전하와 함께 아바마마와 어마마마에게 꽃을 올리는 날을 손꼽아 기다리옵니다. 부디 그날까지 옥체 보전하시옵소서. 저도 마음 굳건히 먹고 있사오니 저희 가족 걱정은 하지 마옵소서."

누나는 어머니가 되면서 더욱 강해졌어. 귀양살이 와중에도 대를 이으면서 집안을 다시 일으킬 기회를 엿보았던 거야. 부창부수라고 단종의 매형 정종도 희망의 끈을 놓지 않았어. 정종

세조도 마음 편한 상황은 아니었어. 장자가 급작스러운 죽음을 맞게 되었고, 세조 자신 역시 억울하게 죽은 원혼들이 매일 밤 그를 찾아와 괴롭혔다고 해.

은 광주에 내려온 후로 불교에 심취했는데, '성탄'이란 스님과 많은 시간을 함께 보냈다고 해. 스님 이름이 성탄이라니 그 와중에 웃을 일이 있네.

어쨌든 광주에서 4년을 보내고 난 후, 매형 정종은 알고 보니 불교에 심취한 것이 아니라, 성탄 스님과 함께 세조를 치기 위한 일을 준비했던 거야. 하지만 그만 일이 중도에 탄로가 나면서 매형 정종은 능지처참을 당했고, 경혜공주는 안타깝게도 관비로 전락하게 돼. 그 와중에 누나는 관비로 떠나기 전 세조의 부인인 정희왕후에게 딜을 걸어. 이때 둘 사이의 중재자로 나선 이가 단종 남매의 어린 시절 유모인 백어리니야. 그 풍파 속에서도 궁궐에서 자리를 지키며, 정희왕후의 신뢰까지 얻어낸 거야. 사실 이 당시 세조도 마음 편한 상황은 아니었어. 장자가 급작스러운 죽음을 맞게 되었고, 세조 자신 역시 억울하게 죽은 원혼들이 매일 밤 그를 찾아와 극심한 불면증에 시달리고 있었다고 하니, 정희왕후는 세조의 업보를 자신이 나서서라도 씻고 싶었나 봐. 아니, 두려웠던 게지. 장남이 죽어 나가고 집안에 우환이 끊이질 않으니 남은 자식이라도 지키고 싶지 않았겠어?

"경혜공주! 내 입이 열 개라도 할 말이 없어요. 내 그 사람에게 잘 말하여 장남 미수랑 여식은 잘 키우도록 할게요. 그리고 분위기를 봐서 공주가 관비로 가는 것도 막아볼 테니 고생스럽더라도 조금만 참아주세요. 아이들은 백 유모에게 잠시 맡겨둔다고 생각해주세요."

"원수의 소굴에 내 금쪽같은 자식들을 맡겨두고 가지만 두 눈 똑바로 뜨고 지켜볼 것이외다. 난 당신을 믿는 게 아니라 나의 유모를 믿는 것이니 혹시라도 내가 노여움을 풀었다고 생각하지 마시오. 어차피 당신도 업보를 풀기 위함이지 나와 자식들을 불쌍히 여기는 게 아니잖소. 서로의 필요에 의함이니 오랜 시간 대면하고 싶지 않소이다."

"알아요, 알아…. 그리고 한 가지 미리 말씀드리고 싶은 것이 있는데, 둘째는 딸아이라 상관이 없는데…."

"들었소이다. 내가 우리 미수를 출산하였을 때, 숙부께서 아들이면 죽이라고 하셨다지요? 허나 당신이 딸이라고 고하여 지금까지 목숨을 부지하고 있다는 것도 잘 알고 있소. 혹여나 생색을 내시려는 건 아니지요?"

이리하여 단종의 조카이자 경혜공주의 아들 정미수는 사내아이인데도 불구하고, 여장을 하여 궁중 생활을 시작하게 되었다고 해. 시간이 얼마간 지난 후 정희왕후의 설득으로 경혜공주도 궁궐로 들어와서 살라는 허락을 받았으나, 공주는 단호히 거절하고 비구니가 됐어. 누구라도 안 그렇겠어? 남편과 동생을 죽인 사람과 궁궐 안에 살며 호의호식할 마음이 전혀 없었겠지. 궁이라는 곳 자체가 워낙 기구한 신세가 된 여인들이 많다 보니, 궁중 여인들만 받아주던 '정업원♦'이라는 곳이 있었나 봐. 여기서 공주는 단종의 부인과 조우하게 되지.

▶정업원淨業院. 원래 양반 출신의 여인들이 출가하여 머물던 절을 말한다. 단종 비 정순왕후는 단종이 강원도 영월로 유배를 떠나자 이곳에서 단종이 있는 동쪽을 바라보며 안녕을 빌었다고 한다.

"형님…. 그간 마음고생이 심하셨지요? 여기서는 제가 선배입니다. 저기 바위 위로 올라가면 서방님, 아니 전하께서 돌아가신 곳이 잘 보입

니다. 아직 불심이 부족하여 전하가 너무 그리울 때 한 번씩 찾아가면 마음이

가라앉곤 하지요."

"제 운명도 기가 막히지만, 마마도 세자빈으로 궁에 들어와 어린 나이에 왕

비까지 되었다가 이게 무슨 꼴이랍니까. 제가 미안합니다."

"형님, 그런 말씀 마셔요. 듣자 하니 수양네 집안도 아들이 또 죽었다고 합니

다. 수양은 하루도 맘 편히 잠을 못 이루고 있고, 원혼들이 꿈에 나타나 침을

뱉은 자리에 피부병이 생겨 몰골이 말이 아니라고 합니다."

"왜 안 그러겠습니까. 천하의 나쁜 인간…. 불쌍한 우리 주상, 아니 내 동생

홍위 생각만 하면…."

이 둘을 보고 있자니, 먼저 떠난 단종이 오히려 더 마음 편할지도 모른다는

생각이 들어.

어둠의 서막, 연산군 비긴즈

【인수대비의 인생 역정】

경기도 고양시 서삼릉에 위치한 폐비윤씨의 회묘. 수많은 역사 드라마의 단골로 등장하는 인물이 바로 폐비윤씨이다. 수백 년 동안 논쟁적인 소재이지만, 기구한 운명의 폐비윤씨에 대한 동정의 눈길은 여전하다.

이번 이야기의 주인공은 수양대군의 며느리야. 그녀는 '연산군 비긴즈'의 주연 같은 조연이야. 계유정난이 일어나기 전 수양대군은 장남 도원군桃源君의 며느리를 신중하게 고르고 있었어. 여러 후보가 있었지만 명나라에서 로비스트로 위세를 떨치던 한확◀의 딸 중 한 명으로 최종 결정하고 그에게 사돈을 맺자는 달콤한 거래를 제안했어. 한확은 일찍이 2명의 누이를 명나라 황제의 후궁으로 보낼 정도로 막강한 로비력을 가지고 있던 당대 최고의 명나라통이었어. 집안의 우월한 유전자로 두 누이의 미모가 출중했던 것은 그에게 날개가 되었지. 한확은 여동생들을 시집보내지 않고, 기다리고 참으며 기회를 노린 결과 명나라 황제에게 2명이나 되는 누이를 후궁으로 보냈던 거지. 이런 야심가 한확이 수양

▶한확韓確. 조선 전기 문신으로 누이가 명나라 성조의 여비가 되자 명나라에 가서 벼슬을 하사받았다. 수양대군을 도와 계유정난을 일으켜 정난공신에 책록되고, 이후 좌의정의 자리에까지 올랐다. 명나라에 가서 세조의 왕위 정당성을 얻기 위한 역할을 수행했다.

대군의 제안을 거절할 리가 없잖아. 또한 왕위 찬탈을 꿈꾸던 수양대군에게도 이보다 더 나은 사돈 후보는 없었지.

명분도 없는 쿠데타가 성공한다고 해도 명나라의 태클이 만만치 않을 것은 불 보듯 뻔한 일이잖아. 하지만 명나라 황제 후궁의 오빠인 한확과 사돈을 맺는다면? 자신에게 실보다는 득이 훨씬 많다고 생각했겠지.

이로써 양측 남자들에겐 윈-윈이었지만, 여자들의 삶은 어쩌라고. 결과적으로 명나라 황제의 후궁으로 간 두 누이는 황제가 죽자 '순절'이라는 명목으로 자살을 가장한 처형을 당함으로써 비참한 인생을 마감했다고 해. 어쨌든 한확은 수양대군의 계유정난에도 적극적으로 가담했고, 세조 시절에는 좌의정까지 지내게 되었다고 하니 자기 인생 자체로는 성공했다고 볼 수 있지만 그의 성공 뒤에는 많은 여인들의 피눈물이 있었다는 것이 크나큰 함정이야.

자, 그럼 수양대군의 며느리이자 훗날 연산군의 할머니가 되는 인수대비仁粹大妃의 삶을 본격적으로 알아보자고. 인수대비는 1455년 수양대군의 장남과 결혼한 후 얼마 지나지 않아 시아버지인 수양대군이 계유정난을 통해 조선의 임금이 되자 본인 신분도 급상승했어. 말 그대로 큰 사고만 안 치면 세자빈 자리를 거쳐 한 나라의 왕비가 될 수 있는 엘리트 코스에 무임승차를 하게 된 거지. 게다가 결혼 후 얼마 지나지 않아 사내아이까지 낳았으니, 그녀의 인생은 그야말로 탄탄대로 그 자체처럼 보였어. 하지만 스무 살도 안 된 나이에 인생의 모든 행운을 다 가져서 하늘이 시기를 한 것인지 그녀 앞에 매년 불행이라는 택배가 배달되고 말아. 자신의 정략 결혼을 진두지휘했던 당대 최고의 로비스트이자 아버지인 한확이 명나라를 다녀오던 길에 객사를 하게 돼. 벌 받은

> 한확은 수양대군의 계유정난에도 적극적으로 가담했고, 세조 시절에는 좌의정까지 지내지. 그런데 그의 성공 뒤에는 많은 여인들의 피눈물이 있었다는 것이 함정이야.

걸까? 저 시대에는 객사를 최악의 죽음으로 여겼다고 해. 연이어 다음 해에는 스물한 살의 자신만을 남겨두고 세자로 책봉되었던 남편이 스무 살의 나이에 죽음을 맞이해. 그러니까 시집온 지 3년이 채 안 되는 시간 동안 2남 1녀를 낳고 친정아버지와 남편을 잃은 거지.

"어찌하여 저에게 이런 기막힌 시련을 주신단 말입니까! 막내는 이제 생후 5개월도 되지 않았습니다. 사가로 나가 청상과부로 어찌 살아간단 말이요. 누구라도 듣고 계신다면 대답이라도 좀 해주오."

그녀는 여덟 살 난 시동생이 세자로 책봉되는 것을 보고 사가로 나가게 되었어. 하지만 그녀는 신세 한탄을 멈추고, 《토지》의 서희처럼 차갑고 강한 여자로 살기로 마음을 먹었어. 그녀는 자식들에게 엄청나게 엄격한 어머니였다고 해. 장남의 자식인지라 손자 사랑이 끔찍했던 세조 부부는 청상과부가 된 며느리가 기특하기도 하면서 한편으로는 서운하기도 했나 봐.

"어이쿠, 얘야. 그러다 애들 잡겠구나. 넌 어찌해서 눈에 넣어도 안 아플 아이들을 그리 엄히 다루느냐?"
"아비 없는 자식 소리 안 듣게 하기 위함입니다. 응석받이로 살게 하면 이 험한 세상 어찌 살아가겠습니까? 아바마마, 아마마마, 자식 교육은 제가 알아서 하겠습니다."
"끄응… 그래 그렇게 해라. 그래도 궁에 좀 더 자주 들르고, 뭐 필요한 거 있으면 바로 말하거라. 내 즉시 처리할 것이다. 명색이 할애비가 왕인데."

남편 없는 시댁이지만 —시댁이 궁이라는 것이 함정— 자주 찾아뵙고 문안 인사를 올리며, 성리학적 관점에서 며느리로서의 도리를 다하니 세조도 며느리를 몹시 예뻐했다고 해. 예나 지금이나 며느리 사랑은 시아버지잖아! 그렇게 궁 밖에서 12년간 살던 어느 날 시아버지인 세조가 승하하고, 얼마 지나지 않아 시동생이던 예종까지 스무 살의 나이에 요절을 하게 돼. 조카를 죽이고 왕이 되어 얼마나 많은 것을 얻었는지 모르겠지만, 자신의 아들들도 요절을 했다니…. 독자 여러분은 무슨 생각을 하셨소? 나는 길지도 않은 인생 착하게 살아야 하겠다는 생각을 한 번 더 하였소. 어쨌든 졸지에 대가 끊긴 조선 왕실은 상의 끝에 인수대비의 막내아들을 성종(成宗, 재위 1469~1494)으로 전격 발탁해. 자동적으로 그녀도 왕의 어머니 자격으로 궁으로 금의환향을 하게 되었어. 왕족의 며느리로 들어왔다가 시아버지가 왕이 되는 바람에 세자빈이 되었고, 남편이 요절을 하는 바람에 사가로 나가 살던 그녀가 갑자기 왕의 어머니 자격으로 환궁을 하게 된 거야. 야구도 모르지만 인생 진짜 몰라요. 사실 인수대비에게는 장남이 있었지만 차남이 왕이 된 배경에는 차남의 장인이 그 유명한 한명회韓明澮라는 것이 결정적이었어. 어쨌거나 아들 잘 둔 덕에 왕비는 못해도 대비가 됐으니, 이 정도면 인생역전이지!

　인수대비는 궁에 들어와서도 절제되고 근면한 생활을 이어나갔어. 그리고 궁중 베스트셀러 작가에 이름을 올리게 돼. 당대에는 로열패밀리일지라도 한문을 읽지 못하는 여자들이 많았다고 해. 하지만 인수대비는 한자를 읽을 줄 아는 것은 물론이요, 학문에 조예가 깊었어. 자신의 삶이 교과서 그 자체일 정도로 바른 길만을 걸어왔으니 여성들의 교양 지침서의 성격을 띤 《내훈》이라는 책까지 펴내게 되었어. 이 내훈의 내용은 지금 시대와는 맞지 않지만, 그 당시에는 궁궐 안 여성들의 필독서였다고 해. 내용 중에는 며느리를 가르침에 있어서 잘 따르지 못할 경우에는 때려서라도 교육을 시켜야 하고, 그래도 고쳐지지 않으면 쫓아내야 한다는 다소 충격적인 내용이 있어. 이런 생각을 가진 시어머니와 다소 자유분방한 성격의 며느리(연산군의 생모) 사이에서 조선 시대 최악의 고부갈등이 생겨나는 것은 당연했겠지?

인수대비의 막내아들인 성종의 첫 번째 부인은 한명회의 딸 공혜왕후였어. 하지만 그녀가 후사 없이 사망하자 연산군의 생모인 폐비윤씨廢妃尹氏가 중전으로 등극을 하게 돼. 이 당시 인수대비의 위치로 보아 며느리 선택에 그녀의 입김이 상당히 작용했다는 추론이 가능해. 허나 자기가 뽑은 며느리를 자기 손으로 죽이게 될 줄은 그녀도 상상도 못했겠지.

이제 성종과 폐비윤씨의 부부관계를 살펴보자고. 성종은 세종대왕과 더불어 가장 열심히 경연에 참석한 왕이지만, 매일 밤 화끈한 파티를 열정도로 밤과 낮 모두 열정적인 왕이었다고 해. 12명의 부인들 사이에서 16남 12녀를 낳았으니, 당신은 정력왕×4! 공식적인 부인 외에도 많은 여인들이 있었다고 하니, 중전이 된 폐비윤씨는 독수공방하는 날이 태반이었어. 더군다나 시어머니는 당대 최고의 바른 생활 여자야. 어디 하소연할 데가 한 군데도 없어. 친정이 든든했으면 좀 나았을지도 모르지만, 윤씨의 집안은 이렇다 할 정치적 기반도 심지어 재산도 없는 집안이었어. 인수대비가 외척의 득세를 막기 위해 돈도 백도 없는 만만한 폐비윤씨를 중전으로 픽업했던 것이 아닐까, 의심이 들기도 하지. 하지만 얼음처럼 차가운 냉철한 판단력의 소유자 인수대비도 며느리의 질투심이란 변수는 계산에 넣지 못했어. 폐비윤씨는 숨 막히는 결혼생활에 오늘도 최측근을 붙들고 하소연을 하고 있었어.

"우리 아버지가 한명회였다면, 주상 전하나 대비 마마께서 나에게 이리는 못
했을 것이다. 왕비이기 전에 나도 한 사람의 여자이거늘. 이런 수모를 언제
까지 참아야 하냐 말이다."

"마마, 제 목숨을 내걸고 한 말씀 올리겠습니다. 압승술을 써보시지요. 이대
로 있다가는 원자 마마를 낳으시고도 궁에서 쫓겨날지도 모를 일입니다. 화
의 원흉이 되는 것들은 미리 없애버리심이 좋을 줄로 아뢰옵니다."

"압승술?"

얼마 후 폐비윤씨의 생일날 대비전에 충격적인 보고가 전해져. 이미 부부
사이가 틀어질 대로 틀어져 성종은 중전의 생일 파티도 금지를 시킨 터였어.

"대비 마마, 확인하라고 하신 찌라시 내용이 사실로 확인이 되었습니다."

"뭬야? 이런 고얀 것. 내 그리 여자의 길에 대해서 알아듣게끔 가르쳤거늘
그래 어디 확인된 바를 소상히 말해보도록 하라."

"중전의 처소에서 정귀인과 엄귀인을 저주하는 방법이 구체적으로 발견되
었습니다. 그리고… 그리고… 비상을 바른 곶감이 발견되었습니다. 곶감 한
개만 먹으면 성인 남자가 즉사할 수 있다고 하옵니다."

빼도 박도 못할 증거까지 발각된 윤씨는 중전 자리에 오른 지 8개월 만에
사가로 쫓겨나게 되었어. 인수대비는 남편과 왕이었던 시동생이 채 이십 대를
마치지 못하고 생을 마감하는 것을 지켜보았어. 성인 남자를 죽일 수 있는 곶
감이 궁 안에 존재했다는 것 자체만으로 인수대비의 인내심의 한계점을 넘어
서고야 만 거야.

폐비윤씨의 변호인단은 후궁들을 제거하기 위함이라고 하였지만, 인수대비는 여자의 한은 자신의 아들인 왕에게도 미칠 수 있다고 판단을 내렸어. 폐비윤씨에게는 결국 사약이 내려졌고, 그녀는 한 많은 생을 마감하게 되는데, 이때 연산군의 나이가 겨우 일곱 살이었어. 왜 불길한 기운은 그대로 현실이 되는 걸까.

연산군과 '흥청망청'의 역학 관계 보고서
【연산군과 임사홍】

연산군(燕山君, 재위 1494~1506)의 세자 시절 기록을 보면 공부를 열심히 하는데 성과가 나지 않았다고 해. 17세가 되어서도 문리文理를 이해하지 못했다고 하니, 세종대왕급 학구열과 머리를 가진 아버지 성종과는 많이 달랐나 봐. 학업 성적이 조금 부진한 대신에 문학 소년이었다고 해. 임금이 되어서도 ―신하들의 강력한 만류에도 불구하고― 시 짓기를 멈추지 않았다고 해.

연산군이 본인의 사냥과 향락을 위해 백성 출입 통제 지역임을 알리는 금표비. 이 비석은 연산군 재위 기간이 백성들에게 얼마나 고난의 시기였는지를 보여주는 대표적인 징표 중 하나로 남아 있다. 비석에는 "금표 내에 들어온 사람은 법률에 의해서 참한다."라는 비문이 새겨져 있다.

"전하! 국정을 돌보기도 바쁜데 지금 한가로이 시를 짓고 있을 시간이 없사옵니다."

연산군의 시는 잘 보존하지 않았는데도 지금까지 100여 편이 전해진다고 하니. 문학 쪽으로는 재능도 있고 재미도 느껴 다작을 했나 봐. 연산군은 1495년, 스무 살에 조선 10대 왕으로 화려하게 데뷔를 하는데, 그의 재위 기간은 크게 무오사화(戊午史禍, 1498)와 갑자사화(甲子士禍, 1504)로 나눠볼 수 있어. 우리가 흔히 알고 있는 광기 어린 모습은 왕 즉위 10년이 지난 갑자사화 이후에 많이 나타나. 《연산군 일기》에 따르면 그는 즉위를 하자마자 아버지 성종의 묘비에서 자신의 생모인 폐비윤씨에 대해서 알게 되었다고 해. 하지만 곧장 우리 엄마 살려내, 우리 엄마의 원수는 다 죽여버리겠다! 식의 모습은 없었다고 하는데, 이와 관련해서는 실제로 이미 세자 때 알고 있었다는 설도 있어. 그럼 먼저 조선 시대 최초의 사화인 무오사화가 일어난 배경을 알아보자고.

이 당시 권력의 양 축은 기득권층인 대신과 언론의 역할을 담당하는 삼사(사헌부, 사간원, 홍문관)였어. 삼사는 외교관 같은 면책 특권이 있어서 왕의 결정이라 할지라도 옳지 않다고 판단하면, 시도 때도 없이 상소를 올리고 파업을 했어. 우리는 나라를 올바른 길로 이끌기 위해서 언론의 역할이 얼마나 중요한지, 견제 세력이 없는 정권의 폭주가 얼마나 위험한지를 절감하는 시대에 살고 있잖아. 연산군과 대신들은 이런 직언을 하는 삼사를 너무나 귀찮은 존재라고 생각했던 거야. 그리고 아버지 성종이 지나치게 삼사에 휘둘리는 모습들을 보며, 그들에 대해 좋지 않은 감정을 가진 측면도 있지.

> "임금과 신하의 도리는 몽매한 백성을 이끌고 도와주는 것입니다. 하물며 국가 비상사태에 주요 대신들이 7시간씩 자리를 비우는 것은 천부당만부당한 일이옵니다. 즉시 관련자를 엄벌에 처하셔야 하옵니다."

이런 식으로 국정 운영에 잘못이 있을 때마다 상소를 올리고, 농성을 하며 잘못이 시정되지 않을 경우에는 100번까지 반복을 했다고 해. 지겨워서라도 받아줘야 할 판이야. 하지만 이런 우직함은 나라의 기강을 바로 세우고 올바른 길로 인도하는 데 필수 요소가 아닐까? 무오사화의 발단은 갑의 위치에 있는 자가 자신에게 불리한 기록을 지워버리려는 시도에서 비롯되었어. 즉, '역사 조작 시도+갑질 횡포=무오사화', 뭐 이렇게 이해하면 쉬워. 어느 날 실록을 총괄하는 부서장 이극돈李克墩은 국가 기록물을 보고 깜짝 놀랐어. 자신의 치부가 너무도 리얼하게 기록되어 있었던 거지.

'이극돈은 세조의 비 국상 중 기생과 어울려 놀았으며, 그가 고위 관직에 오른 것은 그의 능력 때문이 아니라 아부와 로비에 의함이다.'

이극돈은 기록 담당 부하직원인 김일손을 조용히 불렀어.

"이보게, 자네 요즘 아주 노고가 많아. 내가 아주 칭찬해. 눈여겨보고 있어. 그런데 승진이 어째 이리 늦어졌지? 아이들도 셋이나 된다고 하던데, 자네 부인이 빠듯한 살림에 걱정이 많겠어."
"아닙니다. 사초를 작성하는 일은 후대에 역사를 전하는 중차대한 일인데 어찌 녹봉이 적다고 탓할 일이겠습니까? 소신 사명감 하나로 충분하며 적게 벌고 적게 쓰면서 살고 있사옵니다."

이극돈 같은 인간 입장에서는 이런 부하의 태도가 도무지 이해가 되지 않았을 거야.

"그래도 승진하면 좋은 일이지 않나? 내 돌아오는 정기 인사 때 자네의 특별 승

무오사화의 발단은 갑의 위치에 있는 자가 자신에게 불리한 기록을 지워버리려는 시도에서 비롯되었어.

진을 추진하겠네. 대신 말이야. 내가 국상 중에 기생집에 간 부분은 좀 지워주게나. 내가 물론 잘했다는 건 아니지만. 어떤가? 누이 좋고 매부 좋은 일이니."

"지금 사초를 몰래 본 것도 모자라 내용에 손을 대겠다는 말씀이십니까? 내일 당장 삼사에 이 일을 고할 것입니다. 저는 더 이상 할 말이 없으니 이만 물러나겠습니다."

"이런 고얀! 어딜 감히! 지금 이대로 나가면 승진 누락이 문제가 아니라 자네 신상에 안 좋아! 너 같은 놈 인생 하나 망쳐놓는 건 일도 아니야. 생각 잘하고 판단해."

"지금 한 말씀은 못 들은 걸로 하겠습니다. 내일 상소문이 올라갈 테니 제 걱정은 나중에 하시지요."

똥줄이 탄 이극돈은 유자광을 찾아가 자신에게 불리한 내용은 쏙 빼고, 다른 내용을 가지고 상의를 해.

"유자광 대감. 이거 참, 제가 우연히 사초를 보게 되었는데, 그 내용이 차마 입에 담기도 어려운 내용들이 있어서 긴히 상의를 좀 드리러 왔습니다."

"흠… 어떤 내용이요?"

"요즘 젊은 사람들은 거 융통성이 없어서, 제가 조용히 불러 타일렀거늘 전혀 말을 듣지 않습니다. 그 내용이란 것이 '세조께서 아들 의경세자의 후궁을 은밀히 불렀다.'부터 시작해서 사육신이 세조 임금에 맞서 절개를 지킨 충신이란 내용까지 있습니다. 더 가관인 것은 중국의 고사를 빗대어 세조께서 조카의 왕위를 빼앗았다는 내용까지."

"저런 고얀 놈! 감히 현 임금의 할아버지를 욕되게 하다니. 내 지금 당장 주
상 전하를 뵙고 이 일을 처리하겠소."

쿠데타를 쿠데타라 하지 못하고, 할아버지나 아버지의 잘못을 왜곡하려는
정권은 어떤 결말을 맞게 될까? 두고 보자고. 어쨌든 유자광이 지체 없이 연산
군에게 가서 바로 '지르자', 핑곗거리만 찾고 있던 연산군은 바로 콜! 이 일을
계기로 연산군과 대신들은 삼사로 대표되는 반대파의 숙청 작업을 시행했어.
사형 6명, 유배 31명, 파직과 좌천이 15명이었는데, 뒤에 이어질 갑자사화에
비하면 인명 피해가 적기는 했지만, 억울하게 당한 사람들의 한은 누가 풀어줄
거냐고! 1504년 3월의 어느 밤, 인수대비전으로 급하게 뛰어드는 그림자들이
있었어.

"대비 마마, 큰일이옵니다. 주상 전하께서 지금 엄귀인과 정귀인의 두 아들
머리채를 잡고 이곳으로 향하고 있다고 하옵니다. 아뢰옵기 황공하오나 누
가 봐도 제정신이 아니라고 하옵니다."

인수대비는 두 눈을 감고 말없이 상궁의 이야기만 듣고 있었어. 바로 3시간
전으로 돌아가보자고. 연산군은 아버지의 총애를 받던 엄귀인과 정귀인 때문에
자신의 생모인 폐비윤씨가 사약을 받았다고 악을 쓰며 직접 국문을 시작했어.
그런데 갑자기 무슨 생각이 들었는지 두 여자의 얼굴을 두건으로 가리게 하고,
정귀인의 아들 둘을 궁으로 급호출했어. 영문도 모르고 연산군의 호출을 받은
두 사람은 불길한 예감을 떨치지 못하고 국문장으로 달려온 거지.

"어서들 오게나! 오늘 내가 역적 죄인들을 친히 국문하고 있었는데 영 힘이 달려서 말이야. 자네들이 한 명씩 맡아서 이 몽둥이로 저 죄인들을 좀 다스려주게나. 여간 질긴 년들이 아니야. 히히히."

봉안군은 두건으로 얼굴을 가린 죄인이 자신의 어머니인 줄 알고 몽둥이를 들고 그대로 꿇어앉아 울기 시작했지만, 안양군은 몽둥이질을 시작했다고 해. 비록 두건으로 얼굴을 가렸지만 왜 몰랐겠어? 자신의 어머니를. 자식이 어미를 때리게 하는 광기의 시간이 지나갔어. 이어 두 이복동생의 머리채를 잡고 대비전 문을 넘은 연산군은 할머니인 인수대비를 노려보며 말을 해.

"할마마마, 손자들이 술 한잔 따르겠다고 왔습니다. 술 한잔 받으시지요."

인수대비도 망설이고 봉안군과 안양군도 망설이자, 연산군은 안양군의 머리채를 휘어잡으며 술을 따르라고 해. 놀란 인수대비는 술잔을 받았어.

"하하하, 아주 보기가 좋습니다. 여봐라! 지금 당장 엄귀인과 정귀인을 찢어 죽여 젓을 담그고, 잘 익기를 기다려 저잣거리에 뿌리도록 하라."
"주상! 이게 무슨 짓이오. 그 둘은 부왕의 후궁인 것을 잊으셨소!"
"잊지 않았소이다. 그럼 내 하나 물을 테니 대비는 답하시오! 부왕의 후궁은 죽이면 안 되고, 왕의 생모는 죽여도 된단 말이오!"

연산군은 이렇게 소리치면서 대비를 머리로 들이받고, 대비는 쓰러진 후 정신적 충격까지 겹쳐 68세로 한 많은 생을 마감했다고 해. 즉위 후 10년 동안 아무 말없이 지내다 갑자기 화가 솟구치기 시작했을까? 그의 행동을 보면 혹시 생모의 죽음에 대한 깊은 원한보다 그녀의 죽음을 자신의 정적 제거에 이용한 건 아닌가 하는 생각도 들어. 왜냐고? 연산군은 갑자사화 이후 어머니 기일에 기생들과 섹스 파티를 열었고 자신의 생모에 대해 쓴 아래와 같은 시가 있어.

> 즉위 후 10년 동안 아무 말없이 지내다 갑자기 화가 솟구치기 시작했을까? 연산군의 행동을 보면 원한이고 뭐고 그냥 미친 것 같아.

"어머님 나이야 길든 짧든 운수라고 단념하지만 나만은 타고난 그대로 살리라."《연산군 일기》'1506년 1월 1일'

무오사화로 삼사의 잔소리를 더 이상 안 듣게 된 연산군은 강화된 왕권으로 백성들을 쥐어짜고 자신의 개인적인 탐욕을 채우기 시작해. 백성의 삶을 피폐하게 만드는 군주는 어떠한 이유로도 용서받지 못한다고 생각해. 이 세상에 엄마나 아빠 없이도 너무나 훌륭한 인생을 사시는 분들이 많잖아. 연산군의 악행은 부모 없는 아이로 자라 불쌍히 여기기에는 너무나도 끔찍한 일들이 많았어. 일반 개인도 아니고 군주라는 사람이 "니들은 내 맘 몰라잉! 부모 없는 하늘 아래 사는 게 얼마나 힘든데잉!" 이건 아니잖아? 변명이나 동정을 받으면 안 된다고 봐. 그럼 왕을 하지 말았어야지. 물리적인 힘으로 백성들과 삼사를 누르고 연산군이 한 일들은 사냥을 위한 민가 철거, 언론 통폐합, 전국에 걸쳐 미인 1,000명을 선발하여 왕 전용 기녀 팀을 운영하는 것이었어. 북쪽 어느 나라가 생각나는 건 기분 탓이겠지? 이 기녀들을 통칭해 '운평運平'이라 하였고, 1,000명 중에서 미모와 기예가 뛰어난 300명을 '흥청興淸'이라고 했어. 흥청으로 뽑히면 일단 전담 몸종이 붙게 되고, 전용 병원 제공은 물론이요, 녹봉이 지급되었다고 해. 여기에 그녀들의 가족들

그런데 말이야. 이 흥청을 유지하는 데 드는 비용은 어디서 나왔을까? 만약 장녹수가 관악 갑에서 뽑혀왔다면 관악 갑 주민들이 모든 비용을 부담해야 해. 기가 막히지?

에게 집과 땅까지 지급했다고 하니, 먹고살길 없던 그때는 꽤나 인기 직종이었을 거야. 그런데 말이야. 이 흥청을 유지하는 데 드는 비용은 어디서 나왔을까? 흥청 출신의 대표적인 인물이 바로 그 유명한 장녹수張綠水야. 만약 장녹수가 관악 갑에서 뽑혀왔다면 관악 갑 주민들이 모든 비용을 부담해야 해. 기가 막히지? 자기 지역구에서 흥청이 선발되면 과중한 세금으로 도망가는 주민들이 상당했다고 하니 그 폐해가 어느 정도인지 짐작이 가지? 짐작이 안 간다고? 그럼 동네 주민들의 생생한 대화를 엿들어보자고.

"뭣이여? 이번에 우리 동네서 흥청이 선발됐다고라?"

"워메, 환장하겠네. 올해는 농사도 흉년인디 흥청에 들어가는 돈을 또 어디서 마련하란 말이여."

"그리 흥청망청 쓰다가는 백성들이 먼저 디지고, 임금도 디질 것이구만."

"근디, 이번에 뽑힌 흥청은 기녀도 아니고, 몸종도 아니고 민가의 부녀자를 뽑아갔다는 구만."

"이 좁은 팔도에서 미인 1,000명을 항시 유지하는 것이 쉽나? 임금은 무조건 데려오라 하니 이제는 부녀자도 막 잡아간다는 것이여. 말세여, 말세."

눈치챘겠지만 '흥청망청'이란 말은 이렇게 시작되었어. 백성들은 이런저런 걱정으로 잠을 못 이루는데, 연산군은 경회루 연못 위에 흥청들이 탈 수 있는 초호화 요트를 띄우고, 선상 파티를 했다고 해. 그러고는 술에 취해 지금이 태평성대로구나 했다고 하니 기가 막힐 노릇이지. 이렇게 흥청망청 놀다 보니 재위 7년이 되었을 때, 국가의 재정 지출이 20만 8,522석으로, 수입 20만 5,584석을 앞질렀어. 하지만 연산군은 아무 걱정이 없었어. 왜냐고? 기업에서 돈을, 아니 국민들을 쥐어짜면 되니까. '신유공안辛酉貢案'을 제정해 공납제도를 확대했어. 이로써 민생은 본격적인 파탄의 길로 접어들었어.

1505년 6월 18일에 기록된 《연산군 일기》에 따르면 연산군은 흥청들과 뱃놀이는 물론이고, 야외 피크닉도 자주 나갔어. 그날도 작은 원룸 같은 가마를 가지고 다녔다고 해. 이것을 '거사擧舍'라고 불렀는데, 야외에서도 마음이 동하면 흥청들과 이 거사 안에서 거사를 치뤘다고 해. 또한 궁 안에서는 파티 중에 사람들이 있는데도 불구하고 그 짓을 하기도 하고, 생모의 기일에 파티 참석자 전원을 탈의시키고 놀았다고 하니 이건 뭐 쉴드를 쳐줄래야 쳐줄 수가 없어.

흥청들 하고 놀기가 지겨워지면, 대신들 부부 동반으로 파티를 열었어. 이때 대신들의 부인들에게 명찰 착용을 지시했다고 해. 연산군은 부부 동반 파티가 끝나면 마음에 드는 여인의 이름을 기억했다가 남으라고 했어. 이렇게 남은 대신들의 첩이나 아내 중에서는 열흘간이나 연산군과 함께 머문 여인도 있었다고 해.

대신들이 연산군에게 등을 돌리기 시작한 것은 당연지사겠지? 이렇듯 폭정이 심해지자 우리의 오뚝이 삼사는 다시 목숨을 내걸고 왕에게 간언을 하기 시작했어. 흥청망청하는 와중에도 삼사와 대신들의 변화를 눈치챈 연산군은 그들을 제거할 플랜을 세우기 시작해. 이제 자기 라인도 정적에 대한 구분도 무의미해. 갑자사화를 위해 서서히 발동을 걸어. 어느 가을날 인정전에서 대신들을 불러놓고 파티를 하던 중이었어. 술에 완전히 취한 연산군은 예조판서 이세좌를 향해 갈지자로 걸어간 후 시비조로 말을 걸어.

"대감, 내가 아까부터 보니 술잔을 자꾸 꺾던데, 혹여 나랑 술 마시는 게 싫어서 그러신 게요?"

"아… 아니 옵니다. 주상 전하… 어찌 제가 감히… 주상 전하께서도 아시다시피 제가 워낙 술이 약해 그만 잔을 꺾었사옵니다. 제 주량은 온 대신이 다 아는 일이온데, 곡해는 말아주소서."

"에이, 이 늙은이가 뭐라는 거야. 술은 처마시면 마실수록 느는 것이 자연의 법칙인 걸. 내가 따라줄 테니 이번엔 꺾지 말고 원샷하시오. 내 여기 서서 두 눈 뜨고 지켜보리다."

이런 분위기 속에 술이 약한 예조판서는 술을 억지로 마시다가 그만 용포에 술을 조금 쏟게 되었어.

"이… 씨… 지금 감히 신하 나부랭이가 임금의 용포에 술을 엎지르고 지랄 염병을…. 여봐라! 이자를 당장 파직시켜라. 오늘 파티도 끝이다. 다 나가라. 꼴도 보기 싫다."

다음 날 꼭두새벽부터 모든 대신을 소집시킨 연산군은 억지 논리를 펴기 시작해.

"내가 무슨 일만 하려고 하면 사사건건 아니 되옵니다. 도리에 맞지 않습니다. 백성들에게 피해가 돌아갑니다. 이리 하던 삼사는 물론이고 대신들까지 어찌하여 아무 말도 없느냐?"

영문을 몰라 어리둥절해 하는 대신들에게 다시 소리를 지르는데.

"이봐, 이봐! 뭘 잘못했는지도 모르지? 고얀 것들. 감히 신하가 임금의 용포
에 술을 쏟아부었는데 어찌 아무 말이 없단 말이냐!"
"주상 전하, 예조판서는 원래 술이 약하고 고의로 한 일이 아니란 걸 모두 알
고 있습니다. 또한 실수라고 하지만 이미 파직을 하였는데 또 어떤 죄를 더
물으라 하시는지요?"
"네놈들은 다 나쁜데, 이런 게 제일 나빠. 임금을 능멸하려는 죄, 내 결단코
용서치 않으리라."

그날 밤 공인된 간신 임사홍任士洪이 연산군의 방에 검은 연기처럼 스며들어
갔어. 임사홍에 대한 간략한 소개를 하자면, 부인과 며느리가 모두 왕족이야.
그런 배경을 등에 업고 지나친 권력을 휘두르다 삼사의 탄핵을 받아 실각된 인
물이야. 야심덩어리에 타고난 간신이니 자신을 나락으로 떨어트린 대신과 삼
사에 대해 깊은 원한을 갖고 있었어. 잘나가던 도승지 임사홍에게 무슨 일이
있었던 걸까? 1478년 그러니까 성종 9년에 잘나가던 임사홍이 실각되는 일이
일어났는데, 아래와 같이 재구성해보았어. 같이 보자고.

"주상 전하 큰일이옵니다. 지금 하늘에서 흙비(황사비)가 심하게 내려, 온 백
성들이 동요하고 있사옵니다. 이는 필시 하늘이 노한 탓이니 지금 당장 전국
에 금주령을 내리고 주상 전하께서도 각별히 행동에 조심을 기하셔야 할 것
이라고 사료되옵니다."

대신들의 이 같은 주장에 임사홍은 혼자 반대 의견을 펼쳤어.

"무슨 개소리요? 당장 내일부터 국가에 중차대한 제사가 몇 개인데 금주령이라니. 그리고 흙비는 하늘이 노한 것이 아니니 괜한 소리로 주상 전하의 심기를 불편하게 하지 마시오!

금주령 반대로 인해 임사홍은 삼사는 물론이고 대신들로부터 집중 포화를 맞게 되었어.

"주상 전하, 도승지 임사홍은 거미줄처럼 얽힌 로열패밀리와의 혼인 관계를 등에 업고 국정을 농단할 가능성이 농후하옵니다. 꼭 이번 일뿐이 아니라도 그동안 그의 권력 남용은 잘못이 큰 줄로 아뢰옵니다. 도승지 임사홍을 파직해 귀양을 보내야 할 줄 아뢰오."

삼사에서 없는 말을 지어낸 것이 아니고 이미 국정 농단의 수준까지 다다랐던 임사홍은 이 일을 계기로 국정에서 물러나고, 삼사와 대신들을 향해 복수의 칼날을 갈게 되었어. 그렇게 성종 때 죽어지내던 임사홍은 연산군이 특히 아끼던 이복동생 휘숙옹주 때문에 다시 정계에 발을 붙이게 되었는데, 이유는 휘숙옹주가 임사홍의 며느리였어. 임사홍은 찬스라고 생각했어. '임금은 이미 입술에 담배를 물었다. 누군가 불만 붙여주기를 기다리는 상황이다. 그 불 내가 당겨주지. 기다려라 삼사와 대신 놈들.' 연산군의 앞에 머리를 조아린 임사홍은 이런 제안을 해.

"전하, 제게 묘안이 있습니다. 전하께서도 지금 삼사와 대신들을 쓸어버리고 싫으시지요?"

"…."

"제가 모든 것을 짊어지고 시나리오를 작성하고 실행할 테니 그저 제 양어깨에 힘만 실어주십시오. 아 참고로 전하의 용포에 술을 쏟은 예조판서는 도승지 시절에 주상 전하의 생모에게 사약을 직접 전달한 자이옵니다."

《연려실기술燃藜室記述》. 조선 후기의 실학자 이긍익이 편집한 조선시대의 사서로 《조선왕조실록》이 번역되기 이전에는 가장 유명했던 역사서였다. 비록 야사 중심의 내용이기는 하나, 주관을 배제한 객관적인 기술이 특징이다.

이렇게 시작된 갑자사화로 총 239명이 처벌되고, 옥사와 부관참시를 포함한 122명이 목숨을 잃게 되었어.

《연려실기술》에는 이런 잔인한 일들이 모두 조선 최악의 간신 임사홍이 사적인 감정을 품고 임금을 유도해 일어났다고 기록되어 있어. 이 당시 임사홍은 저승사자 그 자체였다고 해. 모든 대신들이 그 앞에서 벌벌 떨었는데 그 이유는, 그 참상의 잔혹성이 아래와 같이 때문이야.

'사형 집행이 불가능한 자. 즉 이미 죽은 사람들은 송장을 꺼내 목을 베고 골을 부수었고, 산 사람들은 죽여 시체를 강물에 던지기도 하였다. 자식들은 모두 죽이고 부인은 첩이나 종으로 삼았다. 또한 그들의 집을 헐어 못을 만들어 가문의 흔적조차 남기지 않았다고 한다.'

임사홍이 연산군의 수족이 되어 온갖 더러운 일을 다하게 되니 연산군은 그의 집에까지 찾아가는 사이가 되었어. 이 일은 《대동기문大東奇聞》에 나오는 내용인데, 임사홍의 '개' 같은 인성을 보여주는 사례야. 임사홍 같은 아버지에게 어찌 임희재任熙載 같은 자식이 나왔는지 모르지만, 임희재는 강직한 성격에 연산군을 비판하는 세력에 속해 있었어. 임사홍의 집에서 술을 마시던 연산군은 갑자기 병풍에 있던 시를 보고 똥 씹은 표정을 지으며 임사홍을 불러.

"허허허. 임 대감. 이리 와보세요. 아 씨, 좀 더 가까이요. 그래요. 무릎을 꿇고 기어와서 용안 가까이 네 귓구멍을 갖다 대세요."

"주상 전하. 어찌하여 갑자기 심기가 이리 불편해지셨는지요?"

"내가 바보 천치인 줄 아오? 저기 병풍에 쓰인 글은 진시황을 비판하는 듯하면서 실은 나를 까고 있는 이야기잖소. 저 글은 필시 이 집 둘째 아들 임희재가 쓴 글 일터, 내가 지금 당신 아들을 몹시 죽이고 싶은데 경의 생각은 어떠시오?"

"주상 전하, 자식 하나 제대로 관리하지 못한 제 불찰이 크옵니다. 사사롭게는 제 아들이오나 크게는 전하의 신하일 뿐입니다. 당연히 극형으로 다스려야 할 줄로 아뢰옵니다."

자신과 뜻이 다른 아들의 목숨을 진상하고 임사홍은 연산군 시대에는 승승장구를 이어나갔어. 하지만 연산군이 쫓겨나고 임사홍도 사형을 당했으니, 저승에서 아들을 볼 면목이나 있었는지 모르겠어. 길지도 않은 인생 착하게 살아야 하지 않겠어? 500년이 지나도 후손들에게 이렇게 글로 혼날 줄은 연산군도 임사홍도 몰랐을 거야. 위정자들이여! 쾌락은 순간이지만 치욕은 영원하다는 것을 기억했으면 하오.

조선판 간첩 조작 사건, 기축옥사

【송강 정철의 두 얼굴】

어느 조사기관에 맡겨도 조선 역사상 가장 인기 없는 군주 'TOP3' 안에 당당히 이름을 올릴 선조는 재위 기간 내내 동인과 서인을 교묘히 저울질하며 오직 왕권 강화에 혼신을 다했어. 임진왜란이 끝나고 의병대장들과 이순신 장군에게 보인 극도의 질투심만 봐도 그의 쫀쫀함과 권력에 대한 의지를 확인할 수 있지. 조선 최초의 방계 출신이기 때문에 비롯된 콤플렉스의 발로였을까?

송강 정철의 초상. 그는 우리나라 가사문학계의 위대한 작가이기도 하지만, 말년에 기축옥사의 주요한 인물로서 악역을 담당하기도 했다.

1589년 10월, 선조 22년 정여립의 역모 신고로 시작된 '기축옥사'는 무려 3년에 걸쳐 민간인 포함해 1,000여 명의 동인 계열 정치인들의 목숨을 앗아갔어. 조선의 4대 사화 희생자를 다 합쳐도 사망자 수가 500명인데, 도대체 무슨 일이 있었던 걸까? 참고로 조선의 4대 사화는 무오사화(1498년), 갑자사화

(1504년), 기묘사화(1519년), 을사사화(1545년)야. 최근에는 정여립의 역모 사건이 조작된 것이 아니냐는 의심의 눈초리가 많아. 그런데 이 기축옥사를 주도한 인물은 놀랍게도 《관동별곡》의 정철이야. 어때 흥미진진하지? 정여립도 어디서 들어본 것 같은데, 요즘으로 치면 음유시인으로 칭송받을 정철이 기축옥사의 특검을 지휘했다? 자, 이제 차근차근 역사의 베일을 벗겨보자고.

1860년 어느 시골 마을. 기축옥사와 관련된 한 집안의 기묘한 이야기부터 먼저 들려줄게. 전염병이 온 마을을 죽음의 도가니로 몰아넣고 있었어.

"아범아, 이러다 우리 밀양 이씨 집안의 대가 끊기겠다. 어서 건넛마을에 그 용하다는 무당을 모셔오너라. 당장 굿을 해야겠다."

무당은 굿을 시작하기 전 집안의 오래된 물건을 모두 태우라는 지시를 내렸어. 몹시도 과학적이지 않아? 오래된 물건은 병균의 온상이 될 가능성이 농후하잖아. 식솔들은 무당의 지시에 따라 집안 대대로 내려오는 책이나 문서들을 분류하던 중, 장롱 깊숙한 곳에서 유서 한 장을 발견했어.

"어머님! 이것은 1610년, 그러니까 지금으로부터 250년 전에 작성된 우리 집안 어른의 유서입니다."
"뭬야? 그런 것이 있었어? 어서 아범이 읽어보거라."

내가 작성한 이 유서가 언제 발견될지 모르겠지만, 부디 우리 집안이 번성하여 그 후손이 평온한 상태에서 이 글을 읽었으면 한다. 그럼 나의 후손이 읽어본다는 전제하에 우리 집안의 비밀에 대해서 알려주겠다. 너희는 사실 밀양 이씨가 아니고 광산 이씨의 자손이다. 이 글을 쓴 나는 이원경이고, 나의 부친은 정여립의 난 때 주모자로 몰려 억울한 죽음을 맞이한 이발의 친형님이시다. 정여립의 난으로 비롯된 기축옥사는 우리 집안을 초토화시켰다. 집안 대부분의 사람이 죽었지만, 어머니는 아홉 살인 나를 데리고 관군의 칼을 피해 달아나셨다. 그러나 어머님은 과로를 견디지 못해 그만 객사하셨고, 나는 천애 고아로 전국을 떠돌게 되었다. 어린 마음에도 오직 집안의 대를 잇겠다는 일념 하나로 이를 악물고 살아남았다. 그렇게 고된 세월을 견디고 장성한 후에는 천민과 결혼하여 신분을 속이며 살아가게 되었다. 하지만 행복도 잠시. 어린 시절의 갖은 고생이 화근이 되었는지 나는 서른 살이 되자 큰 병에 걸렸고, 죽음을 직감하게 되었다. 사실 이 글은 지금 내 옆에 누워 있는 세 살짜리 내 아들에게 집안의 원수와 혈통을 알려주기 위함이다.

이 유서는 현재 광주광역시에 사는 후손들이 아직까지 잘 보관하고 있다고 해. 그럼 이제 한 집안뿐만 아니라 조선 사회 전체를 뒤흔들어놓은 기축옥사의 시발점, 정여립의 난 속으로 들어가보자고.

정여립이 난을 일으켰다는 실질적인 증거는 턱없이 부족하지만 일단은 이렇게 불러둘게. 전라도 전주에서 태어난 정여립은 조선 시대 과거 급제 평균 나이인 30세를 6년이나 앞당겨 패스했어. 더불어 당시 최고로 잘나가던 서인 이이의 관심을 받으며 출세 가도를 보장받고 있었지. 하지만 불행히도 정여립의 기질은 조선 시대 어느 당파와도 맞기 힘들었고, 결국 38세의 나이에 낙향을 하게 되었어. 정여립은 전라도 진안의 죽도라는 곳을 기점으로 하여 라이온스 클럽 같은 조직을 만들게 되었는데, 그 이름은 바로 대동계大同契였어. 이름부터 뭔가 막 백성과 민중을 위하는 불온한(?) 사상이 느껴지지? 대동계는 정기적으로 모여 활쏘기도 하고, 이를 마치면 술도 한잔하면서 '알쓸신잡' 급의 지식의 향연으로 마무리를 했어.

"천하는 공물이다. 즉 공공재라 이 말이다. 그러니 권력자가 천하를 사유물
처럼 사용하면 나라는 망하게 되어 있는 법이니라."

왕이라도 나라 살림을 제 맘대로 주무르지 말란 말인데, 하물며 왕의 아는
누나 또는 언니가 나라를 상대로 개인 재산을 착복하는 비즈니스를 했다면?
정여립의 화살이 그 또는 그녀를 결코 용서하지 않았을 것이야.

정여립은 박학다식한 지식에 뛰어난 웅변술까지 타고난 사람이었어. 한번
그의 이야기를 들으면 빠지지 않는 사람이 없었다고 해. 또한 무예에도 뛰어나
전라도 지방에 왜구가 출몰하면 정부의 요청을 받아 대동계를 이끌고 출동해
이를 진압했다고 하니 문무에 능통한 매력남이야. 어때? 역모를 한번 꿈꿔볼
만한 또는 역모를 꾸몄다고 올가미를 씌울 만한 삼박자를 갖추고 있지?(똑똑한
머리, 용맹한 기상, 삐딱한 세계관)

1589년 10월, 정여립이 대동계를 중심으로 역모를 위한 만반의 준비를 마
쳤다는 비밀 장계가 선조에게 도착했어. 선조는 진상조사를 위해 즉시 의금부
도사를 파견하였는데, 반란 준비가 끝났다는 정여립은 저항 한 번 없이 자신의
본거지인 죽도로 가 자결을 해버렸어. 여기에 현장검증 결과 무기고에는 역모
란 걸 입증할 만한 무기도 갖춰져 있지 않았어. 또한 정여립은 관군이 들이닥
친다는 소식에 급한 나머지 캐비닛에 주요 문건을 그대로 남겨두고 떠났는데,
의금부도사가 기대했던 역성혁명 계획서 내지는 새 왕궁 조감도 따위의 역모
를 뒷받침할 만한 어떠한 문서도 찾을 수 없었지. 나라에 큰 사건이 났으니 특
검이 발동해야겠지? 그 현장으로 가보자고.

"자자, 5분 후에 정여립 역모 사건의 특검을 이끌 정철 대감의 브리핑이 있

03 모략자들2

겠습니다. 진행 중인 사건이라 제한된 질문만 받는 점 양해 부탁드립니다."

"새조선신문 김경진 기자입니다. 지금 돌고 있는 찌라시에 의하면 이번 사건이 서인 세력의 브레인 송익필 대감에 의해 기획된 사건이라고 하던데요. 그래서 한직에 있던 정철 대감이 특검을 이끌게 되었고, 최종적인 목표는 동인 정권 제거라는 데 사실입니까?"

"김 기자! 당신 이럴 거야? 기레기야 뭐야? 어디서 찌라시 들고 와서 정부 상대로 낚시질이야. 당신, 앞으로 궁 출입 안 하고 싶어? 아까 배포해준 자료에 나와 있는 10가지 외에 다른 질문은 안 됩니다. 잘들 좀 합시다. 서로 안 피곤하게."

"질문도 못하게 할 거면 우리를 왜 불러, 씨."

"김 기자님, 속마음도 다 들리게 하는 묘한 재주가 있네요. 경비 뭐해? 저놈 당장 내쫓아!"

정여립은 박학다식한 지식에 뛰어난 웅변술까지 타고난 사람이었어. 한번 그의 이야기를 들으면 빠지지 않는 사람이 없었다고 해.

자, 이제 정여립의 난을 잘 엮어서(?) 기축옥사로 몰고 가게 될 특검의 수장 정철을 소개할 시간이야. 일명 가사문학의 대가라고 알려진 정철은 1536년생이니 기축옥사가 일어났을 때 그의 나이 53세였어. 지금이야 노인 소리 듣기 무색한 나이지만 조선 시대에는 인생의 마지막 승부수를 던질 나이야. 정철은 그의 인생을 통틀어 정치와 예술에서 극단적인 두 모습을 보여주고 있는데, 우선 우리에게 잘 알려진 예술가로의 모습을 먼저 살펴보자고. 정철의 음주에 대한 기록을 살펴보면 이건 뭐 거의 알코올 중독 수준이야. 심지어 입궐을 할 때도 술이 덜 깨어 있을 때가 많았다고 해. 이런 정철을 보고 어느 날 선조가 은

잔을 하나 선물로 주었어.

"이보시오, 정 대감. 내 은으로 만든 술잔 하나 그대에게 내리리다."

"성은이 망극하옵니다, 전하. 제가 술 좋아하는 걸 어찌 아시고! 하사하여 주신 잔에 술을 그득그득 담아 마시면서, 하늘과 같은 은혜를 매일 떠올리겠나이다."

"됐소. 이건 내가 내리는 벌이요. 벌! 앞으로 하루에 딱 한 잔만 술을 마시도록 하시오. 어명이니 반드시 따르도록 하시오."

집으로 돌아간 정철은 솜씨 좋은 하인을 시켜 은잔을 망치로 두들겨 최대한 크게 만들라고 지시를 했어.

"어명이니 따르긴 해야겠지만, 이것 참 간에 기별도 안 가는 저 잔에는… 에잉! 최대한 크게라도 만들어 마셔야겠다."

주변인 인터뷰를 덧붙이면, 오성과 한음으로 유명한 이항복 대감의 코멘트야.

"정철? 그 양반 참 재미있는 사람인데 뭐라고 한마디로 표현하기가 쉽지 않아요. 그 양반이 술에 취해 손뼉을 치며 말씀하실 때면 마치 천상계에서 온 사람 같단 말이요. 달라, 우리랑은 뭔가 달라요. 껄껄껄."

천재 작사가 정철의 뮤즈는 술이 아니었을까? 술 한잔 걸치고 붓을 들어 숨도 안 쉬고 일필휘지로 시를 쓰면, 《관동별곡》, 《사미인곡》, 《속미인곡》, 《성산별곡》 같은 작품이 쏟아져 나왔다고 하니 예술가로서의 정철은 그야말로 우리 역사에 한 획을 그었다고 할 수 있어. 그런데 말이야. 어째서 이런 풍류를 알던 정철이 잔혹한 결과를 낳은 기축옥사의 특검을 맡게 되었을까? 앞서 김 기자가 말한 것처럼 이번 사건은 당시 공작 정치계의 제갈공명이라 불리던 송익필이 기획하고, 정철이 총대를 메고 나섰다는 이야기가 찌라시로 돌았다고 해. 즉, 꼬리는 정철, 몸통은 송익필, 머리는 무려 임금인 선조! 아래 송익필과 정철의 대화는 당시 한양에 돌던 찌라시에 기반한 작가의 ─합리적 추론에 의해 충분히 의심 가능한─ 추리에 의한 내용이야.

"정 대감! 요즘 재야에서 어찌 지내십니까? 대감이 이렇게 지내실 분이 아니신데 말이에요. 나라를 위해 큰일을 하셔야 할 분인데 쯧쯧…. 그분께서도 참으로 안타깝게 생각하고 계십니다."

"나같이 무능한 늙은이가 나라를 위해 달리 무슨 할 일이 있겠습니까?"

"에이, 왜 이러십니까! 스물일곱에 과거 패스하시고, 누이 두 분은 왕실과 혼례를 올린 대단한 집안의 정철 대감이 아닙니까! 무능하다니요. 그리고 어린 시절엔 명종 임금님과 친구 먹던 분이신데요. 대감! 정말 이렇게 은퇴하실 요량이십니까? 대감만 원하신다면 저희가 준비해놓은 정여립 프로젝트가 있긴 한데. 숟가락만 얹으시지요? 칼춤 한번 신나게 추시고 화려하게 중앙 정계로 다시 복직하십시다."

"정말로 사전 준비가 다 되어 있는 겁니까?"

"당연하지요. 현직에 있는 감각 있는 저희가 이미 세팅 마쳤습니다. 서인도 이제 다시 정권 잡으셔야지요? 이번 일은 VIP의 큰 뜻이 담겨 있다는 것을 유념하세요."

최종적으로 정철은 독이 든 성배를 손아귀에 쥐고 기축옥사의 특검을 진두지휘하게 되었어. 특검이 시작되자 온 나라에 불어닥친 피바람은 훗날 정철 그 자신도 감당하기 힘들 정도였어.

"참으로 요상시런 일이란 말이지라. 정여립이란 양반의 역모가 조정에 고해졌을 때 아무도 안 믿었자녀. 심지어 당초 수사 책임자로 임명된 정언신 그 양반도 잘못된 고변이라고 콧방귀만 꼈다는디, 정철 대감은 어찌 귀신같이 알고, 임금님께 독대를 요청했으까잉? 뭔가 짜고 치는 고스톱 냄시가 솔솔 나는디 형님 생각은 어떠요?"

"봉출이, 니 목숨이 몇 개나 되냐? 그 아가리 닥쳐라잉. 시방 나라가 계엄령 하의 공안정국인디 어디 정치적인 발언을 나불거리고 있냐? 니만 디지는 것이 아니라 삼족을 멸한다고 안 하냐."

"알것소. 하긴 동인의 영수 이발 대감의 여든 노모랑 열 살 난 아들도 고문으로 죽여버리는 판이니. 나 같은 천한 것은 그저 입 닥치고 사는 것이 상책이겠구만이라."

《연려실기술》에 따르면 선조는 정여립의 난을 보고받고 크게 진노하며 평소에 정여립을 칭찬한 사람들도 발본색원하여 구속 수사를 지시했어. 또한 이 난에 직접 연루된 자들은 —북한도 아닌데— 즉결 처분으로 죽여버렸다고 해. 조선시대에는 사형 집행 시 결안이라는 문서를 반드시 작성하게 되어 있었는데, 이 과정도 당연히(?) 패스. 모든 일이 지나치게 빨리, 가혹하게, 투명성과는 거리가 먼 정치적 색을 띤 채 동인들을 타깃으로 진행이 되었어. 정여립의 집안 식구들은 당연히 아무도 살아남을 수 없었고, 가문의 집터를 다 헐어버린 후 연못으로 만들어버렸다고 해. 정여립의 시신이 한양으로 운송될 때 거리에 나와 있던 사람 중 하품을 하다가 눈물을 흘린 자도 구속 수감되었어. 이 당시 정여립은 조선 사회 전체에 걸쳐 금기어가 되었어. 미국 사회가 1950년대 매카시즘이란 광풍에 휩싸였던 것처럼 말이야. 기록에 따르면 너무나 많은 사람이 죽어나가자 특검 기간 동안 술을 끊었던 정철이 괴로움에 머리를 흔들고 손을 저으며 이렇게 말을 했다고 해.

"나로서는 작금의 일을 진정시킬 재간이 없다. 나오는 것은 한숨뿐이구나."

한때는 왕실의 개인 비리를 덮으려는 경종 임금에게 끝까지 맞서다 파직까지 당했던 정철이었는데 말이야. 독수리와 호랑이의 절개를 가졌다고 정철을 칭찬하던 선조는 모든 일이 마무리된 후, 정철의 지나치게 가혹한 수사로 무고한 사람들이 희생되었다며, 정여립 일가를 제외한 대부분의 희생자들의 신원을 복원해주었어.

과연 3년 동안 1,000여 명의 희생자를 낸 특검이 왕의 지시나 묵인 없이 이어질 수 있었을까? 세자 책봉으로 선조와 정철의 의견 차이가 있었다고 하나 기축옥사가 끝나고 정철은 선조에 의해서 팽을 당하게 되었는데, 꼬리 자르기라는 의혹은 나만 품게 된 건 아닌 거 같아. 현재에도 정여립의 난과 기축옥사에 대해서는 여러 가지 의견이 존재하니 이번 기회에 다른 자료들도 한 번씩 찾아보길 권하는 바야. 더러운 역사는 단절되고, 주옥같은 역사만 반복되길 바랄 뿐이고.

극한 직업, 광해의 이복동생으로 살아가기

【광해와 그 형제들】

광해군의 이복동생인 정명공주의 글씨. 서궁에 갇혀 절망에 빠진 어머니 인목대비를 위로하기 위해 쓴 글로 남자가 쓰기에도 힘들다는 한석봉의 필법이다. '화정華政'이라는 이 두 글자만 전해지며, 근래 드라마 제목으로도 쓰였다.

1602년, 선조(宣祖, 재위 1567~1608)는 51세의 나이에 19세 신부 인목대비를 맞이해. 선조는 후궁들에게서 낳은 자식들은 많았지만, 정작 정비에게서 낳은 자식이 없었어. 하지만 그의 주치의가 누구야? 바로 허준이야! "상감마마, 저만 믿으십시오!"라고 했을까? 선조는 51세의 나이에 허니문 베이비를 만들었고, 이에 온 조정의 희비가 교차해. 선조는 마냥 신났고, 인목대비 라인은 기적과도 같은 일이지만 숨죽여 기뻐했어. 광해군 측의 눈치를 보면서 말이야. 선조가 광해군을 탐탁지 않게 생각하고 있었기 때문에 광해군 라인은 초비상 사태에 돌입했어.

당시 왕위 계승 서열 1순위인 29세 광해군의 장인 유자신은 모종의 액션을 취했는데, 뭔가 몹시 어설퍼 보여. 인목대비 전의 장독대를 깨트리고 대비전 궁녀들이 사용하는 화장실에 못된 장난도 쳤다고 해. 인목대비가 불안함을 느껴 낙태하기를 바라면서 말이야. 광해군은 임진왜란을 겪으며 개고생은 혼자 다

영창대군이 태어나자 광해군 진영에서는 난리가 났어. 하루하루가 피를 말리는 날의 연속이었어. 혹시라도 왕위 계승권을 빼앗길 수 있다는 두려움인 거지.

했는데 적장자 출신이 아니라는 이유만으로 자신의 지위가 흔들린다는 것이 몹시 짜증 나는 일이었을 거야. 이런 어수선한 와중에 인목대비가 첫 아이를 무사히 출산하던 날, 양쪽의 희비는 다시 엇갈려.

바로 이번 이야기의 주인공인 정명공주貞明公主가 태어났기 때문이야. 딸인 것을 확인한 광해군의 장인 유자신은 덩실덩실 춤까지 추었고, 싱글벙글 웃으며 "경하드리옵니다, 마마!"라는 진심(?) 어린 축하를 보냈다고 해.

선조는 52세에, 그것도 정실부인에게서 얻은 늦둥이 딸이 마냥 귀엽기만 했어. 조선 시대 왕의 자식들은 6~7세가 되기 전까지는 호칭도 없이 그냥 아기씨라고 불렸어. 최소한 저 나이가 돼야 재산도 받고 왕자, 공주로 불리게 되었는데, 선조는 너무 기쁜 나머지 정명공주가 두 살이 되자 4백만 평의 농지에서 나오는 세금을 공주 앞으로 책정했어. 이곳 세수가 1,000석 정도 됐다고 하니 요즘 미성년자 주식 부자 부럽지 않은 규모였다고 해. 그런데 말이야. 허준이 명의는 명의인가 봐. 3년이 지나 선조는 인목대비와의 사이에서 드디어 왕자를 보게 되었어. 정명공주의 친동생 영창대군이 태어난 거야. 광해군 진영에서는 난리가 났어. 하루하루가 피를 말리는 날의 연속이었어. 혹시라도 왕위 계승 자리를 빼앗길까 봐 두려웠지만 티를 낼 수는 없었어. 하지만 선조는 광해군의 불안감은 아랑곳없이, 영창대군이 두 살 되던 해에 갓난아기에게 수조권收租權을 주었어. 이게 뭐냐면, 간단하게 정명공주가 토지에 대한 세금만 받

는 것과 달리 토지 소유권 전체를 준 거야. 선조가 영창대군에게 세자 자리를 넘길 것이 아니라면 광해군이 오해하지 않게 좀 더 처신을 잘했어야 하는 게 아닌가 하는 아쉬움이 남아. 결국 선조의 애매한 행동은 광해군과 영창대군 양쪽에 독으로 작용하게 된 셈이니까.

1608년, 그러니까 정명공주가 여섯 살, 영창대군이 세 살이 되던 해에 선조는 재위 41년 만에 승하하게 되었어. 임종 시에 그가 광해군과 7명의 최측근 대신에게 남긴 유언은 광해군의 인내심을 임계점에 이르게 했어.

"세자는 형제 사랑하기를 내가 살아 있을 때처럼 하라."
(나 없다고 영창대군 괄시하지 마라. 하늘에서라도 두 눈 뜨고 널 지켜보겠다.)
"대신들아. 영창대군이 너무나 어려 걱정이 많아 내가 눈을 감을 수가 없구나. 니들이 광해로부터 잘 지켜주기 바란다. 이상."

광해군 입장에서는 한마디 한마디가 섭섭하기 이를 데가 없지.

"살아생전 그리 차별을 하시더니 죽어서도 나를 믿지 못하고 오직 영창에 대한 걱정뿐이시로구나. 혹시나 했지만 아바마마의 속마음을 이제 확실히 알았습니다. 아버님이 그토록 아끼는 당신의 영창! 잘 보살피리다."

광해군은 자신보다 어린 아버지의 정실부인 인목대비와 그녀의 자식들인 영창대군, 정명공주가 지켜보는 가운데 조선의 15대 왕으로 등극을 했어. 이날을 기점으로 갑을의 관계는 완전히 역전되었지. 그때부터 인목대비는 살아남기 위해 어린 남매를 데리고 광해군에게 문안 인사를 갔다고 해. 아래 일화는 인목대비의 측근이 쓴 것으로 추정되는 《계축일기》에 나오는 내용이야.

"전하! 영창대군, 정명공주가 문안 인사 드리옵니다."
"어서 들라 하라."
"오셨습니까? 대비 마마. 이런 정명공주가 그사이 참으로 많이 컸구나. 이리
　와보거라."

광해군은 인목대비에게는 최소한의 예의만 갖추고, 정명공주는 얼굴도 쓰
다듬어주며 참으로 예뻐했다고 해. 반면 영창대군에게는 눈길 한 번 주지 않자
인목대비가 어린 영창대군을 슬쩍 광해군에게 떠밀어.

"대군도 어서 주상 전하에게 가보세요."

하지만 광해군이 냉담한 눈길만 주니 어린 영창대군은 급기야 울음을 터트
리고 말아.

"으앙~ 주상 전하는 어찌하여 누님만 예뻐하십니까! 어머니, 저도 다음 세상
　에는 형님의 사랑을 받게 여자로 태어나고 싶습니다."

이 얼마나 가슴 아픈 시추에이션이야? 아버지뻘 형과 자신도 모르는 사이
에 라이벌 구도가 형성되었어. 이런 광경을 바라보는 인목대비는 얼마나 불안
했겠어? 한편으로는 아버지에게 받은 상처를 어린 동생에게 풀어야만 하는 광
해군의 마음도 편치만은 않았을 것 같아. 하지만 이들은 일반 가정이 아닌 로

가택 연금을 시켜놓고 광해군은 가끔씩 정명공주의 안부를 물었다고 하는데 이게 진짜 안부를 묻는 건지, 아직도 살아 있냐고 묻는 건지 의중을 알 수가 있나?

열패밀리잖아. 소주 한잔하면서 허심탄회하게 앙금을 풀 수 있는 관계가 아니었어. 결국 일은 터졌어. 살얼음판 같은 긴장관계가 이어지던 1613년 3월, 조정에 역모가 보고되었어. 그런데 역모의 주모자가 정명공주의 외할아버지, 즉 인목대비의 아버지인 김계남이라는 보고가 입수되었어. 딸과 외손자를 살리기 위해 김계남이 먼저 움직인 건가? 아니면 혹시 광해군 측이 어차피 제거해야 할 상대라고 판단하고 역모를 조작한 거 아닐까? 보고가 접수되자마자, 광해군은 기다렸다는 듯이 즉각적이고 빠른 조치를 취해. 관련자를 처벌하고 바로 이듬해 여덟 살이 된 영창대군을 귀양지에서 가차 없이 죽여. 인목대비는 제발 아들만 살려달라며 자신의 머리카락을 잘라서 광해군에게 보냈지만 광해군은 이를 무시하고 엄지손가락을 꺾어 내렸어.

"일없다. 즉각 집행하라."

연이어 인목대비는 후궁으로, 그렇게 예뻐하던 정명공주는 심지어 서인으로 강등시킨 후 덕수궁에 유폐시켜버려. 이 불쌍한 모녀는 가택 연금 수준의 감시를 받으며 지내게 됐는데, 현재 덕수궁 안에 있는 석어당이라는 건물이 모녀가 지내던 곳이라고 해. 가택 연금을 시켜놓고 광해군은 가끔씩 정명공주의 안부를 물었다고 하는데 이게 진짜 안부를 묻는 건지, 아직도 살아 있냐고 묻는 건지 의

덕수궁내 석어당. 선조가 임시로 거처했을 때부터 사용하던 편전으로 인목대비와 정명공주가 유폐되었던 곳이다. 1904년 화재로 소실되었으나 다시 중건했다.

중을 알 수가 있나? 남편 잃고 아들까지 잃은 인목대비는 울면서 정명공주는 이미 죽었다고 모두들 물러가라고 했어. 두 모녀가 정상적인 생활이 가능했겠어? 서인으로 강등된 두 모녀는 당장 먹고살 일도 걱정인데, 언제 죽을지도 모르는 심리적 압박감까지 안고 살아야 했어. 그런데 이런 생지옥 속에서 서른두 살의 인목대비를 위로한 것은 열두 살 정명공주였다고 해.

"어마마마, 제가 요즘 아바마마의 필체를 흉내 내어 서예를 하고 있습니다. 어마마마도 아바마마가 보고 싶으시지요? 비록 용안은 뵐 수 없지만 제가 쓴 글씨를 보면서 마음의 위안을 찾으시옵소서."

선조의 글씨체는 한석봉체를 따라 한 것이라 여자들이 따라 하기 힘든, 상당한 힘이 요구되는 글씨체였어. 열두 살 고사리 손으로 어미를 위해 아비의 글씨를 흉내 낸다? 정명공주도 보통 멘탈은 아니었던 것 같아. 이때 익힌 서예 솜씨가 그녀를 조선 시대 최고의 명필가로 만들었는데, 노력만으로는 다다를 수 없는 천재적인 재능이 있었다고 전문가들은 평해. 정명공주는 후에 여덟 글자를 써서 각 두 글자씩 자신의 아이들에게 나눠주었는데, 막내아들인 홍만희가 간직하다 세상에 알려진 글자가 '화정'이야. 맞아. 이연희가 주인공으로 나온 그 사극 드라마 '화정'이 바로 정명공주 이야기야. 그래도 두 모녀는 어찌어찌 살아가고, 10년 가까운 시간이 흘러 정명공주가 스물한 살이 되던 1623년 음력 3월 어느 날, 한 무리의 군사가 야심한 밤에 이 모녀의 집에 들이닥쳐. 인목대비는 드디어 올 것이 왔구나 하고 마음을 다스리려 했지만 떨리는 목소리를 감추기는 힘들었어.

"누… 누구냐? 무엄하도다. 어찌하여 이런 밤중에 여… 여인들만 있는 집에 와서 행패란 말이냐? 내가 한… 한때는 이 나라의 왕비였던 사람이다."

"대비 마마, 안심하십시오. 저희는 능양군의 명을 받들어 대비 마마를 궁으로 모시기 위해 왔습니다. 어서 궁으로 납시어 광해군의 폐위에 결재 도장을 찍어주십시오."

그랬어. 이 밤의 소동은 능양군이 광해군을 폐위시키고 자신이 인조로 즉위하는 그 유명한 인조반정이야.

인조반정은 두 가지 명분을 내세웠다고 해.

폐모살제廢母殺弟: 어머니 인목대비를 폐위시키고 동생 영창대군을 죽였다.
친명배금親明排金: 명나라를 섬기고 금을 배척한다.

인조는 첫 번째 명분을 내세우기 위해 인목대비가 반드시 필요했어. 그녀가 대비로 복귀하면, 왕실의 어른 자격으로 광해군을 폐위시키고, 인조를 새 왕으로 지명할 수 있었던 형식적인 결재권까지 가지고 있었기 때문이야. 인목대비도 아들에 대한 복수도 하고, 자신의 자리도 찾게 되니 누이 좋고 매부 좋은 거지. 이렇게 두 모녀는 본의 아니게 금의환향을 하게 되었어. 그런데 말이야. 인조가 즉위 4일 만에 한 일이 뭔지 알아? 그건 바로 정명공주 시집보내기 프로젝트야. 인조는 할 일이 태산인데 왜 만사를 제쳐두고 이 일부터 추진했을까? 인조는 명분 없는 쿠데타에 정당성을 부여하기 위해, 인목대비에게 온 정성을 다했어. 그러니 그녀의 딸인 ―당시 기준 스물한 살이었으니 과년한 축이야― 정명공주 시집보내기가 긴급한 숙제였던 거지. 새 정부는 공주의 남편인 부마를 간택하기 위해 전국에 금혼령을 내렸어.

"그래! 어느 집 자제들이 부마 후보로 왔는지 한번 보자꾸나."

"주상 전하. 망극하옵니다. 전국에서 올라온 명단이… 명단이…."

"어찌하여 그러느냐? 어서 명단을 공개하라."

"명단을 공개하고 자시고 할 것도 없이 9명밖에 없사옵니다. 아뢰옵기 황공하오나, 정명공주와 혼인할 만한 연령대의 남자들은 이미 다 유부남이옵니다."

그런데 말이야. 인조가 즉위 4일 만에 한 일이 뭔지 알아? 그건 바로 정명공주 시집보내기 프로젝트야. 인조는 할 일이 태산인데 왜 만사를 제쳐두고 이 일부터 추진했을까?

이때는 조선 시대였잖아. 과연 우리의 정명공주 시집보내기 프로젝트는 성공리에 마칠 수 있을까? 정명공주의 혼인은 어수선한 민심을 수습하기 위한 방편으로도 그만이었어. 국가적인 큰 행사로 국민들의 시선을 돌리는 효과도 있을 테니까 말이야.

"안 되겠다. 금혼령 기한을 늘리고, 부마의 나이 제한도 없애서 더 많은 후보를 찾아보도록 하라. 괜찮은 자를 반드시 찾아와라. 어명이다. 수단과 방법을 가리지 마라."

새 임금이 눈에 불을 켜고 쪼아대니 담당자들은 팔도를 이 잡듯 뒤지면서 부마 찾기에 나섰어. 유리구두를 잃어버린 신데렐라를 찾아 나선 것처럼 말이야. 그렇게 또 두 달의 시간이 속절없이 흘러갔어. 정명공주는 죄가 없지만 조금은 민망했을 듯해. 스물한 살에 노처녀 취급을 받다니. 그러던 어느 날 도승지가 거의 몸을 날리다시피 어전으로 뛰어 들어와 보고를 해.

"전하, 드디어 정명공주님께 딱 어울리는 부마를 찾았습니다."

"그래? 꾸물대지 말고 브리핑을 해보라."

성명: 홍주원

나이: 18세. 요즘 대세인 연하남. 정명공주보다 세 살 연하

아버지: 동지중추부사 홍영의 아들

외모 및 학력: 트렌드에 꼭 맞는 꽃미남에 명석한 두뇌를 갖춘 엄친아.

작은 단점: 이미 정혼자가 있음.

잘나가다가 마지막에서 인조가 잠시 망설이는 눈빛을 보였지만 못 들은 척하며, 혼례를 진행하라고 해. 왜 그런 걸 굳이 나한테 보고해서 나쁜 임금을 만들려고 하느냐. 너희 선에서 알아서 하라, 이거지. 홍주원은 이미 정혼자가 있었지만 임금이 까라고 하니 깔 수밖에. 앞으로 호의호식하게 되는 홍주원이야 그렇다 쳐도, 그의 정혼자가 불쌍하긴 하지만 일단 이 부분은 패스. 그런데 인목대비는 사위가 너무나 마음에 들어서인지 딸의 결혼식 날 오버를 하고 말아. 후에 정명공주의 처세술과 비교해보면, 그녀는 딸보다 나은 어머니는 아니었던 것 같아. 인목대비는 임금만 타고 입궐할 수 있는 '어승마'를 사위 홍주원에게 보냈다고 해. 홍주원은 당연히 임금이 보내준 줄 알고 얼씨구나 타고 들어왔는데, 이게 대신들의 레이더에 딱 걸린 거지. 인조를 비롯한 측근들이 모인 날 밤의 대화를 살짝 엿들어보자고.

"전하, 이건 아닙니다. 무슨 자기가 비선 실세도 아니고 어찌 독단으로 결정하여 어승마를 내준단 말입니까? 궁궐이 자기 집 안방입니까?"

"흠… 지금은 여론의 눈치를 살펴야 할 때다. 조금 더 참고 기다리자. 이럴수록 인목대비에게 더욱더 신경을 쓰고 잘해주도록 하라. 분수도 모르고 날뛰

다 여론이 그들에게 등을 돌리면 그때 제거해도 늦지 않다."

　이렇게 조선 시대에도 여론에 신경을 쓰는데 말이야. 지금 우리의 위정자들은 국민의 눈치를 얼마나 살피고 있나? 조선 시대의 공주가 누리는 혜택은 수없이 많지만, 시집가서 시집살이를 안 한다는 점도 빼놓을 수 없어. 궁방이라고 해서 궁 옆에 살림집을 차려줬다고 해. 살림집이라고 하니 28평의 작지만 깔끔한 신축 아파트를 떠올릴 수도 있는데, 이 궁방은 조금 달랐어. 《경국대전》에 의하면 공주의 집은 50칸을 넘지 못한다고 되어 있는데, 정명공주의 집은 200칸이 넘었다고 해. 인조는 이에 그치지 않고 혼수 토탈 풀 패키지를 제공했어. 집을 지을 땐 최고의 목재와 철근을 제공함은 물론이요, 하다못해 집에서 쓰는 가재도구, 부엌칼, 수저 세트도 전국 최고의 달인에게 맡겼어. 팔도의 장인들이 만든 수공예 제품이 정명공주 신혼집 구석구석을 아름답게 채워나갔어. 여기서 끝이 아니야. 공주의 남편, 즉 부마에게는 종1품의 벼슬과 재산이 주어졌어. 정확한 기록이 남아 있진 않은데 홍주원에게 주어진 경상도 땅 면적만 해도 여의도의 20배가 넘는다고 하니, 브라보! 추가로 각종 협찬이 이어졌는데, 그중에 하나는 15년간 꿩고기를 무상으로 제공했다고 해. 강동원에게 동원참치 15년 무상 제공 뭐 이런 느낌?

　이렇게 호화로운 결혼으로 유년시절의 불행을 보상받은 정명공주에게 또다시 위기가 닥쳐와. 그것도 하나가 아니야. 원래 악재는 한꺼번에 몰려오잖아. 첫 번째는 어머니 인목대비가 인조 10년인 1632년에 49세를 일기로 운명을 달리했어. 아버지도 없이 어린 남동생을 먼저 보내고 인생의 굴곡을 함께한 모녀의 정이 얼마나 깊었겠어. 열아홉 살의 나이 차이 나는 베프 같은 엄마를 떠나보낸 충격은 몹시 컸을 거야.

오래 살아남는 자가 강한 자란 것을 몸으로 실천한 정명공주. 정명공주는 이 작은 승리에 만족하지 않고, 인조 사망 후 36년을 더 살고 83세에 파란만장한 인생을 마감해.

두 번째 불행은 인조의 건강 악화로부터 시작돼. 인조의 오버스러움은 정명공주 결혼 때부터 알아봤잖아? 인목대비 초상 중 지나칠 정도로 무리를 했다고 해.

"명분! 명분이 있어야 왕좌를 유지할 수 있다. 대비상에 어찌 내 몸을 돌볼 생각을 하겠느냐?"

정통성 없이, 국민의 합의 없이 권력을 가진 자들은 그걸 인정받기 위해 저렇게 아등바등하는 거야. 그런데 말이야. 인조는 이 과로로 시작해서 건강이 갑자기 나빠지면서 주변 사람들을 의심하기 시작했어. 내가 강탈한 왕좌를 누군가 또 강탈하지 않을까? 하는 시선으로 모두를 의심했다고 해. 이런 정신적 불안 증세는 궁예는 물론, 조카를 죽이고 왕위를 찬탈한 세조에게도 나타났었지. 오늘을 살아가는 우리도 상대방이 흘린 눈물의 양만큼 자신에게도 불행이 찾아오는 인과응보 보존의 법칙을 잊지 말자고.

인조는 인목대비 사망 후 본격적으로 정명공주를 달달 볶았어. 인조의 등쌀에 정명공주는 정치에 대해 어떤 욕심도 없다는 의사 표현으로 일체의 대외활동을 자제하고, 집에서 오직 바느질과 살림에만 열중했다고 해. 정명공주는 그렇게 좋아하던 서예도 끊고 한문 대신 언문만 사용하며 '나는 식물인간이다.'라고 선언을 했어. 왜 그랬겠어? 동생과 어머니를 보내고 뭐가 두려웠을까? 자신의 자식 7남 1녀를 지키기 위해서였어. 이렇게 17년을 살았다고 하니 정명공주의 강한 멘탈은 인정해줘야 하지 않겠어? 만약 이 당시 SNS가 있었다면 정명공주의 대문 글귀는 항상 '이 또한 지나가리라!'가 아니었을까?

03 모략자들2

불행의 결말은 인조가 먼저 숨을 거둠으로써 마무리되었어. 오래 살아남는 자가 강한 자란 것을 몸으로 증명한 정명공주. 정명공주는 이 작은 승리에 만족하지 않고, 인조 사망 후 36년을 더 살고 83세에 숨을 거두셔. 압도적인 그녀의 승리야. 이로써 조선 시대 최장수 공주의 타이틀을 홀더는 정명공주가 된 거야. 마지막으로 정명공주 미담 하나 투척할게.

이 이야기는 《신편 강화사》란 책에 기록이 되어 있어. 정명공주가 35세 되던 해에 병자호란이 일어났어. 로열패밀리들은 강화도로 다들 피난을 가게 되었지. 정명공주도 강을 건너기 위해 나루터에 대기를 하고 있는데, 갑자기 피난민들이 물밀 듯이 밀려왔다고 해. 전쟁통에 갑자기 들이닥친 사람들을 실어 나를 배가 충분히 구비되어 있었겠어? 정명공주가 조용히 사람들을 불렀어.

"이보시게. 저기 우리 배에 실려 있는 물건을 모두 내리고 저 사람들을 태우게."
"네? 하지만 공주 마마. 왕실의 물건들과 값으로 따질 수 없는 귀한 것들이
　너무나 많습니다. 어찌 저 천한 것들을 살리자고."

정명공주는 더 이상의 말대꾸를 못하게 하고, 물건을 내려 사람들을 태웠다고 해. 어떤 것보다 사람이 먼저인 게 맞잖아. 배 이야기만 나오면 가슴 한 쪽이 저려오는 건 나만 그런 게 아닐 거라 믿어. 김훈 작가가 한국 근현대사를 조명한 장편소설 《공터에서》를 출간했어. 그는 근현대사 공부를 위해 예전 신문들을 조사하다가 6·25 때 대서특필된 기사를 보고 허탈했다고 해. 그 신문의 헤드라인은 바로 이거였어.

피란민과 함께한 고관대작들의 응접 세트와 피아노를 실은 군용 트럭.

반정공신의 '이유 있는' 반란

【이괄의 난】

이괄의 난 대미를 장식한 전장, 안산(현재 연세대학교 뒷산, 노란색 원 부분). 백성들의 마음을 돌리기 위해 정충신은 도성에 방을 붙여 "큰 싸움이 있으니 싸움 구경하고 싶은 자는 오라."라며 대대적으로 홍보했다.

이번 이야기의 주인공 이괄李适은 인조반정이 있기 1년 전인 1622년, 조정으로부터 발령장을 받았어.

님을 함경도 병마절도사로 임명하니 임지에서 최선을 다하길! 결재 by 광해군.

이괄이 발령지로 떠나기 전 친구들과 이별주도 마시고, 주변을 정리하던 어느 날 여섯 살 연상의 아는 형님 신경유申景裕 장군이 그를 찾아왔어. 이때 이괄의 나이 36세. 한창 야망이 넘쳐날 나이지. 이괄은 여러모로 영화 '더 킹'의 조인성이 맡은 젊은 검사 역할과 겹치는 부분이 많아. 영화를 보신 분들은 이 글을 읽고 난 후 어느 정도 동의하지 않으실까? 어쨌든 잠시 두 사람이 어떤 대화를 나누는지 들어보자고.

"아니, 장군님! 어서 드세요. 어찌 연락도 없이 갑자기 찾아오셨습니까?"

"장군은 무슨 장군이요. 영지도 아닌데 그냥 형님이라고 하세요. 아는 동생 멀리 떠나기 전 얼굴이나 보러왔지요. 그래 준비는 다 하셨습니까?"

"준비는 마쳤는데, 그곳 동장군이 워낙 매섭다고 하여 걱정이긴 합니다."

형식적인 대화가 오가고 주안상이 올라온 후, 술이 적당히 취하자 신경유 장군이 본론이란 알밤을 까기 시작했어.

"이 장군. 반정이 무슨 뜻인지 아시오?"

집에 들어서자마자 형님, 동생 하더니 갑자기 목소리를 깔면서 반정을 들먹이니 이괄은 머릿속이 복잡하지 뭐야. 이때 이괄의 머릿속은 어느 때보다 빨리 움직이고 있었어.

'이 자가 지금 뭐 하자는 수작이지? 이거 역모 하나 엮으려는 공작 정치 아냐? 아니면 진짜 뭘 하자고 한번 떠보는 거야? 이럴 땐 상대방의 이야기를 더 들어보는 게 최선이다.'

이런 이괄의 복잡한 심경을 파악한 신경유 장군이 다시 선제공격을 해.

"말이 없으신 거 보니 머리 굴리시는구려. 그럼 내가 대신 대답하리다. 낄낄 낄. 반정이라 함은 정치를 바로 세운다. 그런 좋은 뜻이란 건 알고 계시지요? 한데 요게 참으로 재미난 것이 성공하면 우리가 반정이라고 부를 수 있고 실패하면 우리가 한 짓을 남들이 역모라고 한다는 거요."

이괄은 더 이상 들을 필요가 없다고 생각하고 단도직입적으로 물어.

"제가 거절하면 어찌 됩니까? 입막음을 위하여 죽게 됩니까?"
"에잇, 살벌한 소리하지 마슈. 뭐 신경유 장군 그 양반 술 마시더니 주정이
심하더라고 해주면 좋지요. 거절한다고 목숨을 거두어 가진 않겠지만, 피차
조금 피곤하긴 하겠지요. 반대로 제안을 수락하면 서로가 행복해지겠지요.
이 장군! 언제까지 이러고 살 거요? 이제 슬슬 노후 준비도 하셔야지. 환갑
지나서도 동장군 밑에서 지내실 거요? 우리 역모 말고 반정 한번 아름답게
설계해봅시다."

이렇게 이괄은 인조반정을 1년 남겨두고 뒤늦게 합류를 하게 되었어. 시간
은 잘도 흘러 드디어 인조반정 당일인 1623년 4월 11일 밤 10시에 반정군이
홍제원에 모두 모였는데, 총 지휘를 맡은 김유가 도착을 안 한 거야. 불길함에
이괄이 상황실에 문의를 해.

"아니, 지금 이게 도대체 무슨 일입니까? 전쟁을 앞두고 군 통수권자가 상황
실에 아직도 없다니요? 어디서 TV 보면서 마사지라도 받는다는 말이오?"
"그게 참, 일이 묘하게 됐소이다. 지금 우리 거사가 광해군에게 보고가 되었
다고 하오."
"아니, 그 문제는 상궁 김개시가 구워삶고, 김자점도 임금에게 술을 더 먹이
며 잘 해결됐다고 하지 않았소? 이럴 때일수록 더 서둘러야지. 고변이 들어

간 거랑 김유 장군의 지각이랑 도대체 무슨 상관관계가 있다는 게요?"

"저기… 김유 장군이, 거사가 발각된 게 아니냐 지금이라도 멈추는 게 낫지 않느냐며 합류를 고민 중이라고 하오."

"이런 쥐새끼 같은 자를 봤나. 지금 이리저리 재보고 있다는 이야기잖소!"

그랬어. 김유는 멀찍이 떨어져서 사태를 관망하다가 여차하면 발을 뺄 수작이었지. 이괄이 이름처럼 괄괄하게 목소리도 높이고 있었고, 유능한 장군인 것을 모두 알기에 반정 내부에서는 전격적으로 이괄을 공격 대장으로 다시 추대했어. 이괄의 주도하에 모두가 재정비를 하고 이제 궁으로 돌격하려던 찰나 한 무리의 군사가 급하게 달려와.

"아이고, 미안합니다. 많이 기다리셨죠? 갑자기 설사가 나는 바람에 늦었소이다. 처음 보는 얼굴도 많네? 나 김유요. 인조반정 총공격 대장 김유."

이괄이 참지 못하고 성격대로 칼을 뽑아들고 그대로 김유에게 달려가 그의 목을 베어버리려고 하자 모두가 달려들어 말렸어.

"설사 같은 소리하고 있네! 어디 숨어 있다가 이제야 헛소리를 지껄이느냐?"

"어허, 그 양반 참 성깔 있네. 지금 우리끼리 이럴 게 아니라 어서 빨리 힘을 응집하여 속전속결을 해야 하오. 시시비비는 반정 후 한잔하면서 가립시다. 자자, 출발."

오랫동안 반정 준비에 몸담아온 이귀의 중재로 김유가 다시 병력 통솔권을 쥐게 되었어. 우여곡절 끝에 인조반정이 성공하고 사태가 어느 정도 수습되자 반정공신들이 모두 모여 화려한 파티를 준비했어.

"오늘은 내일 생각하지 말고 모두 마시고 즐깁시다."
"주상 전하! 진심으로 감축드리옵니다."

여기저기서 술잔이 오가고 모든 사람들이 덕담을 주고받고 있지만 이괄만은 눈에서 레이저를 뿜고 있었어. 우선 파티에 배정받은 자리부터 마음에 들지 않았어. 극장이나 공연장도 R석이 있듯이 이런 연회장에도 당연히 자리의 등급이 있었어. 한데 김유와 이귀의 자리는 R석 쪽에 마련되어 있는데 이괄의 자리는 그 아래 S석인 거야. '반정 당일 눈치나 보던 저놈이 왜 저 자리에 앉아 있는 것이냐? 내가 아니었으면 반정이 성공했을 성싶은가?' 《연려실기술》의 인조반정 당일 기록에 따르면 이래.

"어제의 공적은 이괄의 힘이 많았으니 마땅히 그를 병조판서로 삼아야 한다."

그런데 지금 자리로 봐서는 병조판서는 고사하고, 2등 공신 책봉도 요원해 보여. 이때 술에 취한 김유가 이괄에게 다가와 다시 속을 뒤집어 놔.

"아, 이 장군! 그날은 내가 미안하게 됐수다. 설사는 사실 핑계고 그 뭐냐 잠시, 꺼억… 아, 미안합니다. 술을 급하게 마셔서. 아! 인간적 고뇌에 빠졌다고나 할까? 아우 취한다. 아무튼 우리 이제 출세 가도를 같이 달릴 것인데 서로 풀고 갑시다. 풀어, 자 원샷!"

이괄은 마지못해 원샷을 했지만, 남자의 자존심을 지키며 러브샷만은 단호하게 거절했어. 인조반정을 성공적으로 마쳤지만 곳곳에서 이를 규탄하는 반대 시위와 상소가 이어졌어. 왕좌를 강탈했지만 민심을 억지로 끌어올 수는 없

극장이나 공연장도 R석이 있듯이 이런 연회장에도 당연히 자리의 등급이 있었어. 한데 김유와 이귀의 자리는 R석 쪽에 마련이 되어 있는데 이괄의 자리는 그 아래 S석인 거야.

는 노릇이었지. 전지현과 이민호 주연의 '푸른 바다의 전설'이란 드라마 알지? 그 드라마가 《어우야담》이란 책을 모티브로 삼았다는 사실은 몰랐지? 시간들 나면 유몽인의 《어우야담》을 꼭 읽어보길 바라. 외국 판타지 못지않아. 이 책의 저자인 유몽인은 인조반정을 비판하는 랩 아닌 시를 썼어. 내용을 대충 보자면, 할 수 없이 새신랑을 맞이하게 됐지만 그에게 잘 보이기 위해 화장을 고치거나 하는 노력을 하지 않겠다는 내용이야. 그 시에 대한 정부의 반응은? 사형으로 그의 시에 응답을 했어. 언론의 자유와 표현의 자유를 억압하는 정권은 어떻게 되는지 결말을 같이 지켜보자고.

유몽인 외에도 각계각층에서 인조반정을 비판하자 정부는 블랙리스트를 만들었어. 그리고 국방을 지켜야 할 군인들을 이런 사람들을 감시하는 데 투입해. 공작 정치의 일환으로 블랙리스트 명단에 있는 사람들과 친분이 있는 사람들을 사주하여 모임을 가지게 해. 그리고는 술자리에서 인조에 대한 생각을 물어본 후 나쁜 말이 나오면 수첩에 꼼꼼히 메모한 후 다음 날 감옥행. 이때 이괄도 좌포도대장이란 타이틀을 달고 블랙리스트에 오른 인사들의 감시 활동 및 체포에 온몸을 바치며 인조 정권에 충성을 다하고 있었어. 하지만 뭔가 찜찜한 기분과 음울한 기운은 떨쳐낼 수 없었어. 그런데 얼마 후 슬픈 예감이 현실이 되어 이괄에게 전해져.

'님, 이괄을 인조반정 2등 공신인 정사공신에 봉함. 결재 by 인조.'

이괄의 불길한 예감대로 그는 1등 공신이 되지 못했어. 그리고 반정 이후 두 달도 채 지나지 않아 평안병사 겸 부원수로 임명되어 지방으로 발령을 받게 되었어. 반정의 공신이 되었는데도 동장군을 피하지 못한 거야. 이괄이 심통이 난 것을 인조도 눈치를 채긴 했나 봐. 이괄이 떠나던 날 인조가 직접 배웅을 나왔다고 해. 그것도 명나라 사신을 대접하는 모화관에서 이괄을 직접 격려했어.

"이 장군, 내 그대가 세운 공과 나에 대한 섭섭한 마음을 모르는 것은 아니라오. 허나 나랏일이라는 게 사사로운 정을 따질 수만은 없는 것 아니오? 1등 공신들은 이 장군보다 훨씬 이전부터 나와 뜻을 함께했던 자들이오. 그리고 지금은 후금이 그 기세를 떨치고 있는 중이라 내 깊게 믿고 있는 장군에게 막중한 임무를 맡긴 것이오. 절대 좌천이 아니오. 이번 발령 기간만 잘 채우고 나면 내가 진짜 섭섭하지 않게 해주리다."
(참고로, 인조는 국가의 중대사에 사사로운 감정을 일체 배제한다면서, 1등 공신은 오직 문신 아니면 그의 친인척으로 채웠어. 말과 행동이 완전히 다른 지도자의 전형이지.)
"주상 전하, 알겠사옵니다. 그래도 지금은 정권 초기라 제가 곁에서 지켜드려야 하는데 안타깝습니다. 또한 사람의 마음이란 것이 멀리 떨어져 눈에 안 보이게 되면 자연히 멀어지게 되는 법인지라, 그것이 염려스럽습니다."
"그런 소리 말아요. 내 항상 경의 공로를 잊지 않고 있으리다. 그리고 최대한 빠른 시일 내에 경을 불러 더 귀하게 쓰리다."

이괄은 찜찜한 마음이 있었지만 그래도 인조의 말을 믿고 발령지로 가서 군사들을 열심히 훈련시켰어. 오랑캐가 언제 쳐들어올지 모르니 국방의 최전선에서 자신의 책임을 다 하는 일이 나라를 위하는 일이고, 자신을 위하는 일이라고 생각했어. 스튜핏…. 북방의 달을 보며 이괄은 밤마다 다짐을 했어. '그래, 2보 전진을 위한 1보 후퇴다. 주상 전하도 그렇고 신 장군도 꼭 불러준다고 했으니, 내 스스로 내실을 다지는 계기로 삼고 기다리자.'

하지만 1624년 3월 6일, 부임 온 지 1년도 지나지 않아 조정으로부터 충격적인 소식이 이괄에게 전해져.

"장군! 큰일입니다. 지금 한양에서 금부도사와 선전관이 아드님을 압송하기 위해 오고 있다고 합니다."

"그게 지금 무슨 소리냐? 느닷없이 하나뿐인 우리 외동아들 전이를 잡으러 한양에서 사람이 온다니?"

"장군께서 역모를 꾀하고 계시다는 고변이 주상 전하께 전해졌다고 합니다. 이에 이귀가 장군을 잡아들여야 한다고 했으나, 주상께서 일단 아드님만 잡아오라고 하셨답니다."

"이… 이 무슨… 2등 공신이라고 내치고, 지방으로 발령을 내버리더니 이제는 뭐? 내가 역모라고? 이것들이 진짜 가만히 있으니 사람을 가마니로 아는 것이냐?"

이괄은 장기판의 말처럼 철저하게 이용을 당한 후 더 이상 쓸모가 없어지자 버림받게 된 거야. 이귀를 비롯한 1등 공신들은 이괄의 숨통을 끊어버릴 작정이었지. 그런데 방법이 나빴어. 하나밖에 없는 외동아들을 잡으러 간다고 하면 어느 아버지가 가만히 있었겠어. 물론 연산군에게 "여기 제 아들의 머리입니다." 하고 바친 임사홍 같은 인간들도 있긴 하지만 말이야. 그자는 아주 예외적인 경우니 논외로 두자고.

이괄의 난은 이괄이 처음부터 치밀한 계획하에 일으켰다기보다, 그의 정치적 정적들이 난을 일으킬 수밖에 없게 만든 케이스야. 때로는 머리를 너무 굴리면 역풍을 맞는 법. 그냥 다 같이 행복하게 살 수는 없었던 건가? 현재나 과거나 정치인들은 오직 공부하는 머리만 좋을 뿐, 공감 능력이 일반인보다 현저히 떨어지고 욕심에 대한 통제력이 제로에 가깝다고 봐. 그러니 자식들에게 너무 공부만 강요하지 맙시다. 인성이 동반되지 못한 수재의 말로는 지금도 우리가 잘 보고 있지 않소. 어쨌든 이괄은 깊은 생각을 마친 후 최측근들을 불렀어.

"모두 들어라. 내 아들을 내놓고 내 목숨을 연명할 생각은 추호도 없다. 쥐도 궁지에 몰리면 고양이를 무는 법. 나는 앉아서 죽음을 기다리지 않겠다. 허나 나를 믿고 따라온 너희들에게 선택의 길을 주겠다. 나를 따라 실패하면 역모에 가담한 죄로 온 집안이 멸문할 것이고, 나를 따라 성공하면 또 다른 반정의 공신이 될 수 있다. 나와 뜻을 함께할 수 없다면 오늘 밤 조용히 여기를 떠나도 좋다."

얼마 후 한양에서 왕명을 받고 금부도사 고득률, 심대림과 선전관인 김지수 등이 이괄의 진지에 도착했어.

"아이고, 이 장군님. 충성! 추운데 고생 많으십니다. 소식 들으셨죠? 아드님 좀 데려가야겠습니다. 그렇게 지방에서 조용히 있으라면 얌전히 계시지 무슨 부귀영화를 누리시겠다고 군사 훈련을 그리 열심히 시키셨어요? 한양에서 보기에 영 눈에 거슬렸나보우. 뭐 서로 적당한 선에서 합의보고 좋게 마무리합시다. 자손이야 또 보시면 되지 뭘, 헤헤헤."

> 이괄의 난은 이괄이 처음부터 치밀한 계획하에 일으켰다기보다, 그의 정치적 정적들이 난을 일으킬 수밖에 없게 만든 케이스야. 그냥 다 같이 행복하게 살 수는 없었던 건가?

그런데 이괄을 비롯한 수하 장수들의 눈빛이 장난이 아니었어. 한양에서 온 무리는 분위기가 심상치 않음을 느끼고 꼬리를 내렸지만 이미 때는 늦었어.

"아니 장군님, 어째 막사 분위기가 살벌합니다. 저야 뭐 그냥 심부름만 온 것인데, 어찌…?"

"여봐라. 저자들의 목을 베고 시신은 당장 불태워버리도록 하라. 여기 남은 너희들 모두 나를 따르기로 했으니 저것들의 처형식을 마치고 바로 한양으로 돌격한다!"

이괄의 명령이 떨어지자 군사들은 재빨리 명령을 따랐고, 분노 가득한 군사들의 사기는 하늘을 찌를 듯했어. 팔도에서 모인 이괄 군사들의 민심은 대충 아래와 같았어.

"어차피 인조도 역모가 성공해서 반정이 된 거 아이가? 우리도 여기서 어디 도망가봐야 또 굶어 죽는 백성 신세 못 면한데이. 이괄 장군 따라서 확 엎어 뿌리는 기라. 지들이 한 반정 우리라고 못 하는 법 있나?"

"그 말이 맞소잉, 왕후장상의 씨가 어디 따로 있간? 지도 역모로 뺏은 나라 아니요잉. 지들이 우리 이괄 장군 아니었으면 반정 성공이나 했겠소?"

다음 날 한양에도 이괄의 쿠데타 소식이 전해지고, 조정에서는 느긋한(?) 대
책회의가 이루어지는데. 어떤 대책을 마련하는지 같이 보자고.

"주상 전하, 역시 이괄의 역모가 사실이었습니다. 지금 이괄이 북방의 군사
를 이끌고 한양을 목표로 하여 남진하고 있다고 하옵니다."
"휴… 강공책으로 나갔다가 괜히 일만 더 크게 만든 것 아니오? 뭐 이제 와서
어쩔 수 없는 노릇이지만. 그래, 대책은 뭡니까?"
"대책이라고 해봐야 뭐 있겠습니까? 얼마 되지도 않는 군사로 한양은 고사
하고 개성을 통과하기도 힘들 것입니다. 이번 기회에 '이괄의 난'이라고 칭하
고 반대파를 엮어서 싹 처리해버리는 것이 좋겠습니다. 우선 이괄의 아내와
동생부터 본보기로 잡아 죽이고, 다음엔 이놈 저놈 다 엮어서…."
"역모가 일어난 김에 누명을 씌워 우리 맘에 안 드는 자들을 없애버린다? 역
시 대감은 공작 정치의 대가요! 알아서 잘 처리하세요. 근데 이괄의 군대가
정말 한양까지 올 일은 없겠지요?"
"심려 마십시오. 개경을 넘어오기도 힘들 것입니다. 그리고 피는 제 손에 묻
힐 테니 주상 전하께서는 아무 염려 마십시오."

이날 이괄의 아내와 동생을 포함해 총 4명이 즉결처분됐어. 그런데 말이야
놀라운 반전이 일어났어. 대신들의 큰소리와는 전혀 다른 소식을 가지고 내시
가 급히 인조에게 달려와.

"전하! 어서 빨리 몽진 준비를… 이괄의 군대가 3일 후면 한양에 닿는다고 하옵니다."

"무슨 소리냐? 개경도 뚫지 못할 거라더니 어찌 10일도 안 됐는데 벌써 한양에 도달할 수 있단 말이냐? 관군들이 길이라도 터주었단 말이냐?"

"그것이 아니오라…. 이괄의 군대가 관군을 피해 샛길로 내려오고 있다 하옵니다. 오직 전하의 모가지만 노리며 말이옵니다. 아니 제가 마음이 급해서 헛소리가… 아무튼 빨리 서두르셔야…."

이괄의 난 전개도. 1월 24일 영변에서 출발한 이괄의 군대는 산악 오솔길 등을 따라 2월 9일에 한양에 입성했다.

사실 무슨 컴퓨터 게임도 아니고, 이소룡이 도장 깨기 하듯이 이괄의 군대가 굳이 성마다 찾아가 함락시킬 필요가 없었던 거야. 관군 피해서 군사를 이끌고 오직 궁으로 돌진하니 관군들은 이게 아닌데 싶었고 조정 대신들은 혼비백산한 거지. 이 정도 예상도 못하고 오직 반대파 제거에만 열을 올리고 있었으니, 인조는 공주에 임시정부를 세우고 급히 짐을 꾸려 도망, 아니 몽진을 떠났어. 인조는 도망에 대해서는 조선의 모든 기록을 갈아치워. 무려 3번이나 수도와 백성을 버리고 도망을 쳤거든.

최다 몽진 기록: 3회 (이괄의 난, 병자호란, 정묘호란)
외국군이 아닌 국내 병사에 의해 몽진을 간 조선 최초이자 최후의 왕

인조 조정은 피난을 떠나면서 명나라에 파병을 요청해. 조직적이고 거대한 군사 병력이 일으킨 쿠데타도 아니고, 자신들이 판 무덤에 스스로 들어간 꼴인

데 외국에다 쿠데타를 진압해 달라고 요청을 한 거지. 여기까지는 참아보겠는데, 임진왜란이 끝난 지 30년이 채 안 됐는데 왜관에 거주하고 있던 왜병에게도 구원을 요청했다고 해. 임금이나 국가 통수권자의 위치에 있는 사람은 눈치가 없으면 염치라도 있어야 하지 않겠어? 능력이 안 되면 오르지 말아야 할 자리가 그 자리잖아. 왜놈들에게 우리 영토가 유린된 지 얼마나 지났다고 왜군에게 군사를 요청할 생각을 하다니! 흥분 가라앉히고… 계속 가보자고.

다행히(?) 인조는 피난길에 온갖 수모와 멸시를 받았다고 해. 당연한 거 아냐? 백성들이 음식 협조를 얼마나 안 해줬던지 김이라는 유생이 콩죽을 끓여오자 너무 감격하였고, 나중에 그를 의금부도사로 발탁을 했다는 이야기도 전해져. 음식 이야기 하나만 더 하면 인조는 어느 날 너무 맛있는 떡을 먹고 감격하여 어디서 난 떡이냐고 내시에게 물었대. 원래 집 나와서 굶다가 먹으면 뭐든지 맛난 법이긴 하잖아.

"전하, 누가 만들었는지는 모르고 이 근동에 임씨라는 아낙이 만들었다고 하옵니다."
"그러하냐? 어찌 이리 떡이 맛있을꼬? 임씨가 만들었으니 임절미구나, 임절미. 임절미. 인절미…."

상황은 웃기지만 실제 인절미가 인조에서 유래되었다고 해. 아무튼 백성들이 등 돌릴지라도 인조한테 붙어살던 기생충 같은 신하들은 충성을 다해야 할 거 아냐. 여기에 또 다른 웃픈 에피소드 하나 더 소개할게.

피난길이 당연히 꽃길만 있는 것은 아닐 것이고 물길도 있을 거 아냐. 급하게 집 나온 캠핑족에게 배가 있을 리 만무하잖아. 인조 일행이 강을 건너기 위해 나루터로 오는 것을 보고 뱃사공들이 다 숨어버렸대. 태워주기 싫어서. 민심이 천심이란 걸 이때라도 알았으면 좋았을 것을. 명색이 한 나라의 임금인데 자기도 대충 눈치는 챘을 거야. 식은땀 흘리며 민망함에 먼 산만 보고 있을 때 이경직이라는 자가 배 한 척을 구해왔어. 그런데 이 신하라는 것들이 임금도 안 탔는데 지들이 먼저 타겠다고 난리를 쳤다고 하니, 콩가루도 이런 콩가루 조정이 어디 있겠어? 부끄럽지만 우리 역사니까 알아두자고. 그리고 저런 자들을 국회로 보내지 않도록 안목을 길러야지. 그게 이 글을 읽고 우리가 해야 할 일이 아닐까? 우리 역사뿐만 아니라 로마사나 세계사를 보면 정신 나간 정치인들이 더 많아. 부끄러워할 필요 없어. 다만 분노할 필요는 있지.

> 이 신하라는 것들이 저 살자고 임금도 안 탔는데, 먼저 타겠다고 난리를 쳤다고 하니, 당시 나라 꼴은 안 봐도 비디오고 안 먹어봐도 콩가루 아니겠어?

이제는 이괄의 한양 입성기를 보자고. 《연려실기술》에 따르면 한양에 머물던 공직자들이 의관을 모두 갖추고 나와 이괄의 군대를 맞이했다고 해. 백성들이 길을 닦고 황토를 깔아 맞이했다고 하니 그야말로 화려한 컴백! 그런데 말이야. 이 당시 한양에서 백성들 사이에 유행하던 노래가 있었어. 그 노래의 내용이 '이놈이 오나 저놈이 오나 우리네 삶이 거지 같은 건 똑같다. 그러니 네놈이 잠깐 권력을 잡았다고 좋아하지 마라.' 뭐 그런 내용이었다고 해. 위정자들아! 백성들 무식하다고 얕보지 마라. 무서운 사람들이다!

그 나물에 그 밥인 이괄은 선조의 또 다른 아들인 흥안군을 왕위에 앉히고 자기가 실권을 장악해. 이로써 비록 3일간이지만 조선 하늘 아래에는 두 명의 왕이 존재하게 된 거야. 도망 중인 인조도 아직 엄연한 왕이니 말이야. 이때 인

그 나물에 그 밥인 이괄은 선조의 또 다른 아들인 홍안군을 왕위에 앉히고 자기가 실권을 장악해.

조에게 한 줄기 햇살 같은 충신이 나타나니, 그의 이름은 거짓말 같은 정충신鄭忠信.

정충신은 임진왜란이 일어나자 열일곱의 나이로 권율 장군의 휘하에 뛰어들어 큰 공을 세웠고, 훗날 정묘호란 때도 참전을 하니 평생을 전장에서 보냈다고 봐야지. 이괄의 난이 발생했을 때, 그의 나이 49세였어. 무르익을 대로 익은 '전쟁의 신'이라고 볼 수 있지.

"한양을 수복하고 이괄의 난을 조기 진압할 수 있는 방법은 단 하나이옵니다."

"무엇인지 말해보시오. 정 장군."

"고지전입니다. 안산을 점령하여 위에서 적들을 내려다보며 전투하는 것이옵니다."

지금 서대문구에 있는 안산을 지칭하는 게 맞아. 일명 연세대학교 뒷산. 벚꽃이 생각보다 괜찮으니 여의도만 가지 말고 여기도 가보길… 강추.

"고지전에서 고지를 점령하고 적을 상대하는 것이 유리하다는 것은 삼척동자도 아는 일이요. 이괄도 보통내기가 아닌데 우리 생각대로 불리한 안산 아래로 와주겠소?"

"이괄은 지금 승리에 도취하여 앞뒤 가리지 않고 오직 전진할 것이옵니다. 반드시 올 것입니다. 그리고 지금 민심이 우리 관군은 물론이고 조정을 완전히 떠나 있사옵니다. 민심을 돌리기 위해서라도 백성들이 이 전투를 보게 해

03 모략자들2

야 하옵니다. 관군의 승리로 끝나면 백성들도 안심하고 우리 정부를 다시 받아들일 것이옵니다. 이 고지전의 승리는 이괄의 난 진압뿐만 아니라 민심 회복의 계기가 되어줄 것이옵니다."

현대전에서 미사일 공격을 라이브로 보여준 것처럼, 정충신 장군은 안현 전투에 방청객을 초대했어. 그럼 어서 빨리 안현 전투의 현장으로 가보자고.

"아니, 이게 참말로 뭔 일이래? 백성들이야 피난을 안 간 걸 알고 있지만, 생각보다 사람들이 훨씬 많이 모였구마잉."
"불구경보다 재미난 것이 싸움 구경이라고 하질 않나. 관군과 반군이 전투를 미리 예고하고 싸운다니 이보다 더 좋은 구경거리가 어디 있겠나."

실제로 안현 전투를 구경하기 위해 모인 백성들이 너무 많아 안산 일대가 하얀 빨래를 널어놓은 것 같았다고 해. 우리가 어떤 민족이야? 백의 민족이잖아. 승리감에 도취해 있던 이괄의 군대는 불구덩이인 줄 아는지 모르는지 불나방처럼 안산 아래로 모여들었고, 정충신 장군의 작전은 대성공을 거두었어. 대군도 아니었고, 원래 치밀한 계획으로 움직인 것도 아닌 이괄의 부대는 안현 전투에서 대패한 후 각지로 흩어지게 됐어. 이괄은 겨우 측근 일부만 데리고 경기도 광주로 도망을 갔다고 해. 이런 난들은 보통 내부 배신자에 의해서 일단락이 되는 경우가 많잖아. 이괄의 난도 마찬가지였어. 이괄의 목에 어마어마한 현상금이 붙자 이괄의 부하들이 이괄의 목을 베어 공주에 있는 인조를 직접 찾아감으로써 마무리가 되었어. 물론 조정에는 또다시 피비린내 나는 숙청 작업이 이루어졌고, 북방의 군사들을 불러들여 한양 경비에 주력하게 했어. 이것이 이유가 되어 후금 군이 허술해진 북방을 유람하듯이 지나오는 계기가 되었지만 말이야. 정권이 바뀌어도, 난이 일어나도, 기승전백성의 고생으로 결말이 나니 우리 조상님들은 이렇게 한탄하지 않았을까?

"이 지랄 맞은 세상, 우리 백성들은 언제쯤 허리 펴고 살 수 있을까나? 한 500년 지나면 우리 손자의 손자들은 맘 편히 살겠지?"

조상님께 뭐라고 말씀을 드려야 할까? 400년이 지난 오늘날도 집 걱정, 취업 걱정, 노후 걱정은 우리 백성들만 하고 있으니 통탄을 금할 수가 없구나!

메이드 인 신라, 최종 병기

【구진천의 노弩】

'노(쇠뇌)'를 든 고대 중국 병사들. 신라인 구진천이 개발한 노는 천 보 거리까지 화살이 날아간다고 해서 '천보노千步弩'라고 불렸다.

665년 8월, 신라 문무왕은 당나라로부터 3자 회담에 참가하라는 공문을 받고 완전히 열이 뻗쳐 있는 상태였어.

문무왕이 참가하는 3자 회담이라면 나머지 사람들도 당연히 왕이 참가를 해야 균형추가 맞는 거잖아. 그런데 나머지 2명의 참석자들이 문무왕과 급이 맞지가 않는 거지. 하나는 당나라 장군 나부랭이 유인원이고, 마지막 참석자는 의자왕의 아들 부여융이었어.

신라에서는 왕이 나오는데 당나라에서는 장수 나부랭이가 나온다? 이건 강대국이니 충분히 감수할 수 있는 일인데, 문제는 마지막 참석자인 의자왕의 아들 부여융이야. 백제는 이미 5년 전인 660년 나당 연합군에 의해 멸망했는데, 백제의 전직 왕자와 무슨 회담에 나온다는 건지. 또 이번 워크숍의 캐치프레이즈는 '신라와 옛 백제 지역'이 서로 친하게 지내라는 거였어. 실체도 없어진 나라와 무슨 친목을 다지라는 거야? 여기에는 당나라의 검은 속내가 숨겨져 있었어. 나당 연합군을 결성해 백제를 멸망시키고 고구려도 멸망 직전까지 몰고 가니 당나라는 욕심이 생긴 거야.

'이야 이것 봐라? 골치 아픈 고구려나 무릎 꿇리려고 시작한 일인데, 이거 잘 하면 백제는 물론이고 신라 땅까지 다 먹을 수 있게 생겼는데?'

이런 흑심을 품고 구 백제 지역에 웅진도독부熊津都督府를 설치하고 심지어 금성 지역에도 계림도독부鷄林都督府라는 통치기구를 두었어. 신라를 더 이상 동등한 전쟁 파트너로 보는 게 아니었지. 신라 너희들은 이제 우리의 파트너가 아니라 하수인에 불과하다. 그러니 더 이상 존재하지도 않는 나라인 백제와 우호나 다지면서 고개 숙이고 있거라. 그리고 우리가 선봉이 되어 고구려 침공 때 군사나 차출해 도우라는 심산이었지. 그럼, 신라의 문무왕이 주관하는 신라의 비상 대책회의실로 카메라 앵글을 돌려보자고.

"우짜면 좋겠노? 3자 회담에 참석할 수도 안 할 수도 없는 노릇 아니겠나?"
"폐하, 당나라의 제안은 참으로 난감하고 어이없는 것이지만도, 우선은 뒷날을 도모해 참석하시는 것이 안 좋겠능교? 일단은 마, 비위를 좀 맞춰주고 나중에 큰 것을 취해야 안 좋겠습니꺼?"
"신도 같은 생각입니더. 아직은 마, 고구려가 남아 있는데, 인자 와서 나당 연합을 깨기도 곤란하지예. 일단은 절마들이 하라는 대로 몸을 숙이고, 고구려까지 잡은 후에 당나라를 박살 내는 것이 좋을 것 같습니더."
"아무래도 그렇겠제? 흠, 그럼 일단 취리산으로 가보께."

3자 회담이 열릴 장소는 현재 충남 공주에 있는 야트막한 취리산이었어.

"아이고~. 우리 신라의 문무왕님 어서 오라 해. 거, 인상 좀 펴라 해. 이게 다 우리 당나 연합군을 위해서 하는 일이라 해! 다, 대업을 이루기 위한 과정이 라 해."

"유인원 장군! 알지요, 알아. 내 다만 먼 길 오느라 속이 좀 안 좋아 그렇다 아입니꺼."

"알았다 해. 오늘 내가 귀한 손님 한 명 소개할라고 한다 해. 서로 아마 안면 있지 않나 해? 여기는 이번에 웅진도독부 책임자로 임명된 부여융이라 해. 자, 그럼 두 분 악수도 한번 하라 해. 그리고 부여융께서 오늘 회맹식을 위해 백마를 어렵게 구했다 해. 제물로 바친 백마의 피 나눠 마시고 세 나라의 우 애를 다지는 증표로 삼자 해."

"그…그라입시다. 유 장군, 근데 그 피를 꼭 마셔야 하요? 입술에 살짝 축이 기만 하입시더. 내 속이 영 안 좋아서."

"알았다 해. 그림만 잘 뽑으면 된다 해. 이봐, 거기 사관! 오늘 이 회담을 취 리산 회맹식이라고 기록하라 해. 그리고 거기 화공! 이왕이면 우리 세 사람 좀 다정하면서도 뭔가 결의에 차 보이게 신경 써서 그림 한번 뽑아달라 해."

이렇게 똥 씹은 표정의 신라 문무왕, 흑심 품은 당나라 장군, 나라 잃고 벼 슬 얻은 후 애매한 표정인 전직 왕자까지 3자 간의 취리산 회맹식이 끝났어. 입술에 백마의 피를 찍어 바른 채 어색한 미소를 지으며 말이야. 이후 나당 연 합군은 668년 마침내 고구려까지 함락시켰어.

이제 신라는 흑심 품은 당나라를 몰아내기 위해 본격적이고 치밀한 선제공

이제 신라는 흑심 품은 당나라를 몰아내기 위해 본격적이고 치밀한 선제공격 준비를 시작해. 당나라와의 전면전을 준비하고 있었어.

격 준비를 시작해. 먼저 668년 평양성 함락 직전 왜에 특사를 긴급 파견했어. 당나라와의 전면전이 곧 시작될 것인데 뒤에 있는 왜가 혹시 어떤 일을 벌일지 모르기 때문에 미리 외교적으로 손을 써놓은 거지. 왜의 조상들과 후손들을 봐도 뒤통수를 칠 수 있다는 것은 충분히 예상 가능한 일이잖아.

《삼국사기》 신라 본기에 따르면 평양성 함락 후 신라는 죄수들의 대대적인 사면 정책을 실시해. 로열패밀리가 돈 받고 재벌들과 형량을 거래하는 추잡한 짓이 아니야. 거대한 상대와 전면전을 치르기 전 국내의 병력 확보와 민심을 얻기 위함이지. 죄수 사면뿐만 아니라 극빈자들에 대한 부채 탕감도 실시했고 전쟁으로 무너진 중산층을 살리기 위해 식량 원조 등의 다양한 구휼책까지 펼쳐.

"국민 여러분! 항간의 소문은 모두 사실입니다. 최근 정부가 실시하는 모든 시책은 여러분의 마음을 얻기 위함입니다. 하지만 백성 여러분의 부족한 살림에 턱없이 부족한 것을 너무나 잘 알고 있습니다. 그러나 여러분들도 다 알다시피 삼국통일이 눈앞에 있습니다. 어렵게 잡은 이 기회에 온 나라가 힘을 모아 동아시아 최강국 당나라와 멋지게 한번 싸워야 하지 않겠습니꺼. 우리가 먼저 전선으로 나가겠습니더. 그러니 국민 여러분 마지막까지 힘을 짜내 저희를 믿고 따라주이소."

국민들의 사기는 어느 때보다 높았어. 임금이 도망치고 행정부가 무너져도 제일 먼저 일어나는 게 의병이었어. 그런데 이번에는 행정부가 먼저 나서서 백성들을 독려하고 솔선수범하니, 온 나라의 사기가 최고치에 다다를 수밖에 없었어.

04 팩트 체크1

그런데 669년 겨울, 당나라에서 신라 최고의 무기 기술자 구진천仇珍川의 차출을 강력하게 요구해.

문무왕은 긴급 상황을 맞아 공식 일정이 없는 날인데도 불구하고 각료들을 관저가 아닌 긴급 상황실로 불러들여. 기술자 한 명 가지고 무슨 긴급 회의냐고? 모르는 소리하지 말고 회의나 귀 기울여 들어보자고.

"마마, 당나라에서 새로 들어온 비단으로 새 용포를 재단하기로 한 날인데, 쪼매 시간을 내시어 먼저…."

"뭐야? 이런 정신 나간 자를 봤나? 지금 하이테크놀리지 원천 기술을 가진 무기 제조자가 적국으로 끌려가게 생겼는데, 왕인 내가 옷치장에 시간을 내라꼬? 너거들 같은 놈 때문에 백제가 망하고 고구려가 망한 기라. 니넌 이따 회의 끝나고 다시 보자꾸마. 지금은 내가 모범을 보여야 할 땐기라. 어서 구진천에 대한 브리핑이나 시작하시오."

성명: 구진천.
출생: 국가 기밀.
직책: 사찬(6두품).
핵심 보유기술: 기계활 노弩 제작의 달인.
구진천 노의 성능: 사정거리가 천 보 이상. 타의 추종을 불허하는 사정거리와 쉬운 사용법. 동아시아 일대에 이미 짝퉁이 널리 퍼진 병기이나 구진천의 노는 명품 그 자체임.
구진천 당나라 전향 시 예상 피해 규모: 큰일 남. 전쟁의 성패를 좌우할 걸로 예상.
대책: 없음. 오직 구진천 개인의 성품을 믿고 애국심에 호소하는 방법.

"장군! 지금 저걸 대책이라고 내놓은 긴가? 당나라는 구진천에게 온갖 재물

국내 최고의 무기 기술자 구진천이 당나라에 무기를 만들어주고 대량생산에 성공한다면 신라군에게는 재앙이나 다름이 없는 일이었어.

과 명예를 보장하면서 손가락 까닥하면 그를 쥐어뻘 수도 있는 상황이라. 한데 우리가 그자에게 해줄 수 있는 일이 애국심에 호소하는 것 말고 암것도 없는 긴가 말이다. 너무 무기력한 거 아이가."

"하지만 우리는 아직 전쟁 준비가 안 되었습니더. 그리고 전력이 약한 우리는 반드시 선제공격을 해야 합니더. 선제공격의 효과를 극대화하기 위해서는 모든 일은 극비로 진행해야 합니더. 만약 우리가 구진천을 내놓지 않으면 당나라는 우리를 의심하지 않겠능교?"

이렇게 우리의 구진천은 엄청난 무기 제조 기술을 보유했지만, 고국에서 부귀영화를 누리는 것은 고사하고, 적국에 인질로 잡혀가게 됐어. 구진천을 떠나 보내고 신라는 고구려 유민들도 받아들이며 막바지 전쟁 준비에 박차를 가했어. 구진천이 당나라에 무기를 만들어주고 대량생산에 성공한다면 신라군에게는 재앙이나 다름이 없는 일이야.

드디어 때가 왔어. 신라는 670년 3월, 설오유薛烏儒 장군과 고구려 부흥군인 고연무高延武 장군에게 각 1만의 병사를 배정했어. 그리고 이들을 선봉으로 한 신라군은 압록강을 횡단해 당나라에 선제공격을 감행했어. 선제공격의 결과는 대승리였어. 물론 구진천이 만들어놓고 간 활이 큰 역할을 했지. 하지만 이후로도 당나라를 완전히 우리 영토에서 쫓아내는 데까지 7년이라는 시간이 걸리는데….

아! 우리의 구진천은 어떻게 되었냐고? 당나라와 7년간 전쟁하는 동안 당군이 구진천의 병기를 사용하진 못했어. 그의 출생연도 기록도 없고, 당나라에 끌

04 팩트 체크1

려간 후 사망에 대한 기록도 없어서 자세한 건 알 수 없어. 다만 아래의 이야기만 전해진다고 해. 이 이야기를 들어보면 그의 신변에 일어났을 일을 짐작해볼 수 있어. 그럼 시간을 잠시 돌려 구진천이 당 황제를 처음 만나는 순간으로 가보자고.

"오! 그대가 신라의 보물 구진천이라 해? 진짜 반갑다 해. 우리 당나라는 당신을 위해 많은 것을 준비했다 해. 쾌적한 환경의 연구실과 숙소로 사용될 펜트하우스, 무기 제작 완료 시 지급될 땅문서와 연금 보장 증명서 여기 다 있다 해. 그리고 최고의 요리사와 의료진이 항시 대기 중이니 님은 그저 빨리 그 신묘한 무기를 만들어 짐에게 보여달라 해."

"예… 예…. 소인 비록 미천한 재주이지만 성심성의껏 만들어 황제 폐하가 베풀어주신 은공에 보답하겠습니다."

그날 오후부터 무기 제작에 들어갔고, 당나라 군인들의 감시와 독촉 속에 구진천은 마침내 시제품을 완성했어. 당 황제는 군사 전문가는 물론이고 각계각층의 인사들을 불러 모아 성대한 론칭 행사를 준비했어. 마치 천재 무기 제조업자 '토니 스타크'가 신무기를 공개하는 것처럼 말이야.

"자, 이제 우리 사람도 구진천의 노를 전투 현장에서 사용할 수 있다 해. 오늘 그 화려한 데뷔 무대를 같이 즐기자 해. 특별히 무기 제작자인 신라 출신 구진천이 첫발을 쏘겠다 해."

많은 군중의 박수와 환호 속에 등장한 구진천의 표정은 완전히 굳어 있었어. 한 치의 의심도 필요 없이 이 무기는 동포를 향할 테니까 말이야. 구진천이 마침내 힘껏 시위를 당겨 활을 날려 보내자 황제를 비롯한 모든 관중은 침을 삼키며 화살 끝에 눈을 맞췄어. 그런데 이게 웬일이야? 화살은 창공을 가르는 날렵한 몸짓 대신 자전거 바퀴 바람 빠지는 소리를 내며 30보도 못 가서 비실비실 땅에 떨어지고 말았어. 하지만 구진천은 당황하지 않고 귀빈석을 향해 불만의 소리를 터트렸어.

"에이… 역시… 황제 폐하, 제가 이럴 줄 알았습니더. 작업 환경이나 부대시설이 아무리 좋으면 뭐 하겠능교? 누차 말씀 드렸다시피. 신라의 목재로 만들어야 한다 아입니꺼? 당나라 목재는 아무짝에도 쓸모없습니더. 신라에서 목재를 구해다 주십시오. 그때까지 저는 지친 심신을 재충전하겠습니더."

기술을 가진 슈퍼 갑 구진천의 엄포에 을인 당 황제는 당장 신라에서 목재를 구해오라고 지시를 내렸어. 저 시대에 신라에서 목재를 베어서 배로 싣고 오려면 얼마나 오랜 시일이 걸렸겠어? 신라는 전쟁 준비에 시간 벌고 개이득!

당 행정부는 많은 사람들을 불러놓고 개망신을 당한 첫 번째 쇼케이스에 충격이 가시지 않았는지 이번에는 소수의 VIP만 초대해, 두 번째 테스트를 진행했어. 이번에는 힘 좋은 당나라 장군이 시위를 당겼고 모두의 예상대로 화살은 30보를 넘게 날아갔어. 곧이어 당 황제가 통역을 불러서 구진천에게 자신의 말을 감정을 살려 전달하라고 이야기를 해.

"참으로 큰일을 해냈다 해. 지난번에는 30보밖에 안 나가더니 이번에는 무려 2배인 60보가 나가게 되었다 해. 이대로라면 내 아들 대에 가야 마침내 천 보에 다다를 수 있겠다 해. 너는 도대체 뭐 하는 놈이냐 해? 내가 너에게 모든 것을 다 제공하였는데 너는 어찌 이런 배은망덕으로 갚느냐 해? 이유나 말해보라 해. 넌 어차피 죽은 목숨이다 해."

이에 구진천은 또다시 당황하지 않고 침착한 표정으로 대답해.

"사실 이번에도 또 속으시면 목재 운반 도중 습기가 차서 그렇다고 말하려 했습니다. 한데 입은 삐뚤어져도 말은 바로 하란 말이 있습니다. 배은망덕이라고 했능교? 돈과 출세를 버리고 나의 나라와 나의 백성을 택한 제가 배은망덕 입니꺼? 이제 제 군은 의지는 확인하셨으니 저를 죽이든지 말든지 알아서 하이소. 내 손으로 동포의 심장에 겨눌 활을 만드는 일은 없을 것입니더."
"도대체 왜 그랬느냐 해? 인간적으로 이해가 안 가서 묻는다 해. 넌 모든 걸 가질 수 있었다 해."
"쪽팔리지 않게 위해서입니다. 신라에는 지와 같은 신념을 가진 지식인 및 기술자들이 차고 넘칩니다. 배우고 가진 자가 돈에 영혼을 팔고 칼 앞에 목숨을 구걸하고 싶지 않았습니다."

아쉽게도 이후 구진천에 대한 기록은 없어. 여운을 잠시 남겨두고 다시 전쟁 이야기로 돌아가보자고.

676년 11월, 기벌포伎伐浦 해전을 끝으로 당나라는 우리 영토에서 완전히 물러났어. 당나라가 신라의 끈질긴 공격에 고전한 것도 사실이지만 전략적으로 포기한 것도 사실이야. 그 당시 토번(오늘날의 티베트) 지역이 당에 맞서 크게 들고 일어났기 때문에 병력을 그쪽으로 집중시킨 거야. 이 지역은 그 유명한 실크로드이기 때문에 어마어마한 돈과 이권이 걸려 있었거든. 당나라는 구진천과 달리 (부끄러움을 느끼지 않고) 전력이 약한 신라에게 꽁무니를 보였어. 실크로드의 이권을 좇아 떠난 거야.

최근 신라가 삼국통일을 안 하는 게 나았다는 의견들도 많지만, 인정할 건 인정해주자고. 고구려가 아닌 신라가 삼국을 통일했다는 것에는 그럴 만한 많은 이유가 있었을 거야. 그중에는 구진천 같은 숨은 인재들의 힘이 크지 않았을까? 이런 인재를 중시하는 (블랙리스트 대신 문화와 예술을 존중해주는) 신라였기에 신라 시대에 예술과 문화가 활짝 꽃피울 수 있었겠지. 영화 대사에 그런 말이 있잖아. "오래 살아남는 놈이 강한 것이여." 역사를 공부할수록 느끼는 건데 정말 오래가고 살아남는 건 총칼을 앞세운 폭력이 아니라 사람에서 시작되는 신념과 문화라는 생각이 들어.

"신사임당, Who? 나 허초희야!"

【천재 시인 허난설헌】

강릉 초당동 이광노 가옥에 위치한 허초희의 초상화. 그녀는 우리나라 여성으로는 최초로 문집을 낸 시인이다.

#장면 1

조선 14대 왕 선조가 즉위한 지 4년이 막 지난 1571년의 어느 날 일어난 일이야. 마치 무협지 제목 같은 '광한전 백옥루 상량문'이라는 시 하나가 조선 문단을 발칵 뒤집어 놔.

"이것이 정녕 여덟 살짜리 여자아이가 쓴 시란 말이오?"

"그렇답니다. 허엽許曄의 여식 허초희가 쓴 시라고 합니다."

"허참, 이거 부끄럽구먼. 우리는 이 나이 먹도록 뭘 했는지."

"그리 생각할 일이 아닙니다. 이런 시는 천재만이 지을 수 있는 시이니 우리 같은 범인들이 부끄러워할 일은 아니라고 봅니다."

"역시 자기 위안에는 천재올시다."

이 시대가 어느 시대라고? 그래 맞아! 여자 지옥 남자 천국 조선이 아닌가! 성리학의 나라 조선에서 여자가 시를 쓴다?

"그나저나 여덟 살짜리 계집이 어찌 이런 상상을 했을까요? 내용인즉, 신선들만 산다는 광한전 백옥루 상량식에 자신이 초대를 받아 상량문을 지었다는 말이잖습니까. 여자들의 시란 그저 임을 그리워하는 상열지사의 범주를 벗어나지 못하는 줄 알았더니. 이 시는 스케일이 그야말로 범우주적이요!"

#장면 2

허초희는 한 많은 스물일곱의 짧은 생을 마감하면서, 천재들만이 할 수 있는 유언을 남겨.

"내 글을 모두 태워버려라."

방 하나를 가득 채우고도 남을 엄청난 양의 작품이 있었지만, 불행하게도 허초희의 유언을 충실히 따랐던 사람들이 있었어. 하지만 불행 중 다행으로 그의 동생이 남은 작품들을 모아 책을 만들기로 결심했어. 그리고 당대 최고의 학자 류성룡柳成龍에게 찾아가 책 서문을 써달라고 부탁해.

"대감, 송구합니다만 요절한 제 누이의 글들입니다. 세상 빛을 보지 못하고 묻히기에는 너무나 아까워, 제가 이리 청을 드리러 왔습니다."
"뭣이라? 자네 형님이나 아우의 글이 아니고 누이의 글이라고?"

류성룡은 《홍길동》의 저자 허균이 직접 부탁을 했기에 글을 보기는 했지만 의아함을 떨칠 수 없었어. 이 시대가 어느 시대라고? 그래 맞아! 여자 지옥 남자 천국 조선이 아닌가! 성리학의 나라 조선에서 여자가 시를 쓴다? 그것도 결혼 후 작품 활동을 이어왔다고? 열린 마인드의 류성룡도 고개를 갸웃거릴 수밖에 없었어. 그래도 허균이 사사로운 부탁을 할 사람은 아니니, 어디 읽어나 보자는 마음이었지. 누나의 글을 다 읽은 류성룡을 바라보며 허균은 긴장된 목소리로 물었어. 류성룡의 표정이 몹시도 일그러져 있었기 때문이야.

"대감마님, 어떻습니까?"

"흠… 세상이 어찌 이리 불공평할 수가 있나! 하늘은 어찌하여 이런 미친 재능을 자네 집에만 몰아주었단 말인가! 남동생은 《홍길동》을 썼고, 누나는 이런 시를!"

"그렇지요? 《홍길동》 버금가는 베스트셀러가 될 수 있겠지요?"

하지만 류성룡의 극찬에도 불구하고, 임진왜란이 일어나는 바람에 책의 출간은 무기한 연기되었어. 이후 정유재란 때 명나라 사신으로 왔던 오명제라는 학자가 신라부터 조선까지 100여 편의 아름다운 한국 시를 엮어 중국에서 출판을 하게 되었고, 여기에 오늘의 주인공인 허난설헌의 시도 포함되었지. 이 책이 대륙에 허난설헌 한류 열풍의 기폭제가 될 줄을 아무도 몰랐어. 몰랐지? 허초희는 허난설헌의 본명이야. 허균은 대륙의 사신을 접대하던 중 누이 허난설헌의 폭발적 인기를 실감하게 되었어.

"저기, 허균님아! 우리 사람 당신 누나 시 너무 사랑한다 해! 제발 당신 누나 글 좀 더 구해달라 해. 금은보화 필요 없다 해. 돈과 미인은 우리나라가 더

허난설헌의 앙간비금도와 친필 글씨. 그녀는 글뿐만 아니라 그림에도 능했다. 일반적인 서화에 여인이 등장하지 않는 것과 달리 이 그림에는 여자아이가 등장한다.

많다 해."

"아? 그러하오?

"지금 우리 사신단 완전 피곤하다 해. 중국 문단에서 억만금을 주고라도 당신 누나 책 구해오라 해서 완전 피곤하다 해. 지금 출간된 책들이나 미발표작도 다 구해달라 해."

이렇게 허균은 《난설헌집蘭雪軒集》을 중국 사신들에게 전해주었고, 이는 곧 대륙에서 베스트셀러가 되었어. 대륙의 베스트셀러인데 일본이 영향을 받았겠어, 안 받았겠어? 열도 또한 허초희 아니, 허난설헌의 시라는 쓰나미를 맞게 되었지.

"조선에 이리 대단한 여성 시인이 있어쓰무니까?"

이 정도면 허난설헌께서 신사임당 "Who?"라고 외칠 자격이 되지 않을까? 이분의 작품과 인생사를 돌아보면 힙합 전사 같다는 느낌이 들어. 제대로 걸크러시야! 부조리한 사회를 비판하는 '투팍' 같은 레전드 래퍼처럼 그녀도 세상을 향해 그녀만의 목소리를 냈어. 극심한 인종 차별과 가난이라는 난지도 매립지 같은 환경에서도 흑인들이 힙합이라는 꽃을 피워냈듯이, 상상 초월의 조선시대 여성 차별 속에서 허난설헌은 시라는 꽃을 피워내고야 말았어. 그럼 어디 그녀의 삶 속으로 한번 들어가볼까?

허초희는 여성으로 살기엔 역대 최악인 조선에 태어났지만, 그나마 금수저를 물고 태어났어. 아버지 허엽이 동인의 당수였어. 요즘으로 치면 주요 정당의 대표였던 거지. 동인 중에서도 북인계에 가까운데 이쪽이 열린 사고를 가지고 있었기에 초희는 여자였지만 어린 시절부터 글공부, 그림 공부 등 아녀자들은 받기 어려운 교육을 받을 수 있었어. 여기에 그녀의 천재적 재능이 합쳐지니 놀라운 결과물이 나올 수 있었던 거지. 이렇게 아버지가 기초공사를 튼튼히 했고, 뒤에 나선 것은 허초희 인생의 멘토! 열두 살 연상의 오빠 허봉許篈이야.

허봉은 어느 날 당대 최고의 시인으로 이름을 날리고 있던 자신의 절친 이달을 찾아갔어.

"여보게, 이달. 뭣하고 있나? 또 신세타령이나 하고 있는 게야?"

"뭐라고 떠드는 게야? 자네처럼 금수저 물고 태어난 자가 서자의 설움을 알 기나 알고 나불거리는 겐가?"

"오늘 유달리 까칠한 거 보니, 조만간 좋은 작품 많이 나오겠구먼, 허허허."

"객쩍은 소리 그만하고 용건이나 말하시게."

"내 여동생 소문은 들어서 알고 있지? 그냥 두기 아까우이! 자네가 제자로 받 아주게. 덤으로 균이라는 남동생도 있는데, 그놈도 싹수가 보이는 것이 가르 칠 맛이 날 게야. 조선 팔도에서 그 아이들을 가르칠 사람은 자네뿐이야. 내 이리 간곡히 청하네."

이렇게 서자 출신으로 벼슬길은 막혔지만, 실력만큼은 당대 최고인 이달이 초 희, 균 남매의 스승이 되니 화룡점정을 찍은 거지! 허초희는 '최고의 스승+천부 적 재능=수많은 명작'을 양산해내며, 꿈같은 시절을 보내고 있었어. 그러던 어느 날 아버지가 초희를 조용히 불렀어.

"초희야, 너도 이제 과년한 열다섯이구나. 이 아비가 괜찮은 집 자제를 구해
냈으니, 결혼 준비를 하도록 하여라."

"아버님, 제 서방님이 되실 분이 누구신지요?"

"김성립이란 자로 너보다 한 살 많은 안동 김씨 자손이다. 5대에 걸쳐 문과
에 급제한 명문가의 자제다."

"아버님, 저는 제 의사가 반영되지 않는 결혼은 결사반대이옵니다. 그분을
먼저 만나 뵙고 결정하게 해주세요."

"뭬야? 내가 널 아무리 자유롭게 키웠지만 그건 안 될 말이다. 초희야, 남자
가 여자를 먼저 보자는 것도 아니고 네가 어찌! 잔말 말고 이번에는 이 애비
를 믿고 따르거라."

"…."

"내 오늘 그 집으로 가 이야기를 매듭지을 예정이니 넌 더 이상 왈가왈부하
지 말도록 하여라."

아버지가 집을 나선 후 초희는 몸종을 불러 남장을 하기 시작했어.

"아씨, 지금 이 꼴로 어디 가시려는 겁니까?"

"내 서방님이 될지도 모르는 분의 얼굴이라도 보려고 이러는 게야. 남장을
하지 않으면 그 집안에 들어갈 수 있겠느냐?"

"아씨, 지금 미치신 거 아닙니까? 지금은 조선 시대이옵니다. 대감마님 눈에
띄는 날에는 쇤네까지 죽습니다요."

몸종 말을 들을 리 없는 허초희는 남장을 하고 시가에 가서 김성립을 몰래

훔쳐보고 돌아온 후 밤새 울었다고 해. 이유는? 말해 뭐해. 열다섯 살 허초희의 시집살이는 몹시도 고되었다고 해.

"너희 집안은 참으로 이해가 되지 않는구나. 어찌 아녀자가 글을 읽으며, 더군다나 시를 쓴다고? 푸하하. 나 참, 기가 막혀서. 사돈어른께서 도대체 무슨 생각을 하며 사시는지 이해가 안 가는구나."

"어머님, 아무리 제가 밉더라도 가족은 건들지 마십시오. 행복한 가정을 위한 불문율인데 어찌하여…."

"뭐야? 이런 어디서 감히 시어미에게 꼬박꼬박 말대꾸야! 이래서 가정교육이 중요하다니까! 나 참, 진짜 어이가 없네."

시어머니한테 시달리면 남편이라도 사랑으로 부인을 감싸줘야 하는데, 김성립은 과거시험을 핑계로 심지어 집에 잘 붙어 있지도 않았어. 허초희는 지인들에게 세 가지 한이 있다고 말했대. 조선에서 태어난 것과 여자로 태어난 것, 그리고 이백이나 두목 같은 남편을 만나지 못한 것. 여기서 두목은 두보의 오타가 아니고, 시인의 이름이야. 허난설헌이 특히 좋아했던 시인이었다고 해. 지금 시대와 별반 다르지 않았어. 가난이 개인의 성공과 출세의 발목을 잡듯이, 엄청난 성차별은 천재 시인 허초희를 막돼먹은 며느리, 부인으로만 취급을 한 거야. 이런 와중에도 그녀의 창작 활동은 이어지는데 '소년행少年行'과 '동선요洞仙謠'라는 시를 통해서는 무절제한 조선 남성들의 삶을 비판하고, '빈녀음貧女吟'이라는 작품을 통해서는 민중의 고된 삶을 달래주었어. 주저앉아 신세타령이나 한 게 아니고 사회의 부조리를 노래하고, 이상 세계를 꿈꾸었어. 하지만 안타깝게도 스물일곱 송이 꽃이 지듯이 허초희는 27세에 요절을 하게 되는데, 사망할 즈음하여 여자로서 겪을 수 있는 최악의 풍파를 겪어. 먼저 시인의 틀을 마련해준 아버지와 스승을 소개시켜준 자신의 절대적 지지자 오빠까지 당파의 소용돌이 속에 목숨을 잃게 돼. 설상가상 어머니로서 상상조차 하기 싫은 자식들의 죽음에 잇따른 유산까지. 이 모든 악재들은 선천적으로 연약했던 그녀를 벼랑으로 몰고 갔어. 끝으로 마치 자신의 죽음을 예견한 듯한 그녀의 시가 있어 소개하고 글을 마칠까 해.

몽유광상산시夢遊廣桑山詩 _허난설헌

푸른 바닷물이 구슬 바다에 스며들고, 푸른 난새는 채색 난새에게 기대었구나.
부용꽃 스물일곱 송이가 붉게 떨어지니, 달빛 서리 위에서 차갑기만 해라.

《토정비결》의 원작자는 누구인가

【토정 이지함과 애민정신】

서울 마포에 위치한 토정 이지함의 동상. 그는 양반의 신분이었으나, 금수저로서의 기득권을 포기하고 백성들 삶의 한가운데 서고자 한 인물이다.

독자 여러분 안녕하십니까? 최근 보고도 믿기지 않을 기인이 저잣거리에 출연하여 화제가 되고 있습니다. 이에 저희 '조선 기인열전'에서 직접 찾아가보기로 했습니다. 《선조수정실록》 11년 7월 기록에 따르면, 그 기인은 머리에 가마솥을, 신발은 나막신을, 한 손에는 지팡이를 짚고 갈지자로 걷는다고 하는데, 음주 측정 결과 술은 전혀 마시지 않았다고 합니다. 더욱 놀라운 사실은 식사는 열흘에 한 번 정도 머리에 쓴 가마솥을 내려 밥을 지어 먹고, 무더운 여름에도 좀체 물을 마시지 않는다고 합니다. 심지어 길거리에서 선 채로 3일 정도 숙면을 취한다고 하니 계룡산에서 내려온 도인일까요? 그럼, 직접 인터뷰를 해보겠습니다.

"선생님 도대체 왜 이런 행색으로 거리를 활보하고 계십니까? 지나가는 행인

삿갓을 쓰고 전국을 유랑한 방랑 시인 김삿갓처럼, 이지함도 가마솥을 쓰고 전국을 유랑하기 시작했어.

들의 손가락질에도 전혀 개의치 않으시는데요. 사연이 몹시도 궁금합니다."

"어허, 리포터 양반 그 성격깨나 급하시구면. 마포에 있는 우리 집에 가서 자세한 이야기를 들려주리다. 따라오시게나."

이 기인의 정체는 《토정비결》의 저자로 추정(?)되는 토정 이지함(李之菡, 1517~1578)이야. 이지함은 당시 전국의 물산이 모여드는 해운 물류의 중심지 마포에 주거지를 정하고 있었어. 양반은 절대 장사를 하면 안 된다는 시대정신이 지배하고 있을 때 금수저를 물고 태어난 그가 천민들의 거주 지역인 마포에 땅굴을 파고, 그 위에 흙으로 된 정자(토정)를 짓고 사는 것부터가 상식 밖의 행동이었어. 오늘날 마포대교 입구에서 상수동 초입길에 '토정로'라는 이름이 붙은 것도 다 이런 이유가 있었던 거야. 말이 나온 김에 주변 지명의 유래를 잠시 살펴보면, '광흥창'은 조선 시대 관리들의 봉급을 지급하던 곳, '염리동'은 소금 창고가 있던 곳이야.

자, 이지함이 이런 기인이 된 것에는 필경 곡절이 있을 터, 그의 출생부터 인생의 결정적인 주요 장면들을 살펴보고 그의 행동의 원인을 유추해보자고.

이지함은 1517년 충남 보령에서 태어났는데, 마포만큼이나 주요 활동 무대였던 이곳에는 지암재라는 고갯길이 있었어. 이 명칭이 지금도 남아 있어. 고려의 천재 목은 이색李穡의 6대손으로 태어난 그는 안타깝게도 스무 살이 되기도 전에 부모님을 여의고, 형과 함께 한양으로 올라오게 되었어. 학위는 화담 서경덕 스쿨에서 받았어. 설현+수지급 미모의 황진이를 고이(?) 돌려보낸 화담의 제자답게 천문, 의학, 수학, 역학 등에도 능통했어. 처가가 억울하게 역모에 휘말려 멸문한 사건과 한양에서 하루가 멀다 하고 만나던 '베프' 안명세安名世의 억울한 죽음은 본격적인 '기인 라이프'의 시발점이 됐어.

"이보게, 명세! 내 자네 뜻은 충분히 존중하지만 요즘 시국이 워낙 어수선하여, 자네 걱정으로 밤잠을 못 이루고 있네."
"국가가 비밀을 보장하는 사관의 기록을 자신들의 치부를 감추기 위하여 수정을 요구하는 파렴치한 권력자들의 뜻을 따를 생각이 전혀 없네. 죽음으로 그들에게 맞설 것이네."

승정원에 근무하던 안명세는 을사사화에 대한 기록 수정을 요구받았으나, 온갖 협박과 고문에도 그 뜻을 굽히지 않았어. 국가 기록물을 거짓으로 기록하라는 권력자들에게 맞선 대가는 사형이었어.

"사공이 많으면 배가 산으로 간다더니, 조선이라는 배는 이제 곧 침몰하겠구나. 컨트롤 타워를 잃은 조선호에 탄 백성들만 가엾구나. 처가와 친구도 지킬 수 없는 이런 세상에서 벼슬을 하면 무엇하리. 제정신으로 살아가기조차 힘들구나. 팔도를 유랑하며 살아가련다."

삿갓을 쓰고 전국을 유랑한 방랑 시인 김삿갓처럼, 이지함도 가마솥을 쓰고 전국을 유랑하기 시작했어. 이지함은 이 전국 국토 순례를 통해 전국의 상권을 파악하고, 이렇게 얻은 고급 정보를 백성들을 위해 사용했어. 이때 이지함의 맹활약을 모티브로 박지원이 소설 《허생전》을 썼다는 아주 신빙성 있는 이야기가 전해져. 유몽인의 《어우야담》에 따르면 이지함은 어느 날 박씨를 가지

화담 스쿨 졸업생답게 조선의 노스트라다무스급 예언의 사례도 기록에서 찾아볼 수 있는데 심지어 자신의 죽음까지 예견했다고 해.

고 한 무인도에 들어갔다고 해.

"토양, 바람, 모든 것이 최상의 조건이구나. 1등급 바가지를 만들어 팔면 수익률이 짭짤하겠구나."

박을 키우기에 최적의 장소를 찾아 토지 임대료도 없는 무인도에서 수만 개의 박을 키운 후, 바가지를 만들어 판 돈으로 1,000석에 이르는 곡식을 샀어. 그 쌀을 가난한 백성들에게 나눠주고, 그가 한 행동이 뭐였을 거 같아? 도포 자락을 휘날리며 뒤도 안 보고 돌아섰다고 해. 저기… 넘아 집에 생활비는 갖다줘야…. 화담 스쿨 졸업생답게 조선의 노스트라다무스급 예언의 사례도 기록에서 찾아볼 수 있는데 심지어 자신의 죽음까지 예견했다고 하니, 이런 능력을 부러워해야 하나 말아야 하나. 자신이 죽을 날을 알고 살아가는 건 행복일까? 저주일까? 이지함은 자신의 최애 제자 조헌趙憲과 아래와 같은 대화를 나누었다고 해.

"며칠 전에 혜성이 떨어지는 것을 보았네. 앞으로 15년 후에 우리 조선에 피바람이 불 것이니 모두가 대비를 해야 할 것이야. 그리고 나는 아산에서 생을 마칠 것이고, 자네는 금산에서…."

아니 무슨, 최애 제자라면서 죽을 날을 미리 알려줘서 인생에 초를 치고 계신담. 《토정비결》에는 백성들의 사기 진작을 위해 70% 이상이 좋은 말만 있는데, 꼭 제자의 죽음까지 예고했어야 했나? (팩트 체크: 이지함은 훗날 아산 현감으로 부임하여 1년 후 그곳에서 사망. 예언 16년 후 임진왜란 발발. 소름 쫙! 조헌은 임진왜란 중

의병장으로 일어나 금산 전투에서 사망. 후덜덜…) 결혼 초기 처가에 머물던 이지함이 어느 날 밤 식솔들에게 최소한의 짐만 챙기라고 말하자, 그의 아내가 이렇게 말했어.

"서방님 아닌 밤중에 이게 무슨 일입니까?"

"부인, 미안하지만 모든 시그널이 부인 집안의 멸문지화를 가리키고 있소. 안타깝지만 일단 우리는 서쪽으로 피해야 할 것 같소이다."

(팩트 체크: 얼마 후 이지함의 처가는 역모죄로 풍비박산이 나고 말았어.)

이지함이 전국을 유랑하는 와중에 펼친 활약상과 그 명성이 최고위층까지 알려지게 되었고, 특채로 경기도 포천 현감으로 발령을 받게 되었어. 이제 각종 SNS를 통해 제보받은 이지함의 미담을 쏟아낼 테니 모두들 훈훈해질 각오 단디 하셔!

#미담 1

"아니 첫날부터 군기 잡으려고 그러시나, 참나! 전국에 명성을 떨치던 처사라 임금께서 특별 채용하셨다는데 소문이랑 영 다르구면."

"그러게 말이야. 항상 백성만을 생각한다는 양반이 9첩 밥상이 마음에 안 든다고 물리라고 하니, 역시 벼슬에 오르면 사람은 변하기 마련인가 봐."

"나으리, 20가지가 넘는 반찬을 올렸는데 또 물리치셨습니다."

"아니, 이 양반이 진짜 지금 타의적으로 1일 1식 하는 백성이 태반인데 너무 하는 거 아니야?"

"나으리, 그게 아니옵고 새로 부임하신 현감님께서 오늘 마련한 두 번의 상은 주민들에게 나눠주라고 하셨습니다. 그리고 앞으로는 오곡밥과 나물국 외에는 절대 올리지 말라는 불호령을 내리셨습니다요."

#미담 2

"여봐라, 저 고을 한가운데 어울리지도 않게 있는 연못을 당장 메우도록 하라."

"아니! 지금 미치신 거 아닙니까? 저 연못에서 잡은 물고기를 임금님께 진상을 하는데 그 연못을 메우라니요?"

"너는 눈과 귀를 백성을 위해 열고 있지 않구나? 백성들이 농사지을 시간에 진상할 고기를 잡느라 효율성이 제로에 가깝고, 그로 인해 받는 스트레스가 이만저만이 아니더라. 자네는 아직 그것도 모르고 있었단 말이냐? 모든 책임은 내가 독박으로 뒤집어쓸 것이니, 자네는 내가 시키는 대로나 하게."

"아니 그래도… 어명인데… 저야 뭐 까라면 까겠지만."

"옛 성인들 말씀에 임금의 하늘은 백성이고 백성의 하늘은 먹을 것이라고 했다. 백성이 굶어 죽어 나가는 판에 뭔 놈의 민물고기가 중요하단 말이냐."

#미담 3

"오늘부로 우리 고을 국유지에 움막을 짓고 그 이름을 '걸인청'이라고 명하노라. 그리고 지금 당장 나가서 걸인들을 모아 그곳에서 기거하게 하도록 하라."

"나리의 큰 뜻은 알겠사오나, 걸인이 한두 명이 아니옵니다. 그자들에게 한두 끼 음식을 제공한다고 해결될 사안이 아니온데, 그렇게 무작정 모아놓으라 하시면 행정적으로 문서적으로도 참으로 난감하옵니다."

"나라가 백성들의 가난을 구제하지 못해 그들이 걸인이 되었으니, 나라가 재기를 도와야 하지 않겠느냐? 그들이 재기할 수 있도록 내가 한 명 한 명 붙들고 기술과 장사하는 방법을 가르칠 것이다. '아프니까 백성이다' 하고 참고 견디라는 위로가 그들에게 무슨 도움이 되겠느냐?"

이지함은 '아프니까 백성이다'라며 참고 견디라고 강요하지 않았어. 백성들이 재기할 수 있도록 한 명 한 명을 붙들고 기술과 장사하는 법을 가르쳤던 거야.

"오잉? 마치 노숙자들이 스스로 일어날 수 있게 도와주는 〈이슈〉라는 잡지 같은 걸 하시겠다는 말씀이시군요? 역시 대단하십니다!"

전국을 돌아다니며 몸으로 익힌 물류의 유통 과정과 핫 아이템의 정보를 걸인들에게 가르치며, 스스로 돈을 벌어 재기를 할 수 있게 도와주었고, 조금 부족한 자들에게는 짚신 묶는 법을 자상하게 가르쳐주었다고 해.

"옳거니! 너는 셈은 느린데, 손재주가 아주 탁월하구나. 그렇지! 약간 왼쪽으로 꼬아보거라. 그것이 요즘 트렌드이니라. 그렇지! 아이구 잘한다. 참으로 기특하구나. 짚신이 충분히 만들어지면 손님 응대법과 흥정법에 대해서 나만의 노하우를 알려줄 것이다."

"나리 참말로 감사하구면유. 양반 중에서 나리처럼 지한테 이리 친절하게 말씀해주신 분은 없었구면유. 심지어 천민들도 지가 모자란다구 무시하는디. 나리 은혜 절대 잊지 않겠시유."

#미담 4

"나리… 제발 이 상소문만은 조정에 올리지 마십시오. 나리가 오직 백성들만을 생각하는 마음은 이제 모두 다 알고 있습니다. 허나 나리의 생각은 시대를 너무 앞서가고 있습니다. 장사를 하는 양반들은 사회에서 바로 매장되는 분위기입니다. 어쩌자고 이런 상소를 올리려고 하십니까."

이 당시 양반 사대부들은 굶어 죽으면 죽었지 육체노동을 하는 것은 금기시했어. 더군다나 장사를 한다는 것은 영혼을 파는 것과 마찬가지라고 생각하는 풍조였어. 그런데 이지함이 올린 상소문의 내용은 충격 그 자체였어.

"전라도 만경현(전북 김제군)에 가면 어종이 풍부한 섬이 있고, 황해도 풍천부(황해 송화군)에는 소금을 구울 수 있는 최적의 입지 조건을 갖춘 섬이 있습니다. 이 섬들을 소인에게 임시로 빌려주신다면 제가 고을 주민들과 함께 2~3년 안에 몇천 섬의 곡식을 만들어내겠습니다. 수익률 1,000%가 가능합니다. 성리학도 중요하지만 일단 백성들이 배불리 잘 먹고 잘살아야 하지 않겠습니까? 놀고 있는 땅과 자원을 개발하지 않고 백성들을 굶기는 것은 죄악입니다."

이지함의 상소는 조정 대신들의 강력한 반대로 당연히 채택되지 않았어.

"하여튼 처사니 하는 이런 것들은 저래서 안 돼. 양반 사대부는 가만히 있어도, 배불리 먹고 잘살 수 있는데 무슨 백성들을 위한다고 혼자 저리 까불긴 까불어. 다 인생 업보지 뭐. 누가 흙수저로 태어나랬나."

이지함은 자신의 예언대로 두 번째 부임지인 아산에서 최후를 맞이했어. 그동안은 탐관오리들이 병사를 하면, 백성들은 '또 어떤 새로운 유형의 탐관오리가 올까? 그놈이 그놈이겠지.'해서 그리 슬퍼하지 않았다고 해. 하지만 이지함의 부고는 온 고을을 비통함에 빠트렸어.

"아이고, 하늘이 주신 우리 나리 같은 양반은 이리 빨리 데려가시고, 백성 등
골 빼먹는 사대부는 천수를 누리니 참말로 불공평하구만유. 세상이 우째 이
리 지랄 같대유."

늘 이런 식이라고 한탄만 하지 말자고. 우리 역사를 보면 기득권의 온갖 박해
와 탄압에도, 약자의 편에 서는 이지함 같은 슈퍼 히어로가 끈질기게 솟아나고
있어. 시대가 어렵고 삶이 팍팍해도 새로운 국민 영웅의 출현을 기대해보자고.

p.s.《토정비결》이 본격적인 베스트셀러가 된 건 이지함이 죽은 지 200년이
지난 19세기부터라고 해. 생전에 이지함이 《토정비결》을 만들었다는 기록을
어디에서도 찾아볼 수가 없어. 다만 이지함이 역학에 능하고 언제나 백성들을
위한 마음이 있었기에 후대의 사람들이 이름 자체만으로도 브랜드화가 된 토
정의 이름을 빌려 펴낸 책이 아닐까 하는 추측이 있어. 뜬금없이 '시열비결'이
라고 하면 책이 팔리겠어? 200년이 지나도 백성들에게 먹혔던 이름, 항상 따
뜻한 시선으로 백성들을 바라봤던 토정! 그래서 《토정비결》의 내용 70% 이상
이 좋은 내용으로 채워져 있어. 남들보다 조금 부족한 걸인에게 짚신 꼬는 법
을 가르쳐주던 다정한 토정의 목소리가 들리는 거 같지 않아?

"여보게, 자네는 올해 운수 대통일세. 허니 주위도 한번 둘러보고 힘이 부족
한 사람은 자네가 같이 끌어주게나."
"이런, 자네는 올해보다는 내년이 좋네 그려. 허나 세상은 혼자 살아가는 것
이 아니니 분명히 자네를 도와줄 보이지 않는 손이 나올 것이네. 너무 염려
말게."

"에이, 나리는 순 엉터리시구만유. 나리 말씀대로라면 조선 팔도 굶어 죽는 사람이 하나도 없을 것인데. 헤헤, 그래도 나리가 그리 말씀해주시니 위안이 되는구만유."

《토정비결》은 '이지함이 백성을 사랑하는 마음+제2의 이지함의 출현을 기대하는 백성들의 마음'이 합쳐진 공동 저작이 아닐까?

만약 임꺽정이 'BJ'가 되었다면

【임꺽정의 투쟁】

강원도 철원에 위치한 한탄강 고석정. 말년의 임꺽정은 황해도 구월산에서 벗어나 이곳으로 근거지를 옮겨 게릴라전을 수행한 것으로 알려져 있다.

임꺽정은 교과서에서 크게 언급되는 부분도 없고, 포털 한 줄 요약에서는 '조선 중기 황해도 함경도 등지에서 활동하던 도둑으로 백정 출신이며, 곡식을 백성들에게 나누어주던 의적'이라고만 나와 있어. 성호 이익李瀷은 조선의 3대 도둑으로 홍길동과 장길산 그리고 임꺽정을 거론하는데, 아무튼 크게 이름을 떨치긴 했는데, 대부분의 사람들이 소설과 드라마에서 얻은 이미지 외엔 크게 아는 것이 없는 게 현실이야. 그냥 덩치 크고, 수염이 유달리 많은 백정 출신의 힘센 천민이 탁주 한 사발 마시고, 술김에 동네 지주들을 털었던 건지, 아니면 무슨 사연이 있었는지 한번 살펴보자고.

임꺽정은 당연히 본명이 아니고, 임거정 또는 임거질정이라고 하는데, 전국적인 유명세를 타기 시작하면서, 좀 더 강력하고 파워풀한 이름인 임꺽정으로 오늘날까지 알려진 것으로 추정돼. 백정이라고 하면 도축업에 종사하는 직업군을 조건 반사적으로 떠올리는데, 도축업 말고도 다양한 직업들이 포함되어 있었어. 임꺽정은 외모에 어울리지 않게 버드나무 가지를 엮어서 바구니 같은 것을 만드는 일을 했다고 하네. 큰 코와 덥수룩한 수염과 굵은 손가락 마디를 가지고 한 땀 한 땀 수제 버드나무 바구니를 만드는 임꺽정의 모습을 상상하니 귀엽기까지 해. 외모와 어울리지 않는 직업을 선택한 이유는 임꺽정이 살던 지역이 순천만이나 하늘공원 갈대밭처럼 버드나무 군락지였기 때문이야. 온 동네에 지천으로 널려 있는 게 버드나무 가지이니, 돈 안 드는 재료를 가지고 돈 안 드는 방법으로 물건을 만들어 입에 풀칠만 하고 살았던 거지. 이 당시 조선의 국경 지대인 황해도는 현대판 보트피플처럼 외국 난민이 조선에 많이 유입이 되었고, 그중에서도 몽골계 시베리아 유목민이 주를 이루었다고 해. 이런 난민들이 조선에서 정착 후 종사할 직업군은 백정뿐이었어. 임꺽정은 큰 코에 덩치가 유난히 크고, 수염이 유달리 많았다고 해. 여기에 종사한 직업군으로 유추하여, 그가 난민 출신이라는 설도 있다고 하니 참고하시길.

임꺽정이 태어난 해에 대한 기록이 없고, 1562년에 사망했다는 기록만 남아 있어. 당시 임금은 명종 임금인데 재위 기간이 1545~1567년이야. 연산군이 물러난 후 40년이 채 지나지 않은 시점이야. 명종 임금은 너무 어린 나이에 즉위를 한 탓에, 그 어머니인 문정왕후가 수렴청정을 했어. 혼란한 틈을 타 백성의 피를 빠는 흡혈귀 같은 인물이 있었는데 문정왕후의 동생 윤원형이라는 자야. 윤원형은 왕 엄마의 친동생이고, 자기 누나가 수렴청정을 하는 비선 실세이니 아주 작정을 하고 부정축재를 하기 시작해. 수탈의 방법은 오늘날 대기업이나 지도층만큼 다양해서 일일이 열거하기도 힘들 정도야. 글의 말끔한 흐름 전개상 임꺽정의 동네에서 일어난 일을 소개할게.

첫째, 대형 토목 건축 사업을 벌여. 농사일에 바쁜 백성들을 강제 동원해서 간척지를 개간해. 유노동 무임금의 환상적인 이윤 추구 시스템이야. 투입되는 자금이 제로야. 그리고 여기서 나오는 모든 이익도 자신들의 아가리로 직행. 위성 도시 하나를 만들고 그 땅에 아파트를 짓는데 공사비도 안 들고, 분양해서 나온 수익금도 다 가지니 얼마나 획기적이야!

> 큰 코와 덥수룩한 수염과 굵은 손가락 마디를 가지고 한 땀 한 땀 수제 버드나무 바구니를 만드는 임꺽정의 모습을 상상하니 귀엽기까지 해.

둘째, 나라에 널려 있는 천연자원을 이용해. 온 천지에 깔려 있는 버드나무 군락지를 내수사가 어느 날 갑자기 제 땅이라고 선포해. 고로 이제 백정이나 농민이 버드나무 가지를 채취해갈 때는 돈을 내라는 거야. 내수사란 곳이 조선 시대 왕실의 재정 관리를 하던 기관인데, 공기업이 이런 짓거리를 하면 되겠어? 공기업이 사기업처럼 오직 이윤 추구를 목적으로 노선을 변경한 거야. 힘없는 백성은 효율성이란 명목 아래 갑자기 삶의 터전을 빼앗겼어. 겨우 입에 풀칠만 하던 임꺽정을 포함한 농민과 백정들로서는 황당하기 그지없는 거지. 공짜로 채취한 버드나무 가지를 엮어서 시장에 1,000원에 팔던 것을, 재료 구입에만 500원을 내야 해. 그 돈은 내수사로 들어가는 거고. 이때 농민들의 생활을 요즘 연봉으로 대략 환산을 하면, 연봉 2,400만 원인 농민은 일단 소작료로 1,200만 원을 지주에게 바쳐야 해. 그리고 세금으로 700만 원을 내면 500만 원이 남잖아. 그런데 이 당시 4인 가족 최저 생계비가 1,400만 원 정도라고 추정해보면, 매년 늘어나는 것은 부채요, 줄어드는 것은 가족들의 숫자야. 자식 농사 잘 지어, 예쁜 딸 얻으면 지주의 첩으로 보내서 다른 새끼들 밥 먹이고, 힘 좋은 아들 얻으면 지주에게 종으로 보내 가족이 또 한 해 연명해. 굶어 죽지 않거나 팔려가지 않은 자식들은 미래가 없고, 부채만 늘어나는 내일을 속수무책으로 맞이했어.

이 당시 황해도 지역의 관리들 상당수가 문정왕후의 친척들이야, 윤원형이 꽂아 넣은 낙하산들이지. 문정왕후는 종교에 심취해서, 엄청난 돈을 때려 부었다고 해. 설상가상으로 이 당시 조선은 하늘마저 버렸는지, 흉년이 겹쳐서, 들판에 굶어 죽은 농민들의 시체가 넘쳤다고 해. 백성은 굶어 죽거나, 질긴 목숨 연명해도 빚이 눈덩이처럼 불어나. 이에 반해 권력층의 재산은 눈덩이처럼 불어났어. 이런 시대에 임꺽정 같은 존재의 등장은 필연적인 결과가 아니었을까? 《명종실록》에 아래와 같은 기록이 있어. 실록에 기록된 것이 이 정도면 실상은 더 했을 거야.

> "도적이 성행하는 것은 수령의 가렴주구 탓이며, 수령의 가렴주구는 재상이 청렴하지 못한 탓이다. 오늘날 재상들의 탐오한 풍습이 한이 없기 때문에, 수령들은 백성의 고혈을 짜내어 권력자들을 섬겨야 하므로 돼지와 닭을 마구 잡는 등 못하는 짓이 없다. 그런데도 곤궁한 백성들은 하소연할 곳이 없으니, 도적이 되지 않으면 살아갈 길이 없는 형편이다."

진짜 도적은 윤원형으로 대표 되는 권력층이 아닐까? 임꺽정이 엄청난 대의명분을 가지고 일어났을까? 그저 죽지 않기 위해서 등 떠밀려 일어나게 된 건 아닐까? 임꺽정은 부자들의 집이나 한양의 권력층에게 진상될 물건을 실은 배를 습격하였고, 세력이 커지면서 관청의 창고까지 공격했어. 이렇게 획득한 재물은 자신들의 배만을 채우기 위해 사용하지 않고, 원래 주인들인 백성들에게 돌려주었어. 임꺽정은 관군을 속이기 위해, 짚신을 거꾸로 신고 이동을 하기도 하고, 전혀 예측할 수 없는 장소와 시간에서 나타났다고 해. 마치 초능력을 가진 슈퍼 히어로처럼 말이야. 임꺽정 사단의 구성원들은 농민, 백정으로만 이루어진 게 아니라, 양반 자제까지 포함될 정도로 많은 계층들이 합류를 했어. 심지어는 각 고을의 아전들도 임꺽정 사단에 적극 협조를 했다고 해. 그래서 임꺽정 측에서는 관군의 이동 루트나 다음 순찰 지역 등 고급 정보를 미리 알 수 있었고, 관군은 항상 정글북이 아닌 뒷북만 치게 되었지.

온 국민이 그들을 숨겨주고, 그들의 다음 작전이 성공하기만을 바라는 분위기였어. 만약 임꺽정이 요즘 시대 BJ가 되었다면, 아마도 '별풍선' 폭탄을 맞아 떼부자가 되었을 거야.

온 국민이 그들을 숨겨주고, 그들의 다음 작전이 성공하기를 기다리고 있었어. 임꺽정의 이름을 딴 탄산음료가 나왔다면, 코카콜라의 아성을 무너뜨리지 않았을까? 임꺽정이 BJ로 나왔다면 별풍선 폭탄을 맞지 않았을까? 많은 백성들의 도움이 있었지만 여전히 이들의 상황은 녹록지 않았어. 대규모 베이스캠프를 만들어놓은 상황도 안 되고 유동자금도 항상 부족하니, 낮에는 농민, 밤에는 의적으로 변신을 했어. 낮농밤적! 이런 어려운 상황에서도 관군은 임꺽정의 그림자조차도 잡지 못했어. 결국에는 임꺽정 사단이 한양에까지 출몰을 했고, 이 일은 한양 최고위층을 발칵 뒤집어놓았어.

"여보세요. 나 쏭쏭전자 사장인데, 포도대장 좀 바꿔줄래요."

"아, 죄송합니다. 누구시라고요? 잘못 들었습니다!"

"천한 것들은 이래서 잘해주면 안 된다니까… 이 ××놈아! 전화받으면 관등성명부터 튀어나와야지. 그리고 한번 말하면 바로 알아 쳐들어야지. 어디다 대고 감히 다시 물어봐!"

"죄송합니다. 시정하겠습니다!"

"임꺽정인지 개뼈다귀가 어제는 한양에까지 기어 내려왔다는데, 포도대장이란 새끼가 뭘 하고 있는 거야? 다음 타깃이 우리 집이라는 소문이 장안에 파다한데, 대책이 뭐야? 우리 집 정원에 있는 나무 한 그루가 얼마인 줄 알아?

네놈 새끼 1년치 연봉으로도 못 구해! 만약 우리 집 지하 갤러리에 있는 안견의 '몽유도원도'라도 없어지는 날에는 네놈 손자의 증손자까지 우리 회사에서 일해도 못 갚아!"

"최선을 다해 임꺽정 검거에 임하겠습니다. 충성!"

"충성은 개뿔. 내가 네 상관이냐? 네 주인이지."

한양의 부자들과 지도층들은 난리가 났어. 백성이 굶어 죽을 때는 나 몰라라 하더니, 임꺽정의 활약(?)에 혹시라도 자기들 태산 같은 재산이 먼지만큼이라도 없어질까 봐 두려웠던 거야. 정부의 무능함과 관계 당국의 초등수사 대처를 질타하면서 말이야. 임꺽정의 행보는 99%의 일반 백성들에겐 사이다 같은 청량함을, 1%의 권력층에겐 평소 느끼기 힘든 걱정거리를 선사했을 거야. 걱정이란 말이 임꺽정의 걱정에서 유래되었다는 말도 있기는 해. 어쨌든 정부에서는 임꺽정의 목에 막대한 현상금과 함께 천민은 양민으로의 신분 상승, 공무원에겐 당상관으로의 승진을 내걸었어. 이런 미끼와 정부군의 노력에도 임꺽정 검거에 실패하자, 남치근南致勤에게 임꺽정 체포에 전권을 위임했어. 남치근이 토벌을 하고 지나간 자리는 개미 하나도 남지 않았다고 하는데, 이런 자를 무슨 대단한 능력자 취급하는 건 웃긴 노릇이야. 잔인하게 양민들을 학살하고, 선량한 백성들을 고문하며 캐낸 정보로 임꺽정을 압박했어. 유능한 장수가 아니라, 동네 양아치가 할 수 있는 방법을 사용한 거지.

이즈음 임꺽정의 오른팔 서림이란 자가 임꺽정의 친형 가도치와 함께 포로가 되었는데, 이자가 남치근의 앞잡이 역할을 제대로 했어. 구월산에 있던 비밀 아지트로 안내를 한 것도 모자라서 남치근 군사의 공격을 받고 일단 몸을 피하던 임꺽정을 정확히 손가락으로 지적했다고 해. 밀정이 독립투사를 지목하듯이 말이야.

"저자가 임꺽정입니다요…"

장장 3년간 이어지던 임꺽정의 활약(?)은 이렇게 막을 내렸어. 임금은 크게 기뻐했으며, 백성들은 어제와 하나도 달라진 것이 없는 태양을 다시 맞이하고, 사회는 모든 부분에서 안정을 찾는 정상적인(?) 체제로 다시 전환되었다고 해. 임꺽정이 진정 원했던 것은 왕조 전복이었을까? 그저 조금 더 공평한 세상에서 살고 싶었던 소박한 소망은 아니었을까? 그는 자신의 후손들만은 더 이상 자신을 그리워하는 시대에 살지 않기를 바라진 않았을까?

우리가 '차카게' 살아야 하는 이유
【조선의 200년 난제, 종계변무】

숭실대에 소장된 '연행도' 일부. 명나라로 간 조선의 사신단 일행이 북경성의 동문인 조양문으로 들어가는 모습이다. 종계변무를 위한 조선 사신단도 이러한 모습이었을 것이다.

조선 시대 상류층은 청계천을 중심으로 북쪽에 주로 모여 살았고, 그 아래 선비들이 사는 곳을 남촌이라고 불렀어. 그 가운데 청계천 일대는 중촌이라고 불렀는데, 요즘으로 치면 전문직종인 의원과 각종 기술자 및 역참 등이 주로 모여 살았어. 한데 양반들은 이 당시 실리콘밸리인 중촌에 사는 중인들을 무시하고 차별했는데, 양반들이 허세를 부리며 사는 동안 중인들은 전문 기술을 더욱 연마하며, 무시하지 못할 만큼의 재산도 축적하며 살고 있었어. 이번 이야기의 주인공은 이 중촌에 살던 역관 홍순언洪純彦의 이야기야.

조선 시대 역관은 과거가 있을 때마다 합격자 수를 20명 내외로 제한했어. 주 업무가 외국과의 통역 업무이기 때문에《논어》,《맹자》등의 기본 학문은 물론이요, 중국어, 일본어, 몽골어, 만주어 등의 제2외국어 실력이 네이티브급이 아니면 합격 근처에도 가기 힘들었다고 해. 비록 신분은 낮지만 굉장히 똑똑한 사람들이었어. 나랏일을 하다 보면 —백성 따위는 알 필요가 없는— 특수 활동비(?)가 필요하잖아. 그런데 이 역관들에게는 나라에서 특수 활동비를 그냥 지급하는 게 아니라 무이자로 대출만 해주었어. 그래서 역관들은 외국 출장 시에 인삼을 주로 챙겨나갔어. 업무 비용뿐만 아니라 인삼을 팔아서 자기 출장비도 셀프로 현지 조달해야 했기 때문이야. 이런 악조건에도 불구하고 역관들 중에는 비상한 머리와 다양한 해외시장 정보로 엄청난 부를 축적한 자도 많았다고 해. 이렇게 적은 숫자의 인력들이 특수직에 종사하다 보니 그들만의 *끈끈한 네트워크와 의리*가 존재했겠지? 마치 개성상인들이나 보부상들처럼 말이야. 나라에서 특수 활동하라고 빌려준 돈을 다 날려버리고, 공금 횡령죄로 감옥에 있던 홍순언을 동료 역관들이 보석금을 내고 꺼내주었어. 석방한 날 마련한 술자리로 같이 가보자고.

"순언이 자네, 미친 거 아닌가? 그 많은 돈을 도대체 어디다 쓰고 온 건가? 그리고 뭐? 출처를 밝힐 수 없다고? 자네가 사대부 집 아들이라도 되는 줄 아는가? 우리 같은 중인 역관에게 그런 말이 통할 줄 알았나? 도대체 어디다 쓰고 온 게야? 자네가 평소 호방하다고 소문난 성격인 건 알지만 투전판에다 쏟아붓고 올 사람도 아니고. 우리끼리니 이야기나 해보게."
"우선 다들 고맙네. 내 이 신세는 따블로 갚을 날이 반드시 올 것이네. 그러니 지금부터 내가 하는 이야기를 듣고 너무 화들 내지 말게나. 나도 내가 왜 그랬는지 지금도 모르겠네. 그래도 후회는 없네."

지금부터 하는 이야기는 조선 시대 외교에 관해 기록된 《통문관지通文館志》

중 홍순언 에피소드 편에 실린 이야기야. 홍순언은 조선 건국 후 200년 동안 해결하지 못한 '종계변무'라는 특수 임무를 맡아 명나라에 갔어. 역시나 일이 잘 풀리지 않던 어느 날 연경에 있는 잘나가는 기생집을 찾게 되었어. 이런 데 사용하자고 익힌 제2외국어가 아니었건만, 역관들도 외국에서 저녁이 있는 삶을 찾아갔다고 치고 눈감아주자고.

"오잉! 이보게, 잠깐 이리 좀 와보시게. 저기 저 여인네는 이름이 뭔가? 못 보던 얼굴인데? 딱 내 스타일이야. 내 방으로 좀 보내주게."
"저… 나리… 그게… 저 아이는 아직 일할 준비가 안 되었습니다. 사연이 있는 아이라."
"아, 진짜 왜 이러나. 알았네, 알았어. 여기 내 작은 성의니 받아두게. 잠시 이야기만 할 터이니 꼭 저 아이를 좀 보내주게. 사랑하네!"

잠시 후 홍순언이 콕 집어 요청한 아름다운 여인이 그의 방으로 들어서는데 홍순언은 기겁을 하고 말았어.

"아씨, 뭐냐! 이건 소복 아니냐? 아뇨! 일을 하기 싫으면 싫다고 말할 것이지. 사람 놀래게 어인 소복이냐? 사연이 있다더니 정말이구나. 무슨 일인지 이야기나 들어봅시다."

범상치 않은 분위기와 외모의 여인을 가까이서 보고 홍순언은 하대를 그만두었어.

"나리, 제 아비는 사실 명나라의 관리인데 억울한 일을 당하여, 얼마 전 목숨을 잃게 되었습니다. 소녀는 하루아침에 고아가 되었고, 오직 부모님의 시신을 고향으로 모셔가기 위해 여기서 일을 하기로 하였습니다. 두 분이 돌아가신 지 얼마 되지 않아, 상복을 입고 있는 중입니다."

'어쩐지 분위기가 고급스럽다 했다. 그나저나 이렇게 아름다운 여인이 앞으로 혼자 어찌 살아갈꼬? 내가 상관할 바는 아니지만, 괜히 신경 쓰이네.'

"나리 무슨 생각을 그리 하시옵니까?"

"아! 아니오, 됐소이다. 상중인 줄 모르고 내가 결례를 했소이다. 그만 나가보시오."

홍순언은 그녀가 떠난 후 밤새 잠을 못 이루고 다음 날 아침 그녀를 다시 불렀어.

"내가 생각을 좀 해봤는데, 이런 곳에서 돈을 벌어 부모님을 고향으로 모신다고, 댁의 부모님이 좋아하실 거 같진 않소이다. 조금 더 천천히, 적게 벌더라도 다른 일을 찾아보시오. 내, 고향 가는 돈은 마련해주리다. 최고급 장례 서비스까지 덤으로."

"나리, 처음 본 저에게 어찌? 제가 지금 당장 보답할 길은…."

"어허, 왜 이러시오. 나 그럼 사람 아니오. 내가 해주고 싶어서 그러오. 그냥 살아가면서 조선의 어느 정신 나간 놈이 우리 부모님 장례 치러줬구나 하면서 가끔 생각이나 해주시오. 난 마음이 변할 거 같아서 이만 떠나오."

"그럼, 나리 성함이라도 알려주시옵소서. 제가 이 은혜는 평생을 다하여 반드시 갚도록 하겠나이다."

"거참, 다시 만나지도 못할 것인데 이름은 알아서 뭐 하려고 하시오. 난 홍가요. 조선의 역관 홍순언이요."

이 이야기를 다 듣고 난 역관 동료들의 반응은 어땠을까?

"그러니까, 처음 만난 명나라 여자한테 돈을 다 주고 감방에 있던 놈을, 우리가 꺼내온 거네? 너보다 우리가 미친놈들이었네. 에라이, 이 정신 나간 작자야."
"나도 내가 정신 나간 거 알고 있네. 그런데 어쩔 수가 없었네. 뭔가 막 불가항력적인 힘이 나를 그리 만들었네."
"됐다. 이 문디 자슥아, 한 번만 더 그런 소리 나불거리면, 주둥아리를 확 찢어삔다."

자, 그럼 홍순언에게 주어졌던 미션! 조선 외교부가 200년간 풀지 못한 난제! 종계변무에 대해서 이제 알아보자고. 조선이라는 새로운 나라가 들어선 후 새 정부의 TF팀은 명나라가 태조 이성계의 종계를 이인임으로 잘못 기록한 것을 확인하고 경악을 금치 못했어. 태조 이성계가 노발대발할 수밖에 없는 충격적인 내용이야.

"이런! 이게 말이나 되는 일이냐? 기록을 잘못해도 분수가 있지. 내가 이인임의 아들이라고? 명나라가 나를 물 먹이려고 의도적으로 저지른 실수가 아니고 무엇이란 말이냐?"

이인임이라고 하면 고려 우왕의 최측근 중 한 명이야. 이것은 흡사 조지 W.

부시가 사담 후세인의 아들이라고 기록된 꼴이야. 그러니 조선 정부에서는 당연히 난리가 났지. 하지만 명나라는 거듭되는 기록 수정 요구에도 불구하고, 만만디 전략으로 대응했어.

"알았다 해. 곧 고쳐주겠다 해. 그만 재촉하라 해. 그런데 그게 그렇게 중요한 일이냐 해?"
"당연히 중요하지요. 만일 명나라 황제의 아버지를 라이벌로 기록해도 이리 태평하실 작정입니까?"

하지만 조선의 이 요구 사항은 무려 200년이 지난 선조 때까지 수정되지 않았어. 역관 홍순언도 이 종계변무를 위해 명나라에 갔다가 역시나 임무는 해결하지 못했고, 공금 횡령으로 감옥에만 다녀왔던 길이었어. 그렇게 다시 10년의 세월이 지난 어느 날 홍순언에게 다시 명나라를 다녀오라는 상부의 지시가 떨어졌어.

역관 홍순언은 이번에 종계변무 TF팀에 합류되었음을 알린다. 사신 팀과 합류하여 이번에는 반드시 미션을 수행해야 할 것이다. 만일 이번에도 실패할 시에는 종계변무 TF팀은 목숨을 내놓아야 할 것이다. 자세한 일정 숙지 후 본 서찰은 불에 태워 흔적을 남기지 말라. _종계변무 TF팀

"아, 나 참. 미치고 환장하겠구먼. 그 잘난 사신들이 200년 동안 못한 일을 나 같은 역관이 어찌 해결하라고 죽이네, 살리네 협박까지 하고 있어. 실질적인 일은 우리가 다 하고 공적은 사대부가 다 가져가면서. 어휴, 여차하면 그냥 명나라에서 잠적해서 눌러살던지, 다른 방도를 찾아야지. 죽을 각오로

간다고 명나라에서 갑자기 힘없는 우리 조정의 일을 들어줄 턱이 있나."

이렇게 홍순언은 사신단에 별 의욕도 없이 합류를 하여 명나라로 다시 향하게 되었어. 조선의 외교사절단은 명나라에 올 때마다, 자신들이 임무를 완성하게 해달라고 북경에 있는 동악묘에 들러 예를 올렸는데, 이곳에서 홍순언은 사신단 내에서 돌고 있던 찌라시를 듣고 기겁을 하게 되었어.

"선조 임금님께서 이번에는 정말 단단히 벼르시는 모양이야. 이번에도 미션에 실패하면 수석 역관의 목을 자르겠다고 했다네. 일이 잘 안 되는 것은 역관들의 통역이 부족해서라고…."
"아니, 공은 대신들이 다 가져가고 책임은 역관들한테 다 뒤집어씌우는 구먼. 환장할 노릇이네. 근데 그 찌라시, 사실인가?"
"아무래도 정부 입장에서도 희생양이 필요하겠지. 대신을 죽일 수는 없는 노릇이니 중인들인 역관 중에서…."

숙소로 돌아와 낙담하고 있던 홍순언에게 뜻밖의 손님이 찾아왔어.

"이보게 홍 역관. 자네 혹시 무슨 큰 사고 쳤나? 지금 명나라 외교부 차관이 찾아왔네. 홍씨 성을 가진 역관을 찾는데 이번 사신단에 홍가는 자네 한 명이네."
"뭔 소린가? 명나라의 외교부 인턴 직원도 아니고, 차관이 지금 우리 숙소를 찾아왔다고? 자네 헛것을 본 게 아닌가? 난 현지 소녀들이나 말단 여직원을 상대로 성추행 같은 거 한 적도 없는데?"

명나라 예부시랑이 사신단 숙소에 직접 찾아온 거야. 조선의 사신단 일행은 그야말로 발칵 뒤집어졌어. 명나라의 외교부 차관이 조선의 사신단을 직접 방문한 것은 그간의 외교 절차상 있을 수 없는 일이었기 때문이야. 어쨌거나 그를 기다리게 할 수 없었기에, 서둘러 그가 기다리던 곳으로 찾아갔어.

"제… 제가 이번 사신단 중에 홍씨 성을 가진 유일한 자이옵니다. 한데 어쩐 일로 차관님께서 저 같은 역관 나부랭이를 찾아계시는지. 제가 원래 좀 호방한 성격에 사고도 치고 하였습니다만, 명나라 외교부에 책잡힐 일은 없는 걸로 압니다만. 외람되오나 제가 요즘 스트레스가 심하여 몹시 불안한 상태이오니 질책할 일이 있으시면, 빨리 말씀해주십시오. 목을 내놓던지, 손목을 내놓던지 하겠습니다."

"홍 대인, 고개를 드세요. 대인은 제 부인의 평생에 은인입니다. 우리 부부는 그동안 조선에서 역관이 올 때마다 대인을 찾았는데, 이렇게 10년 만에 만나게 되는군요. 우리 둘은 초면이지만 나의 아내와 대인은 구면일 겁니다."

홍순언은 명나라 외교부 차관의 말에 고개를 들어 그의 부인을 보았지만, 어디서 본 것도 같은데 누군지 도대체 기억이 나질 않았어.

"이런 대단한 미인께서 저와 안면이 있다니요? 소인은 당최 기억이 나지 않습니다."

"저는 홍 대인을 그날 이후로 한 번도 잊은 적이 없는데 섭섭합니다. 대인께서 10년 전 연경에 있는 술집에서 저에게 가진 돈을 모두 털어주신 덕분에 저는 부모님의 장례도 무사히 치르고 고향에서 지금의 서방님도 만나게 되었습니다. 대인은 제 인생의 은인입니다. 이래도 기억이 안 나십니까?”

“헐, 대박! 그… 그러고 보니 그때 그….”

사람 인연 참으로 알 수 없어. 홍순언을 평생의 은인으로 생각한 이 부부는 조선이 200년 동안 풀지 못한 난제인 ‘종계변무’를 해결하기 위해 백방으로 뛰어다녔고, 마침내 두 달 후 명나라가 잘못된 기록을 수정했다는 소식을 전해주었어. 여기에서 그치지 않고 이들 부부는 사신단이 조선으로 돌아갈 때 배웅까지 나와서 홍순언에게 귀한 선물을 전달했어.

“참으로 감사합니다. ‘이성계는 이자춘의 아들이다.’ 이 한 문장을 수정하는 데 200년이 걸렸습니다. 이 모든 것이 다 차관님의 덕입니다. 저는 이제 산목숨입니다. 그리고 이것은 우리 조선의 크나큰 경사입니다.”

“홍 대인께서 진심으로 기뻐하시니, 우리 부부가 이제야 마음의 빚을 갚은 거 같습니다. 여기 우리 집사람이 대인의 은혜에 보답하기 위해 10년을 하루같이 준비한 선물이 있으니 사양하지 말고 꼭 받아주세요.”

그 선물은 100필의 비단에 부인이 손수 한 땀 한 땀 ‘보은’이라는 글자로 수를 놓은 선물이었어. 사신단이 200년간 해결하지 못한 외교 문제를 말끔히 해결하고 귀국하니 조정에서도 북 치고 장구 치고 난리가 났어. 정철과 류성룡이 포함된 사신단 19명에게는 ‘광국공신’이라는 칭호가 내려졌는데, 홍순언이 역관으로는 유일하게 이름을 올렸어. 또한 선조는 홍순언을 역관으로서는 법적으로 오를 수 없는 지위인 우림위장에 임명을 하였는데, 대신들의 반대에도 불구하고 그대로 밀어붙였다고 해.

선조도 어지간히 기뻤나 봐. 홍순언에게 파격적으로 당릉군이라는 군호까지 하사했는데, 이것은 임금님과 친구는 못 먹어도 먼 친척은 먹을 수 있다는 의미야. 명예만 주고 물질적 보상이 부족한 거 아니냐고? 그에게 부동산도 내려주었는데 지금의 을지로입구 일대의 땅이야.

홍순언의 기묘한 이야기는 그 당시에도 센세이션을 일으켰어. 그래서 사람들이 홍순언의 땅 일대를 명나라 외교부 차관의 부인이 은혜를 갚아서 받은 땅이라는 의미로 '보은단동' 또는 '보은담골' 등으로 불렀다고 해. 세월이 흐르면서 고운담골로 불리우다가, 한자음 마장골에서 오늘날의 미동이라는 지명까지 왔다고 해. 어때? 인생 한방이라는 생각이 안 들어? 난 지금 당장의 어려움에 처한 사람들을 도와주면, 언제가 나에게도 기대하지 못했던 복이 굴러들어올 거라는 생각이 드는데 말이야. 로또보다 확률이 높지 않을까?

"나는 세상과 타협할 수 없다!"

【어쩌면 기인, 허균의 일생】

허균 영정. 시대의 이단아와 권력의 하수인이라는 극단적인 평가를 받는 허균. 극단의 평가에도 불구하고 그의 불멸의 작품 《홍길동전》은 차별받고 소외된 백성들에게 희망을 주기에 충분한 작품이었다.

이순신 장군께서 돌아가신 후 10년이 지난 1608년. 국가 기반은 무너졌고 해야 할 일이 산더미였으나 어수선한 틈을 타 권력을 잡기 위해 뛰어드는 불나방만 득실대는 혼란의 시대였어. 임진왜란의 상흔이 채 아물지 못한 그때, 광해군이 왕위에 즉위했지. 온전한 왕이 되지 못한 남자 광해와 동시대를 살아간 문제의 인물이 있었으니, 바로 광해보다 여섯 살 연상인 허균이야. 1618년 《광해군일기》에 허균에 대한 글이 아래와 같이 있어.

"그는 천지간의 괴물이다. 그 몸뚱이를 찢어 죽여도 시원치 않고, 그 고기를 씹어 먹어도 분이 풀리지 않을 것이다. 그의 일생을 보면 악이란 악은 모두 갖추어져 있다."

이 무슨 연쇄 살인범에 대한 묘사도 아니고, 허균이 얼마나 큰 잘못을 했기에 이런 살벌한 평가를 내린 걸까? 50세에 저잣거리에서 시신의 처리가 불가능할 정도로 능지처참을 당한 사연은 무엇일까? 혹시 《홍길동전》이 불온서적으로 지정되어 정부에 미운털이 단단히 박힌 걸까? 아무리 그래도 고작 책 하나로 이 정도의 혹평까지 듣기는 어려운데 말이야.

자, 그럼 차근차근 그의 인생 행적을 되짚어보며, 그가 정말 희대의 괴물인지 혹시 억울한 측면은 없었는지 각자 나름의 판단을 해보자고. 허균이 열두 살이 되던 해인 1580년 그의 아버지 허엽의 부고기사 일부를 먼저 살펴보자고. 출처는 《선조수정실록》이야.

"세 아들과 사위는 모두 문사로 조정에 올라 논의하여 서로의 수준을 높였기 때문에 세상에서 일컫기를 허씨가 당파의 가문 중에 가장 치성하였다."

보통 집안이 아님을 쉽게 유추해볼 수 있어. 여기서 음식 이야기를 살짝 곁들이면 강원도 초당 두부의 초당草堂이 허엽의 호에서 비롯되었다고 해. 초당 허엽은 동인의 최고 영수였는데 현재로 치면 거대 정당의 당 대표야. 한마디로 허균은 아버지의 엄청난 후광을 안고 태어났고, 금수저로 쌀밥을 배불리 먹는 어린 시절을 보냈어. 형인 허성은 훗날 남인을 대표하는 인물이 되고, 누이는 앞서 살폈던 허난설헌이야. 이런 허균이 서자를 주인공으로 한 《홍길동전》을 쓰고, 서자 출신이나 사회의 소외계층과 거리낌 없이 친밀한 관계를 유지한 것은 그의 스승의 영향이 컸다고 볼 수 있어. 허균과 허난설헌의 스승은 바로 조선의 이태백이라 불리던 손곡 이달李達인데, 이분이 바로 서자 출신이었어. 서자 출신이라 흔히 말하는 출세의 길을 못 걸었지만 제자가 허균과 허난설헌이라니. 저승에서는 대 스승으로 모두의 존경을 받지 않았을까? 부디 그 한을 조

허균이 얼마나 큰 잘못을 했기에 실록은 살벌한 평가를 내린 걸까? 50세에 저잣거리에서 시신의 처리가 불가능할 정도로 능지처참을 당한 사연은 무엇일까?

금은 푸시길…. 허균은 12세에 아버지가 돌아가셨지만, 26세에 과거에 급제를 하게 됐어. 일반적인 가정이었다면 가장을 잃고 공부를 이어나가기 쉽지 않았겠지만, 아버지가 당 대표 출신이니 공부를 하는 데 다른 흙수저들보다는 경제적 어려움이 덜했을 거야. 하지만 아이러니하게도 허균은 관직에 진출하면서 언론과 집권층의 집중포화를 맞게 돼. 이유는 허균이 세상을 바라보는 시선과 백성에 대한 생각 자체가 당시 지배층에서는 도저히 이해도 안 되고 용납할 수도 없는 것이었어. 그의 저서 《성소부부고悍所覆瓿藁》에 '호민론'을 보면, 당시 기준으로 얼마나 위험한 발언을 하고 있는지 알 수가 있어. 그는 백성을 3가지 부류로 나누었는데, 간략하게 요약하면 다음과 같아.

> 항민恒民: 항상 눈앞의 일들에 얽매이고, 그냥 따라서 법이나 지키면서 윗사람에게 부림을 당하는 사람들.
> 원민怨民: 살이 벗겨지고, 뼈골이 부서지며, 집안의 수입과 땅의 소출을 다 바쳐서, 한없는 요구에 제공하느라 시름하고 탄식하면서 윗사람을 탓하는 사람들.
> 호민豪民: 자취를 푸줏간 속에 숨기고 몰래 딴마음을 품고서, 천지간을 흘겨보다가 혹시 시대적인 변고라도 있다면 자기의 소원을 실현하고 싶어 하는 사람들.

백성을 이렇게 나누고 항민과 원민은 두려워할 필요가 없고, 국가는 호민을 두려워해야 한다는 사상을 가지고 있었어. 역시 개도 짖어야 주인이 한 번 더 돌아보듯이, 백성들도 가라앉는 배에서 가만히 있을 것이 아니라 살려달라고 소리쳐야 나라에서 돌아보고 두려워한다는 것이 허균의 지론이었어. 우리 역사상 가장 매력적인 캐릭터 중에 하나인 '홍길동'이 호민의 얼자라는 것은 삼척동자도 알 일이야. 자신이 꿈꾸던 세상을 글로써 펼쳐냈던 게지. 홍길동이 조직한 활빈당의 주요 무대가 문경새재 근처라는 걸 짚고 넘어가자고. 뒤에 나올 이야기에 복선이 되니까.

허균은 불교에 빠져들어서 성리학 기반의 조선 주류 사회에서 이단아 취급을 받았어. 이 정도면 주류 사회 전체를 혼자 왕따시켰다고 보는 게 낫지 않을까? 《선조실록》에 이런 기록이 있어.

> 허균은 밥을 먹을 때도 식경을 외고 항상 작은 부처를 모시니 승려가 아니고 무엇인가?

결국 불교 숭배로 파직까지 당하지만 허균은 소신을 굽히지 않았고, 심지어 명나라에 갔을 때는 천주교에까지 심취하게 돼. 그는 종교를 하나의 학문으로 대한 것이 아닐까? 사실 인간이 악용하지만 않는다면 주요 종교의 가르침은 우리 삶에 큰 보탬이 되는 것이 사실이잖아. 허균의 지적 호기심은 명나라 사신으로 가서 폭발하게 되는데, 대부분의 사신들이 명나라에서 비단과 골동품 쇼핑에 빠져 있을 때, 그는 무려 4,000권의 책을 바리바리 싸 들고 귀국길에 올랐다고 해. 특히 그가 명나라의 인사동 같은 곳을 뒤져 원했던 책을 어렵게 구하고서는 어린아이처럼 좋아했다고 하니, 앎에 대한 그의 열정은 존경받아 마땅하지 않을까 싶어.

허균이 그토록 찾아 헤매던 책은 바로 이탁오李卓吾의 책이었는데, 명나라에서는 그의 모든 책을 최악의 금서로 지정했다고 해. 잠시 옆길로 새서 이분의 이야기를 하고 가야겠어. 이탁오는 인생의 가장 큰 즐거움이 독서라고 했고, 문을 잠그고 책을 볼 때가 가장 행복했다고 했대. 다독을 통하여 깨달은 자신의 생각을 책에다 펼쳤어. 지금으로부터 무려 400여 년 전 명나라에서 남녀평등을 주장하고 고리타분한 유교사상에서 벗어나야 한다고 주장한 책들을 출판한 분이야. 이러니 명나라 정부 당국에서 그를 가만뒀겠어?

"이지 이탁오를 혹세무민의 죄목으로 징역 3년에 처한다 해. 항소심은 없다해. 꽝꽝꽝!"

감옥에 갇힌 그는 '악법도 법이다.'라는 말 같은 건 남기지 않고 76세의 나이에 깨끗하게 자결을 해버려. 소크라테스 형과는 뭔가 다른 느낌의 멋짐이 느껴지지 않아? 시대를 앞선 지식인들은 국민들로부터 사랑을 받지만 지배층에 의해 운명을 달리하는 것이 동서고금을 막론하고 마찬가지인 것 같아. 허균이 이런 불온서적(?)들을 다량으로 들여오니 조선 정부에서는 매의 눈으로 허균을 주시하고 있었어. 그의 이름은 당연히 블랙리스트 최상위권에 등재되었겠지? 하지만 조정은 그의 뛰어난 재주 때문에 울며 겨자 먹기로 허균을 중용할 수밖에 없었는데 어떤 사연인고 하니, 허균 하면 《홍길동전》만 주로 떠올리겠지만, 그는 단순한 베스트셀러 작가가 아니야. 조선 사회와 절대 절충할 수 없는 사생활 문제 속에서도 허균이 살아남을 수 있었던 것은 바로 붓만 들면 끝내주는 글들이 쏟아져 나왔기 때문이야. 《광해군일기》에 다음과 같은 기록이 있어.

글 쓰는 재주가 매우 뛰어나 수천 마디의 말을 붓만 들면 써 내려갔다. 그러나 허위적인 책을 만들기 좋아하여 산수나 도참설과 도교나 불교의 신기한 행적으로부터 모든 것을 거짓으로 지어냈다.

저 당시에는 사기꾼 소리도 들을 수 있지만, 지금의 시각으로 보면 '다방면에 걸친 풍부한 지식으로 다양하고 신선한 소재의 글을 자유자재로 쓸 수 있다.' 정도의 논평으로 바뀌지 않았을까? 막 붓만 들면《해리포터》나《왕좌의 게임》같은 글들이 쏟아져 나온 거지. 아냐, 부럽도다! 자, 이제 허균이 조정의 부름을 받아 실력을 발휘한 현장으로 가보자고. 조선 시대에는 수창 외교라는 것이 있었다고 해. 이 수창 외교 준비로 조정이 분주한 상황이야.

"전하, 이제 곧 명나라 사신이 당도하옵니다. 모든 준비는 끝마쳤지만 이번에도 또…."

"어허, 이 나라에는 그렇게 인재가 없단 말이냐? 또 그 골칫덩어리 허균을 불러들여야 한다는 말이냐?"

"그자의 사람됨은 차마 입에 담기도 민망하오나 그 시 짓는 실력만큼은 당대 최고를 넘어 명나라 사신들도 껌뻑 죽으니 어쩔 도리가 없습니다."

요즘으로 치면 명나라 사신과 조선의 관리가 시를 주거니 받거니 하는, 일종의 랩 배틀 형식이 수창 외교였어. 명나라 사신과 프리 스타일 시 배틀을 주고받고, 그들의 지적 허영심을 채워주는 것이 주요 업무야. 허균이 자리에 나가기만 하면, 명나라 사신들이 립 서비스가 아닌 진심으로 이렇게 말했다고 해.

"어찌 조선 같은 작은 나라에 이런 사람이 있을 수 있나 해? 대단하다 해! 거기다 누이가 허난설헌이라 해. 이 집안에 대한 유전자 연구가 절실하다 해."

이처럼 브라보를 연발하니 조정에서는 매번 허균에게 아쉬운 소리를 할 수밖에 없었어. 이런 탁월한 능력으로 허균은 지금의 청와대 수석비서에 해당하는 정3품 동부승지를 역임하고, 후에 법무부장관에 해당하는 형조판서까지 지내게 되었어. 그런데 20여 년의 관직 생활 동안 6번이나 파직을 당하게 되는데 종교 문제뿐만 아니라 사생활 문제도 있었어. 허균이 해운판관이라는 자리에 있을 때 6개월 동안에 있었던 자신의 사적인 일을 기록한 《조관기행漕官紀行》이라는 책이 있어. 여기에 엄청난 숫자의 기생 이름이 등장해. 그가 6개월 동안 만나고 친하게 지내던 기생들과의 '일지'라고 할 수 있어. 이런 걸 쓰는 건 자유지만 보관을 좀 잘했어야 하지 않았을까 싶네, 허허허.

"나리, 저기… 요즘 세간의 시선이 너무나 안 좋습니다. 기생들과의 교류는 공직에 계시는 동안 제발 좀 자제하심이 어떠실지요? 아니, 그러셔야 합니다. 아니면 좀 은밀하게 교우 관계를 유지하시는 방법도 있습니다만….
"어허, 너는 하나만 알고 둘은 모르는구나. 남녀 간의 정욕은 하늘이 준 것이고 인륜과 기강을 지키는 것은 성인의 가르침이다. 나는 성인을 따르기 위해 하늘의 뜻을 어길 생각이 전혀 없다. 그리고 내가 항상 말하지 않았느냐! 불여세합不與世合! 나는 세상과 화합하지 못한다. 그 또한 하늘의 뜻이다. 세상의 눈치를 보느라 나의 신념을 꺾고 싶진 않다. 우리가 한 오백 년 살다 가더냐?"

왠지 임진왜란 때 부인을 잃어서 허전한 마음을 달래기 위함만은 아닌 거 같아. 하지만 그가 육체적 쾌락에만 빠졌다고 보면 곤란할 듯해. 당시 기생들 중에는 뛰어난 시인과 음악가들이 많았어. 허균은 천대받던 예술인들과 정신적인 교류를 하며 예술적 영감을 나누었던 거지. 이 당시 송도의 황진이와 쌍벽을 이루던 부안의 매창梅窓이란 기생이 있었어. 매창은 허균뿐만 아니라 당대의 문인들과 견주어도 뒤지지 않는 시 실력을 갖고 있었어. 그녀의 사망 소식을 듣고 허균은 진심으로 슬퍼하며 그녀의 죽음을 애도하는 헌시도 지었다고 해. 그러던 1613년 허균의 인생을 송두리째 바꿔놓는 사건이 발생하는데, 일명 '강변칠우江邊七友' 스캔들! 강변칠우라… 뭔가 이름부터 몹시 낭만적인 듯하면서도, 어딘가 질풍노도의 냄새가 나질 않아? 그럼, 이 사건에 대한 간단한 브리핑을 보자고.

강변칠우 사건 개요

주요 멤버: 영의정 박순의 서자 박응서, 상산군 박충간의 서자 박치인, 목사 서익의 서자 서양갑, 허균의 제자 허홍인 등이 주축으로 전원 서자 출신.
주요 활동: 강가에 정자를 짓고 벼슬길이 막힌 서자들끼리 모여 시와 술로 세월을 보내며 자기들끼리 죽림칠현을 자처.
주요 뻘짓: 돈이 떨어지면 작은 도둑질도 서슴지 않았는데, 큰 거 한탕을 하기 위해 문경새재를 넘던 상인을 습격하였고, 이 와중에 사상자 발생.

이 사건은 사회에 대한 불만이 충분이 있을 수 있는 사람들의 범죄이긴 하지만 정치적인 색채는 전혀 띠고 있지 않았어. 하지만 살인으로 사회질서를 무너뜨렸으니, 어쨌거나 포도청에서 형사재판은 당연히 진행을 하게 되었어. 장안의 화제가 되었음은 물론이야. 이름부터 사회 면보다는 연예 면에 실려도 이상할 것이 없어 보이잖아. 그런데 어찌하여 이 사건이 정치면의 헤드라인으로 옮겨가게 되었는지 살펴보자고. 이 소식이 대북파의 주요 멤버 이이첨의 귀에 들어가면서 사건이 묘한 방향으로 흘러가기 시작했어.

"하하하, 이 대감님. 그 강변칠우인지 뭔지 하는 얼빠진 놈들의 소행을 들으셨습니까? 하여튼 천한 것들은 안 된다니까요. 제놈들이 모여서 한다는 짓거리가 다 그렇지요 뭐, 쯔쯔쯔."

"서자 놈들 문제이긴 문제입니다. 아, 글쎄 몇 년 전에는 서얼 철폐를 주장하는 상소까지 나오지 않았습니까? 태종 임금 때부터 공고히 내려오던 서얼의 관직 금지를 철폐하자는 둥 가당치도 않은 소리지요. 우리 밥그릇도 모자란데 천한 것들과 나눌 게 어디 있습니까? 헤헤헤."

"이 대감님, 왜 듣고만 계십니까? 한마디 논평 좀 해주십시오. 이번 기회에 서자 놈들을 확 때려잡아야 하지 않겠습니까?"

"버러지 같은 것들 잡아 뭣 하겠습니까? 이걸로 경쟁자를 잡아야지요. 이번 기회에 영창대군을 위시하여 소북파를 싹 쓸어버려야겠소."

"아니 그게 무슨 말씀이신지? 서자 놈들이 사고 친 걸로 소북파를 어찌 잡는단 말씀이신지요?"

선조 생전에 대북파는 광해군 라인을 탔고, 소북파는 영창대군 라인을 탔었어. 광해군이 왕이 되어 소북파의 활동이 위축이 되긴 했지만 아직 영창대군이 살아 있었기 때문에 이이첨은 강변칠우 사건을 확대, 조작하기로 마음을 먹었던 거야. 선조 때 광해군 라인을 탔다가 좌천의 쓴맛을 본 이이첨은 한번 잡은 권력을 놓치고 싶지 않았어.

"지금부터 내가 하는 말을 잘 들으세요. 내일 날이 밝는 대로 대감들이 직접 그 강변칠우인가 뭔가 하는 놈들이 잡혀 있는 의금부로 가세요. 그리고 수단과 방법을 가리지 말고 자백을 받아내세요."

"자백이라 함은?"

"어허, 이 답답한 양반들 보게나. 역모였다는 자백을 받아내는 거지. 사랑 고백이라도 받아낼 심산이요? 소북파의 후원을 받아 영창대군을 옹립하기 위한 역모 준비의 일환으로 강변칠우 일당이 상인을 털었다. 이렇게 말이요."

"아아! 이제야 감이 왔습니다. 분부 받들어 다녀오겠습니다."

"주상 전하(광해군)께는 내가 대면보고 드리리다. 그리고 허균이 곧 나를 찾아올 것이오. <u>흐흐흐.</u>"

이렇게 밀실 공작 정치를 통해 우리의 강변칠우들은 졸지에 역모의 행동대장들로 순식간에 지위가 격상되었어. 그래도 강변에서 모여 무예 연습도 하고 사회의 부조리를 비판하던 기개가 남아 있었던지 초반에는 강하게 저항을 했어. 하지만 끝내 모진 고문을 견뎌내지 못하고 역모를 위한 것이었다는 허위 자백을 하고 말았어. 이들로부터 자백을 받자마자 반대파에 대한 숙청 작업이 신속히 진행되었고, 영창대군까지 그만. 사건이 걷잡을 수 없이 커지면서 허균도 불안한 나날을 보내게 되었어. 강변칠우의 실제 활동 무대와 《홍길동전》의 주요 무대가 문경새재로 겹칠 뿐만 아니라 허균이 평소 이들과 가까이 지냈기 때문에 그에게도 불똥이 튈 가능성이 농후했지. 거기다 허균은 이미 정부가 작성한 블랙리스트에 올라 있으니 말이야.

허균은 글방 동문이자 대북파의 핵심인 이이첨을 찾아가기로 결심했어. 이이첨은 열 살 아래의 글방 동문 허균을 따뜻하게 맞이해.

"아이고, 이게 누구신가? 시대를 잘못 만난 불운한 천재 허균 아니신가? 어서 들어와요. 요즘 마음고생이 심하지요? 내가 다 압니다. 날 찾아올 줄 진작에 알고 있었어요."

"…."

"긴 말 할 거 없고 내가 신변은 확실하게 보장해드리리다. 신변 보장뿐만 아니라 형조판서까지 제공해드릴 테니. 그 기막힌 재주 좀 빌립시다. 이거야말로 누이 좋고 매부 좋은 일 아니겠소? 자, 이제 서로 합의한 걸로 알고 자세한 이야기는 술자리가 파한 후 다른 분이 브리핑해줄 것이오. 우리가 이리 뜻을 합한 것을 기념하여 러브샷 한잔합시다."

허균은 다음 날부터 글 좀 쓴다는 유생들을 모으기 시작했어. 심지어 그들에게 숙식까지 제공하며 모든 편의를 제공했지. 물론 자금은 이이첨이 제공했겠지만 말이야. 이제 이이첨이 원하던 허균의 기막힌 재주를 쓸 차례야. 허균은 유생들이 올릴 상소에 큰 틀을 잡아주고 총괄 지휘를 맡았어. 그 상소의 주된 내용은 인목대비의 폐위였어. 이 일을 계기로 허균은 정치적으로 탄탄한 입지도 얻고 광해군의 신임까지 얻게 되었어. 하지만 인목대비의 폐위는 같은 대북파 내에서도 심한 반대가 있었는데, 그중에서도 당시 영의정이었던 기자헌의 반대가 특히 심했어. 하지만 허균은 뜻을 굽히지 않았고 한때의 정치적 동지였던 둘은 인목대비 폐위 문제로 완전히 등을 돌리게 되었지.

그렇게 강변칠우 사건으로부터 4년이란 시간이 흐른 1618년 12월. 허균과 원수지간이 되었던 기자헌의 아들 기준격이 왕에게 비밀 첩보를 올려. 내용인즉 사실은 허균이 영창대군을 옹립하려 했었다는 철 지난 내용이었어. 인목대비 폐위 주장을 강력하게 전개했던 허균이 그의 아들을 옹립하려 했다는 건 앞뒤가 맞지를 않아. 하지만 어찌 되었건 비밀 첩보가 올라왔으니, 이이첨은 허균을 조용히 불렀어.

"허 대감, 어제 주상께 탐탁지 않은 이야기가 보고되었소. 대감이 실은 영창대군을 옹립하려 했다는데, 설마 사실은 아니지요? 그럼 아닐게요."
"아니 대감, 그 무슨 말도 안 되는 말입니까? 제가 지난날 인목대비의 폐위를 그리 주장한 걸 아시면서, 설마 저를 의심하시는 것은 아니지요? 주상 전하께서는 어찌 생각하고 계십니까?"
"아, 물론 내가 허 대감을 의심할 리가 있소? 주상 전하께도 내가 말씀은 잘 드려놨지만 앞으로는 각별히 언행에 조심을 기하세요. 아닌 땐 굴뚝에도 자꾸 연기가 나면 사람의 눈과 마음이란 것이 흐려지게 마련이니까요."

그리고 이듬해 8월 10일 남대문에 '하남대장군'이 나타나 백성들을 구할 것이라는 내용의 격문이 나붙게 되었고, 범인이 이상하리만치 쉽게 잡혔어. 범인들은 허균의 외가 서얼과 조카들이었는데, 이들이 국문장에서 역모의 배후가 허균이라고 진술을 해. 이들은 진술을 할 때마다 내용이 바뀌고, 나중에는 허균이 직접 왕이 되려고 했다는 진술까지 하게 되지. 또 한 번 정치 공작의 냄새가 나는 것은 나와 여러분만이 느낀 건 아니었어. 《광해군일기》에 이 사건은 당시 대북파 실세였던 '이이첨과 한찬남의 허균 제거를 위한 정치 공작'이라고 기록되어 있다고 해. 1618년 8월 24일 격문이 붙은 지 2주 만에 허균이 긴급 체포되었어. 허균은 억울함을 거듭 호소하였지만 모진 고문만이 이어질 뿐이야.

"하지도 않은 일을 했다고 하라니 억울하기가 그지없소. 주상… 주상 전하를 뵙게 해주시오. 안 되면 이이첨 대감이라도 불러주시오. 분명히 큰 오해가 있는 것이와다."

모진 국문이 이어지고 허균이 유치장으로 안치되자 이이첨이 면회를 왔어.

"이런… 이런 사람 몰골이 말이 아니구먼. 어찌 이리도 모질게도 사람을 다 뤘단 말이냐? 여봐라 어서 준비한 음식을 들여보내라. 그리고 얼굴이라도 상처를 치료해드려라. 보기가 참으로 흉하구나."
"대감마님. 저기 이자는 지금 역모죄로 끌려온 자입니다. 아무리 이 대감님이라도 이러시면 저희 입장도 곤란합니다."
"이놈이 지금 내가 누군 줄 알고? 허 대감은 누명을 쓴 것이야. 곧 풀려날 것이다. 그리고 내 관직을 걸고 허 대감을 돌볼 것이니. 네놈은 책임질 일 없다. 허 대감, 조금만 고생하세요. 내일이면 다 해결될 겁니다. 이건 내가 괜히 하는 말이 아니라. 저기 VIP의 의중이기도 하니 안심하세요. 그럼 사람들 눈도 있고 하니 난 그만 가리다."

허균은 몸도 상하고 제대로 된 변론의 기회도 주어지지 않자 내심 광해군과 이이첨에게 서운했어. 하지만 이이첨이 직접 찾아와 저리 말해주니 비로소 안심을 했어. 비록 심신이 만신창이가 되었지만 내일이면 풀려난다는 생각에 감옥에서 이틀 만에 단잠을 잘 수 있었겠지. 잡혀온 지 3일째 되던 다음 날 소란스러운 소리에 허균은 오랜만의 단잠에서 깨어났어.

"여보시오. 무슨 일인데 밖이 이리 소란스럽소?"

허균의 물음에 아무도 대답을 하지 않자 직감적으로 그는 뭔가 불길한 기운을 느꼈어.

"죄수 503번 허균은 밖으로 나와 어명을 받으시오."

자칫 감옥생활이 길어질 수도 있다는 불길한 예감 속에 그의 앞에 붓과 벼루가 놓였고 서류에 서명을 하라는 관원의 지시가 내려졌어. 서류를 읽어보던 허균은 벼루를 집어던져 버리고 소리를 질렀어.

"조선은 사형을 집행할 때에는 신중을 기하기 위해 삼복계라는 것이 있는데, 어찌 이번에는 나의 이야기도 들어보지 않을 뿐더러 체포 3일 만에 사형을 집행한단 말이냐! 나는 여기에 서명할 수 없다. 법적 절차를 제대로 밟도록 하라."

그의 마지막 외침은 허공에 떠돌기만 했고, 전례 없이 빠른 속도로 그의 사형은 집행이 되었어. 이때 바깥에는 허균의 무고함과 제대로 된 재판 절차를 진행하라는 군중들의 항의 시위가 이어졌는데, 양반이나 사대부는 눈을 씻고 봐도 찾아볼 수 없었고 천민, 서자, 기생 등의 사람들이 그의 억울함을 알리기 위해 집회를 하였다고 해.

이 모든 것이 허균이 혹시라도 여론을 선동할까 봐 그 전날 와서 안심을 시킨 이이첨의 정치 계략이 아니고 무엇이었겠어. 허균의 호가 교산蛟山이야. 교는 이무기를 뜻하는 것인데, 고향 집앞에 산의 모양새가 이무기와 닮은 데서 연유한 것이라고 해. 혹시 말이야. 허균은 홍길동이 《왕좌의 게임》의 주인공처럼 용을 타고 악의 무리를 무찌르며, 힘없는 백성들이 더 이상 고통받지 않는 세상을 꿈꾸었던 건 아닐까?

이런 재벌이라면 얼마라도 좋다

【탐라의 거상 김만덕】

거상 김만덕의 영정. 그녀는 조선에서 가장 알려진 여성 상인이자, 기근에 빠진 제주의 백성을 살린 빛나는 의인이었다.

김만덕에 대해 전혀 모르시는 분들은 당연히 남자라고 생각했겠지만, 이분은 1739년에 태어나서 1812년에 생을 마감한 제주 토박이 독신녀야. 조선 시대에 독신녀라니! 스마트폰으로 모든 것을 할 수 있는 이 시대에도 독신으로 살기가 쉽지만은 않은데, 조선 시대에 독신녀로 살았다? 결코 평탄치 않은 삶이었음을 짐작할 수 있어. 현재 제주시에 있는 모충사에 그녀를 기리는 만덕비가 있는데 앞뒤 면에는 아래와 같은 내용이 적혀 있다고 해.

'행수내의녀 김만덕지묘行首內醫女金萬德之墓'

"본관은 김해이며 탐라 양갓집 딸로 태어났다. 어려서 부모를 여의고 가난

제주시 건입동 모충사 내에 위치한 김만덕의 묘.

하여 고생이 심했다. 옷과 식비를 줄여 재산을 크게 불렸다. 칠순에도 외모가 신선 부처와 같았고, 눈동자 두 개가 빛나고 맑았다."

자, 그럼 이 묘비명을 시작으로 해서 그녀의 일생을 추적해보자고. 고아인 데다가 여성의 신분으로 제주도에서 어떻게 큰돈을 벌었고, 어떤 일을 했기에 기념관까지 세워지게 된 걸까? 묘비명에 '내의녀'라고 적혀 있는데. 의녀로 활동을 한 건가? 조선 시대에는 제주도 여인들이 육지로 이주하는 것을 금지했었어. 그런데 어떻게 내의녀가 되었을까? 궁금한 것이 한두 가지가 아니야. 차근차근 살펴보자고. 원래 영웅의 힘겨웠던 시절을 짚고 넘어가야 뒤에 듣게 될 성공 스토리가 더욱더 가슴에 와닿는 법이니까.

김만덕은 1739년, 그러니까 영조 15년에 양인이었던 아버지 김응열과 어머니 고씨 사이에서 태어났어. 하지만 열두 살이 되던 1750년, 전국에 역병이 퍼지고 이 여파는 제주도까지 미치게 되었지. 초등학교도 졸업을 하지 못한 나이에 부모를 잃은 김만덕은 기생집 몸종으로 지내며 생명 연장을 하게 되었어. 미모가 출중해서 기생집으로 간 거냐고? 훗날 영의정 채제공蔡濟恭의 기록에 따르면 그녀는 엄청난 미모의 소유자는 아니었어. 고로 열두 살의 고아 소녀 김만덕은 기생으로 성공 가능성이 높지 않았다고 봐야지. 그러니 그녀는 오직 살아남겠다는 생존 본능과 성실함밖에 믿을 게 없었어. 출발은 기생의 몸종이었으나, 워낙 열심히 일을 하다 보니 어느 날 기생의 수양어머니 눈에 띈 거야.

"명월아… 저기 저 아이 이름이 뭐라 했더냐?"

"만덕이라는 아이입니다. 양인 집안 아이였는데 지난번 역병이 돌 때 양가 부모를 잃고 떠돌다가, 얼마 전부터 제 수발을 들고 있는 아이입니다. 어찌 그러시는지요?"

"애가 키도 크고 덩치도 큰 것이 굼떠 보이는데, 일하는 게 아주 야무지구나. 그리고 무엇보다 눈빛이 살아 있어. 독기로는 설명할 수 없는 광채가 나는구나. 내가 한번 다듬어볼 만하겠다. 물건 한번 만들어보자."

"예? 제 눈에는 기생의 재능이 전혀 안 보이는데 어찌 그런 말씀을! 성실하다고 기생이 될 수 있는 게 아닌 걸 아시면서…."

"모르는 소리 말거라. 네년이나 내가 저 아이 덕 보고 살 날이 올 것이니라."

이때부터 김만덕에게 혹독한 기녀 수업이 이어졌어. 좀 부족한 재능은 악착같은 승부 근성으로 대신했지. 입단 첫해부터 슈퍼 루키로 조명을 받으며 승승장구했어. 하지만 김만덕 본인은 기생을 천직으로 여기지 않았고, 흔해 빠진 말로 자기 인생에서 2보 전진을 위한 1보 후퇴로 여겼어. 성공의 수단이자 다음 단계로 가기 위한 전 단계로 여긴 거지. 고아인 그녀가 이 험난한 세상에서 죽지 않고 인간적인 대접을 받는 유일한 길은 오직 돈이었지. 이후에는 정승같이 돈을 쓰게 되지만, 기생 생활 기간 동안은 주변 동료들에게 좋은 평판은 듣지 못했다고 해. 그 당시 동료들의 증언을 재구성해보자고. 이 증언은 1794년 제주 목사로 재직 중이던 아버지에게 들어 몇 달 동안 제주에 머물렀던 심로숭이란 사람의 기록을 바탕으로 재구성해봤어.

"아, 지금이야 다들 만덕이라고 이름도 함부로 못 부르지만, 그 당시에는 말도 말아요. 얼마나 지독했는지, 한마디로 돈에 환장한 돈벌레였소. 우리도 다 같은 기생 처지지만 그런 독종은 처음 봐. 흔히 남자 단물까지 빨아먹는다고 하잖아. 단물 빠는 과정에 기생도 사람인지라 나중에는 남자에게 미안한 마음도 들고 해서 조금씩 챙겨주기도 하고 해. 그런데 그 인간 아니, 그 사람은 남자 바지저고리까지 벗겨버린 거야. 은유적인 표현이 아니라 진짜로 그렇게 모은 바지저고리가 수백 벌이었어요. 그러니 기생들 사이에서도 그이에 대해서는 치를 떨었지. 뭐, 소문이야 과장되게 마련이지만 독종이건 확실했어요. 그리고 그 눈빛이 예사 눈빛이 아냐. 뭘 해도 크게 한 건 할 거라고 다들 그랬지."

이렇게 개처럼(?) 돈을 번 김만덕은 스무 살이 되자 관아로 찾아가 강력한 민원을 제기했어.

"사또 저는 본래 양인 집안의 자식이었으나 굶어 죽지 않기 위하여 어쩔 수 없이 '기적妓籍'에 이름을 올리게 되었습니다. 이제 제 앞가림을 할 나이도 됐으니, 기적에서 제 이름을 빼주시기를 간곡히 청하는 바입니다."
"뭣이라? 네가 살아보겠다고 기생 하겠다고 할 때는 언제고 이제 와서 먹고 살만 하니 기록을 지워달라고? 내가 왜 너에게 그리 해주어야 하느냐? 그리고 생떼를 쓰면서 뭐 이리 당당하냐?"

이 말을 들은 김만덕은 위에서 여러 차례 언급된 그 특유의 겹눈으로 사또를 바라보며 말을 이어. 내가 겹눈을 몰라서 이런저런 자료를 대충 뒤져보니 쉽게 말해 꿀벌의 눈 같은 형태라고 설명하더라고. 그런데 갑자기 웬 과학 다

큐냐고? 김만덕의 눈이 바로 이 겹눈이라는 소문이 파다했어. 훗날 호기심 대마왕 다산 정약용께서 직접 김만덕을 만나 눈을 자세히 확인해본 후 이렇게 말했다고 해.

"확실히 특이하긴 하지만 과학적 관점에서 보건 데 겹눈은 아니다."

하지만 김만덕은 정약용의 방을 나오면서 이렇게 말했다고 해.

"누가 뭐래도 나는 겹눈이다."

소문이 진실로, 진실이 믿음으로, 그 믿음이 기적을 이루어낸 게 아닐까 싶기도 한데, 아무튼 이날도 김만덕은 그 특유의 눈빛으로 사또를 응시하며 다시 한 번 간청했고 사또는 오케이 사인을 내렸어. 뭐라고 말했을까?

"사또! 소녀 비록 천하고 개같이 돈을 벌었지만, 앞으로는 절대 그런 일이 없을 것입니다. 그리고 제가 큰돈을 벌게 되면 반드시 우리 백성들을 위해 귀하게 쓸 것이니 제발 한 번만 제 말을 믿고 청을 들어주십시오."

이 약속은 결국 지켜졌는데, 이제 지금부터 그녀가 탐라 제일의 거상이 되는 과정을 살펴보자고. 아, 그리고 어차피 부자만 되면 만사 해결인데 굳이 학벌이나 신분 세탁이 왜 필요하냐고? 스토리의 개연성이 떨어진다, 저렇게까지 해야 할 이유가 뭐냐고 따지실 예리한 겹눈의 소유자들이 계실 법한데, 부연 설명을 하자면 이래.

김만덕은 조선 시대 기준으로 이미 과년했지만 결혼 따위는 안중에도 없었어. 이제 진짜 큰돈을 벌기 위해 다시 허리띠를 졸라맸어.

김만덕이 기생집에서 일을 시작하고 겨우 입에 풀칠이나 할 때 동생들이 구걸로 끼니를 때우고 있었나 봐. 혼자 살아남기도 힘들었기에 그들을 잘 돌보지 못했는데, 김만덕이 기생으로 이름을 날리게 되니 주변 친지들이 가족도 내팽개친 독한 년이네, 양인 집에서 기생이 되어 집안 망신 다 시키네 하면서 미주알고주알 뒷담을 하고 다녔다고 해. 이제 좀 설명이 됐나?

기생 신분에서 벗어나자마자 김만덕은 흩어진 가족들을 한집으로 모으고, 주둥아리를 나불거리던 친척들의 더러운 입에 더럽게 번 돈을 쑤셔 박아줬더니 모두가 꼬리를 살랑거리며 집에 찾아와서 '이제 드디어 우리 가족이 모두 화해를 했구나.'라며 입방정을 떨었다고 해. 김만덕은 결혼 따위는 안중에도 없었어. 이제 진짜 큰돈을 벌기 위해 오늘도 다시 허리띠를 졸라맸어. 어제의 전직 기생이 오늘은 CEO로 새 아침을 맞이하게 된 거지. 객주를 오픈한 거야. 동네 사람들을 불러 떡도 돌리고 이 사람 저 사람들의 축하 인사를 받는 와중에도 만덕은 '만덕 객주'의 주인이 자신이라는 사실이 도무지 믿기지가 않았어. 짜장면이 싫다며 너 먼저 먹으라는 어머니도 없었고, 천한 기생이라고 이유 없이 매를 맞아도 일러바칠 아버지도 없이 오롯이 혼자 힘으로 이 모든 걸 해낸 거야. 열두 살 여자아이가 세상과 몸으로 맞서 싸워 이루어낸 결과야! 이제 직원들 앞에서 기생 출신 젊은 사장은 일장 훈시를 시작해.

"우리 객주를 드나드는 모든 상인들은 귀한 손님입니다. 그리고 그들이 가지고 오는 다른 지역의 물산의 많고 모자람이나 가격의 변동 같은 정보는 보물과도 같은 것입니다. 손님들을 대할 때 임금님을 대하듯이 해야 할 것입니

다. 나만 믿고 따른다면 주 5일 근무에 매년 특별 상여 500%가 헛된 꿈이 아
닐 것이오."

그녀는 이렇게 정보를 귀하게 여겨 상품의 유통 과정을 익힌 후, 사업 초창
기에는 전라도에서는 쌀을 사들이고 제주도의 특산물인 약재, 전복, 갓 등을
수출(?)하면서 이익을 내기 시작했어. 사업에 대한 촉이 생기자 가격 변화를 예
상해 더 많은 이익을 창출하고, 신사업에도 손을 댔는데, 한라산에서는 흔한
사슴을 이용해 녹용 사업을 론칭했어. 이어 난초 재배에도 영역을 넓혔는데,
이것마저 대박, 말 그대로 트리플 대박!

이렇게 승승장구하다 보니 만덕 객주는 어느새 대형 무역 거래소가 되어 있
었어. 또한 전 직장 생활에서 얻은 노하우로 상류층 사모님들이 좋아할 만한
옷감과 장신구, 화장품까지 취급하며 귀족 사회의 트렌드를 이끌기까지 한 거
야. 이런 게 또 몇 개 안 팔아도 돈이 엄청 되잖아. 그녀는 이런 식으로 하는 일
마다 대성공을 거두고 마침내 거상이 되었어.

그러던 어느 날 문득 거울을 보니, 어느새 56세가 된 중년의 여인이 그 안
에 있었어.

'예쁘지는 않아도 곱던 얼굴은 온 데 간 데가 없구나. 그래도 누구보다 열심
히 살았고 남에게 해 안 끼치며 돈도 충분히 벌었다. 만덕아 수고했다. 이제
세상과 한 약속을 지켜야 할 시간이다.'

그녀는 전 재산을 환원하기로 했어. 가장 적절한 시기에 이런 결정을 내렸
는데, 1795년 제주도에는 기상이변으로 인해 식량난을 겪어서, 10만 명이던

인구가 3만 명까지 줄었다고 해. 무려 7만 명의 사람들이 아사를 한 거야. 정조는 제주도로 식량을 실은 배를 급히 출발시켰으나 태풍 때문에 식량 공수 작전은 실패하고 말아. 이때 김만덕이 침몰 직전의 제주도를 건져 올리기 위해 나섰어. 물에 빠진 사람을 구하는 정도가 아니라 배 전체를 들어 올릴 계획을 가지고 말이야.

"거, 누구 없느냐?"

"네, 찾아 계시옵니까?"

"지금 당장 전 재산을 현찰화해서 전라도 지방으로 가거라. 그리고 쌀 500섬을 실어오너라. 50섬은 여기 적힌 내 평생의 은인들에게 나눠주고 나머지 450섬은 관아에 보내도록 해라. 괜히 유령 재단 같은 거 만들지 말고 직접 사람들에게 나눠줄 수 있게 하라. 한 톨의 쌀도 새지 않고 백성들에게 가게 해야 한다."

"정… 정말… 전 재산을 이 일에 쓰시려고 하시는 겁니까?"

"자네도 독립하면 반드시 하나만 지켜주게. 돈은 자네 방식으로 벌어도 되지만 쓰는 건 나처럼 해주게. 모으는 재미에 빠지기만 하면 자기 가족만 기쁘지만, 나누는 것에 뜻을 두면 만인이 행복해지는 법이라네." (이건 내가 김만덕의 입을 빌려 세상에 하고 싶은 말인데 좀 멋지지 않아?)

이렇게 전 재산을 투자해 탐라 백성들을 살려내니 그녀는 도민의 영웅이 되었어. 제주 목사는 조정에 이 사실을 알리고, 이 소식을 들은 정조는 크게 기뻐했다고 해.

"나라도 과인도 하지 못한 일을 섬에 사는 아낙이 해냈단 말이냐? 참으로 부끄럽기 짝이 없다. 여봐라, 도승지. 내가 뭐라도 해주고 싶구나."

"전하, 제가 이미 알아보았으나 돈이나 재물은 필요 없다고 하고, 여인이라 국법상 벼슬을 내려줄 수도 없습니다."

"그래? 그럼 내 무엇이든 청을 들어줄 테니, 3가지 소원을 말해보라고 하라."

그녀의 3가지 소원은 무엇이었을까? 임금의 명을 받고 도승지는 그녀의 3가지 소원을 확인해 보고를 하게 됐어. 도승지는 어금니를 꽉 깨물고 웃음을 참으며 정조에게 보고를 했는데, 그녀의 소원이 무척 귀여웠기 때문이 아닐까?

"제일 큰 소원은 임금님을 뵙는 것이고, 두 번째는 한양 구경, 세 번째는 금강산 유람이라고 합니다. 전하."

"그래? 너무 소박한 것이 아니냐? 첫 번째 소원은 나 듣기 좋으라고 한 말일 터, 진짜 소원은 한양 구경과 금강산 유람이겠구나. 도승지는 지금 당장 김만덕이 한양으로 올라올 때 지나는 고을의 역참들에게 일러 호위를 지시하도록 함은 물론이고, 숙소 및 각종 편의 제공에 하등의 불편함이 없도록 하라. 또한 탐라의 여인은 뭍으로 올라올 수 없으니, 그녀에게 명예직인 내의녀를 내려 한양으로 올 수 있는 편법을 쓰도록 하라."

"전하, 방금 말씀하신 편법이란 단어는 사초에서 빼도록 하겠습니다."

"아 그렇지… 굳이 내가 그 말을… 그리고 이왕 내리는 명예직이지만 내의녀 최고위직인 행수에 봉하도록 하라. 마지막으로 한양 구경을 마치고 금강산으로 떠나기 전 나랑 조찬도 준비하도록 하고."

김만덕에 대한 정조의 사랑은 형식적인 것이 아니었어. 영의정 채제공을 시켜 그녀의 일대기를 쓰게 하고, 초급 관리들 진급시험 과목으로 진입시켰다고 해. 마침내 제주 섬 소녀가 57세의 나이에 국민 스타가 되어, 성대하게 한양으로 입성하게 됐어. 그녀가 지나는 고을마다 온 동네 사람들이 나와 박수를 보냈다고 해. '나도 저 분처럼 될 테야!' 하는 김만덕 키즈들이 많지 않았을까? 한양 구경도 하고 임금도 알현하고 그녀는 마침내 금강산 유람까지 마치게 됐어. 떠나는 그녀에게 78세의 채제공이 이런 말을 했다고 해.

"너는 탐라에 태어나 한라산의 백록담 물을 마시고, 이제는 금강산을 두루 구경했으니, 온 천하의 사내들 중에서도 이런 복을 누린 자가 있겠느냐?"

제대로 걸 크러시 아냐? 꼭 내 글이 아니어도 이 분의 일생을 한국의 재벌들이 봤으면 싶은데, 쉽지 않겠지? 죽어서 가져가지도 못할 돈! 김만덕처럼 멋지게 쓰고, 몇백 년이 지나서도 유효한 존경이란 신용카드를 받는 것이 진짜 남는 장사 아닌가?

'월드클래스 명작'이 살아남는 법

【추사 김정희의 세한도】

100개가 넘는 벼루와 1,000자루가 넘는 붓을 사용하고 나서야 비로소 완성됐다는 추사체! 타고난 재능에 엄청난 노력이 더해져 이름만으로도 브랜드가 된 추사 김정희. 그는 19세기 조선뿐만 아니라 동북아 최

국립중앙박물관에 소장된 국보 180호 세한도. 추사가 귀양 시절 제자 이상적이 북경에서 귀한 서책 《황조경세문편》을 구해와 유배지 제주도까지 가져다준 것에 감명해 그려준 그림으로, 내로라하는 청나라 문인들의 감상문이 함께 전해진다.

고의 예술가로 칭송을 받았어. 그가 남긴 작품 중에 글씨가 아닌 그림 '세한도歲寒圖'는 화가가 아닌 문인이 그린 그림 중 최고 레벨로 평가받고 있어. 서예의 황제 김정희가 남긴 그림 '세한도'에는 그에 얽힌 흥미진진한 스토리가 담겨 있어.

추사 김정희는 1786년, 그러니까 정조 10년 충남 예산에서 태어났어. 본관은 경주야. 그동안 내가 다룬 수많은 역사 속 인물 중 처음으로 집안 어른이 나오셔서 굳이 본관을 밝히는 바, 지나친 거부 반응은 반사!

모든 천재가 그러하듯 추사 김정희도 어마무시한 탄생 설화를 가지고 있는데, 잠시 살펴보고 가자고. 그는 인간의 한계를 벗어나 24개월 만에 태어났다고 해. 이날 고향 뒤뜰의 말라버린 우물이 다시 샘솟고, 팔봉산의 초목이 물 만난 고기처럼 마구 피어올랐다고 하니 그야말로 대.다.나.다. 이렇게 요란하게 태어나보니 증조부가 영조의 사위였어. 조선 최고의 집안인 전주 이씨 로열패밀리와 친인척인 금수저 집안에 태어난 거야. 사실 천재는 만들어지기도 하지만, 어느 정도 타고난다고 봐야 하지 않겠어? 《대동기문大東奇聞》에 기록된 이야기에 따르면, 추사가 일곱 살 때 쓴 글 '입춘첩立春帖'이라는 글씨가 그의 집 대문에 붙여져 있었다고 해. "우리 애가 한글을 가르쳐준 적도 없는데, '가' 자를 방금 읽은 것 같아요."라고 모든 부모들이 호들갑 떨듯이 추사의 부모도 동네방네 자랑을 하고 싶었겠지. 때마침 지나가던 채제공이 이 글씨를 보고 집안으로 군이 들어와 글씨의 주인공을 찾았다고 해. 채제공님은 '김만덕 편'에도 등장한 당대의 정승, 그분이 맞아.

"저기 대문에 걸려 있는 글씨가 비록 아이가 쓴 글씨 같긴 하다만 보통 글씨가 아닌 거 같아 내 이리 집안으로 들어오게 됐소이다."
"대감마님은 역시! 제 아들놈이 쓴 글씨입니다. 아직 많이 부족한데, 안사람이 자꾸 자랑하고 싶다고 하여 그만… 한데 대감마님 안색이 안 좋아 보입니다. 혹시 달리 하실 말씀이라도?"
"이 아이는 장차 역사에 남을 명필에 될 것이오. 그러나 계속해서 글씨를 쓰게 되면, 또한 기구한 운명의 사슬에서 벗어날 수 없을 것이니 참으로 안타깝도다."

그 해결책이 없으면 덕담이나 해주고 갈 것이지, 괜히 불길한 말만 남기고 훌쩍 떠나버리실 건 뭐람. 역시나 채제공의 불길한 예언은 어린 시절부터 들어 맞기 시작했는데, 20대가 되기 전에 어머니와 스승을 잃은 것은 물론이고, 부인과 사별까지 하게 됐어. 하지만 이런 역경은 시작에 불과했어. 추사는 정말 붓을 놓아야만 행복해지는 사주를 타고났던 걸까?

김정희는 23세 되던 해에 재혼을 하고, 이듬해에는 호조참판으로 승진한 아버지를 따라 연경(북경)으로 떠나게 되었어. 연경의 첫 방문이 김정희의 인생관을 송두리째 바꾸게 되었는데, 그는 연경 체류 기간 중 당대 청나라 최고의 금석학자 옹방강翁方綱, 대학자 완원阮元 등 다양한 분야의 석학들과 교류하게 되었고, 어리지만 명석한 김정희는 그들로부터 사랑과 귀여움을 받으며 학문의 나래를 더욱 펼쳐나갈 수 있었어. 여기서 잠깐, 김정희는 추사체로도 유명하지만 조선 최고의 금석학자라고 역사책에 많이 나오잖아. 이 금석학이란 쉽게 말해 고대의 돌이나 비석에 새겨진 문자들의 탁본을 떠서 연구하는 학문이라고 알아두자고.

아무튼 김정희는 34세가 되던 해에 대과에 급제를 하고 10여 년 동안 정부의 주요 요직을 두루 거치며 승승장구했어. 채제공의 예언은 빗나간 것이구나 하고 안도하는 찰나, 행복 끝 불행 시작. 하늘의 명을 알았다는 지천명을 앞두고 김정희는 안동 김씨들의 계략에, 파직이 됨은 물론 제주도로 유배를 가게 되었어. 그냥 유배 정도가 아니라 가택 연금이 되었는데, 말이 가택 연금이지 싸리나무 대문에 가시나무로 울타리를 만들고 면회를 일체 허용하지 않는 사회적 사형선고나 다름없었어. 이 또한 지나가리라고 생각했던 제주에서의 유배 생활은 장장 9년 동안이나 이어지는데, 이때 문제의 '세한도'가 완성이 돼. 비록 블랙리스트 최상단에 이름을 올렸지만 귀양 생활 초기에는 많은 지인들이 그를 찾아오기도 하고, 인편을 통해 생필품을 보내오기도 했어. 하지만 조정의 감시와 탄압이 심해지고 유배 생활이 생각보다 길어질 거라는 소문이 들리자 그를 찾는 발길은 점차 줄어들게 됐지.

"추사는 이제 끝났구나. 이렇게 보내기 참으로 아까운 인물인데 말이야."
"그 괜히 쓸데없는 생각하지 말게. 지금은 떨어지는 낙엽도 조심해야 할 때야. 혹시라도 유배에서 풀려나면 그때 못 다한 마음을 다하세."
"그러다가 영영 풀려나지 못하면, 그때의 찜찜한 마음은 누가 씻어주나?"
"거참, 자네도 같이 블랙리스트에 올라가고 싶어 이러나?"

제주도의 유배 생활 중에 베프 김유근이 사망하고, 재혼한 부인마저 사망해 잃게 되니 김정희의 심리 상태는 극도로 지쳐버렸어. 이 정도면 누구나 우울증 초기 증세를 겪지 않았을까 싶은데. 추사를 찾는 사람들의 발길이 완전히 끊어진 어느 날. 야음을 틈타 추사의 허름한 집으로 들어가는 검은 그림자가 있었으니, 그는 바로 김정희의 제자 역관 이상적이었어.

"아니, 자네 또 왔는가? 이러다 정말 큰일 나네. 나야 자네가 이리 생각해주니 더할 나위 없이 고맙지만, 내가 걱정이 되고 염치가 없을 정도네."
"스승님, 당치 않은 말씀이십니다. 세상이 다 버려도 스승님에 대한 제 마음은 변하지 않습니다. 이번 연경 출장길에는 제가 무엇을 구해왔는지 아십니까? 이것을 구하고 스승님이 기뻐하실 생각을 하니 잠자는 시간도 아까워 걸음을 재촉하였습니다."
"출장비도 빠듯한데, 또 무엇을 구해왔단 말인가? 그리고 그렇게 어렵게 구한 것이라면 안동 김씨한테 바쳐 일신의 영달에 힘쓸 것이지, 왜 블랙리스트

에 올라 있는 나 같은 늙은이한테 가져온단 말
인가. 자네는 참으로 미련한 자일세. 이번이 마
지막이니 다시는 나를 찾지 말게."

떠나는 이상적의 등 뒤에 대고 말은 차갑게
했지만, 추사는 소나무처럼 변함없는 이상적의
마음에 큰 감동을 받았어.

추사 김정희의 초상. 조선 후기의 대표적인 서예가이자 학
자로서, '추사체'로 대표되는 명필로서의 이미지는 어쩌면
그의 다재다능한 능력을 표현하는 데 부족한 점이 많다.

'가만 있자… 내가 우선(이상적의 호)을 위해서
뭘 해줄 수 있을까? 글씨 말고 뭔가 좀 더 특별
한 것을 해주고 싶은데 말이야… 옳거니! 소나
무처럼 변하지 않는 우선의 절개를 그림으로 그려봐야겠다. 내 글씨도 좋지
만, 그림이라면 훗날 더 가치가 있지 않을까? 국보는 몰라도 보물급으로 지
정된다면 그의 후손들에게도 좋을 터. 어디 보자… 슬슬 한번 작업을 시작해
볼까?'

이런 마음으로 추사 김정희는 초라한 집 주위에 늘 푸르른 소나무와 잣나무
를 그린 '세한도'를 완성했어. 김정희인데 글씨가 빠질 수 없잖아. 누가 봐도 김
정희가 이상적에게 준 선물임을 알 수 있게 추사체로 '우선시상藕船是賞'이라고
적었어. 마치 유명 가수가 자신의 앨범에 'Thanks to 이상적'이라고 새겨 넣듯
이 말이야. 또한 P.S로 '장무상망長毋相忘'이라고 남겼는데, '우리 오래오래 서로
잊지 말자.'란 뜻이니 사제지간의 브로맨스에 손발이 오그라들 지경이야. 이
그림을 받은 이상적은 다음 출장길에 김정희와 교류하던 중국의 학자들에게

이 그림을 보여줬어. '당신들이 그렇게 대단하게 생각하는 추사 김정희가 나 개인을 위해 이런 그림을 그려줬소이다. 으하하!' 하는 마음이 조금은 있지 않았을까?

"추사 스승님이 유배 생활 중 그린 그림입니다. 혼자 보기 아까워 이렇게 여러 대인들께 보여드리기 위해 가져왔습니다."

"띵호와! 역시 추사는 대단하다 해. 어찌 글씨뿐만 아니라 그림도 이리 멋들어지게 그린다 해?"

이 그림을 본 당대의 잘나가는 중국의 석학 16인이 찬시를 지어주었고, 이상적은 그걸 표구해서 다시 조선으로 가지고 오게 되었어. 이러면 '세한도'의 그림 값은 보증서까지 붙어 따따블이 되었겠지? 나만 이런 세속적인 생각을 한 거야? 한데 이런 '세한도'가 100년이 지나 일본인의 손에 들어가게 되었는데, 어찌된 일일까? 추사의 세한도를 손에 넣은 일본인은 경성제국대학 교수로 재직 중이던 후지츠카 치카시藤塚鄰라는 한학자였어.

"조선은 참으로 희한한 나라이므니다. 어째서 추사 김정희 선생님 같은 분의 후손들이 나라를 이 꼴로 만들었는지 도무지 이해가 되지 않스므니다. 추사는 조선은 물론 청나라를 통틀어서도 당대 최고였으므니다. 나는 그분의 열렬한 팬으로서 그분이 남긴 모든 예술 작품을 수집하는 것을 평생의 업으로 삼고 있스므니다."

당시 대학교수로서는 치르기 힘든 거액을 지불하고, '세한도'를 비롯한 추사의 작품을 열성적으로 모았던 거야. 그 반대편에서 '세한도'를 되찾기 위해 모든 걸 내건 사람은 20세기 한국 서예의 거장 손재형이 있었어. '나라가 이 모양 이 꼴이긴 하지만, 어찌 추사 선생님의 세한도를 일본인의 손에 맡겨둘 수 있겠나! 내 어떤 대가를 치르더라도 반드시 세한도를 되찾을 것이다.' 손재형 선생은 누가 시키지도 않았는데, '세한도'를 되찾기 위해 현해탄을 건넜어. 무작정 후지츠카의 집에 찾아가서, '세한도'를 조선인의 품에 돌려달라고 호소했어.

> '세한도'의 그림 값은 보증서까지 붙어 따따블이 되었겠지? 나만 이런 세속적인 생각을 한 거야?

"손 상, 여기 니폰까지 찾아온 당신의 노력과 정성에 참으로 탄복하였스므니다. 하지마는 추사를 향한 나의 마음도 어느 조선인만큼 못지 않스므니다. 추사 선생님은 이미 국적을 초월하신 분이므니다. 고로 선생의 작품을 잘 관리할 수 있는 사람 손에 있는 것이 맞다고 생각하므니다."

손재형 선생은 문전박대를 당하는 날도 있었지만, 100일 기도의 심정으로 석 달이 넘는 시간 동안 후지츠카의 집을 찾아갔고, 마침내 그는 두 손 두 발을 다 들었다고 해.

"아, 손 상! 참으로 끈질기므니다. 내가 죽고 나면, 내 아들 편에 '세한도'를 손 상에게 반드시 전해주려고 했스므니다. 하지마는 손 상이 아무래도 나 보다 '세한도'를 더욱 사랑하는 거 같스므니다. 이런 걸작은 돈으로 거래되어서는 아니 되므니다. 내가 손 상에게 그냥 줄 테니 반드시 잘 간직하기 바라므니다. 내가 반드시 지켜보겠스므니다."

기억해야 할 것들

'세한도'를 향한 두 사람의 애정이 빛을 발한 것일까? 세한도가 조선으로 돌아온 후 후지츠카의 집이 폭격을 맞았다고 하니, '세한도'라는 마스터피스의 위엄이 느껴지는 대목이야.

p.s. 양평에 가면 맛집이나 두물머리만 가지 말고, '물과 꽃의 정원'이라고 명명된 세미원을 꼭 들러보길 바라. 이곳에는 세한정이라는 곳이 있는데, 추사의 세한도를 재현해놓은 정원이야. 송백정이라는 집 한 채 앞에 아름다운 소나무 하나가 덩그러니 있으니, 같이 가는 여자친구나 아이들에게 역사 지식을 뽐낼 수 있는 좋은 기회가 되지 않을까?

'새드 엔딩'으로 끝난 조선판 신데렐라 스토리
【'안동 김씨 공화국'의 불행】

어떤 독재정권하에서 일가친척이 국가 내란 및 전복죄로 사형을 당했다고 쳐보자고. 독재정권은 남은 사람들에 대해 취업부터 이주까지 감시의 눈을 놓지 않을 거야.

열네 살부터 고향에는 발도 못 붙이고, 일용직 근로자로 타향에서 살아가고 있는 소년이 있어. 그는 혹시 사형이나 감옥행 열차를 타지 않을까 하는 걱정 속에

국립중앙박물관에 소장된 단원 김홍도의 그림 '벼타작'. 농부들이 벼를 타작하는 모습을 그린 그림으로 농민들 한쪽에 곰방대를 물고 홀로 한가롭게 지켜보는 양반의 모습을 통해 신분제의 단면을 엿볼 수 있는 해학적인 그림이다.

하루하루를 연명해. 삶 자체가 고행인 거야. 그런데 어느 날 갑자기 청와대나 국정원, 검찰청 같은 곳에서 검은 차 수십 대를 끌고, 시골 마을로 들이닥친다면 엄청 불안하겠지? 검은 양복의 아저씨들이 귀에 이어폰을 꽂고 내 이름을 부르며, 동네를 뒤지고 있다면 말이야. 도망칠 여력도 빠져나갈 구멍도 없지만, 이유라도 알고 싶어. 10대 시절 내내 족쇄처럼 따라다니던, 반역자라는 이

유 때문에 나를 찾아온 거겠지만 혹시나 하는 마음도 들어. 여기서, 놀랄 만한 반전이 일어나. 이 사람들이 날 보고 갑작스레 차기 대통령으로 낙점되셨으니, 지금 당장 서울로 올라가자고 하네? 이거야말로 1등 로또 몇 장 맞은 격이지. 그런데 마냥 좋아해야만 할까? 순식간에 신분 상승을 이루고 신데렐라 스토리로 마감되는 해피엔딩도 있긴 하지만 말이야.

두려움도 크겠지만, 의식주 해결에 일단 대통령이 된다니, 나이 열아홉 살짜리 남자라면 일단 무조건 좋았겠지? 그런데 이 일은, 1849년 강화도에서 이변李昪이라는 열아홉 소년에게 실제로 일어난 실화야. 운명이 이름을 따라가는 건가? 이변의 인생에 일대 이변이 일어난 거지.

그는 다름 아닌 역적 집안의 자손으로 몰려 강화도에서 쫓겨가 농사짓다가 일약 조선 25대 왕이 된 철종(哲宗, 재위 1849~1863)의 이야기야. 그런데 왜 조선 정부는 한양도 아니고 강화도까지 가서, 그것도 역적의 자손을 왕으로 모셔갔을까? 이때 조선이 어떻게 돌아가고 있었는지 살펴보면 납득이 갈 거야.

1차적으로 유추 가능한 이유는 전임 왕의 후사가 없었겠지? 헌종(憲宗, 재위 1834~1849)이 후사가 없이 승하하자, 조정에서는 당연하게도 후사를 결정했어야 했어. 하지만 이미 조정은 조정이라고 쓰고 안동 김씨라고 읽는 분위기였지. 이 무렵 조선은, 이씨가 그냥 왕 자리만 차지하고 권력은 안동 김씨가 장악하던 시절이었어. 눈치챈 분들도 있겠지만, 조정, 아니 안동 김씨들은 허수아비 왕이 필요했던 거야. '역적의 자손'이라는 핸디캡을 안고 있고, 배운 것도 없는 시골 촌부보다 더 완벽한 후보가 있을까? 이때 후보 명단에는 훗날 명성왕후의 시아버지가 되는 흥선대원군도 있었다고 해. 하지만 철종이 압도적인 지지로 당첨됐어. 그만큼 요리하기 쉬운 상대라고 생각했었던 거지. 한데 열아홉 살이면, 한창 혈기왕성할 때이고 결혼을 고려할 나이잖아. 왕은 아니지만 그도 강화도에서 자기 나름의 생활이 있었어. 철종은 강화도에 정혼을 약속한 아가씨가 있었다고 해. 상대는 당연히 미천한 신분이었겠지. 그럴 필요까지 있나 싶겠지만, 조정에선 이 아가씨를 죽여 없애버려. 왕의 승낙 따위는 필요 없었어. 철종이 강화도에 두고 온 정혼자를 너무나 그리워한 나머지 궁 생활에 전혀 적응을 못했기 때문이었어.

"전하, 꽃님이는 이제 이 세상 사람이 아니옵니다. 그러니 이제 마음잡고 궁의 법도를 익히는 데 정신을 집중하세요. 그리고 중전도 우리가 알아서 정해드릴 테니 그저 님은 미식 탐험이나 하면서 여생을 즐기세요."

무서운 사람들이야. 철종은 정인이 죽어도 아무것도 할 수 없었어. 이런 상황에서 궁의 법도며 예절이며, 모든 라이프스타일을 강제로 뜯어고쳐야 했어. 박찬호 선수가 미국 가서 야구 외에 문화와 일상생활에 적응하기 위해 악전고투한 상황인 거지. 그러고 보니 둘은 나이도 같은 나이였군. 메이저리그와 궁이라는 미지의 세계에 안착한 시기가 말이야. 결국 둘 다 왕이 되긴 했어. 결말은 완전히 달랐지만. 어쨌든 철종이 궁에 들어와서 보니 조정과 지방 관아 미관말직까지 안동 김씨의 세력이 미치지 않는 곳이 없었어. 허수아비 노릇은 고사하고, 그는 일단 새로운 생활에 적응하느라 정신이 없었어.

그렇게 3년간의 군 생활 같은 궁 적응기를 마치고, 철종은 미미하지만 날갯짓을 하기 시작해. 지렁이도 밟으면 꿈틀하고, 개돼지 같은 백성들도 밟으면 촛불이라도 들잖아. 철종은 명색이 왕손이었기에 안동 김씨의 세도에 제동을 걸었어. 그런데 이런 걸 용납할 안동 김씨가 아니잖아. 이러라고 데리고 온 왕도 아닌데, 어딜 감히!

　그들은 자신들이 가진 모든 힘과 권력을 동원해서 철종의 계획을 철저히 짓밟고, 일체의 정치 활동을 금지시켜. 철종을 무능력하다고 하거나, 비난할 일은 아니야. 어느 정도의 기반이 있어야 거대 세력과 맞설 수 있잖아. 강화도에서 살다가 갑자기 궁으로 와서 왕이 되었다고 신데렐라 스토리가 완성된 건 아니니까. 안동 김씨들은 왕이 반드시 해야 하는 경연도 형식적으로 하게 하고, 향락을 끊임없이 제공했어. 영국이 중국에 아편을 끊임없이 제공하면서 자신들의 이득을 취했던 것처럼 말이야. 철종은 14년 재위 기간 동안 소리 한 번 크게 못 내보고, 30대 초반에 요절을 하셔. 꿈에도 그리던 강화도 꽃님이 곁으로 쓸쓸히 돌아가시고 만 거지.

　안동 김씨가 철종이라는 왕 개인에게 행한 짓도 잔혹하지만, 이 당시 백성들의 삶 자체는 지옥이었어. 그야말로 상위 1%가 부와 권력을 독점했어. 모든 관직은 안동 김씨를 통해서 내려졌고 각 고을의 국회의원이 되기 위해서, 은행 대출에 친척 돈을 빌려서라도 안동 김씨에게 들이댔어. 그렇게 국회의원이 되면, 예상된 절차에 따라 국민들 고름 짜기에 들어가. (절대 요즘 국회의원들이 이렇다는 이야기가 아니야, 독자 여러분의 이해를 돕기 위해, 현재의 관직명을 사용하는 것일 뿐.) 이 당시 국회의원 및 고위 관리들이 본전을 찾는 방법은 현재보다 다양하지 못했어. 대대적인 토목공사를 벌일 수도 없었고, 다른 나라와의 외교도 활발하지 못했던 시대니까. 그럼 어떤 방법들이 있었을까? 일단 춘궁기에 백성들에게 쌀을 빌려주고, 다음 해가 되면 이자를 조금 쳐서 받는 너무나 아름다운 제도가 있었다고 해. 여기선 얼마 해 먹을 수가 없으니까, 기득권이 비상한 머리를 굴려. 이자를 받을 때 협박을 하는 거야.

"어이, 춘식이! 남들은 다들 죽겠다고 난리던데 어째 자네는 얼굴이 좋아 보이네? 이런 불경기에도 3평 구멍가게에서 수입이 짭짤하다던데? 내가 알아보니 다음 분기 때 세무조사가 예정되어 있던데? 적은 비용으로 내가 막아줄 수 있는 방법을 알긴 하는데 말이야…."

이제 춘식이 집은 해결됐으니 봉식이 집으로 가야지.

"봉식이 자네, 둘째 아들이 우리 친척 회사에 계약직으로 근무 중이던데, 정규직 전환 안 시킬 거야? 4대 보험도 안 되고 언제 잘릴지도 모르는데, 아버지가 돼가지고 그냥 있을 거야? 돈 몇 푼 더 내면 해결될 일인데…."

자발적 이자라는 명목으로 백성들에게 추가 이자를 유도했어. 힘없는 백성들은 울며 겨자 먹기로 법으로 정한 이자 이상을 냈어. 당장 내일 자식들이 굶어 죽을지도 모르는 상황이었기 때문이야. 악은 진화했어. 다음 해부터는 쌀을 빌려줄 때, 돌이랑 잡곡을 섞었어. 이런 비유는 어떨까? 원금 100만 원을 빌려주면서, 위조지폐 20만 원에 '부루마블' 돈 30만 원을 주고 장부에 '홍길동 100만 원 지급'이라고 적는 거지. 자발적 이자는 당연히 따라오고.

악은 또 진화에 진화를 거듭해. 쌀을 아예 공출도 하지 않고 공출한 것으로 장부를 허위로 작성했어. 그러니까 홍길동에게 위조지폐 섞인 돈도 안 주고, 그냥 '홍길동 200만 원 지급'이라고 적었던 거야. 이제 원금과 이자를 받으러 가야겠지? 그런데 양반 체면에 상놈들한테 직접 가기도 뭣하잖아. 그렇다고 하인들 보내기도 애매하고, 전문가를 동원했어. 지방 조폭과 연계해서, 빌려주지도 않은 돈을 받으러 백성들의 집을 친절하게도 가가호호 방문을 했어. 이정도 되면 홍길동이 율도국을 세우고 싶겠어? 조선을 위해 살고 싶겠어? 군역의 의무고, 납세의 의무고 내 가족이 채무에 쪼들려 죽게 생겼는데, 정상적인 생활이 가능했겠어? '전 국민 채무자화'로 인해 중산층은 완전히 파괴되어 버렸어. 상위 1%와 하위 99%만 남은 거지. 하위 계층의 어린 자식들은 노비로 팔려가고, 엄마와 딸들은 부자들의 첩으로 전락했어. 전쟁통도 아닌데, 인육을 먹는다는 소문이 장안을 떠돌아. 안동 김씨들은 하나만 알고 둘은 몰랐나 봐.

중산층이 유지가 되고, 백성이 정상적인 기본 생활이 유지돼야 사회 시스템이 유지가 되잖아. 아무리 일해도 내 집을 마련할 수도 없고, 밤낮으로 뛰어 다녀도 빚은 늘어만 가는 사회 시스템에서는, 어떤 결과가 일어났을까? 당연히 민란의 시대가 왔어. 전국의 민초들이 들불처럼 일어나는 거지. 다음에 다룰 동학농민운동은 이런 시대적 분위기에서 탄생했지.

조선판 '프랑스 혁명'은 왜 좌절되었나
【동학농민운동의 시작과 끝】

동학농민운동 하면 많은 사람들이 슬프고 아픈 역사 이야기인 건 아는데 실상은 자세히 모르고 있는 게 우리의 현 주소야. 사실 동학농민운동이란 말 자체가 교과서나 역사 전면에 등장한 것이 얼마 안 된 일이니 너무 부끄러워할 필요는 없어. 현대를 살아가는 우리가 정보의 홍수 속에서 동학농민운동까지 알아야 하나 할 수도 있지만, 역사적으로도 의미가 크고 더 나은

수운 최제우. 조선의 종교사상가이자 동학의 창시자 겸 제1대 교주 수운 최제우. 그는 몰락한 양반의 가문 출신으로 재가한 어머니 밑에 태어나 서자나 다름없는 신분이었지만, 어려서부터 그 영민함이 도드라졌다.

세상을 만들어보기 위해 희생된 우리 할아버지들의 이야기니까 자세히는 몰라도 알아보고 가는 시간을 갖자고.

이미 120여 년이 지난 일이지만 세상은 별반 달라진 게 없이 우리는 오늘을 숨 가쁘게 살아가고 있어. 최대한 쉽게 풀어 써볼 테니 함께 가보자고. 우선 동학이란 종교가 있었고 이 동학이 농민운동과 합쳐진 건데, 저 당시 농민이라면 지금의 직장인들이야. 이 글을 읽고 있는 많은 수의 사람들이 직장인 아니면 직장인 가족이겠지? 도대체 120년 전 직장들이 왜 쟁기 대신 창을 들게 되었을까? 먼저 동학에 대해 살짝 알아보고, 이 동학이 농민운동과 합쳐지는 과정을 살펴볼게.

동학의 창시자는 최제우崔濟愚야. 1824년 경주에서 태어났으니, 살아 계신다면 190세가 넘으셨을 거야. 그의 아버지가 63세에 최제우를 보았다고 하니, 아버님 때부터 비범하다고 봐야겠지? 문제는 친어머님이 재가를 통해 최제우를 낳아서, 신분에 한계가 있었다고 해. 아니 무슨 서자 차별은 들어봤어도, 재가를 통해 낳은 자식까지도 차별을? 조선 시대 신분제의 벽은 너무나 높았어. 아버지가 워낙 고령이니, 최제우가 열 살 때 돌아가시고, 7년 후에는 어머니마저 돌아가셨어.

최제우는 조선 시대 사람답게 삼년상을 마치고, 10년간 전국을 도는 유랑을 시작해. 신분이 미천하니 열심히 공부를 해본들 출세를 할 수도 없고, 누구 하나 의지할 곳 없지만 반대로 생각해보면 누구 하나 책임질 상황도 아니니 구름처럼 떠난 거야. 최제우는 유랑을 통해 농민들의 비참한 생활상을 눈으로 보고 몸으로 체험하게 되었어. 10년간의 유랑 생활 중 만난 처자와 초가삼간에서 달달한 신혼 생활을 시작했어. 신혼집은 현재의 울산에 있는 —신묘한 느낌이 나는— 속유곡동이란 곳이었어. 그러던 어느 날, 스님 한 분이 마치 근두운을 타고 온 손오공처럼 스르르 집안으로 스며들어왔어. 인기척도 없이 들어와 부부는 깜짝 놀랐어.

"소생은 금강산에서 부처님을 뫼시던 땡추이온데, 지나가던 길에 목 좀 축이러 들어왔습니다."

"어서 드시지요, 스님. 빤한 살림살이라 냉수밖에 대접할 게 없사오니, 너그러이 용서해주십시오."

"그나저나 주인댁 곳곳에 많은 책과 수양의 흔적이 보이는군요. 제가 뜻을 익히지 못한 책을 한 권 가지고 있는데, 한번 살펴봐주시겠습니까?"

"그냥 10년간의 유랑을 통해 얻은 생각들을 혼자 정리하고 있던 참입니다. 어찌 스님이 깨우치지 못한 책을 제가…. 허나 스님이 허락해주신다면, 제가 잠시 봐도 되는지요?"

"이 책을 얻은 경로가 기이하기도 하고, 내용도 전혀 알 수 없는 내용인지라 실은 제가 선생님 댁에 쌓여 있는 책들을 보고 일부러 물을 청하며 들어왔습니다."

"아, 그러셨군요. 그런데 어디서 책을 구하셨기에?"

"제가 한 달 전 부처님께 100일 기도를 막 마쳤을 때입니다. 갑자기 정신이 아득해지며 그만 정신을 잃고 말았습니다. 정신을 차리고 혼자 '그것 참 기이한 일이로다.' 하며, 이내 잊고 있었습니다. 그런데 다음 날 아침 제가 탑 주변을 지나다 이 책을 발견하게 되었습니다."

이렇게, 묘한 스님으로부터 묘한 책을 전해 받은 최제우는 사흘간의 말미를 달라고 하고, 열공을 시작했어. 3일 후 스님이 다시 찾아왔을 때, 최제우는 책에 대한 내용을 설명했고, 스님은 크게 기뻐하셨다고 해. 최제우가 식사라도 대접하려고 잠시 자리를 비운 사이 스님은 사라졌어. 그리고 이 책은 을묘년에 얻은 비서라고 하여, 《을묘천서》라고 부른다고 해. 하지만 안타깝게 이 책도 스님과 함께 사라졌어.

이 일이 있은 지 5년 후 드디어, 최제우는 서학에 맞서는 동학을 창시하게 조병갑은 정말 어처구니없는 방법까지 동원해 창조적으로 백성들의 피를 빨아먹었어. 지역 특성상 부자 농민들이 많은데, 이들을 대상으로 누명을 씌워 재산을 몰수해. 예를 들면, 들어는 봤나, 불효죄!

됐어. '인내천' 사상이라고 많이들 들어봤지? 하늘과 땅과 사람을 일체로 보고, 사람 하나하나가 꽃보다 아름다우며, 누구 하나 소중하지 않은 사람이 없다는 말이야. 언제나 그래왔지만 이 당시에도 백성들만 점점 살기 힘들고, 빈부 격차는 점점 커지는 사회 분위기 속에서 동학의 사상은 백성들 사이에서 차츰 퍼져나가기 시작했어. 하지만 이런 사상은 당시 1%들에게는 위협이 되는 사상이었기에, 최제우는 조선 정부에 체포되어 41세의 나이로 동학 창시자로서의 삶을 마감하게 되었어. 이 정도로 동학의 탄생 비화에 대해 맛만 보고, 농민운동과 어떻게 합쳐졌는지에 대해 사건의 경위를 살펴보자고.

사회 곳곳에서 부작용이 폭발해 일어난 일이지만, 시발점엔 조병갑趙秉甲이라는 인물로 대표되는 권력층이 있었어. 국민에게 꼭 필요한 일이라며 국민의 세금으로 멀쩡한 강에다 보를 만들고, 그 보에 담은 물로 국민에게 다시 세금을 걷은 천하의 악질이었어. 1892년 4월 전라도 고부 지역 군수로 임명된 인물인데, 이 인간의 악질적인 국민 피 빨아먹기가 결국에는 동학농민운동에 불씨를 제공했어.

조선 시대 내내 사회 지도층은 전라도 지역에 빨대를 꽂고 단물을 빨아먹고 있었어. 아무래도 산물이 풍부한 지역이라 돈이 많이 도니, 어느 지방보다 풍부한 세수가 있었던 곳이지. 그러하니, 정신 나간 관리들이 관직에 오르면 1지망으로 발령받고 싶어 하는 지역은 자연스레 전라도 지방이었어. 현대 사회에서도 석유를 가진 나라들이 강대국의 먹잇감이 되는 것을 보면, 자연의 혜택을 받은 지역이 수탈의 대상이 되는 것은 동서고금을 막론하고 변하지 않나 봐.

조병갑은 정말 어처구니없는 방법까지 동원해 창조적으로 백성들의 피를 빨아 먹었어. 지역 특성상 부자 농민들이 많은데, 이들을 대상으로 누명을 씌워 재산을 몰수해. 예를 들면, 들어는 봤나, 불효죄!

"죄인 우병춘은 재산이 차고 넘치는데도 불구하고, 평소 부모에 대한 마음 씀씀이가 넉넉하지 못한 바, 내 그 부모를 불쌍히 여겨, 죄인의 재산을 몰수하여 지역사회에 엄중한 경고를 내릴지니, 모든 자식들은 본 사건을 본보기로 삼아 부모에게 반드시 효도하라."

다음은 풍기문란죄!

"김돌석네 둘째 딸은 평소 행실이 단정치 못하여, 동네 장정들의 마음을 현혹시키고, 그들의 마음을 심란하게 한 죄가 매우 크다. 이는 한창 추수 시기에 주요 인력들의 1인당 생산량을 급격히 떨어뜨리게 되었고, 가계 경제에 극심한 피해를 입힌 바, 풍기문란죄로 애비의 재산을 모두 몰수하니, 본 사건을 본보기로 삼아, 모든 집의 부모들은 여식들의 행동거지를 단속하게 하라."

이거 코미디가 아니고 진짜 있었던 죄목이야. 설상가상으로 제 아비가 얼마나 잘났는지 모르겠는데, 공덕비를 세운다고 백성들에게 돈을 또 거두었어. 공덕비라고 하면 요즘으로 치면 기념관 정도 되겠지. 그리고 백성들을 강제로 동원해 흐르는 강물을 만들어 보를 만들었다고 해. 이유는?

"아니, 도대체 멀쩡히 잘 흐르는 강물을 뭣 하러 막는다고 지랄이랴 지랄이?"

"입조심혀. 그러다 걸리면 다 죽어야. 문제는 보에 있는 물을 농수로 사용할 때 세금을 내야 한다는 것이 더 문제여. 참말로 이제 더는 못 살겠다."

조커보다 더한 악당이 나왔으니, 이제 슈퍼 히어로가 나올 차례잖아. 그가 바로 전봉준이야. 이름은 많이 들어들 봤지? 구전으로 전해지는 아래 노래의 주인공이야.

'새야 새야 파랑새야 녹두밭에 앉지 마라. 녹두꽃이 떨어지면 청포장수 울고 간다.'

가락이 구성지고 슬픈 이유는 조병갑으로 대표되는 사회 지도층에 피 빨린 농민들의 한이 서려 있기 때문이겠지. 전봉준의 가족이 마침 조병갑 동네에 살고 있었어. 전봉준의 아버지는 양반이지만 농민들을 위해 조병갑을 찾아가. 물에 대한 세금은 천부당만부당하며, 그 외 각종 악질적인 행위에 대해서도 정식으로 항의를 했어. 일반 농민이었으면 아마 만나주지도 않았을 거야. 그나마 전봉준의 아버지가 지역 유지이고 하니 만나준건데, 결과는 곤장형 도중 사망. 녹두처럼 작고 볼품없다고 해서 붙여진 어린 시절 별명 녹두 장군. 전봉준은 작지만 다부진 체구에 호랑이 눈빛을 가졌다고 해. 전봉준은 대의를 위해서도 봉기할 타이밍을 찾고 있던 중이었어. 그런데 아버지가 개만도 못한 조병갑에게 맞아 죽으니, 호랑이 눈을 가진 녹두 장군이 가만히 있었겠어?

그렇게 전봉준을 필두로 민초들이 촛불 아니 횃불을 들고 일어났어. 한번 붙은 불은 바람을 타고, 정읍, 태안, 부안 등 다른 지역으로까지 순식간에 번졌고, 오합지졸 상태의 정부군은 창과 낫을 들고 일어난 동학농민군에게 밀려, 전주성까지 내주게 되었어. 장관, 국회의원, 아니 대신들이 각각 자기 돈 해쳐

먹느라고 정신이 없으니, 군이 제대로 유지가 됐겠어? 조선 정부는 뒤로는 청나라에 병력을 요청하고, 전주성에선 동학농민군에게 화해를 요청해. 이때 맺은 조약을 '전주화약'이라고 해. 이때 동학농민군이 정부에 요구한 사항들을 간단히 살펴보면 이래.

- 탐관오리, 부당 이득을 취한 부자, 권력 남용한 양반을 처벌하고, 훌륭한 인재를 등용하라.
- 신분제를 폐지하라(노비문서를 불태우고, 계층 간 차별 정책 폐지).
- 남편이 바로 죽은 과부는 재가를 허가하라.
- 농민들의 부채를 전액 탕감하라.
- 토지를 농민들에게 골고루 나누어주어라.

어디 하나 틀린 말이 있고 부당한 요구가 있나? 이 와중에도 여성의 인권을 챙기는 센스라니. 너무나 앞선 생각에 경외감마저 생겨나. 이때가 1894년이야. 우리 동학농민들은 어떤 세상을 꿈꾸었을까? 왕위를 찬탈하고 자기 자식들에게만 승마교육을 시키며 이웃 아이들이 급식도 제대로 챙겨 먹지 못해도 나 몰라라 하는 세상을 꿈꾸지는 않았을 거야. 과부도 행복한 나라, 농민이 행복한 나라, 신분제가 없는 나라를 꿈꾸었어. 그 꿈이 희미하지만 손에 잡힐 듯한 나날이었어. 하지만 이런 꿈같은 시간은 몇 개월이 못 가고, 11월 초겨울과 함께 청나라 군대에 더해, 일본 군대까지 동학농민군을 향해 숨통을 조여와. Winter in coming! 조선 정부의 요청을 받고 6월에 청나라 군이 조선 땅에 발을 디디니, 구원병을 요청하지도 않은 일본군까지 10일 후 조선 땅에 도착해.

"뭐시라? 청나라 군대가 조선에? 아니 되무니다. 청나라에 조선을 넘겨줄 수 없스므니다. 우리도 즉시 출동이무니다."

내부의 문제를 해결할 능력을 갖추지 못한 나라는 외세의 침입에 속수무책일 수밖에 없어. 조선은 마치 뼈까지 발라진 생선처럼 도마 위에 누워 있는 꼴이니, 청나라와 일본이 발정 난 고양이마냥 우리의 땅으로 기어들어온 거야. 명분은 조선을 도와 악질적인 반정부 세력인 동학농민군을 제거하기 위해서였지. 그런데 말이야. 일본군은 부산에서 서울로 올라올 때, 임진왜란과 거의 일치하는 노선으로 이동하면서 병참기지를 하나씩 구축하면서 올라오는 거야. 누가 봐도 그들의 검은 속셈을 알아차릴 수 있었어. 일본은 마치 전쟁 예행연습을 하듯이, 자신들이 필요한 군사시설을 구축하면서 북진했어. 한편, 이토 히로부미의 특명을 받은 일본의 19대대는 그 와중에 경복궁을 기습해. 그리고 고종과 명성황후를 인질로 잡았어. 이 부대가 훗날 명성황후 시해에도 가담해. 이때 지휘자를 잃은 조선군은 넋 놓고 앉아 있었고, 나라를 지켜야 할 관리들은 친일 임시 내각에 적극적으로 가담해 자기 한 목숨을 연명한 거야.

무정부 상태보다 못한 나라꼴을 보고, 동학농민군은 더욱 분연히 일어났어. 좌표 잃은 정부를 공격하기 위함이 아니라 우리 땅을 침범한 일본군에 대항하기 위해서 출동 준비를 했어. 정부는 백성을 배신했지만, 그 백성들은 우직하게 다시 그 정부를 지키기로 결정한 거야. 이런 조상들을 생각하면, "이민이나 가야지."라는 말은 삼가야 할 거 같아. 자기 아버지 공덕비를 세우기 위해 세금을 걷고, 온갖 명목으로 추가 세금 징수를 하고, 이에 항의하는 백성들을 때려 죽인 나라를 지키기 위해, 동학농민군은 칼끝을 외세로 향한 거지. 나 같은 범인의 식견으로는 금방 이해가 되지 않아. 그저 대단하신 분들이란 생각밖에.

동학 교주 최시형崔時亨의 "호랑이가 집에 들어왔는데 앉아서 죽을 수 없다. 몽둥이라도 들고 나가 싸우자!"는 선언과 함께 들불처럼 일어났지만, 무기가 진짜 몽둥이랑 창밖에 없었다는 것이 함정이야. 일본은 이때 조선이 최종 목표

동학 교주 최시형은 "호랑이가 집에 들어왔는데 앉아서 죽을 수 없다. 몽둥이라도 들고 나가 싸우자!"는 선언과 함께 들불처럼 일어났어.

가 아니었어. 조선을 병참기지로 삼아 아시아 전체를 포함한 더 큰 제국을 향한 야욕을 품고 있었지. 그러니, 하얀 삼베옷을 입고 몽둥이와 창을 들고 있는 동학농민군은 우선 제거되어야 할 걸림돌이었지. 이토 히로부미는 동학농민군에 대한 몰살 지시를 내렸어.(참고로 이 악랄한 이토 히로부미는 훗날 우리 안중근 의사께 정의 구현을 당하지.) 그런데 문제는 우리 동학농민군이 일본군에 대항하기 위해 일어서 싸운 상대가 거지 같게도 같은 동포 조선군이었다는 거야. 조선을 지키겠다고 일어선 농민들을 조선의 군인이 공격하는 꼴인 거지.

여기에다 보상금을 노린 보부상들도 동학농민군의 경로를 관군에게 알리고, 부자와 일부 양반들이 자기들의 이권을 노린다며 민병대를 조직해 동학농민군 토벌에 합세했다고 해. 욕지거리가 안 나올 수 없는 상황이야. 나라가 없어져도 바로 눈앞에 자기 밥그릇과 포상금이 중요한 거지! 외로운, 너무나도 외로운 상황에서도 우리 동학농민군은 조선 관군 및 민병대와 일진일퇴의 공방전을 펼쳐. 조선 관군이 공주 일대를 중심으로 최후 방어선을 구축하고, 동학농민군의 성패를 좌우할 우금치 전투가 벌어지기 전에 일본군이 합세를 해. 동학농민군이 흰 삼베옷을 입고 손에는 창을 들고, 산 능선에 길게 늘어서니 그 길이가 30~40리에 이를 정도였다고 하니 어마무시한 거지. 수적 우위를 적에게 과시하기 위해 도열을 한 거야. 이때 일본의 19대대는 신식 무기를 갖춘 전문 전투원들이었지만 그 숫자가 700여 명에 불과했고, 우리 동학농민군

체포 과정에서 다리가 부러져 가마로 끌려가는 전봉준 장군. 동학농민운동은 가렴주구에 시달린 농민운동이자, 새로운 시대를 요구하는 혁명이었다.

은 4만을 헤아렸어. 얼핏 보면 해볼 만한 전투로 보이지만 화력의 압도적인 차이가 결국 엄청난 패배를 불러오고 말아.

우선 우금치에서 일본군은 우리 동학농민군을 아래로 내려다본 유리한 지형 조건 속에서 전투를 시작해. 안산에서 정충신이 이괄을 상대한 것처럼 말이야. 일본군은 기관총에 영국식 소총 스나이더, 무라마 소총이란 걸 가졌는데, 1분에 40여 발의 연사가 가능한 총이었어. 반면에 우리 동학농민군은 구식 총도 몇 정밖에 없었고, 손에는 창을 들고 우금치를 향해 위로 올라가야만 했어. 1인 1총도 아닌데, 이 구식 총은 1발을 쏘고 나면 다시 재장전하는 데 1분의 시간이 걸렸다고 해. 설상가상으로 고지를 향해 진격하는 와중에 재장전을 반드시 일어나서 해야 했어. 일어서서 장전하는 동안 일본군의 손쉬운 타깃이 될 수밖에 없었지. 거의 사격 연습 수준이었다고 봐도 무방할 거야. 또한 일본군 총의 사거리는 800미터가 넘지만, 우리의 총은 사거리가 100미터이니, 사거리까지 가기도 전에 우리 동학농민군의 태반이 그저 당할 수밖에 없었던 거지. 이런 말도 안 되는 악조건 속에서도, 동학농민군은 40~50차례 저돌적으로 돌격을 하게 되는데, 쌓이는 건 일본군의 탄피 숫자와 비례하는 우리 백성들의 시체뿐이었어. 차마 눈 뜨고 볼 수 없는 완패였어.

우금치 전투를 기점으로 동학농민군은 도망자 생활을 시작하고, 이토 히로부미의 명을 받은 19대대의 끔찍한 학살이 시작돼. 일본군은 마을에 가서는 동학농민군에 협조한 무구한 양민들까지 무참하게 학살했어. 그 학살이 얼마나 끔찍했는지 이 작전에 참가한 한 일본군 장교는 후에 정신병을 앓아 스스로 목숨을 끊었다고 해. 도대체 어떤 일들이 벌어졌던 걸까?

일본군은 총알이 아깝다고 농민들을 일렬로 세워놓고, 창을 사용해 살상을 하기도 했어. 그리고 농민들이 농사 후 만든 60센티미터 길이의 짚단을 머리에 씌우고, 불을 붙여 화형을 시키기도 했어. 살아 있는 사람에게 말이야. 또한 4인 1조로 묶은 후, 4번째 농민이 앞에 농민들의 머리를 작두로 자르게 하고, 4번째 사람은 일본군이 죽이게 하는 등 인간이 상상할 수 없는 만행을 저질렀어. 왕조 교체를 하자는 것도 아니고, 다 같이 평등하게 잘살아보자는 저 당시 99% 동학농민들의 조선판 프랑스 혁명은 조선군이 아닌 일본군에 의해 무참히 짓밟히고 만 거야.

충격적인 사실을 하나 알려주자면, 동학농민운동의 단초를 제공한 전라 고부 사또 조병갑은 잠시 관직에서 물러났다가 다시 복직했어. 전형적인 패턴이지. 일단 시끄러우니 잠시 몸을 숨기고 있다가 돈을 쓰거나 권력을 이용해 다시 자신의 삶의 터전으로 돌아오는. 그 후 이자는 승승장구하다 고등법원 판사가 되었고, 동학 교주 최시형에게 사형 판결을 내리게 돼. 정의가 이 세상에 있기는 한 걸까? 조병갑의 증손녀는 현재 이화여대 교수로 재직 중이라고 해. 조상의 행적으로 현재의 그녀를 탓하거나 욕하고 싶지는 않아. 다만 작두에 목 잘리고, 볏짚에 타 죽은 동학농민군들의 자손들은 아직도 비정규직이나, 일용직으로 지내며, 하루하루를 연명하고 있지 않을까 하는 걱정이 들어. 내가 오지랖이 넓고 4차 산업혁명이 시작되는 시점에 너무 과거에만 집착하는 걸까? 하지만 과거는 오래된 미래라는 사실은 변하지 않을 거야.

르뽀, 급박했던 46시간의 기록
【갑신정변과 주역들】

갑신정변의 주역들. 홍영식은 이 사진에서 빠져 있고 왼쪽부터 박영효, 서광범, 서재필, 김옥균이다.

보통 갑신정변甲申政變에 대해 1884년 12월 4일 김옥균을 비롯한 급진 개화파가 조선의 독립과 근대화를 이루기 위해 우정총국에서 일으킨 정변이라고 알고 있지. 여기까지는 교과서에 나오는 이야기이고, 우리는 그들에게 주어진 처음이자 마지막 기회였던 46시간의 시간을 재구성해보려고 해. 우선 갑신정변의 'F4' 약력을 간단히 확인하고 본격적으로 시작할게.

F1. 김옥균(34세): 22세에 장원급제. 호조참판(기획재정부 장관), 외아문협판(외교통상부 장관) 역임. 급진적이고 직선적인 성격의 팀 리더로서 갑신정변 전체 설계 책임자.

F2. 홍영식(29세): 아버지가 영의정 홍순목이며, 우정총국(우체국) 책임자. 갑신정변 현장 책임자.

F3. 박영효(24세): 장인어른이 철종 임금, 한성판윤(현 서울시장) 역임.

갑신정변에서 자금 담당.

F4. 서재필(21세): 일본 육사 졸업. 그 유명한 〈독립신문〉 발간, 갑신정변 당시 무력 파트 담당.(의외지?)

이들의 정신적 지주 박규수: 할아버지가 무려 《열하일기》의 저자 박지원, 북학 사상의 당대 제1인자로 정계 은퇴 후 F4의 사상적 토대 마련해줌.

F4들의 이력을 보니 어떤 생각이 들어? 빵빵한 집안에 화려한 스펙을 가지고 있는 도련님 느낌들 팍팍 나지? 아무리 그래도 나이에 비해 직책들이 너무 높다는 생각도 들지 않아? 집안이 아무리 좋아도 이 정도면 왕의 후원 없이는 불가능한 출세 속도야. 고종이 F4를 팍팍 밀어주고 있었어. 고종과 F4가 상호 필요에 의해 밀어주고 당겨주는 사이라는 걸 유추해볼 수 있어. 이들은 북학 사상을 베이스로 깔고, 개화 사상을 기치로 내건 후, 고종의 적극적인 지원으로 활발한 정치 활동을 펼칠 수 있었던 거야. 초고속 진급은 덤이었어. 이 4명은 반경 1킬로미터 안에서 오밀조밀 모여 살았다고 해. 이 당시 최고 부촌은 현 북촌이었는데, 김옥균의 집이 현재의 정독도서관 자리야. 그 바로 옆집은 홍영식의 집이었다고 해. 박영효는 장인이 전직 왕이었으니 이들 중에서도 돈이 제일 많아. 갑신정변을 위해 부지 2,000평의 집을 팔았더니 현 시세로 45억 정도가 생겼다고 해. 업무 추진비는 부족함이 없었겠지? 그럼 갑신정변 기획 단계 즈음 F4가 모여 있던 박영효의 집 서재로 잠시 카메라를 들이대보자고. 막내 서재필이 몹시 화가 나 있군.

"온건 개화파는 왜 사사건건 우리 정책에 발목을 잡고 나오는 겁니까? 말만 개화파일 뿐이지 청나라에 대한 사대를 이어가자고 하니, 이게 무슨 궤변입니까?"

"그게 우리와 그들 사이를 가로막고 있는, 극복할 수 있는 차이점이지. 명성황후의 농단으로 흥선대원군께서 청나라에 인질로 잡혀 있는 상황이니 그들은 두려운 게야."

"무엇이요?"

"반청의 상징인 흥선대원군께서 복귀하시면, 명성황후와 온건 개화파는 자신들의 권력을 놓쳐버리게 되는 것을 두려워하는 거지. 그래서 청나라 비위를 맞추며, 흥선대원군을 붙잡아달라는 이야기지."

"자신들의 권력을 놓치지 않기 위해서 청나라에게 모든 걸 넘겨줘도 상관없단 말입니까? 이래가지고서야 어디 독립된 나라라고 할 수 있겠습니까? 청나라는 얼마 전 어업협정서에 이미 우리 조선을 자신들의 속방이라고 문서화했습니다."

"알고 있네. 청나라는 이미 우리의 외교, 재정권, 군사권까지 장악하고, 군대까지 상주하고 있으니, 문서화되기 전부터 사실상 속국이었지⋯."

"그러면 명성황후와 민씨 일가가 주축이 된 온건 개화파는 자신들의 권력 유지를 위해서 우리의 정책을 사사건건 반대한단 말씀입니까?"

"그렇지⋯ 하지만 다행히도 임금께서는 현재로서는 우리 편이시니⋯. 물론, 임금의 최종 목표는 청나라의 간섭에서 벗어나 왕권을 강화하기 위해서 우리를 이용하는 것이겠지만 말이야."

이렇게 답답한 현실 속에서 시간만 속절없이 흘러가던 어느 날, 이들에게 뜻하지 않게 기회가 찾아왔어. 바로 주한 청군이 청불 전쟁을 위해서 베트남 현지로 떠나버린 거야. 청나라와 프랑스는 베트남의 소유권을 놓고 전쟁을 벌이고 있었고, 군사가 모자라 주한 청군까지 끌어간 거야. 이에 김옥균은 F4의 긴급회의를 소집했어.

"지금이 기회다. 청나라는 불란서와 전쟁을 위해서 주한 청군까지 소집해갔다. 지금 그들은 조선의 정변까지 신경을 쓸 겨를이 없을 것이야."

"좋습니다. 디데이는 언제가 좋을까요?"

"12월 4일 우정총국 오프닝 파티 날로 잡자. 영식이가 우정총국 책임자이니 군사 배치나 주요 타깃의 동선 파악을 확인해주게."

"염려 마세요."

"재필 군은 그날 우리와 뜻을 함께할 동지들을 최대한 빨리 모아보게. 모두들 필요한 자금은 영효에게 결재를 받고, 난 지금 당장 일본 영사를 만나러 가야겠어."

서재필이 갑신정변에 함께할 사람들을 모으고 나니 대략 200명 정도가 되었다고 해. F4는 비록 부잣집 도련님들이지만, 나머지 참가자들은 천민, 상인은 물론이요, 학자와 궁녀, 환관들까지 그야말로 각계각층에서 참가를 희망했어. 한편 일본 영사를 은밀히 찾아간 김옥균은 조심스럽게 입을 열었어.

"저희가 움직이면 영사님은 어찌하실 작정입니까?"

"글쎄요. 움직이시는 거야 알아서 하실 일이지만 우리에게 어떤 보상이 따르느냐에 따라 제 답변이 달라지겠지요."

"보상이 더 커지면 못 본 체하시는 것을 넘어서 도움도 주실 수 있으십니까?"

"먼저 카드를 보여주세요. 카드가 마음에 들면 저희가 못 도와 드릴 이유가 또 뭐겠습니까? 낄낄낄."

"좋습니다. 우리가 권력을 잡으면, 앞으로 청나라는 완전히 배제시키겠습니다. 그 자리에 일본이 들어오는 것이지요."

"좋습니다. 딜 성공! 신식 무기로 무장한 150명의 잘 훈련된 병사들이 대감 뒤에 설 것입니다."

어떤 방식으로든 청나라를 몰아내고 우리나라의 이권을 노리던 일본에게는 거절할 수 없는 제안이었어. 이렇게 모든 준비를 마치고 마지막으로 4명은 다시 한 번 모였어.

"거사 당일 날 암구어는 '천'입니다. 하늘 천의 '천'."

"느낌이 좋습니다. 하늘이 도울 것 같습니다."

"우리 살아서 다시 만나 개화된 새로운 세상에서 마음껏 뜻을 펼쳐봅시다."

"만에 하나 잘못되더라도 저는 형님들과 함께하여 행복했습니다."

자, 이제 모든 준비는 끝났어. 드문드문 준비가 미흡해 보이는 곳도 보이지만 100% 준비가 될 때를 기다리다가는 죽도 밥도 안 돼. 이제 행동에 옮길 차례야. 과연 이들 4인방과 200명의 지지자들의 거사는 성공할 수 있을까?

1884년 12월 4일, 드디어 우정국 축하연 날이 밝았어. 행동대원까지 수백 명의 사람이 이 일에 가담하고 작전 지시를 받았지만, 단 한 명의 밀고자나 배신자도 없었다는 것은 그들이 얼마나 절실했고, 또한 내부 단속이 잘되었는지를 보여주는 대목이야. 우리 역사나 외국의 역사를 보면 혼자서 살아보겠다는 내부의 밀고자로 인해 제대로 액션도 취해보지도 못하고 주동자들이 끌려가는 경우를 많이 볼 수 있었잖아. 김옥균은 일본 영사를 만나 다시 한 번 군사 지원과 차관을 약속받고 모두에게 '큐' 사인을 내렸어. 우정국 개국 축하연을 위해 많은 정부 고위 관료들이 한자리에 모였어. 이때 갑자기 우정국 곳곳에서 불길이 솟아올랐고, 명성황후의 조카 민영익이 피투성이가 된 채 불길 속에서 뛰쳐나왔어.

"저놈을 잡아라. 아니 굳이 생포할 필요도 없다."
"재필 군은 어서 사관생도를 데리고 창덕궁으로 가서 왕과 왕비를 경우궁으로 뫼시어라."
"나는 곧장 일본 영사관으로 가 군사들과 함께 합류하겠다."

서재필과 사관생도들은 즉시 창덕궁으로 가 왕과 왕비를 알현했어.

"전하, 지금 즉시 경우궁으로 몸을 피하셔야 합니다."
"이게 무슨 일이냐? 어찌 하여 왕비인 내가 내 나라 안에서 몸을 피해야 한단 말이요?"

명성황후는 자신의 세력들이 제거되었음을 눈치채고, 최대한 시간을 끌며 몸을 피하기를 주저했어. 그러나 고종이 은연중에 이들의 행동을 묵인 또는 지지 중이란 것을 이내 알아차리고 따를 수밖에 없었어. 이들은 경우궁으로 신속히 왕의 거처를 옮긴 후, 사관생도 50여 명과 일본 영사가 보낸 일본군으로 왕의 처소를 철통같이 지키기 시작했어. 참고로 경우궁은 현재 계동에 위치한 현대 사옥 뒤에 위치한 곳이야. 창덕궁보다 상대적으로 작은 경우궁은 적은 병력으로도 왕을 지키기가 용이하기에 이들의 판단은 참으로 적절했다고 볼 수 있어. 사관생도들이 안쪽을 지키고 김옥균과 함께 도착한 일본군이 경우궁 외곽에 바리케이드를 치는 진영이었어. 하지만 문제는 이날 밤 F4와 고종의 사이가 결정적으로 틀어지는 일이 일어났다는 거야.

"전하, 모든 일이 완벽하게 잘 진행되었습니다. 이제 안심하셔도 될 듯하옵니다."

"정말 믿어도 되겠는가? 일본 영사가 갑자기 마음이 바뀌어 병력을 철수시키는 일은 없어야 할 텐데…. 청군이 베트남에 보냈던 병력을 거두어들이거나 다른 병력을 파견하지는 않겠느냐?"

"전하, 염려 마십시오. 그 안에 최대한 빨리 모든 일을 마무리 짓는다면 걱정하시는 사태는 벌어지지 않을 것입니다."

"그래, 경들만 믿겠네…."

"전하, 그 전에 왕명을 내려주십시오. 전하의 옥체와 우리나라의 자주권을 지키기 위해서는 반대파들을 반드시 제거해야 합니다."

"그건 아니 될 일이야! 또다시 얼마나 많은 사람들을 죽이겠다는 것이야? 왕명을 빙자한 또 다른 희생은 절대 용납하지 않을 것이야."

하지만 F4는 윤태준, 민태호, 조영하 등의 반대파를 왕명이라는 이름으로 경우궁으로 불러 무참히 살해했어. 마치 한명회가 살생부를 만들어 대신들 하나하나를 죽였듯이 말이야. 반대파들은 왕명을 전달받고 입궐한 후, 나갈 때는 시체가 되어 나왔어. 다음 날 아침 F4는 성명을 발표하고 각 언론사에 내용을 뿌렸어.

"호외요, 호외! 새 내각이 출범됐소. 호조참판에 김옥균, 전후영사에 박영효, 좌의정에 홍영식, 병조참판에 서재필! 고종 임금님의 사촌 형인 이재원이 영의정에 올랐소!"

"뭐야? 아니 이게 뭔 일이래? 어젯밤 우정국에 불이 나더니 결국 사단이 났구먼. 이게 도대체 어떻게 돌아가는 판국이야? 우리 백성들한테 피해는 없으려나? 에휴, 새 내각이 뭘 하려고 하는 게지?"

"위안스카이(원세개)에게 인질로 잡혀서 청나라에 억류 중이신 대원군 나리를 하루 속히 모셔오고, 청나라에 더 이상 조공을 하지 않을 거라고 하드만."

"뭐라고? 아니, 그리 되면 좋긴 하지만 청나라가 가만히 있으려나? 또 무슨 난리가 나는 건 아니겠지?"

새 내각은 발빠르게 14개조로 된 '신정강'을 발표했는데, 그 내용을 간단히 보면, 위의 문제 외에도 문벌 폐지, 재능에 따른 인재 등용, 지조법 개혁을 통한 빈민 구제와 국가재정 강화, 탐관오리 처벌 등의 내용을 포함하고 있었어. 하지만 이날 오후 고종과 명성황후는 F4에게 창덕궁의 환궁을 강력하게 요청했다. 이유인즉 이랬어.

"지금 그대들은 우리를 보호하고 있는 것이냐? 아니면 인질로 잡고 있는 것이냐?"

"전하, 어찌 그런 말씀을 하시옵니까? 저희는 다만…."

"시끄럽다. 내가 분명히 더 이상의 헛된 살육은 멈추라고 하였거늘 어찌하여

왕명을 사칭하였느냐? 나는 그대들의 인질이 아니니, 지금 당장 환궁할 것이
다. 어명이다!"

왕의 강력한 환궁 요청도 있었고, 일본 영사도 병력을 더 증가시켜줄 테니
안심하라고 하여 거사 둘째 날 오전에 고종은 환궁하게 되었어. 하지만 이 선
택은 돌이킬 수 없는 패착이 되고 말았어. 명성황후는 환궁을 하자마자 주 청
군의 수장인 위안스카이에게 즉각 원병을 요청했어. 긴급 소식을 받은 위안스
카이는 일본 영사에게 최후의 통첩을 보냈어.

"일본 영사는 보시오. 지금 그 정도 병력으로 우리 청군을 상대하겠다는 것
이요? 우리는 당장 대병력을 파견하여 내일 창덕궁을 접수할 것이외다. 영사
께서는 여분의 목숨이 있으시다면 병력을 그대로 두시오. 그리하면 그대가
나와 다시 만나게 될 때, 그대는 머리를 풀어헤친 죄인으로 내 앞에 무릎을
꿇을 것이오. 하지만 지금이라도 당장 병력을 철수시킨다면 김옥균을 비롯
한 그 일파의 꼬임에 속아 넘어간 것으로 간주하고 정상 참작해주겠소. 그리
고 일본군의 퇴로는 열어놓았으니 이대로 물러난다면 서로 피를 볼 일은 없
을 것이오."

위안스카이로부터 협박성 전보를 받은 일본 영사 다케조에는 대일본제국의
무사답게, 그대로 36계 줄행랑 전법을 시현했어. F4의 주요 전력이 일본군이
었다는 것이 뼈아픈 일이었어.

"아… 일본 놈들을 믿은 내가 죄인이로다. 거사 5일 전 임금께서 모든 조처

를 나의 지모에 맡기겠다고 하셨는데, 조금만 더 나에게 시간을 주셨더라면! 참으로 원통하구나."

왕의 강력한 환궁 요청도 있고, 하여 거사 둘째 날 오전에 고종은 환궁하게 되었어. 하지만 이 선택은 돌이킬 수 없는 패착이 되고 말았어.

김옥균의 한탄이 채 가시기도 전에 청나라 군대는 창덕궁을 접수했어. 우정국 공격 46시간 후의 일이야. 그들에게 주어진 46시간은 너무나 짧았고 허망한 결과만 남았어. 김옥균과 박영효는 소란한 틈을 타 일본의 밀항선에 몸을 실었고, 아버지가 전직 영의정이었던 홍영식은 그동안 안면이 있던 위안스카이와의 인연을 믿고 고개를 숙였어. 설마 죽이기까지 하겠냐는 안일한 생각으로 정에 호소해보기로 한 것이었지. 하지만 그의 완전한 판단 미스였어. 위안스카이는 홍영식을 보자마자 그 자리에서 참수를 시켜버렸고, 고종은 그저 고개를 돌릴 뿐이었어.

한편 김옥균은 3일 동안 밀항선 짐칸에 숨어서 목숨을 부지한 채 일본에 도착했지만, 냉혹한 현실과 맞부딪쳤어. 일본 영사 다케조에는 김옥균이 자신들의 이익을 위해 필요하다고 생각되어 밀항을 시켜주고 상부에 보고를 했으나, 일본 정부의 생각은 달랐던 거지. 김옥균은 일본 정부에 의해 저 멀리 태평양 한가운데에 있는 오카사와라는 외딴섬에 강제 연금되어서 피죽도 제대로 못 먹는 신세로 전락하고 말았어. 김옥균은 도피 생활 중에도 고종에게 계속적으로 서신을 보내서 자신은 나라를 위한 구국의 마음일 뿐이었다고 강변했지만, 고종은 답장 대신 끊임없이 킬러를 보내 그를 암살하려 했어. 이에 김옥균은 마지막으로 당시 청나라의 실세 이홍장을 만나 마지막 시도를 해보기로 하고, 청나라로 가는 배에 몸을 실었어. 1894년 3월 28일 김옥균은 청나라에서 이홍장과의 만남을 주선하기로 한 홍종우洪鍾

후와 상해에서 조우했어.

"김 선생님, 숙소는 미국 조계 내의 일본 호텔인 동화양행으로 잡아놨습니다. 오시는 동안 미행은 없었는지요?"

"고맙소. 쉽지 않은 여행길이라 피곤하였지만 내 촉각을 곤두세워 주위를 살폈소. 어떤 미행도 없었소이다."

"고생하셨습니다. 오늘은 숙소에 가서 일단 푹 쉬고 계십시오. 제가 내일 아침 일찍 모시러 가겠습니다."

신식 양복을 입은 김옥균과 도포에 갓까지 쓴 홍종우는 이렇게 은밀한 대화를 나눈 후 헤어졌지. 김옥균은 이번이 마지막이라는 각오로 굳건한 의지를 다지고 있었어. 몸은 녹초가 되었지만 쉬이 잠이 오질 않아. 하지만 그가 잠깐 잠이 든 사이 갑자기 문 앞에서 그를 다급히 부르는 목소리가 들렸어.

"누구요?"

"접니다. 홍종우입니다. 급한 전갈이 있습니다."

김옥균이 문을 열자 홍종우는 김옥균을 그대로 밀어 넘어뜨린 후 도포 자락 속에서 총을 꺼내 그를 겨누었어.

"어명이다. 역적대인 김옥균은 나의 총을 받으라. 마지막으로 하고 싶은 말은 없느냐?"

이게 도대체 어찌 된 일일까? 여기까지 오기 전까지 홍종우의 과거 발자취를 다시 되짚어보자고. 홍종우는 1890년 법률을 공부하기 위해 프랑스로 떠난 한국 최초의 프랑스 유학생이었어. 3년간의 유학 생활을 별 소득 없이 마치고 고국으로의 귀국을 망설이며 일본에 머물던 무렵, 답답한 마음도 달랠 겸 친구 김유식과 술 한 잔을 하게 되었어.

"여보게, 종우. 이분은 조정을 위해서 일하시는 이일직이라는 분인데 서로 알아두면 좋을 것 같아 이리 자리에 모시게 되었네."
"이쪽은 제 친구 홍종우라고 합니다. 큰 뜻을 품고 불란서로 유학을 갔다가 이제 곧 귀국을 하려 하고 있습니다."

술자리가 무르익어 모두가 거나하게 취하자, 이일직이라는 자가 뜻밖의 말을 했어.

"사실 나는 임금님으로부터 김옥균의 암살을 명 받은 자객이옵니다. 허나 일이 생각보다 쉽지 않아요. 김옥균이 워낙 조심을 하고 있어서…. 만약 암살에만 성공한다면 가문을 일으키는 것은 일도 아닐 텐데 말이요."

소득 없는 귀국에 상심하고 있던 홍종우는 이일직에게 제안을 했어.

"나리, 그 일 제가 한번 만들어보겠습니다. 듣자 하니 그자는 개화파라고 하니 불란서 유학도 다녀오고, 이쪽에서 전혀 알려지지 않은 인물인 제가 접근하기가 아주 용이할 것 같습니다. 그리고 일본보다는 청나라로 유인해 처리를 하는 것이 여러 가지로 좋을 것 같습니다. 저를 한번 믿어보시지요."

이렇게 해서 김옥균은 홍종우가 판 함정인지도 모르고 상해로 갔다가 그만 그의 총에 암살을 당하고 만 거야. 호텔방에서 일어난 조선인 살인 사건은 당연히 상해 시내를 발칵 뒤집어놓았어. 하지만 조선과 청나라 간의 보기 드문 긴밀한 공조 수사로 인하여 사건 발생 2주 만에 일단락되었지. 홍종우는 얼마 후 뜻밖의 장소에 나타났어. 암살범 홍종우는 김옥균의 시체까지 배에 싣고, 조선행 배 갑판에 서 있었어. 청나라 군함의 호위까지 받으면서 말이야. 홍종우는 귀국 후 포상으로 서울에 집을 받은 것은 물론이요, 벼슬까지 하사받게 되었어. 이렇게 갑신정변의 수장이 운명을 달리함으로써 46시간의 짧았던 그들만의 세상이 마감되었지. 그런데 그들이 꿈꾸었던 세상의 실체는 어떤 것이었을까? 젊은 개화파가 정국을 주도했다면 다른 세상이 우리 앞에 펼쳐졌을까? 일본이 아닌 주체적인 거사는 불가능했을까? 역사에 만약은 없지만, 나는 늘 이런 것들이 궁금하더라고.

여기서, F4의 가족 비하인드 스토리. 김옥균의 시체는 귀국 후 능지처참 되었고, 그의 어머니와 누나는 자결했어. 홍영식의 아버지는 전직 영의정으로서 아들의 행동에 책임을 지게 하기 위해 집안 식구 모두를 불렀어.

"임금께서 영식이를 역적으로 지목하셨다. 시절이 수상하여 삼족의 멸문은 피할 수 있겠지만, 직계인 우리 집은 그 화를 피할 수 없다. 특히 어린아이와 부녀자들이 당할 고초는 이루 말할 수 없을 것이다. 양반가 집안답게 모두 이 자리에서 깨끗이 자결하도록 하자."

이때 홍영식의 처가 갓난아기를 품에 안고 시아버지 앞에 무릎을 꿇었다
고 해.

"아버님, 저 혼자 살겠다는 말씀이 아닙니다. 제가 이 아이를 데리고 산속으
로 들어가 스무 살이 될 때까지만 옆에서 키우게 하여주십시오. 그 뒤 저도
아버님의 뒤를 따르겠습니다."

하지만 며느리의 뜻은 받아들여지지 않았다고 해.

명성황후에게도 비선 실세가 있었다

【무당 진령군】

명성황후 장례식을 보도한 1898년 1월 9일자 <샌프란시스코 크로니클>. 흥미롭게도 이 기사를 쓴 인물은 안중근 의사로, "한국인이라면 하루도 잊을 수 없는 인물"이라며 명성황후에 대한 존경을 표하기도 했다.

"독자 여러분 안녕하십니까? JYBC 역사룸의 손숙회입니다. 민완 기자 동복현 기자와 함께 1894년 고종 31년에 벌어진 명성황후의 비선 실세 '진령군'에 대해 알아보겠습니다. 동복현 기자 우선 진령군은 관우를 모시던 무당인데 어떻게 이런 무당이 궁 안에서 비선 실세가 되었는지 참으로 궁금하지 않을 수 없습니다. 이들이 처음 만난 것은 언제인지부터 알아보는 것이 순서겠네요."

"네, 무당 진령군과 명성황후의 첫 만남은 1882년 7월 24일 임오군란 때로 거슬러 올라갑니다."

"동복현 기자! 임오군란이라면 신식 군대인 별기군에 비해 극심한 차별을 받던 구식 군대가 일으킨 난이죠?"

"네, 이 당시 구식 군대는 13개월간 급여를 받지 못한 상태였습니다. 설상가상으로 14개월 만에 봉급으로 지급된 쌀은 함량 부족에 그마저도 반 이상이 모래가 섞여 있었습니다. 이에 격분한 구식 군대가 정권에서 밀려나 있던 흥선대원군을 업고 명성황후를 내친 사건이라고 간략하게 정리해볼 수 있겠습니다."

"이 당시 명성황후는 성난 민중을 피해 의관도 제대로 갖춰 입지 못하고 최소한의 인력과 함께 충주의 장호원까지 피신을 갔었죠? 목숨마저 위태로운 상황이었기 때문에 심리적으로 굉장히 불안한 상태였겠습니다?"

"네, 그렇습니다. 한 나라의 왕비로 살다가 하루아침에 도망자의 신세가 되었기 때문에 한마디로 멘탈 붕괴의 상태였다고 추측이 가능합니다. 이런 불안한 시기에 둘의 첫 만남이 이루어집니다. 이들의 첫 만남을 주선한 것은 명성왕후의 친척 민응식이었습니다. 진령군은 황후의 방에 갑자기 들이닥치며 관우 장군의 계시를 받아 황후님을 도우러 왔다는 말도 안 되는 퍼포먼스를 펼칩니다."

"그러니까, 둘의 첫 만남은 지역에서 나름 유명세를 떨치는 무당과 권좌에서 쫓겨난 황후의 위치였군요? 진령군이라는 작호는 후에 내려지게 되죠?"

"네, 조선 시대 역사를 통틀어 여자가 당호도 받지 않고 군호를 받은 것은 진령군뿐입니다."

"아무리 몰락한 황후지만 어떻게 일개 무당을 갑자기 이렇게 신뢰하게 된 겁니까? 그것도 어린아이가 아닌 40대 초반의 성인 여자였는데 말이죠?"

"진령군이 심리적으로 완전히 바닥을 치고 있던 명성황후를 각종 점을 통해 위로하면서 황후는 전적으로 의지를 하게 됩니다. 결정적으로 진령군이 음력 8월 초하루, 그러니까 양력 9월 12일에 황후가 환궁을 하게 될 거라는 점괘를 보여줍니다. 점괘에 나온 날짜는 불과 50일도 안 남은 시점이었습니다."

"상식적으로 이해가 되지를 않습니다. 환궁은 고사하고 생명마저 위태로운 상황이었잖습니까?"

"네, 이때 명성황후를 더 곤경으로 모는 사건이 있었는데요. 시아버지인 흥선대원군은 황후를 암살하기 위해 백방으로 찾아다니던 때였습니다. 결국 며느리를 찾아내지 못하자 가짜 시체로 명성황후의 거짓 사망선고를 전국에 내립니다."

"혹시라도 살아 있다면 돌아오지 말라는 시아버지의 무언의 메시지였군요? 또 환궁을 명분적으로 막는 궁여지책이었네요."

"네, 그렇습니다. 하지만 이런 악조건 속에서 명성황후는 정말로 진령군이 예언한 날짜에 정확하게 환궁하게 됩니다. 그동안 황후가 고종 임금과 긴밀히 연락을 하며 청나라 군대를 끌어들였던 거죠. 명성황후가 화려한 궁중 복귀를 할 때 진령군이 함께 입궐한 것은 당연한 일이었습니다. 이때부터 진령군의 횡포가 시작되었습니다."

"황후의 입장에서는 자기가 가장 어려울 때 도와준 지인을 대우해주고 싶었던 마음이 컸겠죠? 구체적으로 어떤 일들이 있었는지 말씀해주시죠?"

"네, 황후의 무한 신뢰를 등에 업고 아무 직책도 없이 대한제국의 모든 정치 문제에 개입을 했습니다. 우선 관리를 임명하는 인사권이 진령군에 의해 이루어졌습니다. 이 당시는 매관매직이 성행했는데, 이렇게 받은 뇌물을 통해 진령군은 엄청난 자금을 축적하기 시작합니다. 또한 진령군의 아들 또한 아무 관직도 없는데 당상관복을 입고 궁을 돌아다니며, 진령군의 행동대장 노릇을 하였습니다. 이렇게 무당 모자가 국정을 농단하는 동안 조정의 대신들이 진령군을 누님이라고 부르며 애완견처럼 꼬리를 흔들었다고 합니다. 여기에 그치지 않고 의남매를 맺거나 심지어 스스로 양자로 입적을 했다고 합니다."

"실로 참담함을 금할 수 없는데요. 왕과 왕비를 위해 직언을 해야 할 조정 대신들이 자신들의 영달만을 위해서 진령군의 비리에 눈을 감았을 뿐만 아니라 오히려 이를 적극적으로 활용했군요. 이외에도 굿을 하기 위해 국민들이 낸 세금으로 채워진 국고를 탕진했다고 하는데 이건 어떻게 된 일입니까?"

"네, 진령군은 각종 명목으로 궁 안에서 굿판을 벌였습니다. 세자가 몸이 허약하니 금강산 일만 이천 봉 각 봉우리에 재물을 바쳐야 한다며 곶감 빼먹듯이 국고의 재산을 마음대로 사용하였습니다. 또한 관우의 딸을 자칭했기 때문에 북묘라는 관우를 모시는 사당을 국가의 재산으로 건립하고, 이곳에서 본격적으로 부를 축적하기 시작했습니다."

"이때는 저희 JYBC가 개국 전이었기 때문에 참으로 안타까운 일인데요. 어느 누구도 이런 진령군의 비리에 대해서 지적을 한 사람이나 언론이 없었습니까?"

"이 당시 사간원에서 근무하던 안효제라는 분이 진령군의 강력한 처벌을 주장했는데 오히려 역풍을 맞고 삭탈관직되어 귀양을 가게 됩니다. 이 당시 조정 대신의 말을 인용하자면 다음과 같습니다."

"지금이 무슨 삼국 시대 같은 봉건 시대도 아니고 무당이 비선 실세라는 주장은 너무나 터무니없고, 국가의 기강을 흔드는 말도 안 되는 주장입니다."

"하지만 이 모든 것이 결국 사실로 밝혀지고 갑신정변을 통해서 결국 진령군도 쫓겨나게 된 겁니다."

"네, 동복현 기자 수고하셨습니다. 무당 출신 진령군은 12년 동안 왕과 왕비를 기만하고 비선 실세로 활동해왔습니다. 이 기간 동안 그녀와 관계를 유지하기 위해 국민들의 눈을 가렸던 대신들과 부호들은 아무런 피해 없이 다시 일상으로 돌아갔습니다. 하지만 점도 보지 않고 무당에게 복채로 자신들의 세금을 낸 백성들의 정신적, 물질적 피해는 어느 곳에서도 보상받을 수 없었습니다. 역사는 반복된다고 합니다. 하지만 대한제국에서 일어난 이런 어처구니없는 일이 우리 후손들에겐 절대 반복되지 않을 것이라고 확신을 하며, 역사 룸을 마치겠습니다. 저희 JYBC는 내일도 글피도 최선을 다하겠습니다."

우리에게, 이토록 위대한 자 있으랴

【안중근 의사를 기리며】

단지동맹 직후 안중근 의사. 왼손 약지 마지막 마디가 잘려 있다.

우리는 안중근 의사에 대해서 과연 얼마나 알고 있나? 걸 그룹 멤버들의 '긴또깡' 발언에 대해 한숨만 쉬고 앉아 있기엔 사태가 너무나 심각해. 많은 어린아이들이 윤봉길 의사와 기억을 믹서기로 돌려, 안중근 의사가 도시락 폭탄을 던진 분이라고 말하기도 한다고 해. 부끄러운 역사를 되풀이하지 않기 위해 공부해야 하고, 모든 걸 버리고 희생한 분들은 제대로 공부해서, 그들의 넋이라도 달래드려야 하지 않을까? 그래서 안중근 의사에 대한 이야기를 준비해봤어.

우리가 자주 접하게 되는 안중근 의사의 생전 사진은 감옥에 계실 때이니 100년도 전의 사진이야. 그렇게, 수척하고 피곤해 보이는 사진을 보고, 안중근 의사께서 가난한 집안에서 독립운동하신 분이라고 생각하기 쉬워. 하지만 안중근 의사는 1879년 황해도에서 금수저를 물고 태어나셨어. 할아버지가 곡식 도매업을 크게 하셔서, 3대가 돈 걱정 없이 살 수 있을 정도였다고 해. 이때 무슨 중화학공업이나 서비스업이 있었던 것도 아니고, 먹는 것만 해결되면 최고잖아. 그런 식량을 가지고 사업을 하셨으니, 상당한 재력가였을 거야.

아버지가 무관 출신이었던 영향도 있겠지만, 안 의사님은 말타기와 사냥에 능했다고 해. 사냥꾼들 사이에서도 명사수로 유명하셨다고 하니, 100년 전의 구식 권총으로도 이토 히로부미 저격에 성공하신 거겠지!

도마 안중근의 '도마'란 칭호가 세례명 토마스의 한문식 표기라는 걸 아는 사람이 의외로 많지 않아. 부유한 집안에서 자라다 보니, 그 당시 신학문인 천주교를 자연스레 접하게 되셨고, 세례명이 마치 호처럼 불리게 된 거래. 도마 안중근이라는 사자성어 같은 멋진 성함은 이렇게 완성된 거야.

사실 안중근 의사를 약간 배우 마동석 느낌의 행동파로 아는 분들도 있는데, 그것도 전혀 사실과 달라. 한학은 물론이고 외국 신부들을 통해 국제 정세에 대해서도 그 누구보다 많은 정보를 가지고 계셨어. 한마디로 동서 문학 및 세계를 통찰할 수 있는 비전을 가지셨던 거지. 조선의 백성들이 많이 배워야 더 강해질 수 있다는 신념으로 학교를 세우는 등 교육 사업에도 많은 투자를 하셨어. 돈은 이렇게 쓰는 거란다. 한국의 부자들아! 일본의 빠른 사형 집행으로 끝내 완성하지 못하셨지만, 《동양평화론》이라는 책은 조선 한 나라의 부강만 바라신 게 아니라, 그 당시 동양 전체의 번영을 아우르는 비전을 보여주셨다고 해. 한마디로 이소룡의 육체에 뛰어난 사상가의 정신까지 가지셨던 거지. 게다가 안중근 의사는 뛰어난 명필이셨어. 지금 여러 사람의 장점을 섞어서 내 임의대로 슈퍼 히어로를 만들고 있는 게 아냐. 단 한 사람의 이야기를 하고 있는 거야! 감옥에 계신 짧은 기간 동안, 감옥의 간수는 물론이고, 그를 호송하던 호송병 포함 일본의 부자들이 안중근 의사의 글씨를 한 점 받기 위해 줄을 섰다고 하니 그의 매력을 충분히 느낄 만해. 일본 정부는 하루라도 빨리 사형을 집행하기 위해서 혈안이 되어 있었는데, 안 의사를 가까이서 본 일본인들은 그의 기개와 인간성에 매료되었던 거지. 믿기지 않겠지만 일본 간수가 받아간 글 중엔, 독립이란 글씨도 있었다고 해. 일본인이 이런 글도 좋다고 받아갈 정도로 명필이었던 거고, 양심적인 일본인은 그 뜻을 아니까 더욱 소중히 간직했던 거야. 비단 필체만을 흠모했던 것이 아니라, 그 정신을 사랑했던 거지. 일본인들조차도 말이야. 이 글을 간직한 일본인은 정부에 걸리면 사상범으로 처벌받겠지만, 그래도 글씨 하나 더 받아가려고 난리였다니, 이분의 능력치는 어디까지인 건지.

> 사실 안중근 의사를 약간 배우 마동석 느낌의 행동파로 아는 분들도 있는데, 그것도 전혀 사실과 달라. 한학은 물론이고 외국 신부들을 통해 국제 정세에 대해서도 그 누구보다 밝았어.

그런데 안중근 의사의 유해가 아직도 돌아오지 않고, 우리나라에는 가묘만 있는 거 알고 있나? 안 의사의 이토 저격은 이 당시 전 세계적인 이슈였고, 조선 백성들에겐 이순신 장군급 인기와 명성을 그에게 안겨주었어. 그런데 일본 입장에서 이런 분의 유해를 조선에 돌려주고, 묘지가 세워진다면? 그곳은 명동성동이나 광화문 광장 같은 상징적 의미가 부여될 게 뻔한 거였지. 일본은 두려웠던 거야. 죽은 안중근조차도.

죽어서도 적에게 이런 두려움을 줄 수 있는 사람은 이순신 장군과 제갈공명 정도만 기억이 나는데, 어때? 이분들과 같은 선상에 놓기에 우리 안중근 의사가 아직도 많이 부족하다고 느끼나? 그럼 몇 가지 이야기를 더 들어보고 다시 판단을 해보자고.

여기서 안 의사가 저격한 이토 히로부미가 누군지 살짝 보는 것도 좋을 듯해. 이토의 아버지는 찢어지게 가난한 농민의 아들로 태어났는데, 그의 아버지가 하급 무사 집안의 양자로 신분 세탁을 하면서, 자동적으로 신분이 상승했어. 그는 21세가 되던 해에 영국으로 유학을 갔어. 신분 세탁과 함께 돈벌레처럼 부도 축적했나 봐. 영국 유학의 목적은 오로지 당대 최고의 영국군에게 배우겠다는 생각이었고, 귀국 후에는 능숙한 영어를 밑천 삼아 통역가로 활동하며 입지를 넓혀갔어. 이후 메이지 유신을 통해서, 일본 정부의 실세로 떠올랐지. 29세에는 미국의 화폐와 은행 제도를 연구해 일본에 도입하기 위해 3년간 미국으로 떠났어. 이런 엘리트 코스를 거쳐 30세가 안 된 나이에 일본 내 경제, 군부의 실세가 된 거지. 마침내 40세에는 1인자로 올라서게 되고, 그 더러운 야욕을 본격적으로 실행해. 이제 이 인간은 일본 제국주의의 선봉장으로서 우리나라를 포함한 아시아 전체를 침략하기로 결심했어. 한마디로 일본판 히틀러였던 거야. 안중근 의사가 고른 타깃은 어디 지방 국회의원이나, 일본의 일개 장관 나부랭이가 아니었어. 이자는 비단 조선의 숙적이 아니라, 아시아 전체가 치를 떠는 공공의 적이었던 거야.

그가 죽은 후 중국에서 "수억의 중국인이 못한 일을 조선의 젊은이가 해냈다."고 칭송했다는 이야기는 교과서 중심으로만 역사를 배운 분이라도 아는 이야기일 거야. 그런 중국 정부는 지금도 하얼빈 역에서 사건 현장을 기리는 표시를 하여 그날을 기억하기 위해 노력하고 있어. 이제 두 사람의 인생사를 살펴봤으니 역사의 결정적인 순간으로 가보자고.

때는 1909년 10월 26일! 하얼빈 역 1번 출구. 안중근 의사가 뚜벅뚜벅 걸어 들어가서. 앞에서 이토에 대해 살짝 지껄였지만, 이토가 VVIP급이잖아. 그의 주변은 경호도 삼엄했고, 다음 이동 경로도 철저히 비밀에 부쳐졌어. 그래서 암살 팀에서는 여러 가지 일정 변경과 동선의 변수에 대비를 해야 했어. 이에 안중근 의사는 하얼빈 역에서 이토를 기다리고, 부하인 우덕순은 만일을 대비해 차이자우 역에서 가슴에 권총을 품고 기다렸던 거야. 어쩌면 우리는 안중근 의사라는 이름

중국 하얼빈 역 1번 플랫폼의 안중근 의사 저격 기념 표식(플랫폼 바닥). 당시 상황을 기념하는 두 개의 원형 모형이 새겨져 있다. 왼편이 안중근 의사가 이토 히로부미를 저격한 지점이다.

대신, '이토 히로부미를 저격한 우덕순 의사'라는 이름을 더 기억하게 됐을지도 몰라. 모두가 숨을 죽이고 기다리는 순간 기차는 차이차우 역을 그대로 지나치고, 이토가 안중근 의사의 손바닥으로 기어들어온 거지. 하얼빈 역에서는 러시아 재무성 장관이 이토를 기다리고 있었어. 안중근 의사는 히틀러급 인물의 암살을 거의 혼자 힘과 돈으로 준비하셨다고 해. 생전 처음 들어보는 독자들이 많을 테지만, 안 의사의 부하였던 우덕순과 통역으로 도움을 준 조도선, 유동하의 이름도 한 번이라도 되새겨보고 지나가자고! 통역이라고 일반 업무만 한 것이 아니라 이분들도 독립운동을 하셨던 분들이고, 이 위대한 프로젝트에 목숨 걸고 참가를 하셨던 거야.

마침내 안중근 의사께서 이토를 저격하고, —도시락 폭탄 아닙니다— 스스로 의연하게 직접 자수하려고 하셨으나, 근처에 있던 일본 군인들이 무지막지한 구타 후 연행했다고 해. 이후 그는 감옥에서 죽음을 두려워하기는커녕, 오히려 이토 히로부미의 15가지 죄를 꾸짖으시면서 너무도 의연하게 대처를 하시니, 일본 정부를 포함한 세계가 그 기백에 혀를 내둘렀다고 해. 죽음을 목전에 두고도 하시는 말 모두가 이치에 맞으며, 박식한 지식에서 나오는 논리 정연한 주장에 일본인 법관조차 놀라 자빠졌던 거지. 이런 법정에서의 태도는 또 한

차례 세계적 이슈가 되었어. 외국의 예로 생각해보자면, 무명의 29세 폴란드 청년이 히틀러를 저격한 셈인 거야. 이토는 세계적으로도 악명을 떨치는 상황이었고, 이 저격에 전 세계가 주목을 하게 되었어.

안중근 의사가 사형 집행 전 품속에 가지고 있었던 것은 태극기가 아니었어. 실망했나? 태극기 대신 가지고 있던 건 부인 김아려 여사와 두 아들의 사진이었다고 해. 내 개인적인 생각이지만 태극기 대신 가족사진을 가슴에 품고 있어서, 더욱 멋있게 느껴져. 안중근 의사는 타고난 부와 그 부로 인해 남들보다 조금 더 배울 기회를 얻었지만, 자기 가족의 안위보다 더 많은 조선 백성들의 삶을 위해 꽃길을 버렸어. 하지만 그도 인간이기에 부인과 아들이 눈에 밟혔던 거야. 얼마나 가족이 보고 싶고 힘들었을까? 자신은 돌아올 수 없는 강을 건넜다는 걸 알고, 다시는 아들과 부인을 볼 수 없다는 것을 자각하고 대의를 위해 희생한다는 것이 말처럼 쉬운 일은 아니잖아. 안중근 의사도 조금은 흔들림이 있었을 거야. 신이 아니고 사람으로 태어났으니.

우리에게 너무나 익숙한 무명지(왼쪽 넷째 손가락)가 없는 안 의사의 손 사진은 단지 동맹을 결성하시고 나온 결과물이야. 이건 감옥에 계시기 전의 일이야. 본인 포함 11명의 사람들과 손가락을 자르고, 그 피로 '대한 독립'을 쓰셨다고 해. 대한 독립이란 글씨 위에 사랑하는 부인과 두 아들에 대한 그리움과 미안한 마음이 덧칠해졌을 거야. 참 대단한 일을 하셨고, 존경하고 고마울 따름이야. 단지 동맹의 베스트 11 라인업은 지금까지도 알려지지 않았다고 해. 태생이 비밀 결사였고, 안 의사가 모진 고문에도 단 한 명의 이름도 밝히지 않았기 때문이야. 초인적인 인내심과 의지에 경외감이 느껴지면서, 한편으로는 인간미가 안 느껴지는 부분이야.

안 의사의 이런 기개는 모전자전이란 말로 설명이 가능할 듯해. 모친 조마리아 여사께서 안중근 의사에게 마지막으로 보낸 편지를 끝으로 이 글을 마무리하려고 해. 조마리아 여사님도 독립운동 투사였고, 마리아는 세례명이야. 아무리 여전사였지만, 아래의 편지를 쓰는 동안 흘리신 피눈물은 자식을 먼저 보낸 어미의 마음이 아니면 그 누구도 이해하지 못할 거야. 매번 읽을 때마다 공감은 하지만, 어머님의 슬픔에 티끌만큼도 못 미칠 거라 장담해. 편지 내용으로 유추해서 인생 살 만큼 사신 할머니가 무덤덤히 쓴 편지라고 생각하지는 마. 조 여사님은 18세에 결혼했고 장남 안중근의 사형일을 눈앞에 두셨을 때, 본인 나이도 49세에 불과하셨어. 이 편지 앞에서는 더 이상 구구절절 설명을 덧붙이는 게 무의미하기에 여기서 글을 마무리하려고 해.

아들에게. 네가 만약 늙은 어미보다 먼저 죽은 것을 불효라 생각한다면, 이 어미는 웃음거리가 될 것이다. 너의 죽음은 너 한 사람 것이 아니라 조선인 전체의 공분을 짊어지고 있는 것이다. 네가 항소를 한다면 그것은 일제에 목숨을 구걸하는 짓이다. 네가 나라를 위해 이에 이른즉 딴마음 먹지 말고 죽으라. 옳은 일을 하고 받은 형이니 비겁하게 삶을 구하지 말고, 대의로 죽는 것이 어미에 대한 효도이다. 아마도 이 편지가 이 어미가 너에게 쓰는 마지막 편지가 될 것이다. 여기에 너의 수의를 지어 보내니 이 옷을 입고 가거라. 어미는 현세에서 너와 재회하기를 기대치 않으니, 다음 세상에는 반드시 선량한 천부의 아들이 되어 이 세상에 나오너라.

조선에도 '잔 다르크'가 있었다면

【정정화 지사의 회고】

정정화 지사의 가족사진. 임시정부 당시 시아버지 김가진과 남편 김의한, 정정화, 아들 김자동이 함께 찍은 사진이다. 현재, 아들 김자동은 대한민국임시정부기념사업회 회장을 맡고 있다.

가만 있자. 올해가 몇 년도지? 1991년이구려. 왠지 올해를 넘기기 어려울 것 같은데…. 참 한 많은 세월이었구나. 이런! 내가 사람을 앞에 두고 혼잣말이 너무 길었나? 이해해주구려. 나이가 90이 넘으니 눈도 침침하고 어제도 오늘 같고 그래요. 인사가 늦었구려. 내 이름은 정정화라고 해요. 그게 누구냐고? 어떻게 설명한다? 독립운동 하면 다들 김구 선생님과 유관순 동생을 떠올리니, 나도 잘나가던 여자 독립투사인데 말이야.

아, 《녹두 꽃》이라는 내가 쓴 회고록이 있긴 한데, 책 팔려는 건 아니니 흉은 보지 말아요. 그냥 그렇다고. 요즘 사람들에게 어필하기 위해서, 그럼 내 별명을 하나 소개하리다. 상하이에서 유학을 하면서 동아일보 특파원으로 활동하던 우승규란 분이, 아 글쎄 나 보고 한국의 잔 다르크라고 했지 뭐유. 낯부끄럽지만 내가 이래 봬도 남자들도 하기 힘들다는 독립운동을 꽤나 열심히, 그것도 잘했다우. 다들 상해 임시정부 알지요? 임정 요원들 중에 내가 해준 밥 한 끼 안 먹어본 사람 없어요. 그렇다고 내가 밥만 한 건 아니고. 아, 이럴 게 아니라 말 나온 김에 나 살아온 이야기 좀 들어주구려. 나이 들어 주책이라고 흉보지 말고! 여성 독립운동가는 나보다 두 살 어린 유관순 동생만 있었던 게 아니라 정정화란 여자도 있었구나 하고 오늘 하루만이라도 기억해줬으면 해서. 그럼 내 힘닿는 대로 한번 이야기해보리다.

난 1900년 8월 3일에 2남 4녀 중 얼굴도 안 보고 데려간다는 셋째 딸로 태어났다우. 정이품 수원유수로 재직 중이시던 우리 아버지 존함이 정주영인데, 여러분들이 잘 아는 그분과는 다른 분이라오. 난 고작 열한 살 때 시집을 갔어요. 우리 시댁도 구한말 고위 관리 집안이었는데 일제로부터 받은 남작 지위를 반납하고 독립운동에 뛰어들었어요. 요즘 말로 하면 금수저가 될 텐데, 부자들이나 기득권 중에 우리 시댁 같은 집안도 있다오. 우리 서방님도 나랑 동갑이었으니 우리는 소꿉장난 같은 결혼 생활을 시작했어요. 한데 나라꼴이 우습게 되었으니 나랑 서방님은 재미난 기억보다는 서글펐던 기억이 더 많아요. 그래서 더 애틋한 건지도 모르겠지만.

우리가 스무 살이 되던 해에 시아버지와 서방님은 조선에서 모든 것을 버리고 독립운동을 위해 상하이로 떠났어요. 처음에는 조신하게 집안 살림을 하는 것이 서방님과 아버님을 위하는 길이라고 생각했다오. 하지만 난 1년 후 생각을 바꾸고 친정 엄마를 찾아갔어요. 나라가 왜놈 손에 넘어갔는데 부잣집 며느리라고 가만히 앉아 있을 수 없다고 생각했어요. 암! 나라를 되찾는데 남녀노소가 어디 있어! 그런데 우리 어머니가 날 보내줄지 걱정이 많았다우. 하지만 내 걱정은 기우였어요. 그러고 보면 우리 어머니도 참 대단한 분이야.

"네 시아버님과 남편도 여생을 편히 지내기 위해 상해로 간 것이 아닌 걸 알고 있지? 그곳의 생활은 네가 상상하는 것 이상으로 힘들 것이다. 하지만 생활이 어려울 것이라는 이유로 네 앞길을 막고 싶진 않구나. 이 노잣돈은 요긴하게 쓰도록 하거라."

너무도 쿨하게 보내주시니 되레 섭섭하던 걸요. 그 길로 나는 상해로 떠났는데, 믿기지 않겠지만 혈혈단신으로 국경을 넘었다오. 그렇게 상해 임시정부에 도착해보니, 홀아비 냄새가 어찌나 심하던지. 시아버지와 서방님만큼 많은 분들이 날 반겨주었다오. 제대로 된 집밥 좀 얻어먹겠구나 싶으신 거였겠지만. 하지만 얼마 지나지 않아 내게 새로운 임무가 부여되었어요. 국내를 오가며 독립 자금을 모금하는 것이었어요. 1920년부터 9년 동안 무려 여섯 차례 조선을 다녀왔는데, 이것이 가능했던 이유는 연통제라는 비밀 연락망과 2명의 비밀 요원이 있었기 때문이라오. 조선으로 가기 위해서는 단동을 반드시 거쳐 배를 탄 후 신의주로 들어가야 했어요. 이 일을 가능하게 해준 2명의 비밀요원에 대해서 간단히 말씀을 드리리다.

단동 관할 요원: 본명 최석순. 나카무라로 창씨개명 후 현직 일본 형사로 위장 근무 중. 주요 임무는 신의주로 나가는 임정 요원들의 안전한 호송을 책임지고 있음.
신의주 관할 요원: 본명 이세창. 신의주 양복점 직원으로 활동. 주요 임무는 신의주에서 국내 기차편 및 은신처 제공.

일본 순사로 위장 활동 중이던 최석순 님께서는 나를 처음 본 날 몹시 놀라셨다오.

"여… 여자였소? 거기다 이렇게 젊다니… 아무튼 먼 길 오느라 고생하셨소.
오늘은 우리 집에 가서 편히 쉬고 내일 신의주로 가는 배를 타도록 합시다.
오히려 일이 쉬울 수도 있겠소. 나이 어린 여자이니 내 여동생으로 위장하면
아무도 의심하지 않을 것이요."

이렇게 나는 일본 순사의 여동생으로 위장해 압록강 철교를 건너 신의주에
도착해서 또 다른 비밀요원인 이세창을 만났다오. 이분은 나라가 망하기 전에
는 천대받던 천민이었는데, 자신을 괄시하던 그런 나라를 되찾겠다고 독립운
동을 하던 훌륭한 분이었다오. 말투는 무뚝뚝하지만 심지가 굳은 참 사내 중의
사내였다오. 날 처음 만나고 떠나보내면서 한 말이 지금도 기억이 생생한데,
어린 여자가 이런 일을 하는 것에 몹시 감동을 받았던 것 같아요. 무뚝뚝한 말
투지만 정과 따뜻한 마음을 느낄 수 있었어요.

"거, 몸조심하라요. 내레 솔직하게 한마디 하갔는데, 젊은 아주머니레 더구
나 귀골로 곱게 산 사람이 이런 일을 하리라고는 꿈에도 생각 못했시다. 독
립운동하는 유명한 사람들이래 하나같이 다 이런 험악한 일을 하는 건 아니
디요? 나 같은 놈이나 하는 일인 줄 알았거든."

이렇게 조선을 여섯 차례나 오가며 최석순 요원, 이세창 요원과 짧은 만남
이지만 동지애를 쌓아가던 어느 날 우리의 비밀 루트가 발각되었다오. 일본 순
사로 활동 중이던 최석순 요원은 다행히 도주에 성공했지만, 나는 종로 경찰서

로 연행이 되었어요. 나라를 위한 일이지만 막상 어린 나이에 일제 치하에서 악명 높던 종로 경찰서로 끌려가는 길은 너무나 무서웠다오.

“이 쥐새끼 같은 년! 네년 때문에 모가지가 날아간 대일본제국 경찰이 몇 명이나 되는 줄 아느냐? 넌 오늘 내 손에 걸린 이상 죽은 목숨이다, 각오해라.”

“내 당신에게 독립운동을 하란 말은 안 하겠지만, 어찌 조선인으로 태어나 일본의 개가 되어 같은 조선인을 잡으러 다닐 수 있소? 해방 후 훗날이 두렵지 않고, 후손들 볼 면목이 없지 않소?”

“이년이 아직 주둥아리를 나불거릴 힘이 남아 있는 것을 보니 정신을 못 차리고 있구나. 저기 너랑 잘 아는 놈 한 놈이 고문에 못 이겨 기절해 있으니 깨어나면 인사나 하거라. 낄낄낄.”

온몸이 피 칠갑이 되어 쓰러져 있던 분은 신의주에서 양복점 운영으로 위장한 이세창 씨였다오. 아는 척하고 싶었지만 조직을 위해서라도 그럴 수 없었다오. 이세창 씨가 깨어나자 조선인 순사 김태식은 다시 모진 고문을 시작했다오.

“이 독한 새끼야! 빨리 저년을 안다고 자백을 해라. 그리고 네놈이 실어 날랐던 나머지 놈들의 이름도 대란 말이다.”

“거, 아 새끼래 참말로 사람 말 못 믿는구나. 모르는 사람을 어찌 안다고 한다네! 아, 내가 깜빡 했구나. 네놈은 사람 새끼가 아니라 왜놈의 개란 걸. 근데 말이다. 내가 무식하고 못 배웠지만서도 네놈이랑 다르게 심지가 굳어서 알아도 안다고 말 안 할 거이니. 직이든지 살리든지 니 맘대로 해라야.”

이세창 요원은 끝내 죽음에 이를 때까지 의연하게 조선인 순사 김태식의 고문을 견디셨다오. 이런 분들의 값진 희생을 통해서 우리는 드디어 독립을 맞았지만, 타국에서 독립운동을 하던 우리와 임정 요원들은 고국으로 바로 돌아올 수가 없었다오. 자랑하는 것은 아니지만 우리들은 조선 독립을 위해 모든 것을 버린 사람들인데, 조국에게 섭섭한 마음이 들었던 건 사실이라우. 그래도 여러 가지 바쁜 업무가 있겠지 하고 때를 기다렸어요. 우리는 이듬해 5월이 되어서야 부산으로 겨우 들어와 서울행 열차에 올라탔는데, 정차 역마다 경찰이 올라와 우리에게 반말을 하며 위세를 부리는 꼴이 꼭 왜정 때의 일본 순사 같았다오. 아니 우리가 독립투사들인데 왜 조선의 경찰들이 우리에게 그리 대하는지 이해가 가지를 않았다오. 이들이 뭔가 착각을 하고 있거나, 고된 업무 때문에 피곤해서 그러는 줄 알았어요. 숨 가쁘게 달려온 내 인생은 브레이크 없이 또 한 번 시련을 맞는데, 6·25 동란으로 우리 서방님이 그만 납북이 되고 말았다오. 그러던 1951년 9월 어느 날 난 다시 종로 경찰서에 잡혀가게 되었어요. 종로 경찰서의 경찰은 나에게 최소한의 인간적인 대우도 없이 갑자기 내 뺨을 후려치더니 자백을 강요하기 시작했소. 독립운동을 하던 내가 해방된 조선에서 조국의 경찰에게 영문도 모르고 뺨을 맞을 줄은 몰랐다오.

"이 빨갱이의 여편네! 지난밤에 네년을 찾아온 년이 누구냐? 북에서 온 간첩이지? 이 빨갱이들은 하여튼 다 잡아 죽여야 돼. 가만있어봐라? 이년 어디서 낯이 익은데? 어라? 하하하. 이게 얼마 만이냐? 참으로 반갑구나, 정정화!"

그놈은 일본의 개로 활동하던 일본 순사 출신 김태식이었다오. 이 자를 종로 경찰서에서 다시 만나게 될 줄이야! 그 순간 독립운동을 하다가 죽어간 많

종로 경찰서의 경찰은 나에게 최소한의 인간적인 대우도 없이 자백을 강요하기 시작했소. 독립운동을 하던 내가 해방된 조선에서 조국의 경찰에게 영문도 모르고 뺨을 맞을 줄은 몰랐다오.

은 분들의 얼굴이 주마등처럼 지나갔고, 내가 이러려고 독립운동을 했나 싶은 자괴감이 들었다오. 나는 다행히 고마운 변호사님의 도움으로 집행유예로 풀려났는데, 그 변호사님은 훗날 유신 정권에 항거한 이병린 변호사님이었다오. 역사란 걸 돌아보면 악인도 많지만, 그에 못지않게 훌륭한 의인도 참으로 많은 것 같지 않소. 그래서 희망과 절망이 공존하는 것 같은데 부디 우리 후손들은 나보다는 조금 더 좋은 세상에서 살았으면 하는 게 내 간절한 마음이요. 그리고 노파심에서 하는 말이지만, 이 글을 읽고 있는 당신들이 살고 있는 그 세상에는 이제 친일파가 시원하게 척결됐지요?

※정정화 애국지사에게는 1982년 건국훈장 애족장이 추서되었으며, 1991년 대전 국립묘지에 안장되었다.

기록 이면에는 '다른' 역사가 있습니다

광개토대왕에서 시작해서 정정화 지사님까지 함께한 한국사 여행 즐거우셨나요? 제가 《찌라시 한국사》를 쓰게 된 이유는 3가지가 있습니다.

첫째, 역사 덕후로 살아온 30여 년의 시간 동안 항상 아쉬웠던 부분이 쉬운 역사책이 없다는 것이었습니다. 왜 역사책은 늘 어렵거나 소설처럼 재미가 없을까요? '역알못'들과 저자의 눈높이가 다르기 때문이 아닐까요? 저 역시도 역사 문외한 시절이 있었기에, 독자들의 눈높이에 맞는 책을 어떤 역사 전공자보다 쉽게 쓸 수 있다고 자신했습니다. 하지만 스토리 전개는 쉽게 풀어가지만 철저한 고증은 물론이고, 시대를 투영할 수 있는 올바른 역사 정신으로 한 꼭지, 한 꼭지 풀어내려고 노력했습니다.

임진왜란이 일어난 연도를 외우거나 조선 왕 계보를 달달 외우는 것도 역사 공부의 방법이 될 수 있습니다. 하지만 갑신정변의 의의를 무작정 외우기보다 왜 갑신정변이 일어났고, 그 시대에 정국을 주도하던 사람들의 입장은 어떤 차이가 있었기에 이런 일이 일어났는지를 확인하는 것이 진짜 살아 있는 역사 공부가 아닐까 싶었습니다.

옛날 보부상들은 새롭고 진귀한 물건만을 판 것은 아니었습니다. 백성들이 접하기 어려웠던 나랏일부터 팔도 지방의 소식을 알려주는 역할을 했습니다. 저도 이처럼 역사를 어렵게 느끼는 분들에게 생생한 역사의 현장을 생동감 있고 친근하게 전해드리고 싶었습니다. 책 읽는 인구가 점점 줄어들고 있지만, 책을 통해서 얻게 되는 가치는 절대 줄어들지 않을 거라고 확신합니다. '국영수'에 역사가 뒷전으로 밀리고, 스마트폰에 책이 뒷방 신세가 되는 현실이지만, 재미로 무장된 《찌라시 한국사》가 독자들에게 '역사 좀 아는 언니 오빠'로 탈바꿈할 수 있는 기회가 되기를 바랍니다.

두 번째 이유는, 우리가 오늘날 아무런 의심 없이 상식처럼 받아들이는 역사 지식에 다른 사실이 숨어 있을 거라는 합리적 의심에서 출발했습니다. 역사는 승자의 기록이 될 수밖에 없습니다. 반정을 통해 왕좌를 차지한 인조는 전 정부인 광해군에 대해 좋은 이야기를 쓸 이유가 없습니다. 100년도 안 된 역사를 왜곡하려는 권력을 눈앞에서 목도하고 있는 것이 현실입니다. 몇 백 년, 몇 천 년 전의 역사 기록을 아무 의심도 없이 그냥 수용만 하고 받아들여야 할까요?

단지 왕족이라는 이유만으로 불행해야 했던 사람들, 능력을 갖추었으나 단지 여자라는 이유로 역사에서 누락된 여성들, 신분이라는 족쇄로 제 능력을 평가받지 못한 사람들, 그리고 부당한 권력에 저항해 새로운 역사를 준비했던 백성들…. 이처럼 역사 이면에는 수많은 흔적이 남아 있습니다. 저는 이분들의 진면목을 보여드리는 것이 오늘을 살아가는 역사 덕후이자 역사 이야기 보부상으로서 작은 도리라는 생각을 했습니다.

프랑스 혁명 당시 런던과 파리를 배경으로 한 찰스 디킨스의 소설 '두 도시이야기'에 너무나도 유명한 구절이 있죠.

"최고의 시대지만 최악의 시대였다. 지혜의 시대이면서 어리석음의 시대이기도 했다. 믿음의 시대이면서 불신의 시대였다. (중략) 우리 모두 천국을 향했고, 우리 모두 정반대 방향의 지옥을 향했다."

과거를 산 우리 선조들도 현대를 살아가는 우리들도 무릎을 치면서 '우리 시대의 이야기인데' 라고 할 만큼 시대를 초월하는 탁월한 문장이 아닌가 싶습니다. 지역 간 분열을 넘어 세대 간 분열에 젠더의 분열까지! 우리 시대에 대한 우려의 목소리가 높습니다. 유독 우리 세대가 어리석고, 서로를 불신하여, 스스로를 지옥으로 몰고 있는 걸까요?

그렇지 않습니다. 우리는 다른 한 손에는 지혜와 믿음을 이미 움켜쥐고 있습니다. 최고의 시대와 지혜의 시대를 만들어 모두가 천국을 향할 수 있는 방법은 오래된 미래인 역사를 공부하고, 같은 실수를 반복하지 않는 것이 아닐까요?

p.s. 아, 세 번째 이유를 말씀 안 드렸군요. 마지막 이유는 지극히 사적인 일

이라 하지만 저에게는 밥줄이 걸려 있는 몹시도 중요한 일입니다. 제게 남겨진 제2의 인생에서는 남들이 하라고 하는 것 말고 제 스스로 해보고 싶은 일을 시도해보고 싶었습니다.

이 책이 역사를 잘 몰랐든, 아니면 흥미를 못 느꼈든 '역알못' 독자들께 흥미를 느낄 수 있는 시작점이 되기를 기원합니다. 또, 제2의 인생을 꿈꾸는 이 땅의 모든 사람들에게는 신선한 자극제가 되었으면 합니다.

김재완

팟빵 [찌라시 한국사] 진행자

16년차 노비이자 '역사 덕후', '뒷골목 역사 보부상'. 1974년 곶감의 고장 상주에서 태어났다. '회사에 다니기 싫어서' 생전처음 써본 역사 이야기가 〈딴지일보〉에 인기리에 연재되면서 '덕후몰이' 중이다. "업로드 기다리다 현기증이 날 지경"이라는 독자들도 부지기수다.

2016년 1월, 새해 첫 출근 날부터 회사에서 좌천통보를 받고 강제로 새 인생 출발선에 놓였다. 그해 5월 제주 자전거 일주 여행기를 시작으로 겁도 없이 역사 글을 쓰기로 결심해, 우연히 가입한 재테크 카페에 역사 이야기를 올리며 소심한 마음으로 사람들의 간을 보기 시작했다.

우연히 글을 본 독자 딱 한 사람이 올린 "온라인 판 설민석의 재림"이라는 칭찬에 도취되어 '오늘의 유머'에 글을 투척했으며, 올리는 족족 '베오베(베스트 오브 베스트 게시글)'로 선정되었다. 이듬해 2월 스스로 글쓰기에 상당한 재능이 있는 것이 아닌가 하는 망상에 사로잡혀 책 출간을 결심했다.

아이폰 하나로 '집구석'에서 녹음한 '찌라시 한국사'도 비슷한 시점에 시작해, 팟빵 역사 분야 베스트에 오르는 등 청취자들의 많은 사랑을 받고 있다. 현재 의리의 아내와 "우리의 소원은 베스트셀러"를 외치며 퇴사 프로젝트를 본격 가동 중이다.

찌라시 한국사

2018년 2월 23일 초판 1쇄 | 2018년 5월 23일 5쇄 발행
지은이·김재완

펴낸이·김상현, 최세현
책임편집·김형필, 조아라, 양수인 | 디자인·김애숙

마케팅·김명래, 권금숙, 양봉호, 임지윤, 최의범, 조히라
경영지원·김현우, 강신우 | 해외기획·우정민
펴낸곳·(주)쌤앤파커스 | 출판신고·2006년 9월 25일 제406-2006-000210호
주소·경기도 파주시 회동길 174 파주출판도시
전화·031-960-4800 | 팩스·031-960-4806 | 이메일·info@smpk.kr

ⓒ 김재완(저작권자와 맺은 특약에 따라 검인을 생략합니다)
ISBN 978-89-6570-598-7 (03910)

쌤앤파커스(Sam&Parkers)는 독자 여러분의 책에 관한 아이디어와 원고 투고를 설레는 마음으로 기다리고
있습니다. 책으로 엮기를 원하는 아이디어가 있으신 분은 이메일 book@smpk.kr로 간단한 개요와 취지,
연락처 등을 보내주세요. 머뭇거리지 말고 문을 두드리세요. 길이 열립니다.